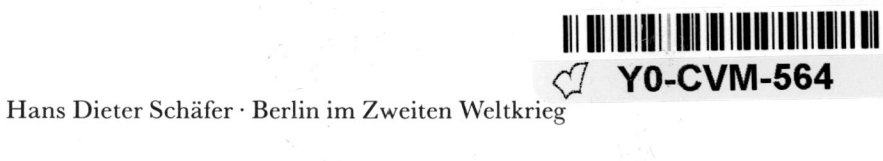

Hans Dieter Schäfer · Berlin im Zweiten Weltkrieg

Hans Dieter Schäfer

Berlin im Zweiten Weltkrieg

Der Untergang
der Reichshauptstadt
in Augenzeugenberichten

Mit 36 Abbildungen

Piper
München Zürich

ISBN 3-492-02885-3
© R. Piper GmbH & Co. KG, München 1985
Gesetzt aus der Baskerville-Antiqua
Umschlag: Federico Luci, Foto: Französischer Dom 1944
(Ullstein Bilderdienst)
Gesamtherstellung: Clausen & Bosse, Leck
Printed in Germany

Inhalt

Berlin im Zweiten Weltkrieg
von Hans Dieter Schäfer 9

Augenzeugenberichte
Die allgemeine Stimmung in Berlin 1939 bis 1941 81
Der wirtschaftliche Niedergang seit dem Rußlandfeldzug 107
Judendeportationen 125
Die Flächenbombardierung 22. bis 26. November 1943 143
Arbeitsmoral und Kriminalität 177
Unterhaltung 201
Fremdarbeiter 237
Tagesangriffe 251
Schlacht um Berlin 281
Unter russischer Besatzung 329

Anhang
Anmerkungsverzeichnis 365
Augenzeugen 385
Nachweis der Rechtsinhaber 390
Abbildungen 390

Berlin im Zweiten Weltkrieg

von Hans Dieter Schäfer

Rom, Paris, London, Wien danken die Schönheit ihrer Stadtbilder einer ehrwürdigen Vergangenheit, New York ist in der faszinierenden Unruhe seiner himmelstürmenden Wolkenkratzer der Ausdruck amerikanischer Kapitalmacht und Technik – Berlin 1939 ist die werdende Weltstadt der Zukunft. Grieben Reiseführer »Berlin und Umgebung« 1939

Berlin vergegenständlicht heute – wie kaum eine zweite deutsche Stadt – in ganz unmittelbarer, physischer Weise das Absterben des öffentlichen Lebens[1]. Verrottete Arbeiterbezirke wie Kreuzberg und Prenzlauer Berg oder unbebaute Flächen zersplittern – bei unterschiedlichem Reklame- und Warenangebot – sowohl West- wie Ostberlin. Mehrspurige Autostraßen durchschneiden die historisch gewachsenen Viertel und entrücken dem Passanten die Monumentalbauten der Macht- und Kulturapparaturen; die meisten neuen Häuser sind kaum in die älteren Architekturen eingebunden und wecken trotz Glas und Sichtbeton den Eindruck des Abgesperrten und Leblosen. Die nach dem »Zusammenbruch« entstandene Stadt drückt augenfällig die Pathologie unserer nachbürgerlichen Gesellschaft aus, die Bauwerke sind isoliert, nichts deutet auf Vermischung und In-Beziehung-Setzen, die politische Spaltung Berlins erscheint so als bloße Variante dieser unnatürlichen Entwicklung, denn die von der DDR erzwungene Ausräumung des Potsdamer Platzes zu einer Todesfläche mit Flutlichtmasten, Spanischen Reitern und gezackten Laufgräben erhält durch die Einebnung des westlichen Teils zu »sandigem Brachland« eine Entsprechung; die meisten Gebäude wie das »Haus Vaterland« wurden erst Anfang der siebziger Jahre abgetragen[2]; die »mondhafte Leere«[3] bleibt durch die Mauer unbegrenzt. Wo früher »am Tage fieberhaftes Leben« brüllte[4], bedeckt jetzt dichtes Gras das Straßenpflaster[5]; auf der Fläche des Potsdamer Bahnhofs hat sich um das Zelt des »Tempodrom« mit »Wohnwagen, zwischen denen Kinder und allerlei Getier herumlaufen«, ein »nomadenhaftes Dorf« angesiedelt[6], die Staatsbibliothek Preußischer Kulturbesitz erhebt sich von der Trasse der alten Potsdamer Straße dagegen wie eine ineinandergeschachtelte Festung. Aber auch der Palast der Republik, der auf der lange Zeit leerstehenden Fläche des 1950 gesprengten Schlosses[7] im Ostteil der Stadt errichtet wurde, widersetzt sich einer Belebung. In beiden Fällen zerstört die

Architektur gerade das, »was an einem öffentlichen Platz wesentlich ist: daß er Personen miteinander mischt und eine Vielfalt von Aktivitäten anzieht«[8]; die wie »mächtige Barrieren« wirkenden Bauwerke provozieren toten Raum als etwas, »das man durchquert, worin man sich nicht aufhält«[9]. Die Abwrackung gut erhaltener oder durch Brand nur ausgeglühter Gebäude nach dem »Zusammenbruch« ist nicht allein aus dem Denken zu erklären, das die Stadtplanung dem Autoverkehr oder den Bedürfnissen der politischen Systeme nach Repräsentation unterwirft, sondern steht vermutlich in einer ungebrochenen Kontinuität von Lebens- und Geschichtsfeindschaft, die mit dem Nationalsozialismus – merkwürdig getarnt – zum ersten Mal durchgebrochen war. Die Einebnung sämtlicher großer Kopfbahnhöfe und die Zertrümmerung der Putzfassaden aus der Kaiserzeit einschließlich der meisten Kircheninterieurs entsprechen nur oberflächlich dem Bedürfnis der Nachkriegsgeneration, »ihre eigene Vergangenheit zu verdrängen«[10], in Wirklichkeit setzte dieser »Vernichtungsfeldzug« die Hypertrophie des Dritten Reiches fort, das Alte auszulöschen und durch monströse Neubauten zu ersetzen. Hitler plante für die »Neugestaltung Berlins«, die 1950 ihren Abschluß finden sollte, die Niederlegung von achtzigtausend Häusern; die Verwüstungen durch den Luftkrieg wurden von ihm Ende 1944 zynisch begrüßt: zwar hätten die Engländer den Abbruch nicht nach den ausgearbeiteten Plänen durchgeführt, immerhin – erklärte er Speer – sei für die Zukunft ein Anfang gemacht[11]. Doch noch unmittelbar vor Kriegsausbruch konnte man – wie der *Grieben Reiseführer* anpries – »die neue Hauptstadt des Großdeutschen Reiches [...] aus zahlreichen Baustellen, aus dem Schutt abgebrochener Stadtteile großartig emporwachsen sehen«[12]. Ohne Denkmalschutz-Gesetze zu beachten, vernichtete Speer 1938 Teile der von Hitzig 1855 bis 1860 bebauten Viktoriastraße zwischen Margarethenstraße und dem heutigen Reichspietschufer, um Raum für den Runden Platz von 210 m Durchmesser mit dem »Haus des Deutschen Fremdenverkehrs« zu schaffen[13]. Schon vor den Bombenangriffen hing feiner Sandstaub in der Luft, »Schuttrutschen« waren »pausenlos tätig«, und die »rauchenden Wracks« der klassizistischen Villen ließen manche Berliner nicht frei von »melancholischer Bekümmernis« (DAZ 7.5.1938). Da die Bauvorhaben durch den Krieg über die Ausschachtungen nicht hinauskamen und nur wenige wie das »Haus des Deutschen Fremdenverkehrs« fertiggestellt wurden (MR 15.11.1939, 457), sah die Gegend an der Potsdamer Brücke wie nach einem Erdbeben aus[14], die Bomber verwandelten die aufgegrabene Fläche im Frühjahr 1944 in einen See, auf dem Kinder mit Flößen aus verkohlten Brettern spielten (*von Kardorff, S. 225*).

Speer plante nicht nur Triumphbogen, Volkshalle und monumentale Ministerien, sondern ein Uraufführungskino, drei Theater, Varietés, Groß- und Luxusrestaurants, auch »Innenhöfe mit Kolonnaden und kleine Geschäfte«; Warenreklamen sollten zusätzlich »städtisches Leben in die neuen Straßen bringen«[15]. Die 1100 m lange und 350 m breite Wasserfläche vor dem Zentralbahnhof wurde entworfen, um den Eindruck des Monumentalen zu verstärken, aber gleichzeitig war der See als »Freiluftbad« mit »Umkleideräumen, Bootshäusern und Sonnenterrassen« auszustatten[16]. Dieser Widerspruch ist Teil eines umfassenden Zwiespalts, der sich auch in Speers Reichskanzlei und den Straßenlaternen der Ost-West-Achse ausdrückt. Die an Grabgefäße erinnernden Leuchtkörper erzeugten zunächst durch das Mattglas und die ungewöhnlich niedrige Aufhängung eine gedämpfte »anheimelnde« Wirkung[17], bei längerem Entlangschreiten »aber schwand diese [...] Attraktivität infolge der Gleichförmigkeit [...], bis das Gefühl, sich unterordnen zu müssen«, vorherrschte[18], während sich beim Stehenbleiben – durch »wohnliche Atmosphäre« – die Furcht wieder verlor. Auch der Besucher der Reichskanzlei mußte verwirrt werden. Die überhohen Türen und Wände aus rotem Marmor standen im Widerspruch zu dem »biedermännischen, kleinbürgerlichen Arrangement des Mobiliars« mit säuberlich geknickten Sofa- und Sesselkissen, Grünpflanzen und Beleuchtungskörpern, durch die der Raum ein »intimes Licht erhält, das weder dem Charakter eines Arbeitszimmers noch dem eines Thronsaals entspricht«[19]. Diese Uneinheitlichkeit ist charakteristisch für das nationalsozialistische System, denn die Abschirmung des »Bürgers« von den Machtapparaturen erfuhr schon damals durch eine angeblich warme Fürsorge des Staates um den privaten Lebensbereich einen Ausgleich, der Innen und Außen mehr und mehr verwischte.

Noch dominiert jedoch die Anschauung, das Dritte Reich habe seine Herrschaft vornehmlich durch Repressivorgane gesichert. Diese Blickweise isoliert den Nationalsozialismus von der modernen Wohlfahrtsgesellschaft, ihre Mechanismen waren es gerade, welche die Kraft schwächten, unerträgliche gesellschaftliche Bedingungen zu erkennen. Die Diktatur Hitlers unterschied sich von der Stalins erheblich, sie verband Elemente eines Terrorregimes mit gewaltlosen Formen der Tyrannei, die auch für die kapitalistischen »Demokratien« charakteristisch sind [20]; das Dritte Reich entwarf geschickt eine altertümliche Fassade, hinter welcher es durch die Propaganda von Volkswagen (*Abb. 1*) oder Coca-Cola [21] seine Neigung entwickeln konnte, die Vergangenheit der Väter, ihre Religion und öffentlichen Lebensformen auszulöschen; der Zweite Weltkrieg setzte den Prozeß der Einebnung beschleunigt fort, nicht nur regionale Verwurzelungen wurden vernichtet, auch Besonderheiten, Werte und Verhaltensmuster einzelner Klassen. Vor allem zwei Momente prägten die Herrschaft: Die Vernichtung der öffentlichen Kultur durch Eingriffe des bürokratischen Apparats sowie die Schrumpfung menschlicher Erfahrung auf die nächste Umgebung mit ihren materiellen und trivialen Anreizen. Es scheint paradox, gerade das Dritte Reich mit seiner Volksgemeinschaftsideologie in diese Herrschaftsform einzubeziehen, in dem Maß aber, wie z. B. in der Reichshauptstadt das öffentliche Leben nach der Machtergreifung allmählich abstarb, suchte der Berliner im privaten Bereich einen Ersatz. Doch die persönlichen Beziehungen erzeugten keine wechselseitige Verpflichtung, die Vertrautheit mit der Familie oder den Freunden geriet zum eigentlichen Lebenszweck, wobei die als Chaos empfundene Außenwelt mehr und mehr an Nähe verlor. Es besteht kein Zweifel, daß das nationalsozialistische System diese für seine Stabilität wichtige, schon früh in der bürgerlichen Gesellschaft angelegte Entwicklung erkannt und gefördert hat. Sorgfältige Untersuchungen von Presse, Rundfunk und Film zeigen, daß der Anteil völkischer Tendenz wesentlich geringer war, als man nach 1945 behauptet hat [22]; die Medien wurden von der Unterhaltung beherrscht mit dem Ziel, wirkliche Tugenden, Kulturgüter und jede Individualität »in einem Meer von Belanglosigkeiten« zu ertränken [23]. Die durch die Laternen Speers und die Einrichtung der Reichskanzlei zum Ausdruck gebrachte innengeleitete Wohnstubenwärme der »staatsfreien Sphäre« [24] lief nur scheinbar dem Postulat herrischer Strenge zuwider, sie war notwendig, um durch eine Verwirrung zwischen öffentlichem und privatem Leben den Willen zur politischen Macht zu lähmen und die Aufmerksamkeit von der Verantwortung für das ganze Gemeinwesen abzulenken.

Die Menschen waren einem ständigen Wechsel von fürsorglichen und drohenden Botschaften ausgesetzt. »Güterzüge mit vermummten Panzern, Geschützen und Armeelastwagen auf Tiefladewaggons« und »Soldaten [...] in voller Kriegsausrüstung und Bewaffnung« gehörten schon im Frieden zum Alltagsbild[25]. Nach dieser Vorbereitung kam es bei Kriegsausbruch im September 1939 zu keinerlei öffentlichen Reaktionen. Die Bevölkerung schimpfte, »allerdings unter vier Augen«[26]; »von fröhlicher Soldatenstimmung« war auch in Berlin nichts zu sehen, in »ziemlich verwahrlosten Uniformen« drängten sich die Männer »auf den Bahnsteigen und versuchten, an den Buffets etwas zu kaufen« (DB Nov. 1939, 1035). Trotz der raschen Siege blieb die Stimmung »eher gedrückt«, nur bei »Aschinger am Potsdamer Platz« beobachtete Hermann Stresau am 15. September, wie »ein paar Spießbürger unter der Einwirkung mehrerer Schnäpse verwegene Redensarten« machten[27]. Im Wartesaal des Bahnhofs Friedrichstraße wurden zwar schlafende Soldaten von der Polizei »unter Gewehren bewacht« (*Lange, S. 84*), doch selbst in Arbeiterkreisen zeigte sich kaum eine Bereitschaft zur Fahnenflucht. Von der Verdunkelung abgesehen, war Berlin »sachte und fast unmerklich in den Kriegszustand hineingetaucht«[28]; die Mobilisierung hatte das Straßenbild kaum verändert. Während der Privatverkehr eingeschränkt wurde, rollten »die Straßenbahnen und Omnibusse [...] fahrplanmäßig durch die Straßen, mit Schildern behängt« wie »Ata putzt und reinigt alles«. In der Presse stand »nach Abschluß des Polenfeldzuges nicht mehr viel Sensationelles«[29], aber schon unmittelbar nach Kriegsausbruch mieden die Zeitungen jede Beunruhigung, lediglich die Aufforderung, Taschenlampen abzublenden, und Kriegszuschläge für Tabak (20 %) und Bier (14 Pfg. je Liter) warfen einen Schatten. Die Feiern zur Eröffnung der Nord-Süd-Bahn auf dem neuen Anhalter U-Bahnhof, der von »weißen Glasplatten« und »grünen Pfeilern« schimmerte (DAZ 8. 10. 1939), oder die Einrichtung eines belanglosen Fahrradparkplatzes am Alexanderplatz aus »Betonstein« mit »diagonalen, muldenförmigen Vertiefungen« (DAZ 20. 1. 1939) dämpften die Furcht. Eine ähnliche Wirkung hatte die Anordnung des Polizeipräsidenten, die Mäntel der Verkehrspolizisten mit einer Leuchtmasse einzufärben, damit sie sich aus der verdunkelten Stadt heraushöben: »Die aus dem Kino kommenden Männer und Frauen hemmten unwillkürlich ihre Schritte und zögerten nicht, den Polizisten ihre Bewunderung zuzurufen« (DAZ 22. 10. 1939). Die *Deutschland-Berichte* beobachteten nach Abschluß des Polenfeldzuges einen ersten Umschlag der Angstgefühle aufgrund niedriger Verlustzahlen. Die sich an Sonntagen mit ihren Familien auf den Straßen zeigenden Reservisten (*Abb. 8*) verbreiteten die Gewißheit, daß »man ja auch wieder zurückkomme«, übrigens »seien nur 10 000 gefallen, was macht das schon aus bei einem 90-Mill.-Volk« (DB Jan. 1940, 29)[30]. Am 30. September wurde das Tanzverbot aufgehoben (*Abb. 9*); da am kommenden Tag »auch in Lokalen der Zwang zur Fleischmarkenabgabe« eingeführt wurde, waren die Restaurants noch überfüllter als sonst, die Menschen fraßen »wie Hyänen, ohne Hemmung und ohne Scham«[31]. Man beobachtete – vor allem in Berlin – bald »Symptome eines Sittenverfalls« und entdeckte ein »Gefühl des Sich-treiben-lassens und des Unbedingt-noch-auskosten-wollens« (*Deutschland-Berichte, S. 83*). Auch andere Augenzeugen erzählten, wie sich Abend für Abend die Bürgersteige um die Kaiser-Wilhelm-Gedächtniskirche und der Kurfürstendamm mit »flanierenden, sich suchenden, schiebenden Menschen« füllten, man »tanzte und paarte sich, kaum daß einer sich den Partner vorher ansah«[32]. Das System setzte zunächst alles daran, die Abstumpfung durch das Triebhafte zu fördern, um durch private Freiheiten die Auslöschung der gesellschaftlichen zu verbergen, denn »in dem Maße, in dem der politische und wirtschaftliche Freiheitsraum sich verringert«, erkannte schon Huxley, »nimmt als Kompensation die sexuelle Freiheit zu. Und der Diktator wird gut daran tun, diese Freiheit nur noch zu ermuntern«[33]. Der Kurfürstendamm sah »jetzt wie eine einzige Weinblattlaube aus [...], mit offenen Terrassen und Vorgärten, wo rosa Lampions über weißen Tischen baumeln« (Das Reich 25. 8. 1940); die braungebrannten, strumpflosen Beine und die aufgrund der »Spinnstoffknappheit« kürzer gewordenen Röcke der Mädchen brachten zusätzlich eine lockende erotische Note. Bis zum Rußlandfeldzug waren die meisten Bars im Westen geöffnet, allerdings benannte Direktor Klempt von der 1937 errichteten Frasquita-Bar, Hardenbergstraße, – aus patriotischen Gründen – die »Cocktailstunde« in »Mickstrink-Stunde« um (BZ am Mittag 1. 2. 1941). Im Februar 1941 war Joop Carlquist's Hawaiian-Kapelle mit »Original Hula-Hula« das Tagesgespräch (ebd. 17. 2. 1941), und im Goldenen Hufeisen konnte man »die einzige schwarze Hostess in Berlin« bewundern (*Smith, S. 212*). Nackt- und Schönheitstänze gehörten zum Standard-Repertoire vieler Varieté- und Kabarettveranstaltungen und übertrafen in ihrer Anzahl die Vorführungen der »Systemzeit« (*Juvet, S. 110*). »Grundsatz müsse sein, daß man wohl großzügig bei der Entblößung des weiblichen Körpers vorgehen könne«, erklärte Goebbels 1940, aber ein Abgleiten des »Conférenciers [...] in Zoten« solle man verhindern[34]. Proteste gegen den Nacktkult durch den Jugendführer des Deutschen Reiches (*Kriminalität, S. 218f.*) führten lediglich am 8. April 1941 zum Verbot von Akt-Foto-Büchern (*Abb. 23*); Magazine (*Abb. 22*) und pornographische Fotos konnten weiter vertrieben werden (*von Studnitz, S. 218*). Auch mit der Tolerierung des Swing nahm das Regime einen Widerspruch zu den »einst verkündeten Idealen« in Kauf[35]. Vor allem Kapellen aus den besetzten Gebieten hielten sich nicht an die Abmachung, »englische und amerikanische Jazzschlager« aus dem Repertoire zu streichen, und gaben dem oft stürmischen Drängen des jugendlichen Publikums nach, Swing-Musik zu spielen; der Beifall steigerte sich, »je wilder, verjazzter und verhotteter« die Orchester auftraten (MR 10.8.1942, 4054).

»Die Zeit hat es mit sich gebracht, daß das gesellschaftliche Leben wärmer, persönlicher geworden ist, allerdings unter Anpassung an die Gesetze des Krieges«, notierte das *Herrenjournal* und propagierte statt abendlicher Diners eine »Einladung zu einem Glase Sekt«, denn »eine Entspannung zur rechten Zeit gibt Kraft, auch Härten besser zu ertragen« (1/1941). Die Presse wurde nicht müde, die Berliner aufzufordern, »ruhig wieder ins Theater, ins Kino, ins Konzert oder ins Varieté zu gehen« (DB März 1940, 174); man hielt sich sehr zugute, daß »irgendwelche vom Krieg inspirierten Sketche, Singspiele oder vaterländische Schauspiele« – anders als in Frankreich oder England – von den deutschen Bühnen verbannt blieben (Das Reich 26.5.1940). In der künstlich beruhigten Atmosphäre wurden die »Blitzkriege« mit ihren Ruhepausen vielfach als »etwas Unwirkliches« empfunden. »Man las davon wie von einem Ereignis auf einem anderen Stern«[36] und registrierte die Erfolge der Wehrmacht, »so wie Schuljungen Fußballerfolge aufnehmen«[37]. Das Gefühl der Bedrohung wurde nicht zuletzt dadurch gedämpft, daß 1939 bis 1941 positive Bilder aus den USA und der Sowjetunion unverändert zur alltäglichen Erfahrung der Reichshauptstadt gehörten. Man hoffte noch, »Amerika unentschieden halten bzw. eher auf die Seite Deutschlands ziehen zu können«[38]. Im Februar 1940 lief im Marmorhaus in siebter Woche der amerikanische Film *Südsee-Nächte* mit Eleonore Powell und Robert Young, und die Kurbel zeigte gleichzeitig *Micky-Maus* und *Dick-und-Doof*[39]; erst Ende Februar 1941 wurden die US-Produktionen vom deutschen Markt ausgeschlossen[40]. Sommer 1940 meldeten die Zeitungen die Aufnahme des direkten Fernsprechverkehrs Berlin–New York (DAZ 17.7.1940), etwas später den Besuch amerikanischer Studenten in der Reichshauptstadt (ebd. 15.10.1940). Auf der anderen Seite konnten sich die Berliner über einen vom Moskauer Zoologischen Garten geschenkten Waschbären freuen (ebd. 4.2.1940) oder sich vor dem Intourist-Büro, Unter den Linden, in Werbeplakate für Ingenieur-Reisen nach Kiew oder zu den Leningrader und Moskauer Bühnenfestspielen verlieren[41]. Wenn auch Auslandsaufenthalte aus Devisengründen erheblich eingeschränkt wurden, blieb die binnendeutsche Reiselust zunächst unbehindert. Da das Dritte Reich die Menschen mit einer »Ankurbelung des Fremdenverkehrs« für sich mobilisiert hatte, glaubte es, wenige Tage nach Kriegsbeginn die Zugfolge wieder verstärken (DAZ 28.9.1939) und unverändert die »Entwicklung in den Bädern, Kur- und Erholungsorten« fördern zu müssen (ebd. 15.1.1941); erst nach der Niederlage vor Moskau im Winter 1941/42 setzte eine Propaganda gegen Vergnügungsreisen ein (ebd. 25.2.1942). Der Appell von Goebbels, zu Ostern 1942 jede nicht notwendige Reise zu unterlassen, wurde kaum befolgt (MR 13.4.1942, 3624), nach wie vor gab es Klagen über »Plutokraten«, die sich in Wintersportgebieten »ein üppiges Leben leisten konnten und sich in Bars nach Herzenslust bei Sekt und Schnaps vergnügten« (ebd. 2.4.1942, 3587). Trotz der heftigen Anti-Reise-Kampagne (»Hilft *Deine* Reise siegen? Mußt *Du* der Front Wagen stehlen?«, DAZ 22.6.1942) warben Sonderstempel der Reichspost wie »Besucht Brieg mit seinen schönen Gartenanlagen« 1943 für einzelne Reiseziele[42], und Urlaubsorte in Bayern, Thüringen und Salzburg meldeten 1942 und noch 1943 einen weit über dem Friedensdurchschnitt liegenden Rekordbesuch (MR 17.8.1942, 4083; 1.3.1943, 4870).

Inwieweit der nationalsozialistische Staat das selbstbezogene Verhalten der Menschen unterstützte und ihnen den Sinn für das Gemeinwesen raubte, zeigt das mit Kriegsbeginn eingeführte Rationierungssystem. Beobachtern fiel auf, »daß man in allen Kreisen der Bevölkerung viel mehr von Ernährungsfragen spricht als von der Politik«, nicht die Ereignisse an der Front, sondern die allgemeine Mühsal des Einholens und des »Organisierens« von zusätzlichen Nahrungsmitteln beschäftigte das Denken der meisten Berliner (DB Aug./Sept. 1939, 978). Dennoch akzeptierte man eine vorübergehende »Verknappung«, um den ersten vernichtenden Schlag führen zu können; schon im Frieden wurde offen über einen möglichen »Entzug« von Speck oder Bier diskutiert, denn »die Angriffskraft eines Volkes wird [...] direkt durch den allgemeinen Verbrauch an Lebensmitteln bedingt«[43]. Geschickt verstand es das Regime, bei der erwarteten Rationierung die Klassengegensätze für sich auszunutzen. Als im Berliner Westen eine Frau mit »modischer Kleidung und reichlich vorhandenen Schmuckstücken« Bezugsscheine beantragen wollte, wurde die »Volksgenossin« unter dem Beifall der »kleinen Leute« öffentlich zurechtgewiesen (DB Nov. 1939, 1047); eine ähnliche Wirkung hatten die häufigen Gewichts- und Preiskontrollen der Fleischportionen in Gaststätten (ebd., 1049). Mit der augenscheinlich gerechten Rationierung erfüllte das Regime eine »antikapitalistische Sehnsucht« der Arbeiterschaft, »daß die ›besseren Leute‹ praktisch aufhören, welche zu sein« (ebd. März 1940, 176), gleichzeitig schwächte das komplizierte Verfahren von Anmeldung der Waren in bestimmten Geschäften, Aufrufen in der Presse sowie die nach verschiedenen Zulagegruppen u. a. für Schwer- und Langarbeiter gestaffelte Höhe der Rationen zusätzlich die Aufmerksamkeit für außerpersönliche Belange (ebd. Jan. 1940, 45 f.). Geringe Milderungen oder Verschärfungen der Rationierung und Unterschiede in der Versorgung der einzelnen Bezirke (ebd. Nov. 1939, 1044) trugen weiter zu einer Herabdrückung des einzelnen auf die materielle Ebene bei, zumal die Ernährungskrise im Ersten Weltkrieg allen als Schreckbild vor Augen stand. Anders als die Propaganda verbreitete, waren die Lebensmittelvorräte für den Kriegsfall nicht sehr umfangreich[44], daß dennoch »kein 1918 in der Ernährung« (DAZ 28.9.1944) eintrat und lange Zeit ein »relativ hohes Konsumniveau« gehalten werden konnte[45], hängt u. a. mit einer außerordentlichen Kraftanstrengung des Regimes zusammen, »möglichst jede vermeidbare Erregung der Bevölkerung auszuschalten«[46]. Das System erkannte, daß die »politischen Verluste« mit materiellen Verbesserungen und Sicherheiten aufgewogen werden mußten. Erst das – von Wolfgang Franz Werner[44] überzeugend dargestellte – elastische Zurückweichen der Machthaber vor den bescheidenen Ansprüchen der Unterworfenen erklärt, warum die meisten Deutschen 1945 eine größere Nähe zu den staatlichen Apparaten empfanden als 1918 oder 1932. Das mit der erreichten Vollbeschäftigung in den letzten beiden Friedensjahren beobachtete Umwerben der Arbeiter durch illegale Lohnverbesserungen setzte sich weiter fort. Zu dem »Novembersyndrom« des NS-Regimes kam ein Eigeninteresse vieler

Unternehmer, mit Liebesgabenpäckchen oder freiwilligen Unterhaltszahlungen an die Familien die Einberufenen auch während der siegreichen Feldzüge an die Firmen zu binden, um einer drohenden Stilllegung wegen Arbeitskräftemangels zu entgehen[47]. März 1940 war die Situation in den Berliner Rüstungsbetrieben so dramatisch, daß man sich z. T. weigern mußte, Wehrmachtsaufträge anzunehmen, die »vorhandene Maschinenkapazität« sei nur noch »in der 1. Schicht ausgenutzt«[48]. Die daraufhin eingeleiteten Rückberufungen als »Rüstungsurlauber« stießen nicht selten auf Widerstand der Arbeiter, die sich »finanziell bedeutend besser« standen, wenn sie bei der Truppe blieben[49]. Auch UK-Gestellte versuchten »mit allen Mitteln«, an die Front zu kommen, spätestens seit Mitte 1940 blickte man »neidisch auf die Soldaten, die stets schwerbepackt mit ihren ›Einkäufen‹ aus den besetzten Gebieten heimkamen und an den Kampfhandlungen oft gar nicht beteiligt gewesen waren«[50]. Die »Rüstungsurlauber« versuchten die Rückkehr zu ihren Einheiten oft durch »Unpünktlichkeit, ›willkürliches‹ Fehlen« und andere »Widersetzlichkeiten gegen ihre Zivilvorgesetzten« zu erzwingen[49]; erst mit den Mißerfolgen im Feldzug gegen die UdSSR verminderten sich die freiwilligen Meldungen zur Wehrmacht.

Obgleich der Krieg auf heftige Ablehnung gestoßen war, »ging von den erfolgreich abgeschlossenen Feldzügen, besonders gegen Frankreich, eine beträchtliche systemstabilisierende Wirkung aus«[51]. Nicht erst bei der Rückkehr der eigenen Truppen hatte es in Berlin »Szenen echter, hemmungsloser Begeisterung« gegeben (*Smith, S. 96*), schon die kampflose Besetzung von Paris am 15. Juni 1940 löste, wie vor der Radio-Zentrale Prohaska in der Friedrichstraße, spontane Beifallskundgebungen aus (*Abb. 2*). Der SD sprach von einem »bisher nicht gekannten Integrationsgrad aller Bevölkerungsschichten« und beobachtete auch bei ehemaligen Mitgliedern der KPD und SPD eine »einwandfreie vaterländische Gesinnung, sie stünden rückhaltlos zum Führer«[51]. Doch die Nähe zum Regime[52] führte zu keiner sozialpolitischen Unterwerfung, viele Arbeiter profitierten von dem sich verschärfenden Kräftemangel und setzten trotz »Lohnstopp« und »Arbeitsplatzwechselverbot« bis einschließlich 1942 »auf individueller Basis« Verbesserungen der eigenen wirtschaftlichen Verhältnisse durch[53]. Illegale Abwerbungen, das »ausgeprägte Interesse des NS-Regimes [...] an der Ausplünderung« von Industrieanlagen in besetz-

1   VW-Propaganda-Fahrt, Gesundbrunnen. 31. Januar 1939.

2   Der Reichsrundfunk meldet die kampflose Besetzung von Paris, Friedrichstraße. 15. Juni 1940.

ten Gebieten[54], aber auch Treue- und Sonderzulagen förderten in der ersten Kriegsphase eine die Verordnungen unterlaufende hohe Mobilität; die Zersplitterung des Lohnsystems schwächte – wie die gestaffelte Lebensmittelzuteilung – das Gemeinschaftsdenken erheblich. In Wirklichkeit war die Arbeiterschaft von keiner »vaterländischen Gesinnung« erfüllt, sondern von dumpfem Materialismus. Die Stimmung, heißt es im Bericht der Berliner Rüstungsinspektion für November 1941, sei »im wesentlichen gut«, sie hänge jedoch »von der Entwicklung im Nahrungs- und Genußmittelbereich« sowie von der Versorgung mit Heizmaterial ab, die Anzeigen wegen Disziplinlosigkeit hätten allerdings um etwa 50 v. H. zugenommen[55]. Das Interesse für Lohnverbesserungen und sozialen Aufstieg schloß »unentschuldigtes Fehlen«[56], vorgetäuschte Krankheit[57] und Diebstahl von Rohstoffen[58] nicht aus, in allen Fällen dominierte die private Vorteilssicherung, denn bei der vielfach beobachteten »Passivität«[59] handelte es sich vermutlich weniger um eine »Form des Protestes«[60] als um eine konjunkturbedingte Erscheinung. Zwar versuchte die Gestapo durch Androhung von Schutzhaft die »Bummelanten« einzuschüchtern[61], doch die meisten Unternehmer zeigten eine Scheu, ihre deutschen »Gefolgschaftsmitglieder« anzuzeigen; selbst bei politischen Vergehen konnte es vorkommen, daß Rüstungsfabriken die Arbeiter zu halten versuchten, um die Fertigung nicht zu gefährden[62]. 1943 stellten die Behörden – ziemlich erfolglos – die Unterlassung von Anzeigen durch die Betriebsführer unter Strafe[63]. Anders als die Fremdarbeiter mußten deutsche Belegschaftsmitglieder bei Verstößen gegen die Arbeitsdisziplin lediglich mit innerbetrieblichen Geldbußen und Kürzungen von Sonderzuteilungen rechnen, die im Laufe des Krieges zum wichtigsten Beherrschungsmittel wurden, denn »die Bestrafung unerwünschten Verhaltens« ist auf die Dauer weniger wirksam »als Belohnung – und durch sie Verstärkung – erwünschten Verhaltens«[64]. Rüstungsarbeiter erhielten in Berlin zum erstenmal September 1941 monatlich 60 Zigaretten, 15 Zigarren oder 100 g Rauchtabak[65]. Für »Gefolgschaftsmitglieder«, die in Sonderprogrammen tätig waren, gab es regelmäßig »Lebensmittel (Führerpakete), Spirituosen usw«[66]. Auch Verschickungen in Urlaubsorte wurden zur Leistungssteigerung eingesetzt[67]. Dadurch konnte immerhin das weitere Absacken der Arbeitsmoral verhindert werden, die Abwesenheitsrate von 10–15 % blieb in den meisten Berliner Betrieben von 1940 bis Frühjahr 1943 konstant[68], erst die Flächenbombardierung kehrte die Entwicklung um und mobilisierte eine erstaunliche Nähe zu den Arbeitsplätzen (*Meldungen, S. 178f.*).

Die Kältewelle im Winter 1939/40 hatte eine ernste Versorgungsstörung zur Folge und belastete Arbeitsmoral und Produktion wesentlich stärker als alle späteren Luftangriffe. Am 25. Januar 1940 meldete die Berliner Rüstungsinspektion, daß die Waffenherstellung in den meisten Fabriken gefährdet sei, die Elektrizitätswerke verfügten nur noch über Kohle für zehn Tage[69]. Im Februar mußten einundvierzig Betriebe stillgelegt werden[70]. Die gegen Goebbels[71] durchgesetzte Schließung aller Schulen vom 28. Januar bis 28. März 1940[72] konnte den Kohlenmangel kaum mildern. Öffentliche Appelle, in den »Privathaushalten alle Gasbadeöfen [...] nur noch an Sonnabenden und Sonntagen zu benützen« und die »Bratröhre [...] keineswegs zur Heizung zu verwenden« (DAZ 24.1.1940), wurden nicht befolgt; die Krankmeldungen stiegen bis zu 30%[73], zumal auch die Kartoffelversorgung zusammenbrach[74]. Noch immer war die Bevölkerung geneigt, »nicht die Diktatur für ihre Entbehrungen verantwortlich zu machen«, sondern Witterungsverhältnisse (DB April 1940, 249). In Wahrheit hatte neben der Belastung durch die Wehrmacht vor allem die Verdunkelung, die ein Auseinanderrangieren der Züge erschwerte[75], eine rechtzeitige Lagerung von Kohle und Kartoffeln verhindert; Aufhellungszonen auf Güterbahnhöfen oder der Transport der frostanfälligen Kartoffeln in geheizten Gepäck- und Personenwagen[76] konnten die Krise nur unvollkommen lindern, vermittelten aber den Beteiligten das Gefühl des Umsorgtseins, das durch parteiamtliche oder private Aktivitäten verstärkt wurde. Schon jetzt trat ein für den weiteren Kriegsverlauf charakteristischer Egoismus in Erscheinung, der nicht nur den einzelnen betraf, sondern ganze Gaue, Fabriken, Wehrmachtseinheiten und Institutionen, die sich – ohne Rücksicht auf die »Volksgemeinschaft« – Warenvorteile sicherten. Parteistellen entluden eigenmächtig Kohlenzüge[77], Betriebe verteilten trotz Einsprüchen des Reichsernährungsministeriums als Ersatz für fehlende Kartoffeln Gänse, Sekt, Marzipan, Räucheraale, Obst, Gemüse usw., die meist im besetzten Ausland gekauft oder erbeutet wurden[78]. Abgesehen von zeitweiligen »Verknappungen« blieb die »Heimatfront« auf »rätselhafte und beunruhigende Weise wohlversorgt«; bei einer »gedrosselten Ausbeutung« der eroberten Gebiete, meinte Howard K. Smith, hätten die Ressourcen vermutlich »doppelt so lange oder noch länger vorgehalten«, aber die Diktatur spürte »wohl den Zwang, das Volk rasch und ausgiebig an den Früchten des Sieges teilhaben zu lassen«. In Berlin konnte man »Putzfrauen [...] in Seidenstrümpfen vom Boulevard Haussmann« oder – nach dem Norwegenfeldzug – »auffällig viele fröhliche Serviermädchen in luxuriösen Silberfuchs-Pelzen« beobachten[79]. Noch 1944 führte ein Paris-Wegeleiter der deutschen Wehrmacht nicht nur durch »Theater- und Vergnügungsstätten, Museen und Konzerte, durch Ausstellungen und Veranstaltungen des Sports oder des öffentlichen Lebens«, sondern gab »empfehlenswerte Adressen« von Juwelieren, Pelzgeschäften und Modesalons und warb mit »punktfreien« Herren-, Damen- und Kinderartikeln (L'Angora, Avenue des Champs-Élysées), Präzisionsuhren (Frange, Boulevard Haussmann), Lederwaren und Teppichen (Sahara, Avenue de l'Opéra), Foto-Apparaten (Alibert, Boulevard Saint-Martin) und Musikinstrumenten (Lyra, Rue Notre-Dame-de-Lorette)[80].

Trotz des Kohle- und Kartoffelmangels im Winter 1939/40 zeigte sich ein tiefgreifender ökonomischer Wandel erst anderthalb Jahre später. Mit dem Beginn des Rußlandfeldzuges am 22. Juni 1941 machten sich allgemeine Versorgungslücken bemerkbar[81]. Mehr und mehr füllten sich die Schaufenster mit Attrappen und Ersatzstoffen (*Smith, S. 119*); »punktfrei« gab es in Berlin bald nur noch Holz- oder Strohschuhe (*Abb. 11*), da dazu Hüte nicht paßten, bevorzugten viele Frauen Kopftücher[82]. Berlin begann im Herbst 1941 »das Gesicht einer Stadt im Kriege anzunehmen« (*Smith, S. 119*) und glich jetzt zunehmend einer »friedlichen Provinzstadt. Der Autoverkehr war stark eingeschränkt, auch sah man wenig Fußgänger«[83]. Als der erwartete »Blitzkrieg« nicht mit der Eroberung von Moskau endete, mußten die Lebensmittelzuteilungen zum ersten Mal erheblich gekürzt werden[84]. Viele Berliner hatten im Frühjahr 1942 »das Gefühl, sich nicht mehr sattessen zu können«; die Hausfrauen standen oft stundenlang auf Märkten und vor den Läden, um »einige wenige, teilweise schlechte Kartoffeln oder einige Kohlrüben oder angefrorenen Weißkohl zu beschaffen« (MR 6. 3. 1942, 3393). Die Qualität des Brotes verminderte sich durch eine hohe Ausmahlung des Getreides; während das Regime wegen der schlechten Bekömmlichkeit diese »stillschweigende Rationensenkung« wieder zurücknahm, bot man Schmelzkäse »mit hohem Wassergehalt« an und streckte Vierfruchtmarmelade immer häufiger mit »Zusätzen aus Rhabarber, Kürbis, grünen Tomaten und Preßrückständen von Früchten«. Bald wurde den Fleischern erlaubt, Wurst mit Gemüse oder Roggenkeimen zu verlängern[85], es entsprach allerdings der formalen Gerechtigkeit, daß diese neuen Sorten einen »deutlich sichtbaren Streifen von blauer oder violetter Farbe auf der Umhüllung« trauen (DAZ 31.10.1943). Um der Ernährungskrise und einer damit verbundenen »nervösen Reizbarkeit« (MR 10.9.1942, 4190) zu begegnen, ließ Goebbels einen Güterzug mit in der Ukraine requirierten Lebensmitteln nach Berlin bringen und die Waren ohne Marken verteilen; Melonen aus der Sowjetunion oder nordafrikanische Kakifrüchte sollten die schlechte Obstversorgung aufbessern (DAZ 12.9., 24.10.1942). Als Göring Anfang Oktober 1942 zum Erntedankfest im Sportpalast eine Erhöhung der Fleisch- und Brotmengen ankündigte, glaubten nur wenige Berliner seinen Worten, daß das »Schwerste, auch in der Ernährung«, jetzt »überwunden« sei, da Deutschland nunmehr »die Gebiete mit der fruchtbarsten Erde besitze«. Die mit Jubel aufgenommene Erklärung, daß die Urlauber in Zukunft ein sogenanntes Führerpaket mit »½ kg Mehl, 1 kg Erbsen oder Bohnen, 1 kg Zucker, 1 Pfund Butter und einer großen Dauerwurst« mit nach Hause bringen konnten, wies auf die Grenzen, die der Ausplünderungspolitik gesetzt wurden (DAZ 4.10.1942). Obgleich die Ernährung bis zum Herbst 1944 nicht mehr auf das Krisenniveau von 1942 absank, gehörte die Angst vor einem »Aushungern« zu den Grundempfindungen der letzten Kriegsjahre.

Die Diktatur setzte einen beträchtlichen Teil ihrer Energien zur Ablenkung und Beruhigung ein, dennoch brach das Unsicherheitsgefühl immer wieder durch. Die Beobachtungen von Howard K. Smith über das »anfallartige« Hochschnellen und erneute Absacken der Stimmungskurve in der Bevölkerung (*Smith, S. 93*) finden in den *Meldungen aus dem Reich* und anderen Dokumenten eine vielfache Bestätigung. Vom 10. Oktober 1939, als es in Berlin zu Freudenkundgebungen über einen angeblichen Waffenstillstand mit England kam (MR 11.10.1939, 339)[86], bis zu den letzten Kriegswochen, als die Reichshauptstadt von Berichten über Friedensverhandlungen Papens in London beherrscht wurde (SB 23.2.1945), gab man dem »aberwitzigsten Gerücht« nach, »das auf ein baldiges Ende des Krieges hindeutete« (*Smith, S. 93*)[87]. Selbst der siegreiche Frankreichfeldzug konnte keine dauerhafte Siegesgewißheit verbreiten. Dennoch war die Zuversicht bei dem Einfall in die UdSSR so stark, »daß sich die Wetten […] nicht mit dem

Ausgang« befaßten, »sondern nur noch mit den Terminen« (MR 26.6.1941, 2440), allgemein rechneten auch die meisten Berliner damit, »daß die Russen nach spätestens fünf Wochen zusammenbrechen und kapitulieren würden«[88]; teilweise machte man sich schon »Gedanken über die zukünftige Aufteilung des russischen Raumes«, erwartete die Besetzung Moskaus und damit eine rasche Beendigung des »Blitzkrieges« (MR 7.7.1941, 2486). Wie im September 1939 zeigten die Berliner in der Öffentlichkeit jedoch kaum Regungen. Um die Stimmung anzuheizen, hielt Goebbels Nachrichten vom Kriegsschauplatz zurück und »bündelte« sie am Sonntagnachmittag, dem 29. Juni; fünfzehn Minuten lang wurden unter Fanfarenstößen und einer Handvoll Takten aus den Préludes von Liszt »Sondermeldungen« über die Einnahme von Bialystok, Grodno, Minsk bekanntgegeben[89]; die Engländerin Christabel Bielenberg bemerkte »kein Zeichen freudiger Erregung, ja überhaupt keine Reaktion«[90]; man hielt sich die Ohren zu[89]; keine Flagge zeigte sich[91].

Die am Saum des Bewußtseins lauernde Angst brach mit der Niederlage vor Moskau durch die künstliche Abwehr. Während Hitler die Katastrophe in seiner Rede zum 9. November 1941 damit zu bemänteln versuchte, daß er keinen deutschen Soldaten »unnötigerweise« opfern wolle und auf »Prestige-Erfolge« verzichte (MR 13.11.1941, 2971), steigerten Feldpostbriefe über Gliedererfrierungen[92] oder die durch Berliner Bahnhöfe fahrenden Lazarettzüge mit »abgemagerten« Männern in »abgerissenen Uniformen« die Beklommenheit zum Schrecken (MR 19.2.1942, 3337). Spätestens seit Weihnachten, wo sich viele Fronturlauber in Berlin aufhielten, wurden die Menschen von Geschichten über »auszustehende Strapazen, Kälte, schlechte Verpflegung, Bekleidung« beherrscht; es kam vereinzelt zu öffentlichen Protesten gegen positive Wochenschaubilder (»Das stimmt ja nicht, unsere Soldaten frieren. Die bekommen ja nur Pferdefleisch«, ebd. 22.1.1942, 3196). Auf der anderen Seite mieden Kinobesucher die Wochenschau, um sich vor dem Grauen abzuschirmen; das Propagandaministerium erreichten Bitten, »weniger vom Krieg zu bringen, vor allem aber die Aufnahmen wegzulassen, die Leichen auf dem Schlachtfeld zeigen«[93]. Himmler verbot mit »Rücksicht auf die Abwehrschlacht an der Ostfront« nunmehr auch geschlossene »Tanzlustbarkeiten« (DAZ 22.1.1942), und Goebbels forderte wegen Transportproblemen die Berliner auf, »keine Neujahrsglückwünsche zu verschicken« (ebd.

27.12.1941). Die vom 27. Dezember 1941 bis 12. Januar 1942 durchgeführte Woll-, Pelz- und Wintersachensammlung löste die Menschen aus der Lähmung und erfüllte sie für Augenblicke mit blinder Fürsorge. Die Presse regte an, aus Kaffeewärmern Kopfschützer zu nähen; in den Schaufenstern eines Autosalons am Kurfürstendamm lockten Pelze zu weiteren Spenden, freiwillige Helfer stellten an Ort und Stelle »Mischsendungen« zusammen, um dafür zu sorgen, »daß in einen Wagen mit 100 Westen auch 100 Paar Strümpfe, 100 Leibbinden usw. kommen« (ebd. 31.12.1941). Doch die ohne Rücksicht auf die Transportkapazität im ganzen Reich u. a. gesammelten 4 Millionen Pelzbekleidungsstücke, 3,3 Millionen Ohrenschützer und 1,5 Millionen Paar Ski[94] gelangten nicht immer an die Front und verrotteten; vor allem Skier blieben in den Sammelstellen liegen und wurden später »zum Einheizen verwendet«[95].

In diesen von Furcht beherrschten Monaten begann die Diktatur mit der Deportation der Berliner Juden. Wenige Wochen, nachdem die »Verordnung über die äußere Kennzeichnung der Rassejuden« durch einen »gelben Stern« (19.9.1941) erlassen wurde, konnten die letzten Auswanderer nach Südamerika über Lissabon auf den Weg gebracht werden[96]. Am 18. Oktober 1941 verließ der erste »Osttransport« mit 1013 Juden die Reichshauptstadt; bei starkem Regenfall zogen die Opfer von der Hauptsammelstelle, der ehemaligen Synagoge Levetzowstraße, zum Bahnhof Grunewald. Die Berliner blieben davon unberührt (»Was interessieren mich die Juden, ich denke nur an meinen Bruder bei Rshew, alles andere ist mir völlig gleichgültig«, *von Kardorff, S. 130*). Die einzige Demonstration des Mitleids ereignete sich Anfang März 1943 in der Rosenstraße, als deutsche Frauen mit Erfolg die Freilassung ihrer jüdischen Ehemänner erzwangen[97]. Die Deportation von mehr als 50000 Juden vor allem nach Auschwitz und Theresienstadt[98] war im Juni 1943 beendet; am 10. Juni schloß die Gestapo die jüdischen Büros in der Oranienburger- und Kantstraße und erklärte die Gemeinde für aufgelöst[99]. Wie das Novemberpogrom 1938 und die sich daran anschließenden Schikanen nahmen die Deutschen das Geschehen nur fragmentarisch in ihr Bewußtsein auf. Da die Behörden ihre Anordnungen bald nur noch im *Jüdischen Nachrichtenblatt* mitteilten[100], wurde das Augenschließen erleichtert. Niemand kümmerte sich darum, daß der Judenbann jetzt auf alle Parks und Grünflächen ausgedehnt wurde, so daß Kinder nur noch zwischen den Grabsteinen des Gemeindefriedhofs spielen konnten[101]. April 1942 schloß man die »Sternträger« mit Ausnahme der Rüstungsarbeiter von allen Verkehrsmitteln aus; sie durften ab Mai nicht mehr zum Friseur gehen[102], ab Juli war Blinden verboten, Armbinden zu tragen[103]. Diese Demütigungen wurden von dem schrittweisen Ausschluß von bestimmten Lebensmittelzuteilungen und einem offenen Raub des Vermögens begleitet[104]. Die materiellen Vorteile trugen nicht unerheblich dazu bei, das Gewissen der Berliner weiter einzuschläfern. Schon während der Kohlenkrise hatten die Behörden den »Fremden« die »Holzvorräte [...] beschlagnahmt« und unter »Volksgenossen« verteilt (DB April 1940, 258). Nach einem Luftangriff 1942 beruhigten Parteifunktionäre die Ausgebombten am Schlesischen Ufer mit dem Hinweis auf »Judenwohnungen [...] mit kompletter Einrichtung«, die »schnell [...] frei gemacht« werden könnten[105]. Die Räume der »Abgewanderten« wurden versiegelt und das Eigentum – oft preisgünstig – versteigert (*Smith, S. 129*)[106].

Goebbels' Plan, die Reichshauptstadt möglichst schnell »judenfrei« zu machen, erfuhr durch die Rüstungsindustrie wegen »Mangel an Ersatz eingearbeiteter Kräfte« und fehlenden Transportraums Anfang 1942 einen Aufschub. Im März 1941 hatte man 21000 Berliner Juden zur Zwangsarbeit verpflichtet, davon 11000 in die Metallindustrie[107]; bald sprach sich herum, »daß Siemens und AEG ›ihre Juden‹ gut behandelten, im Gegensatz zu den IG-Farben«[108]. Doch schon am 30. Mai 1942 erhielt Speer die Anweisung, die Juden durch Fremdarbeiter zu ersetzen[109]. Nicht selten kam es vor, daß Betriebsführer persönlich in die Sammellager fuhren und sich ihre Arbeiter zurückholten[110]. Um die vielen Interventionen für verdienstvolle und prominente Juden zu dämpfen, richtete das Regime das Vorzugslager Theresienstadt ein, das in Wirklichkeit für die meisten nur eine Zwischenstation nach Auschwitz war[111]. Während die Betriebe oft erfolgreich ihre Arbeiter »reklamierten«, ging die Gestapo dazu über, Alte und Kranke nach Theresienstadt zu deportieren; Alters-, Taubstummen- und Blindenheime wurden geräumt; Patienten des jüdischen Krankenhauses konnten von der »Umsiedlung« nur bei Operationen oder bei einer Erkrankung »im Finalstadium« zurückgestellt werden; Schwangere mußten nachweisen, »daß die Geburt im Gange war; war das Neugeborene 6 Wochen alt, wurde es mit den Eltern evakuiert«[112]. Seit Sommer

1942 verzichtete die Gestapo auf jede »Vorwarnung« und ließ den Menschen oft nur noch wenige Stunden Zeit, ihre Habseligkeiten zusammenzupacken. Anfang November 1942 ereigneten sich regelrechte »Jagden und Häuserabsuchungen«[113]. Da es durch die Verordnung vom April verboten war, daß Juden öffentliche Verkehrsmittel benutzten, fuhren Sicherheitspolizisten und jüdische Helfer mit einem »geschlossenen Möbelauto durch die Straßen Berlins, wie mit einem Hundefängerwagen, und packte[n] Menschen mit dem Judenstern hinein.«[114] Am 27. Februar 1943 wurden alle zwangsverpflichteten Arbeiter und Arbeiterinnen in ihren Fabriken verhaftet; »die Verladung auf die SS-Autos ging so schnell, daß die meisten Frauen [...] in bunten Kittelschürzen [...] ohne [...] Mäntel mitgenommen wurden.«[115] Obgleich Goebbels bald darauf dem »Führer« berichtete, daß die »Sternträger« zum großen Teil aus Berlin evakuiert seien[116], hielten sich Mitte 1943 neben den »arisch versippten« Juden noch 5000 »Untergetauchte« in der Reichshauptstadt auf, von denen monatlich etwa 150 auf der Straße oder in Verstecken aufgegriffen und nach Auschwitz oder Theresienstadt »umgesiedelt« wurden[117]; selbst im Februar und März 1945 – als die Rote Armee schon an der Oder stand – wurden »gefaßte Juden« nach Bergen-Belsen, Sachsenhausen, Ravensbrück und Theresienstadt deportiert[118]. Siegmund Weltlinger schätzt die Zahl der aus dem Untergrund nach Ende des Krieges aufgetauchten Berliner Juden nicht höher als 1400[119].

Erst zum Jahreswechsel 1942/43 verstärkten sich unter den Juden Gerüchte von »Massenerschießungen und Hungertod, von Folterung und Vergasung«[120]. Bis dahin wurde die Flucht in den Untergrund einhellig abgelehnt; man bereitete sich tagelang auf die Deportation vor wie auf einen Wohnungswechsel, die »Wäsche wurde ausgebessert, die Koffer [...] gepackt und noch einmal die Wohnung gründlichst« gesäubert[121]. Als die »Umsiedlung« 1943 immer brutalere Formen annahm, häuften sich die Selbstmorde; man nahm Veronal oder Zyankali, warf sich vor Autos oder stürzte sich aus dem Fenster[122]. Viele der nunmehr untertauchenden Juden waren Jugendliche, die sich schon vor den Deportationen den Verordnungen widersetzt und – ohne Stern – am öffentlichen Leben teilgenommen hatten[123]. Im Sommer schliefen sie draußen im Tegeler Forst oder im Grunewald zusammen mit Ausgebombten oder mischten sich unter die »Kunsthungrigen«, die sich vor der Staatsoper, Unter den Linden, eine Nacht vor Öffnung der

Kassenschalter mit Schemel und Decken anstellten[124]. Vor allem im Winter litten die Illegalen unter einem erschütternden »Schwund zuverlässiger Verstecke«; glückte es bis zum späten Abend nicht, einen Schlafplatz zu erobern, blieb nichts anderes übrig, als in einer der Straßenbahn-Nachtlinien – durch Aktentasche und Brotpaket getarnt – von einer Endstation zu anderen zu fahren[125]. Möglichkeiten, sich am Tag zu verbergen, boten die Schauräume des Aquariums, Budapester Straße (*König, S. 140f.*), Tageskinos wie das Biograph, Münzstraße, Museen und das KaDeWe, wo Joel König sogar den Mut aufbrachte, sich in einer Hörzelle der Schallplatten-Abteilung die »Prometheus-Ouvertüre und die Fünfte Symphonie von Beethoven« vorspielen zu lassen[126]. Während die Enttarnung vor allem durch Ausweiskontrollen und »jüdische Greifer« drohte[127], waren die »Untergetauchten« vor der Bevölkerung relativ sicher, die versuchte, die Katastrophe einfach nicht zur Kenntnis zu nehmen. Ende 1944 beschwerten sich Berliner, daß man ihnen den Anblick »jüdischer, kahlgeschorener Frauen« zumute, die man – von Scheinwerferlicht angestrahlt – in einem Lager »auf dem ehemaligen Tennisplatz von Blau-Weiß in der Braunauerstraße« beobachten konnte (SB 9.12.1944). Obgleich die ausländischen Radionachrichten über die Judenmorde oft als Greuelpropaganda abgetan wurden[128] und Erzählungen von Soldaten nur selten genaue Berichte enthielten (*Warner, S. 132*), existierte dennoch selbst bei jungen Menschen die »Vorstellung von etwas Unheimlichem«, das sich im Osten ereignete und das sich in Witzen über die RIF-Kriegsseife (»Ruhe in Frieden«) oder in Phantasien über U-Boot-Abdichtungen aus jüdischem Frauenhaar dunkel Bahn brach[129].

Nachdem Berlin »judenfrei« war, erhielt der Krieg durch die Flächenbombardierung eine weitere Verschärfung. Es fehlte nicht an Stimmen, die den »Bombenterror« mit der Judenverschleppung in Verbindung brachten (*von Kardorff, S. 132*). Schon in den Friedensjahren war der Luftkrieg durch Übungen ein fester Bestandteil des Alltagslebens. Offen diskutierten die Berliner darüber, daß man in Zukunft »nicht gegen die feindlichen Armeen Krieg führen werde, sondern hauptsächlich gegen die wehrlosen Bewohner der Städte«[130]. Zeitschriften wie *Die Sirene* warben noch 1938 für den zivilen Luftschutz mit Bildern und Berichten aus dem Ausland wie *Verdunkelung in England* (2/Januar), *Italien und der Luftkrieg* (3/Februar), *Luftschutzübung im Tower* (6/März), *Luftschutz-*

Einladung
zum Kellerfest des Clubs „Licht aus!"

| Beginn 11 Uhr | Eintritt frei | Ende gegen 4 Uhr |

PROGRAMM

1. Einleitung . . . . Sirenengeheul
2. Einzug der Hausgemeinschaft in die Festräume
3. Begrüßungsansprache des Hausluftschutzwartes
4. Gemeinsames Lied: („Alle Vögel sind schon da")
   Wenn uns dann am Abend die Flak alarmiert
   rut ut'm Bett, rin 'innen Keller, Licht aus
5. Marsch: „Mit Bomben und Granaten"
   gespielt von der Hausfeuerwehr: 1 Pauke, 11 Zittern
6. Lieder:
   a) Im tiefen Keller sitz ich hier —
   b) Das kann doch einen Seemann nicht erschüttern —
   (gesungen von der Hausfeuerwehr)
7. Vortrag über das Thema: „Was kommt dort von der Höh'?"
   (Es spricht Prof. Splitterbombe)
8. Großes Brillantfeuerwerk im Freien
   Ausführende: Tommy . . . . . . London
   Flak . . . . Bremen
9. Lied der Frauen:
   „Guten Abend, gute Nacht, mit Bomben bedacht"
10. Ende der Veranstaltung . . . . Entwarnung
11. Schlußlied: „Bis früh um fünfe, kleine Maus, dann müssen
    wir schon wieder raus —

Während des Gesanges führen die Feuerwehrmänner den Feuerpatschentanz auf.
Am Schluß jeder Veranstaltung findet die Eimerpolonaise bis zum Dachboden statt.

Mitgebrachte Getränke dürfen nur von der Hausgemeinschaft und nicht einzeln
in der dunklen Kellerecke verzehrt werden.

Besuchen Sie bitte unsere Veranstaltung.
Gasmasken sind mitzubringen!
Täglich abwechslungsreiches Programm.
Allnächtlich neue Sensationen!

Anmerkung. Programmänderungen bleiben vorbehalten. Bei entsprechender
Witterung tagsüber Sondervorstellungen. — Bei Reiseschwierigkeiten der Londoner
Mitwirkenden fallen die Vorstellungen aus. — Juden haben keinen Zutritt.

3 Witz-Flugblatt, Bremen 1940

Bilderbogen aus der Tschechoslowakei (9/Mai), *Fesselballons über London* (13/Juni), *Schweizer Militär im Gasabwehrdienst* (14/Juli), *Die Parole von Paris »Mehr Luftschutz«* (16/August), *Die Volksgasmaske der anderen* (19/September), *Stockholm unter der Tarnkappe* (22/Oktober) u. a. Die Entrümpelung der Dachböden oder die Verdunkelungsübungen, zu denen sich wie zu einem Volksfest »Massen von Menschen drängten«[131], wurden als natürliche, alle europäischen Länder betreffende Vorsichtsmaßnahmen propagiert. *Anweisungen für die Erste Hilfe durch Tierhalter* (*Die Sirene* Mai 1937) oder Berichte über *Gehörlose beim Luftschutz* (ebd. November 1938) tauchten die erwartete Katastrophe in ein diffuses Licht. Die neben deutschen Modellen auf den Titelseiten der *Sirene* immer wieder abgebildeten Boeing – (Mai 1937) oder Harrow-Bomber (Mai 1938) weckten den Eindruck eines technischen Wettbewerbs, zumal den künftigen Feinden jede Angriffsabsicht abgesprochen und auch eigene aggressive Äußerungen vermieden wurden, denn »die Überrumpelung ist der Grundsatz, der die Führung des Krieges von morgen leiten muß, indem man in wenigen Stunden aus dem scheinbaren Zustand vollkommenen Friedens in den Zustand des Krieges und Kampfes übergeht«[132]. Im Berlin sprach man über »Brandbomben und Giftgas, als handle es sich um Einmachrezepte«[133] und unterlief mit albernen Versen die nationalsozialistische Ideologie, das Leben unter den Aspekten von Gefahr, Angriff, Stärke, Schwäche usw. zu sehen (»Sollte ›Weißkreuz‹ dich verdrießen, / Mußt du deine Äuglein schließen! / Atme flach und weine sehr! / Natron hilft auch hinterher«)[134]. Die Volksgasmaske VM 37 wurde zur Freundin erklärt[135] und verlor ihre angsteinflößende Wirkung[136]. Luftschutz-Schulwettbewerbe mit Bastelarbeiten und »entzückenden Scherenschnitten« idyllisierten die drohenden Gefahren[137]. Auch als am 1. September 1939 der erste Fliegeralarm gegeben wurde, blieb dieser Eindruck erhalten. Tausende brachen bei Dunkelheit auf, um Berlin ohne Licht zu erleben[138]. Die »Fassaden der Häuser bekamen zyklopische Formen, die Türme der Kirchen wuchsen über das menschliche Maß des Auges«, heißt es in einem Zeitungsbericht. Die verdunkelte Stadt erschien als ein »anderer Sommernachtstraum« und führte – »von Lichtflecken umgeistert« – Verliebte zueinander[139]. Junge Burschen faßten »wahllos nach Frauen, die jäh aufkreischten« (*Oelfken, S. 216*), doch freundlich hatten sich Männer eines SA-Sturms neben handbemalte Schilder gestellt: »Wer allein muß heimwärts geh'n, / Durch die dunkle, dunkle Nacht / Und sich grault, 's könnt was gescheh'n, / Wird von uns nach Haus gebracht!«[140] Leuchtplaketten kamen in Mode[141], man begegnete jetzt »Feuersalamandern [...], grünen Elefanten, Foxterriern, Eulen, Kröten, und manche hatten sich sogar ganze Glühwürmchenkonglomerate [...] an den Paletot gepappt«[142]. Lediglich die von fernen Dächern »wie spitze Nadeln« in die Luft ragenden Rohre der Flakgeschütze erinnerten an den Krieg[143], über den Nachthimmel fuhren »Scheinwerfer blitzend« hin, »doch man hörte keine Flieger«[144]. Noch Anfang 1940 glaubten die Berliner, die Verdunkelung habe »ausschließlich den Zweck, Licht zu sparen, da Fliegerangriffe unmöglich seien« (*Deutschland-Berichte, S. 82*). Aufgeschlossen beteiligte man sich an Wettbewerben, »den Luftschutzkeller so gemütlich wie möglich zu machen«[145]. Als die erwarteten Bombardements ausblieben, veranstalteten Hausbewohner im Keller »am 1. Advent eine kleine Feier *ohne* Alarm [...] mit Tannenzweigen und Lichtern und kleinen Engeln und sogar Glühwein und Gebäck«[146]. Die »Mobilisierung für den Luftschutzgedanken« täuschte darüber hinweg, daß es in Wirklichkeit keine umfassenden Schutzmaßnahmen gab. Man begnügte sich mit dem »behelfsmäßigen Abstützen von Kellerdecken und dem Dichtsetzen von Fenstern«, für den Bau von größeren Schutzwerken glaubte man, »weder Material noch Arbeitskräfte« zur Verfügung zu haben[147]. Erst nachdem die RAF am 26. August 1940 die ersten Bomben auf Berlin abwarf, verstärkte das Regime – noch immer zögernd – den Bau bombensicherer Großbunker. Spektakulär war die Errichtung des riesigen, grüngestrichenen Flakturms am Zoo, der mehr als 20000 Menschen Platz bot; ähnliche Bunker wurden später im Humboldt- und Friedrichshain gebaut, doch für die Einwohner der 4-Millionen-Stadt standen bei Kriegsende lediglich 65 000 sichere Bunkerplätze zur Verfügung[148]. Obgleich die Berliner U-Bahn – anders als in London – nur eine Unterpflasterbahn war, wurden die Tunnel als Schutzräume zugelassen, doch ein Volltreffer war »gleichbedeutend mit dem Tod«. Auch in Parks und Grünflächen ausgehobene Splittergräben erzeugten bestenfalls die Illusion eines Schutzes[149]. Die Flächenbombardierung 1943 erschütterte das falsche Sicherheitsgefühl und ließ Proteste gegen den geringen Luftschutz-Bau laut werden; die Stimmung war in der Reichshauptstadt Anfang 1945 so gereizt (*Sondereinsatz, S. 302f.*), daß das Propagandaministerium im März die Errichtung weiterer Hochbunker forderte[150] und – wie im Kleistpark – bis unmittelbar vor der Schlacht um Berlin vorantrieb[151].

Während des ganzen Krieges suggerierte der Staat durch Einflüsterungen und optische Maßnahmen Sicherheitsillusionen. Die farbige Vielfalt der Kraftfahrzeuge wich allmählich »einem eintönigen stumpfen Grau«[152]; die Viktoria der Siegessäule wurde mit schwarzer Farbe angemalt, damit sie das Scheinwerferlicht nicht mehr reflektierte[153]; ab Frühjahr 1941 erhielten die meisten Fensterscheiben der Straßenbahnwagen einen blauen Anstrich, in dem »ein mäßig breiter Streifen farblos gelassen war« (DAZ 16.5.1941); dieses »blaue Halblicht schien jede Glücksregung zu dämpfen. Es nahm den Anlagen draußen die Frische des Grüns, und sogar wenn lachende Menschen beisammen standen, war's, als träumte man sie nur«[154]. Über der Ost-West-Achse täuschte seit 1940 ein Netz aus Maschendraht mit grünen Stoffetzen Geborgenheit vor, doch »der erste Windstoß riß klaffende Löcher in die Tarnnetze und wehte die falschen Bäume von den Straßenlaternen; für den Rest des Winters hingen sie im Tiergarten als formlose Klumpen aus Stoff und Draht in den Ästen der Bäume«[155]. Ähnlich wie die Scheinanlagen über dem Lietzensee war auch die »weiße, milchige Sauce« der Vernebelung [156] eine untaugliche Abwehrmaßnahme, die jedoch die tatsächliche Gefahr entwirklichte und der Realität den Status einer »Traumwirklichkeit« verlieh. Die Menschen gingen bereitwillig auf solche Manöver ein und täuschten sich vor allem auch über die Wirkung der Flak, die in Wirklichkeit ein »Beruhigungsfeuerwerk« für die Bevölkerung war[157] und zu »keiner Zeit den Gegner von einem Angriff abzubringen« vermochte[158]. Auch Flaksoldaten und Luftwaffenhelfer wehrten später die Wahrheit ab, daß z. B. von 1000 einfliegenden Maschinen nur neun, also weniger als 1 % getroffen wurden[159]. Man fühlte sich mit dem technischen Gerät nicht mehr einem unbestimmbaren Schicksal ausgeliefert; wie für das Bedienungspersonal das »Schießen [...] eine psychologisch stabilisierende Funktion hatte«[160], schützte sich der einzelne im Luftschutzkeller vor der Angst dadurch, daß er auf die Detonationen der heimischen Artillerie lauschte und – wider besseres Wissen – auf ihre Wirkung vertraute (*Findahl, S. 278*). Das Regime wußte um diesen Einfluß und zögerte noch 1944, die 20000 Flakgeschütze von der Heimat abzuziehen und damit die Panzerabwehr an der Ostfront zu verdoppeln[157]. Am sichersten vertrauten die Berliner auf die Jagdabwehr. In Döberitz befand sich einer von fünf Großbunkern, in denen auf eine übergroße Mattglasscheibe mit Lichtpunkten Standorte, Höhe und Anzahl der feindlichen Bomber projiziert wurden; in amphitheaterartig ansteigenden Reihen saßen Leitoffiziere und gaben ihren Nachtjägern die Einsatzbefehle[161]. Der 1943 tatsächlich eintretende Verlust der Luftherrschaft wurde in der ersten Kriegsphase für unmöglich gehalten. Dem Feind traute man nur »Teilschläge« zu und rechnete mit Angriffen von höchstens 50 Maschinen auf ein Gebiet, das nicht weiter als 250 bis 300 km von der Grenze entfernt lag[162]. Obgleich Militärs durch die Bombardierung Warschaus die verheerende Wirkung von Brandherden beobachten konnten, unterschätzten sie diese Waffe, die 80% aller Zerstörungen verursachen sollte[163]. Eine Situation, in der es der Feuerwehr nach einem Angriff nicht mehr gelang, alle Brände zu löschen, so daß sie zusammenwachsen und wie in einem Riesenkamin nach oben schießen konnten, blieb undenkbar. Bald nach Kriegsausbruch entließ man die vielen Luftschutzkräfte wieder in die Industrie oder Landwirtschaft[164]. Zwar sammelten die Berliner – unverändert pflichtbewußt – in Badewannen Löschwasser (*Abb. 4*), doch viele Luftschutz-Einstellspritzen verdarben im Winter 1939/40 durch Frost und Korrosion, Papiertüten mit Löschsand lösten sich auf, und der Inhalt wurde zum Streuen verwendet[165]. Als Frankreich kapitulierte, hielten die meisten die Gefahren eines Luftkriegs für überstanden; Bevölkerung und Machthaber teilten im übrigen das Wahndenken Douhets, »daß ein Krieg kaum einen Monat dauern wird, wenn es gelänge, nur 300 Tonnen auf die wichtigsten Großstädte, Industrie- und Wirtschaftszentren« des Gegners »abzuwerfen«[166]. Die Erwartung, durch den »Blitz« auf London die englischen Flugzeuge in der Luft und am Boden zu zerschlagen und Großbritannien zum Frieden zu zwingen, sollte sich allerdings nicht erfüllen. Die Wahrheit, daß die deutsche Luftwaffe vom August bis Oktober 1940 Dreiviertel aller einsatzbereiten Jäger und Bomber und damit fast doppelt so viele Maschinen wie die Briten eingebüßt hatte, wurde den Menschen nicht preisgegeben[167]. Zwar täuschten Wochenschau und Illustrierte, die täglich London als sterbende Metropole vorführten[168], durch das Fernrücken der Katastrophe ein falsches Sicherheitsgefühl vor, doch gleichzeitig hielten die »Nahaufnahmen zerstörter Straßenzüge und einzelner Gebäudekomplexe« ein vages Unbehagen wach (MR 7. 10. 1940, S. 1646f.). Noch überspielten die Berliner die Furcht mit Spott über die »Silberblicke der Engländer«, wenn die Bomben »daneben oder auf unwesentliche Objekte fielen«[169], und ironisierten den regelmäßigen Gang in die Luftschutzräume als »Kellerfest« (»Besuchen Sie bitte unsere Veranstaltung. / Gasmasken sind mitzubringen! / Täglich abwechslungsreiches Programm. / Allnächtlich neue Sensationen!«, *Abb. 3*). Tatsächlich ließ das damals gebräuchliche Navigationsverfahren keine hohe Treffsicherheit zu, die Orientierung der Flugzeugbesatzungen war so ungenau, daß sich die Engländer etwa über Berlin glaubten, aber in Wahrheit 100 km südöstlich über Fürstenberg befanden[170]. Am 29. August 1940 gab es die ersten Toten unter der Zivilbevölkerung[171]; einen Monat später – am 23./24. September – griffen 84 Bombenflugzeuge Berlin an und zerstörten Gebäude in den Bezirken Tiergarten, Prenzlauer Berg, Charlottenburg, Spandau und Lichtenberg[172]. Die Presse berichtete in ausführlichen Artikeln über die Einflüge und beklagte den Abwurf von Bomben auf »Krankenhäuser, Wöchnerinnenheime und Wohnhäuser« (DAZ 8.10.1940); ausländische Korrespondenten gaben von Gaststätten-Telefonen unzensierte Reportagen durch[173]. Nach den Bombardements fuhren die Berliner stundenlang mit der S-Bahn in andere Stadtteile, um beklommen und neugierig die zerbombten Häuser zu fotografieren[174]. Auch während der Angriffe traten trotz der Verbote die Menschen immer wieder auf die Straße oder kletterten auf die Dächer und staunten die Feuersbrünste an[175]. Die materiellen Schäden blieben in den ersten Kriegsjahren gering, »Übermüdung war die augenfälligste Erscheinung«[176]. Während des Alarms vom 8. Oktober 1940 mußten Zehntausende Berliner, die sich nach Theater- und Kinobesuchen in der Innenstadt aufhielten, die Nacht in fremden Luftschutzkellern verbringen. »Um vier Uhr früh erlebte [...] das Berliner Verkehrsnetz eine Stoßzeit, wie sie sonst nur am späten Nachmittag eintritt, wenn alle von ihren Arbeitsplätzen kommen«, notierte damals die schwedische Tageszeitung *Dagens Nyheter*[177]. Da viele Kinder unausgeschlafen in ihre Schulen kamen, setzte der Stadtpräsident den »Unterrichtsbeginn ohne Rücksicht auf die Dauer des Alarms auf 10 Uhr fest« (MR 12.9.1940, 1565). Während die Flugzeuge bis Ende 1940 sechsunddreißigmal über der Reichshauptstadt Bomben abwarfen[178], erlebte Berlin 1941 neben einigen russischen Störangriffen im August und September nur noch achtzehn Bombardements durch die Engländer. Insgesamt wurden 448 Menschen getötet (1940: 222; 1941: 226)[179]. Bisher bot es keine Schwierigkeiten, die 20000 Obdachlosen großzügig zu entschädigen und die Gebäudeverluste durch Neubauten auszugleichen (DAZ 21.5.1941). Damals entdeckte ein Schweizer Besucher in Berlin kaum Spuren des

Luftkriegs, die Schäden waren mit »größter Geschwindigkeit getilgt«, so daß »nur frische rote Dächer [...] an einzelnen Stellen« Einschläge verrieten[180].

Als in der Nacht vom 7./8. November 1941 vor allem durch Nachtjäger 12,5% der eingesetzten britischen Flugzeuge über Berlin abgeschossen wurden, verbot Churchill alle Fernfliegerangriffe, um mit Flächenbombardierungen durch 1000 Maschinen die Einäscherung deutscher Großstädte vorzubereiten[181]. Von diesem Zeitpunkt an bis zum 16. Januar 1943 trat für die Reichshauptstadt eine fast vierzehnmonatige Pause ein, die nur von wenigen Kurzalarmen unterbrochen wurde. »Berlin war schließlich wieder so sicher wie irgendeine neutrale Stadt«, konnte Howard K. Smith 1942 feststellen[182]. Die Metropole wuchs um mehr als 100000 Einwohner[183]; Goebbels verrechnete zynisch die 41900 britischen Todesopfer mit den 3853, welche der Luftkrieg im Deutschen Reich gefordert hatte, und verharmloste sie mit einem Hinweis auf die mehr als 7000 Verkehrstoten im Friedensjahr 1938[184]. Obgleich Hitler mit dem »Blitz« auf London die Bevölkerung nicht zermürbt, sondern fest mit der Regierung verschmolzen hatte, vertraute Churchill der Irrlehre Douhets und wiederholte zwei Jahre später die gleiche Taktik, durch »ein wissenschaftlich präzises Bombardement«[185] auf die Innenstädte die Menschen zu lähmen, um dann »unter Vermeidung eines größeren Risikos« die Landstreitkräfte »in einer Art Polizeiaktion« zum Einsatz zu bringen[186]. Die Zerstörung von Industrieanlagen, die allein zu einer Schwächung der deutschen Widerstandskraft beitragen konnte, erschien nur als eine »Art Sonderprämie«[187]. Die 1942 mit den Angriffen auf die Zentren von Lübeck (28./29. März), Rostock (23.–27. April) und Köln (30./31. Mai) eingeleitete Massenvernichtung übertraf alle Voraussagen der deutschen Fachleute. 1942 kamen Lancaster-Bomber zum Einsatz (März) und Pfadfindermaschinen, die mit pyrotechnischen Markierungsbomben – »Christbäumen« – eine größere Zielgenauigkeit garantierten (August). Neue Funkmeßgeräte, welche die Landschaft unter dem Bombenflugzeug auf dem Radarschirm widerspiegelten,[188] und Aluminiumfolien zur Störung der deutschen Ortungsgeräte[189] festigten ein Jahr später die Luftherrschaft der Briten. Auch die Abwurftaktik und die Bomben erfuhren eine Modifizierung. Damit sich das Feuer noch verheerender durch abgedeckte Dächer und zertrümmerte Fenster ausbreiten konnte, wurden zu Beginn des Angriffs Minen und Sprengbomben eingesetzt. Die sechskantigen Stäbe enthielten Sprengsätze, die das rechtzeitige Ablöschen beeinträchtigten; Flüssigkeitsbrandbomben mit einer Füllung aus Öl, Leichtbenzin und Kautschuk sowie Phosphorkanister ließen brennende Fladen an den Häuserfronten herabsickern (*Abb. 17*). Die Phosphorpartikel erzeugten auf der Haut nur geringe Verbrennungen, sollten jedoch die Angst vor einem chemischen Krieg aufwühlen. Wenn die Propaganda seit der Zerstörung Rostocks Ende April 1942 von »Terrorangriffen« sprach[190], dann beschrieb sie realistisch die Absichten der RAF, die Moral der Deutschen zu brechen. Doch noch während des ganzen Jahres 1942 glaubten die Berliner, daß ihre Stadt aufgrund der geographischen Lage dauerhaft geschützt sei; mit angehaltenem Atem erzählten sie sich von den Verwüstungen von Köln, Dortmund oder Wuppertal und reagierten auf die sich häufenden Schauerberichte mit ungläubigem Staunen.

Mit den Angriffen vom 16. Januar und 1. März 1943 war auch für Berlin die Atempause vorbei. Das Bombardement vom 1. März forderte 709 Tote und 64909 Obdachlose und übertraf damit alle bisherigen Verluste seit Kriegsbeginn[191]. Die viermotorigen Bomber waren über Ostsee und Odermündung eingeflogen und kamen so niedrig über die Stadt, »daß man meinen konnte, sie würden an die Schornsteine« rühren[192]. Ein kräftiger Stoßwind erschwerte die Löscharbeiten[193], Splitter der in Berlin stationierten Flakgeschütze »zerschlugen Scheiben, Dachziegel und Blechdächer, prallten an den Wänden und Mauern ab« und verletzten Menschen, die sich das »kriegerische Schauspiel« anschauten, das an »einstige Seenachtfeste« erinnerte[194]. Einige Stunden nach dem Angriff standen noch viele Berliner – ohne beim Löschen zu helfen – vor den brennenden Häusern und diskutierten über die für unmöglich gehaltenen Einflüge. Die für das ganze Reich geltende Anordnung, daß »alle Deutschen, die nicht durch körperliche Gebrechen behindert sind, an der Arbeit des zivilen Luftschutzes teilnehmen« müssen[195], ist auf dieses Verhalten zurückzuführen. Doch auch noch später forderten Aufrufe in der Berliner Presse auf, »unnötige Besuche in den geschädigten Stadtteilen« zu unterlassen (DAZ 4.9.1943); Anfang Oktober 1943 mußte der Polizeipräsident die Ordnungskräfte anweisen, »Schaulustige [...] zu Aufräumungsarbeiten einzusetzen« (ebd. 2.10.1943)[196]. Die Neugier sollte nicht darüber hinwegtäuschen, daß sich die Berliner – nach dem Feuerorkan von Hamburg Ende Juli 1943 – wie an einem »Kraterrand« fühlten, »fünf Minuten vor Ausbruch des Vulkans.«[197] Die Reichshauptstadt wurde von einer »Welle von Gerüchten« und »Einzelschilderungen von Schreckensszenen« überflutet (MR 5.8.1943, 5571); die Nachrichten untergruben das seit Anfang des Jahres in Bewegung geratene Sicherheitsgefühl. Als Goebbels in der Nacht vom 31. Juli zum 1. August ohne jede organisatorische Vorbereitung Handzettel an alle Berliner Haushalte verteilen ließ, die zur Evakuierung von »Frauen, Kindern, Pensionären, Rentnern usw. [...] in weniger gefährdete Gebiete« aufriefen[198], wurde der Eindruck erweckt, »daß selbst die Reichshauptstadt von der Regierung aufgegeben und verlassen werde« (MR 5.8.1943, 5572); die künstlich stabilisierte Stimmung sackte »urplötzlich« zusammen (ebd., 5571), am Sonntag (1.8.) und Montag (2.8.) kam es zu einer Panik (ebd., 5569)[199]; auf die Bahnhöfe und Kartenstellen setzte ein Massenansturm ein; das heiße Wetter mit Temperaturen bis zu 35° erhöhte die Furcht vor Brandbomben[200]; da ein Großangriff wie auf Hamburg »stündlich« erwartet wurde[201], fuhren Tausende in die Umgebung und kampierten nachts in den Wäldern. Auch in benachbarten Städten wie Frankfurt a. O. breitete sich eine »Angstpsychose« aus, man erzählte sich, »daß in Berlin bereits Kalkgruben ausgehoben werden zur Bergung der Leichen« oder daß die Regierung Soldaten in die Reichshauptstadt verlegt habe, »um bei Unruhen eingreifen zu können« (MR 5.8.1943, 5570). Doch schon am Dienstag (3.8.) hatte sich die »große Erregung« weitgehend beruhigt (ebd., 5569). Horst Lange beobachtete auf dem Bahnhof »nur ganz vereinzelte Fälle von Hysterie [...]. Man nimmt alles hin, [...] so ermattet ist man schon.«[202] Doch noch am 6. August mußten die Berliner am Zoo sieben Stunden auf eine Zulassungskarte und in Lichterfelde-West acht Stunden wegen der Aufgabe des Gepäcks warten (DAZ 6.8.1943). Die Evakuierung war freiwillig[203], wer keine Verwandten hatte, konnte nur nach Osten in die »Aufnahmegaue« Mark Brandenburg, Ostpreußen und in Teile des okkupierten Polen (»Wartheland«) ausreisen[198]. Bis November hatte sich die Einwohnerzahl um 600000 auf 3,3 Millionen Menschen vermindert[204]; man schätzt, daß sich bis August 1944 die Bevölkerung noch einmal um 500000 reduzierte[205]. Abgesehen von den schweren Angriffen vom 23. August und 3. September, die vor allem den Westen trafen und viele Häuser der Tauentzien- und Joachimsthaler Straße sowie des Kurfürstendamm niederlegten[206], blieb Berlin auch im

Herbst noch immer von der erwarteten Flächenbombardierung verschont. Zur Vorbereitung der Schlacht setzten die Engländer zweimotorige Maschinen vom Typ »Mosquito« ein, die nur wenige Bomben abwarfen, aber die Menschen jede Nacht in die Luftschutzkeller zwangen[207], außerdem war es für die Funkmeßgeräte schwierig, die aus Holz gebauten Flugzeuge zu orten[208]. Die Berliner empfanden die nächtlichen »Mosquito-Besuche« – erleichtert – als »Geplänkel«[209]; anders als im August wollte man sich plötzlich nicht mehr vorstellen, daß die »Stadt das gleiche Schicksal erleiden sollte, wie vorher so viele andere deutsche Städte«[210], und erzählte sich Gerüchte, nach denen die Engländer die Luftangriffe ganz einstellen wollten, »um den Führer vom Einsatz der Vergeltungswaffe abzuhalten«[211].

Am 3. November erklärte der britische Luftmarschall Harris Churchill gegenüber, daß neunzehn deutsche Großstädte völlig ausgelöscht und weitere neunzehn schwer angeschlagen seien, nach der angeblichen Lähmung des Reichsgebietes solle man nunmehr beginnen, die Hauptstadt ähnlich wie Hamburg zu verwüsten. »Wir können Berlin von einem Ende zum anderen in Trümmer legen [...]. Es wird uns 400 bis 500 Flugzeuge kosten, aber es wird Deutschland den Krieg kosten.«[212] Als am Donnerstag, dem 18. November, 444 Lancaster vor allem Pankow, Reinickendorf und Lichtenberg bombardierten und »relativ geringe« Schäden anrichteten[213], ahnte kein Deutscher, daß damit die »Schlacht um Berlin« eingeleitet war. Am Montag, den 22. November, hing »schwere, neblige Luft« über Berlin, niemand »rechnete« deshalb »mit Alarm oder gar mit Angriff« (*Warner, S. 144*), man strömte »mit beruhigter Sorglosigkeit [...] in Kino und Theater«[214]. Nachdem um 19 Uhr 20 Alarm gegeben wurde, belegte die erste Welle vor allem das Zentrum um die Gedächtniskirche und den Alten Westen mit mehr als 2000 Tonnen Sprengbomben und etwa 150000 Brandstäben[215]. Nach der Entwarnung blieb nur eine knappe Stunde Zeit, die Großbrände zu löschen. Als die zweite Welle um 22 Uhr 09 angriff, fand sie »ihr Zielgebiet [...] hell erleuchtet«[216]. Das neblige Wetter schützte nicht Berlin, sondern die 670 Bomber[217], die kaum in das »Lichternetz der Scheinwerfer« gezogen werden konnten, so daß die Flak Hunderttausende von Geschossen wahllos in den Luftraum setzte[218]. Ganze Bezirke waren von Feuer eingehüllt[219]; die Brände brachten die »Luft in Bewegung«, es kam ein Sturm auf (*Warner, S. 149*)[220], so daß Mäntel über die Köpfe wehten; brennende Balken, Ge-

4 *Löschwasser. 1943.*

simsteile usw. wurden anders als in Hamburg[221] nicht mitgerissen; Funken wirbelten wie dichtes Schneegestöber durch die niederbrennenden Straßen, und die Hitze neigte die Lichtkandelaber langsam zur Seite[222]; der Asphalt schmolz[223]. Aber der im Tiergarten-Viertel aufkommende Feuersturm beruhigte sich wieder, außerdem gelang es den Löschkräften, bis zum Morgengrauen die Reichshauptstadt »schwarz« zu machen[224]. Erst in der folgenden Nacht, als die RAF erneut einen Angriff mit 332 Bombern flog, scheiterte der Versuch, die Brände einzudämmen, obgleich sogar Kinder Hausdächer und Fenster bespritzten[225]. Zu der strengen Kälte trat ein scharfer Wind, so daß die Gefahr eines Flächenbrandes drohte. Die Feuerwehr stand vor dem Zusammenbruch. Aber die Reichshauptstadt war wesentlich schwerer als Hamburg in Flammen zu setzen, der größte Teil stammte aus dem 19. Jahrhundert und war wie ein »Zellengewebe« gebaut, es fehlten brandanfällige Fachwerkhäuser, die langen Straßen wirkten als Schneisen[226]. Die Entstehung einer Feuerwalze wurde auch deshalb verhindert, weil eine dritte Bomberflotte am Abend des 24. Novembers wegen schlechten Wetters nach England abdrehen mußte[227], aber am 26. November setzten mehr als 400 Lancaster die Zerstörung fort. Schon am Mittwoch war die schwedische Insel Oeland in der Ostsee drei Stunden lang von einem gelben Nebel aus einem Gemisch von Rauch und Ölgasen eingehüllt, der von den 450 km entfernten Feuersbrünsten stammte[228]; am Donnerstag hatten die Rauchwolken die südlichen Schären vor Stockholm erreicht[229]. Der Westen mit der Gedächtniskirche stand in Flammen, auch der Potsdamer Platz mit dem Kaufhaus Wertheim und das Regierungsviertel um die Wilhelmstraße, in beiden Nächten wurde der Zoo schwer getroffen (*Heinroth, S. 159 f.; Heck, S. 162 f.*). Zwischen Ziegelstücken und Baumresten entdeckte Lutz Heck Hirsche, die Mäuler »sterbend [...] auf den Boden gedrückt, einige heftig klagend«[230]; Tiere wie die Zwergflußpferde und der Elefantenbulle Siam liefen immer wieder in die brennenden Käfige zurück.[231] Auf den Straßen sperrten »Drähte, Kandelaber, aufgerissene Schienen« den Weg[232], die Menschen kamen einem wie »Gespenster entgegen«, Tücher und dunkle Brillen vor dem Gesicht gegen den Rauch, der »wie ein Pilz über der Stadt« lag[233], einige Tücher hatten Löcher für die Augen und erinnerten an Pestmasken[234].

Die Schläge vom 22. bis 26. November hatten 3758 Menschenleben gekostet und 454056 Berliner obdachlos gemacht; bis zum 23. März

1944 folgten zwölf schwere Flächenbombardierungen mit u. a. 656 (29. 12. 1943), 697 (20. 1. 1944) und 806 Flugzeugen (15. 2. 1944)[235], die angerichteten Verwüstungen erreichten kaum noch die Ausmaße vom November und konnten nicht darüber hinwegtäuschen, daß die Luftschlacht um Berlin gescheitert war. Zwar teilte das Hauptamt für Fliegerschäden mit, daß Berlin vom August 1943 bis Ende März 1944 270000 Wohnungen eingebüßt habe und allein die »Instandsetzung der Dächer [...] rund 1½ Jahre« in Anspruch nehmen würde[236], aber die Waffenproduktion blieb – wie bei allen Flächenbombardierungen – nicht auf Dauer beeinträchtigt. Anfang Dezember konnte die Rüstungsinspektion Berlin feststellen, daß Rheinmetall-Borsig die Geschoßfertigung »voll« aufgenommen hatte, die Panzerproduktion von Alkett I zur AEG-Henningsdorf verlagert wurde und die Herstellung des MG 42 bei Maget »reibungslos« lief[237]. Auch die von den Engländern erhoffte Demoralisierung zeigte sich nicht einmal in Ansätzen. Die von der SA vorsorglich gebildeten Stürme oder sogen. »Stoßtrupps z. b. V.«, die – militärisch ausgerüstet – Unruhen in Betrieben niederkämpfen sollten, erwies sich als völlig überflüssig[238]; die rasche Wiederaufnahme der Arbeit war erstaunlich (*Meldungen, S. 178*). Goebbels wurde am 29. November bei einer öffentlichen Speisung am Gartenplatz von »Arbeitern und Arbeiterinnen [...] mit Enthusiasmus« empfangen. »Das ist einmal der röteste Wedding gewesen«, wunderte er sich in seinem Tagebuch. »Ich werde nur geduzt und mit dem Vornamen gerufen. [...] Frauen umarmen mich.«[239] Unerwartet half die große Mehrzahl der ausländischen Arbeiter bei Lösch- und Aufräumungsarbeiten, nur wenige benutzten die Luftangriffe zur Flucht (*Meldungen, S. 179*). Während bei dem mittelschweren Bombardement vom 1. März vor allem Franzosen »mit schadenfrohem Grinsen die vernichteten Häuser betrachtet« hatten, »ohne auch nur an Hilfeleistung zu denken« (MR 30. 5. 1943, 5297), entwickelte sich jetzt ein »gewisses Solidaritätsgefühl« mit den Opfern. »Das ist kein Krieg mehr, das ist Mord!«, war öfter zu hören (ebd. 6. 12. 1943, 6104). Viele Rüstungswerke hoben besonders den »Einsatz von Ostarbeitern und Ostarbeiterinnen lobend hervor« (ebd., 6105), nur vereinzelt sah man wie beim »Adolf-Hitler-Platz [...] russische und ukrainische Zwangsarbeiter, die vor ihren zerstörten Baracken im Feuerschein slawische Tänze aufführten und sangen«[240]. Die von Werner mitgeteilte Beobachtung, daß kleine und mittlere Angriffe die Moral abbröckeln ließen, aber schwere die Bindungen an Betriebe festigten, läßt sich auf Deutsche und Ausländer gleichermaßen beziehen[241]. Den in extremen Belastungen zum Vorschein kommenden Überlebenswillen nutzte das NS-System aus. Die Bedrohung aus der Luft beantwortete es mit Versorgungsgütern und Betreuungsprogrammen, die Fürsorge als grundsätzliche Eigenschaft der Diktatur vortäuschten. NSV-Mitarbeitern war befohlen, auch bei eigenen Bombenschäden in der Nacht des Angriffs in die Dienstbüros oder improvisierten Hilfsstellen zu eilen und »unbürokratisch« den Fliegergeschädigten einen Satz neuer Lebensmittelmarken oder den »blauen Ausweis« für eine sechstägige kostenlose Versorgung aus einer fahrbaren Großküchenanlage oder Gaststätte auszuhändigen. In Kinos oder Schulen wurden schon wenige Stunden nach der Entwarnung am 23. und 24. November Wurstbrote und warme Suppen »mit Fleischstücken« ausgegeben. »Für eine Zigarette macht der Berliner einen Kopfsprung«, wußte Goebbels[242], folgerichtig musterten an den Eingängen Männer die Opfer und verteilten »vier, sechs oder acht Stück« aus »rosa Packungen« (DAZ 26.11.1943). In Rettungsstellen wurden Verletzte »mit blutenden Händen und [...] Gesichtern gewaschen und verbunden. Schwestern sprachen [...] Frauen leise Trost zu. Trotz der Fülle herrschte eine seltsame, fast behutsame Ruhe.«[243] Unmittelbar nach den Novemberangriffen setzte Goebbels Zerstreuungen ein, um die Menschen davon abzuhalten, über die wirkliche Lage nachzudenken (*Warner, S. 186*). Am Sonntag, dem 28. November, ließ er den Wintergarten und andere Unterhaltungsbühnen wie das Rose- und Renaissancetheater und das Theater am Schiffbauerdamm (*Abb. 19*) öffnen; während das Eisstadion Friedrichshain wie vorgesehen mit einem Schaulaufen seine Saison begann, führte die BSG Telefunken im Tegeler Forst mit Start und Ziel in Schulzendorf einen Waldlauf durch. Keine hundert Meter von einer Einsturzstelle, an der nach Verschütteten gesucht wurde, bildeten sich Schlangen von Kinobesuchern; die Lichtspieltheater zeigten u. a. *Ich werde dich auf Händen tragen*, *Akrobat Schö-ö-n* (Regie: Wolfgang Staudte) und *Der weiße Traum* (MR 20.12.1943, 6175). In der ersten Dezember-Wochenschau konnte der Zuschauer – makaber – Clowns beobachten, die während einer Sonderveranstaltung für Bombengeschädigte vor Verletzten mit dicken Kopfverbänden Saltos schlugen[244]. Schon während der Angriffswoche hatte das Propagandaministerium versucht, die Essensausgabe in den Großbunkern mit kulturellen Darbietungen »aufzulokkern«, doch »als bekannt wurde, daß Luftgefahr sei«, protestierten die Frauen im Bunker am Zoo, »daß mit der Musik sofort aufgehört werden soll« (MR 20. 12. 1943, 6174). Wie die vom SD gesammelten Stimmen zeigen, hatte die Diktatur das Empfinden der von ihnen unterworfenen Menschen unterschätzt (ebd., 6173 f.), erst nach etwa anderthalb bis zwei Wochen, als die Opfer der »Terrorangriffe« unter die Erde gebracht waren, wuchs die Bereitschaft, in die banale Unterhaltungswelt einzutauchen, wo »gutgelaunte junge Männer und schnippische junge Mädchen in Villen und Gärten oder in Cabriolets heitere Liebesaffären hatten.«[245] Bald beschweren sich die Berliner darüber, daß viele Veranstaltungen nach der Entwarnung nicht fortgesetzt würden, häufig kam es vor den Eingängen der Lichtspielhäuser zu Gedränge (*Abb. 26*) oder – wie vor dem Ufa-Kino Alexanderplatz – zu ausgesprochenen Tumulten (SB 9. 1. 1945)[246]. Die am 29. November angekündigten »Sonderzuteilungen« – 1 Dose Fischkonserven, 1 Dose Kondensmilch, ½ kg Frischgemüse, 50 g Bohnenkaffee und Rauchtabak (DAZ 29. 11. 1943) – festigten das Solidaritätsgefühl (MR 20. 12. 1943, 6171); die Rüstungsbetriebe gewährten zusätzlich Warenprämien, um ihre »Gefolgschaftsmitglieder« für die schnelle Rückkehr und die Aufräumungs- und Reparaturarbeiten zu belohnen, denn »mit kleinen Zeichen des Entgegenkommens kann man dieses Volk um den Finger wickeln«, frohlockte Goebbels. »Ich kann es kaum glauben, daß diese Stadt im November 1918 eine Revolte gemacht hat.«[247] 50 000 Mann der Wehrmacht marschierten in Berlin ein und setzten die Gas- und Wasserversorgung in Gang, für die Beseitigung ziviler Schäden wurden zusätzlich Pioniertruppen und rund 2500 Fachbauarbeiter aus der Provinz Mark Brandenburg und aus Posen in die Reichshauptstadt gebracht[248]. Schon am Tag nach der Katastrophe waren die Hauptverkehrsadern gesäubert[249]. Als am Sonntag der erste Zug über eine wiederaufgebaute Brücke fuhr, »konnte man auf Plakaten [...] lesen: ›Und wir fahren dennoch!‹«[250] Es wäre falsch, darin nur Propaganda-Manöver zu sehen; die Feststellung Nossacks nach der Zerstörung Hamburgs trifft auch auf Berlin zu: »Es ging alles sehr ruhig und durchaus mit einem Willen zur Ordnung her, und der Staat richtete sich nach dieser aus den Umständen gewachsenen Ordnung«[251]; eine Hinwendung zur Ideologie des Regimes war damit nicht verbunden. Doch ohne das Zusammenspiel von materieller Fürsorge der Apparate und der Privatwirtschaft mit dem Selbsterhaltungstrieb der Unterworfenen hätte es diese unpolitische Ruhe im Inneren nicht gegeben. Die Wiederaufbau-Moral der Nachkriegszeit erfuhr im Zusammenrücken während der Bombenangriffe eine folgenschwere Vorprägung, nach 1945 tarnte man unverändert die öffentliche Leere dadurch, daß man mit technischen Fertigkeiten ein »Wirtschaftswunder« entwickelte und sein Selbst mit neuen Organisationen und Sachen verschmolz.

Die schon eingangs beobachtete Schrumpfung der Menschen auf das Nächstliegende wurde durch die »Terrorangriffe« dramatisch beschleunigt, das dumpf-materielle Denken ließ keine Vorstellung von einer aktiven Befreiung aufkommen. Nach der »Stunde Null« haben beide deutsche Teilstaaten aus Legitimationsgründen immer wieder den »Widerstandsgeist« beschworen, ihn gab es jedoch in Wahrheit kaum. Die Herrschaftsmechanismen der NS-Diktatur bestanden gerade darin, den Menschen seinen Trieben auszuliefern und dadurch den Willen zur gesellschaftlichen Verantwortung zu brechen, ohne daß ihm diese Versteinerung zum Bewußtsein kam. Die Lähmung wurde ohne Zweifel durch Terror und Außendruck verstärkt, am folgenschwersten war jedoch die Identifizierung mit der Arbeitsrolle; der Mensch vergaß sich, indem er aufhörte, eine Person zu sein, und zur Sache wurde (*Borée, S. 272*). Von Anfang an war die Kraft, sich eine andere politische und soziale Wirklichkeit vorzustellen, außerordentlich schwach. »Ich habe niemanden getroffen, der mir eine einigermaßen klare Antwort auf die Frage geben konnte, was nach Hitler kommen soll«, bemerkte ein amerikanischer Besucher 1940 (DB Januar 1940, 11). Lediglich einige wenige Anhänger der verbotenen KPD hatten einen »Gegenglauben«. Zwar gab es wie in Berlin-Wilmersdorf sofort mit Kriegsausbruch Flugblatt-Proteste junger Kommunisten, die Passanten ansprachen und mit einem fröhlichen Auf-die-Schulter-Klopfen Zettel an die Mäntel klebten (MR 6.11.1939, 422), aber erst nach dem Überfall auf die Sowjetunion sind einzelne spektakuläre Aktionen der Berliner KP zu verzeichnen. August 1941 erschienen Streuzettel (»[...] Langsam arbeiten, keine Überstunden. Hitlers Krieg ist nicht Euer Krieg [...]«)[252], deren Wirkung durch die heimlich auf einem Laubengrundstück in Rudow von 1942 bis 1944 gedruckte Zeitschrift *Die innere Front* (600 Exemplare) verstärkt werden sollte[253]. Neben Harro Schulze-Boysen entwickelte vor allem Herbert Baum mit einem z. T. aus jungen Juden gebildeten Kreis Mut. Im Winter 1941/42 entwarf die Gruppe aus Briefen und Augenzeugenberichten eine realistische Flugschrift vom Kriegsgeschehen im Osten (»Seit Tagen nichts Warmes gegessen, nur Brot [...]«, November 1941); andere gaben vereinzelt Kurznachrichten wie vom Selbstmord eines Soldaten aus der Panierstraße aus Angst vor seiner Rückkehr zur Ostfront (Dezember 1941) oder protestierten heftig gegen die »bestialische Behandlung der sowjetischen Kriegsgefangenen« (ebd.)[254]. In den Elmo-Werken und der AEG-Treptow überredeten Gruppenmitglieder Juden und Fremdarbeiter zu Sabotageakten[255]. Ein Bombenanschlag auf die Ausstellung *Das Sowjetparadies* am 18. Mai 1942, die am Lustgarten u. a. »Beutewaffen des Ostfeldzuges, ein Kolchos-Haus [...], die obligate Todeszelle«[256] und »Fotos zerlumpter Elendsgestalten« zeigte[257], führte zur Verhaftung der meisten Widerstandskämpfer[258]. Doch nur bei wenigen Verstößen, welche die *Meldungen wichtiger staatspolitischer Ereignisse* für die Kriegsjahre verzeichnen, handelte es sich um politische Widerstandsaktionen; Bombenanschläge[259] oder Betriebssabotage durch Fremdarbeiter[260] blieben äußerst selten. »Kommunistische und sonstige marxistische Elemente halten sich offensichtlich stark zurück«, bemerkte der Berliner Generalstaatsanwalt noch im Januar 1944. »Irgendwo aktiv sind sie nur in Einzelfällen. Einfluß auf die Stimmung haben sie nicht.«[261]

Daß ein Aufbegehren Erfolg haben konnte, zeigt der bis Kriegsende ungebrochene Widerstand gegen die Kinderevakuierung (*Meldungen*, S. 260f.). Schon im Herbst 1940, als durch übereiltes Handeln der NSV Pläne einer Zwangsverschickung bekannt wurden, kam es zu einer schweren Belastungsprobe[262]. Berliner Arbeiterfamilien reagierten außerordentlich empfindlich auf Eingriffe in die vom »Führerstaat« garantierte »private Sphäre«, so daß Hitler im November 1942 noch einmal anordnete, »auf Eltern keinerlei Druck« auszuüben, »vielmehr hofft[e] man, mit propagandistischen Mitteln die Evakuierung vornehmen zu können«[263]. Erst die durch die Wurfzettelaktion vom 31. Juli/ 1. August 1943 in Berlin ausgelöste Panik schuf eine Veränderung; selbst in dieser Ausnahmesituation blieb die Bereitschaft, die Kinder ohne Mutter in ein Lager zu geben, begrenzt. Ende Oktober 1943 sprach der SD von einem »immer stärkeren Widerstand [...] gegen eine Verschickung«, am 30. August verweigerten Berliner Eltern von 62 000, am 15. Oktober 1943 schon von 85 000 Kindern ihre Einwilligung (MR 25.10.1943, 5917); trotz massiver Propaganda kehrten von Mitte September bis Mitte Oktober 1943 fast 10000 Kinder aus den KLV-Lagern in die Reichshauptstadt zurück (ebd., 5918). »Gerüchte über mangelhafte Verpflegung, schlechte Unterbringung und Behandlung« spielten eine untergeordnete Rolle, entscheidend war der Wunsch, die Privatwelt als letzten Lebenswärme spendenden Ort nicht zu gefährden und auch in Todesgefahr »unter allen Umständen zusammen zu bleiben« (ebd., 5917). Die Verlegung der Schulen in Ausweichgebiete seit den Sommerferien 1943 und die Absicht der Behörden, die Eltern wegen Verletzung der Schulpflicht zu verklagen, blieb »angesichts der aktuellen Bedrohung von außen [...] wirkungslos«[264]; telefonische Anrufe bei Partei- und Staatsstellen, in Berlin unverzüglich den Unterricht aufzunehmen, hatten oft im Gegenteil »ultimativen Charakter«, mehrfach kam es zu »Sammeleingaben an die Schulleitungen« (MR 25.10.1943, 5919)[265]. Der hartnäckige Widerstand führte vermutlich dazu, daß sich die Verlegung der Schulen verzögerte und erst am 21. April 1944 abgeschlossen war[266]. Ende 1943 gab es in Berlin noch 120000 Kinder (MR 20.1.1944, 6270), um die durch Flugblatt-Aufrufe »geworben« wurde (»Es ist immer noch besser, seine Kinder außerhalb in Sicherheit gegen Luftgefahr und Bombenterror zu wissen als für immer auf dem heimischen Friedhof«, Februar 1944)[267]. »Zehntausende von Jugendlichen« lungerten »praktisch auf der Straße herum«, beklagte der SD 1944 und beobachtete »Verwahrlosungserscheinungen und die Teilnahme an Jugend-Cliquen« (MR 20.1.944, 6270).[268] Spiele mit scharfer Gewehrmunition in Splitterschutzgräben (SB 9.3.1943) oder mit Stabbrandbomben waren nicht selten (*Sondereinsatz, S. 309f.*). Während Sechs- bis Neunjährige »wie die Ausländer im Schutt« wühlten, sich »Höhlen in den Trümmern« bauten und die Sirene täuschend nachahmten[269] (*Kronika, S. 257f.*), wurden andere – in Jungvolkkluft gesteckt – auf Bahnhöfen eingesetzt, wo sie bei Fliegeralarm Flüchtlinge mit Kindern oder ältere Leute in die Luftschutzräume begleiten sollten (*Abb. 5*). Die Proteste der Arbeiter richteten sich nicht allein gegen die Kinderverschickung, sondern auch gegen die Evakuierung der Ehefrauen, »man sollte ihnen nicht auch noch das letzte nehmen, was überhaupt das Leben noch lebenswert« machte; Beobachter wiesen auf Produktionseinbrüche hin (MR 18.11.1943, 6027); um die Leistung zu stabilisieren, unterstützte die Industrie – nicht immer erfolglos – Wünsche, das »Auseinanderreißen der Familien« zu stoppen (ebd., 6032)[270].

5 *Jungvolk, Anhalter Bahnhof. Februar 1945.*

Diese private Resistenz findet im »mangelhaften Feindbild« eine Ergänzung. Die Berliner nannten die Flieger fast liebevoll »Tommies« oder »Amis«; vor allem Jugendliche malten sich die Besatzungen der US-Bomber mit »unerhörten Frisuren« und »lässigen Uniformen« aus[271], »fast wie Menschen von einem anderen Stern«[272]. Als Piloten mit Fallschirmen abspringen mußten, ereigneten sich keinerlei Haßausbrüche; Luftwaffenhelfer liefen im Gegenteil zu den Absturzstellen, »um zu sehen, was für tolle Kerle [...] das wohl waren«[271], sie versuchten sich in ihrem »Schulenglisch« zu unterhalten oder boten eine Tasse »Ersatzkaffee« an[272]. Die von Sartre in Paris beobachtete »schamvolle und undefinierbare Solidarität« zwischen den Franzosen und deutschen Besatzungssoldaten[273] charakterisiert auch die Stimmung der meisten Berliner; auch wenn sie – anders als die Luftwaffenhelfer – »keinerlei Sympathien« für die Gegner empfanden, hatten sie kaum Verständnis für die offizielle Haßpropaganda. Zwar war selbst die Haltung des Staates diffus, der noch Mitte 1943 US-Flieger öffentlich mit Musikkapelle, Ehrensalut und Kränzen bestatten ließ[274], doch ausschlaggebend war bei den Deutschen die Ahnung eines gemeinsam erlittenen Schicksals (MR 7.2.1944, 6305), »die anderen führen ja auch Krieg, sagten die Leute«[275]. Angesichts dieser »Sachlichkeit« bekam die Regierung trotz schärfster Strafandrohung die Beziehungen deutscher Frauen zu Kriegsgefangenen zu keiner Zeit unter Kontrolle (DB Februar 1940, 101). Die »Fälle des Geschlechtsverkehrs [...] mit Fremdvölkischen« nahmen »eher zu als ab« (MR 10.6.1943, 5337) und häuften sich gegen Kriegsende aus »Lebenshunger«. Die Propaganda wirkte auf viele Berliner »wie die Kapelle auf einem sinkenden Schiff, die immer noch eifrig spielt« (*Sondereinsatz, S. 302*), und konnte nicht verhindern, daß selbst das von Goebbels als »viehisch« und »bestialisch« entworfene Bild des Sowjetmenschen sachliche Züge erhielt. Obgleich das Verhältnis zur UdSSR seit der unerwarteten Niederlage vor Moskau bis zum »Zusammenbruch« von Angstgefühlen bestimmt war, hatte der SD früh eine Gegenströmung registriert. Das offizielle Zerrbild erfuhr durch die Begegnung mit »Tausenden von Ostarbeitern« eine Korrektur; Arbeiter stellten fest, daß »diese Russen doch oft recht intelligent, anstellig, schnell in der Auffassung selbst komplizierter maschineller Bearbeitungsvorgänge seien« (MR 17.8.1942, 4085). Auch die von Goebbels im Juli 1943 in sechzig Berliner Schaufenstern gezeigten Elendsbilder aus dem *Sowjetparadies*, welche die Tendenz der

Ausstellung vom Mai des Vorjahres popularisieren sollten (DAZ 17.7.1943), konnten eine Verwunderung über die »ungeheuren Leistungen« der sowjetischen Industrie und Armee nicht zerstreuen; Erzählungen von Fronturlaubern erhärteten den Eindruck, daß die Bevölkerung der UdSSR »unter dem Bolschewismus oder trotz des Regimes zumindest in großen Teilen ganz gut und zufrieden gelebt habe« (MR 26.7.1943, 5533). Daß aus dieser erstaunlichen Wirklichkeitseinsicht kein freieres Verhalten den Russen gegenüber entstand, ist von dem dunklen Zusammenhang mit den Winterschlachten im Osten nicht zu trennen, denn um den Gegner nicht zu sehr fürchten zu müssen, zieht man es vor, ihn zu bewundern; »Furcht und Bewunderung sind miteinander vermischt«, erkannte Fromm[276].

Das NS-Regime schirmte zunächst die russischen Kriegsgefangenen von den Deutschen ab und gab Hunderttausende dem Hungertod preis. Viele der nach den Kesselschlachten vom Herbst 1941 nach Berlin deportierten Russen waren unterwegs erfroren oder verhungert, die Überlebenden mußten bis März 1942 »unter Quarantäneverschluß« gehalten werden. Im Gegensatz zu den Kriegsgefangenen schienen die deportierten Russinnen »wohlgenährt« und hatten »oft im Akkord« die deutschen Arbeiter übertroffen[277], doch schon nach wenigen Monaten waren sie wie z. B. bei der AEG, Kabelwerke Oberspree, manchmal so schwach, »daß sie vor Hunger umfielen« (MR 20.7.1942, 3979). Die deutschen Arbeiter verhielten sich zu ihren russischen Kollegen zwiespältig; Befürworter der »Hungerrationen« waren selten (»Hauptsache ist, daß wir den Krieg gewinnen, wenn die Russen hier auch dabei eingehen«, ebd. 25.9.1942, 4236), bei vielen herrschte Gleichgültigkeit, andere steckten den Sowjets Brot oder Kartoffeln zu (ebd., 4459f.)[278]. Arbeiter der Firma Graubschat teilten z. B. mit jungen ukrainischen Mädchen jeden Morgen ihr Frühstücksbrot, »die Folge war, daß die Werksleitung sich genötigt sah, die Verpflegung etwas aufzubessern«[279]. Fast alle lehnten jedoch eine nähere Beziehung zu den Russen ab; von politischer Solidarität oder der Unterstützung von Fluchtversuchen ist wenig bekannt; während die Rüstungsinspektion bei den Zwangsarbeitern 1944 eine wachsende »passive Resistenz« feststellte, bescheinigte sie den »deutschen Gefolgschaftsmitgliedern« unverändert eine gute Arbeitsmoral[280]. Die Mehrheit verschloß die Augen und rechnete im stillen damit, daß es ihr nach einem verlorenen Krieg ähnlich ergehen würde wie den »zerlumpten« Ostarbeitern und

Kriegsgefangenen. »Das schien [...] in der Natur der Sache zu liegen.«[281] In der Sowjetunion hatte sich das Massensterben bald herumgesprochen. Meldeten sich anfangs Ukrainer noch freiwillig zum Arbeitseinsatz, so versuchte man sich nun »mit allen Mitteln dem Abtransport nach Deutschland zu entziehen«; die »Russen-Transporte«, beklagte die Rüstungsinspektion 1942, würden »qualitativ immer minderwertiger« und »enthielten bald nur 6–8% an Fachkräften«[282]. Um den Bedarf zu decken, veranstaltete die SS in der UdSSR auf Märkten und Straßen Menschenjagden, bald hörte man von »gewaltsamem Zusammentreiben, Fesselung und Mißhandlung der Gesammelten, Zwangsaborten von schwangeren Frauen«[283]. Tagelang sperrte man die Arbeiter ohne Essen und Wasser in »gerade zur Verfügung stehende Scheunen, Baracken, Gefängnisse oder Kriegsgefangenenlager ein«, und deportierte sie ohne Gepäck oder zusätzliche Kleidung nach Deutschland[284]. 1943 ging die Diktatur dazu über, die Russen und Polen etwas besser zu ernähren und unterzubringen, um für die Rüstungsproduktion »bei denkbar sparsamstem Einsatz die größtmögliche Leistung hervorzubringen«[285]. So versuchten die Behörden im Frühjahr 1943 durch die monatliche Zuteilung von 300 g Rauchtabak »minderwertiger Qualität« und ½ kg Sonnenblumenkernen die Arbeitskraft der Ostarbeiter in Berliner Rüstungsbetrieben weiter in die Höhe zu treiben[286]. 1944 schuf man mit dem Andreas-Kreuz für Russen, dem Dreizack für Ukrainer und der Kornähre mit Zahnrad für Weißruthenen neue Ostarbeiterzeichen und begann mit einer kulturellen Betreuung u. a. durch Lagerarbeiter-Zeitungen[287]. Obwohl Russen und Polen in Berlin unverändert vom Besuch der Kinos und öffentlichen Badeanstalten ausgeschlossen blieben, ging es ihnen jetzt bei privaten Unternehmern – wie seit 1941 in der Landwirtschaft – oft nicht schlechter als den anderen Fremdarbeitern, vereinzelt reagierten sie auf den Vormarsch der Roten Armee »ausgesprochen bedrückt«[288], andere verzögerten die Arbeit. Unter den monatlich 4000 bis 6000 Flüchtlingen aus Berliner Betrieben befanden sich auch zahlreiche Ostarbeiter[289]. Sowohl die bessere Behandlung wie die Ereignisse auf den Kriegsschauplätzen stärkten ihr Selbstbewußtsein; im Februar 1944 beobachtete der SD, daß Russen in Berlin »auf dem Marsch zur Arbeit« die Internationale sangen (MR 21. 2. 1944, 6349).

Der Einsatz von Ausländern sollte nicht nur Lücken füllen, die durch Einberufungen zur Wehrmacht entstanden waren, er wurde schon nach Überwindung der Massenarbeitslosigkeit 1938 benötigt, um das »Wirtschaftswunder« der Rüstungskonjunktur überhaupt erst zu ermöglichen; auch für den künftigen Frieden rechneten nationalsozialistische Behörden mit einem hohen Anteil von »Gastarbeitern«[290]. Anders als Russen und Polen konnten die übrigen »Fremdvölkischen« am öffentlichen Leben teilnehmen, sie waren lediglich an die Sperrstunden ihrer Lager gebunden. Im Laufe des Krieges unterstützten immer mehr Betriebsführer den Wunsch, außerhalb zu wohnen. Darüber hinaus gab es in Berlin eine Anzahl von Franzosen, Holländern u. a., die sich freiwillig auf Zeitungsinserate oder nach Werbeaktionen ins Deutsche Reich gemeldet hatte und eine relative Freiheit genoß. März 1943 lebten von den 250000 Ausländern 120000 in Privatunterkünften (MR 25. 3. 1943, 4953), häufig zogen Berliner Fremdarbeiter als Untermieter vor, da sie »Mangelwaren« wie Schokolade, Bohnenkaffee und Spirituosen aus der Heimat erhielten (ebd., 4954f.). Als die Bewachung der Lager 1943 auf Personalschwierigkeiten stieß, bevölkerten mehr und mehr Ostarbeiter die Straßen, Untergrundbahnen und Omnibusse Berlins[291]. Das Abbrennen von Baracken während der Novemberangriffe und das Verbot, Holzunterkünfte wiederaufzubauen, dürfte noch weiter zur »Auflockerung« beigetragen haben[292]. Die zahlenmäßige Anwesenheit der Fremden in der sich von Deutschen leerenden Stadt war ganz leibhaftig zu spüren (*Hartlaub, S. 240f.; von Kardorff, S. 241f.*)[293]. Die erstmals 1942 massiv vorgetragenen Klagen über das »freche und anmaßende Benehmen« der Ausländer – »sie johlen nach Einbruch der Dunkelheit auf der Straße herum, belästigen Frauen und Mädchen mit unflätigen Redensarten« (MR 18. 5. 1942, 3761) – häuften sich in den letzten Kriegsmonaten. Der *Sondereinsatz Berlin* beschäftigte sich vom 18. Oktober 1944 bis zu seinem letzten Bericht vom 16. April 1945 fünfzigmal mit dem Ausländerthema. Ein Vorstoß des Berliner Bürgermeisters Steeg im Sommer 1944, die Bewegungsfreiheit der ausländischen Arbeitskräfte einzuschränken und die Deutschen bei der »Benutzung der öffentlichen Verkehrsmittel, des Kinobesuchs u. a.« besserzustellen, wurde vom Propagandaministerium »mit Energie« abgewehrt, da »Sonderbestimmungen« die Arbeitsmoral noch weiter drosseln würden[294]. Im Juli 1944 mußte vor allem bei französischen und belgischen Arbeitern eine beachtliche Zunahme von Disziplinlosigkeiten registriert werden, in manchen Betrieben waren bis zu 70% der in Urlaub gereisten Franzosen nicht mehr an ihre Arbeitsplätze zurückgekehrt[295]. 1944/45 bildeten die Ausländer in Berlin eines der »Hauptgesprächsthemen« (SB 9.12.1944); die Bevölkerung beschwerte sich nicht nur über ihr »rücksichtsloses« Auftreten, sondern kriminalisierte sie als Schleichhändler, Diebe, Einbrecher usw. und kritisierte die Passivität der Polizei (»[...] als Deutscher« hat »man jetzt in Berlin ja nichts mehr zu sagen«, ebd. 23.2.1945); Mißfallen erregte auch, daß Ausländer nur selten zu Schanzarbeiten herangezogen wurden (»Während Männer und Frauen an den Barrikaden arbeiten«, gehen »die Ausländer spazieren« oder »besuchen Filmveranstaltungen«, ebd. 10.4.1945). Das Verhältnis zu den »Fremdvölkischen« war nicht zuletzt durch materielle Mißgunst bestimmt[296], Arbeiter polemisierten gegen die »gut gekleideten bzw. aufgeputzten« Fremdarbeiter (ebd. 23.1.1945) und beneideten sie um ihre Liebesgabenpakete; angesichts der »Verknappungen« wollte man ihnen die Tabakversorgung nehmen (ebd.) und argwöhnte, »daß Ausländer in ihren Kantinen größere Lebensmittelzuteilungen bekämen« (ebd. 21.11.1944). Die geradezu körperliche Nähe der Fremden im ausgebombten Berlin löste heftige Angstgefühle aus, von den Ausgebeuteten verschlungen zu werden (*Warner, S. 238f.; Schindler, S. 242*). Man erwartete die eigene Herzlosigkeit von außen zurück und empfand das Verhalten der Zwangsarbeiter feindseliger als es war. Unmittelbar vor dem Zusammenbruch phantasierten die Berliner von »Aufständen durch Pöbel und die Ausländer« (SB 23.2.1945), forderten »Waffendurchsuchungen« (ebd. 1.2.1945) und die scharfe Kasernierung in Barackenlagern, um einem »Blutbad« unter »Frauen und Kindern« vorzubeugen (ebd. 7.2.1945).

Der Krieg erhielt in Berlin durch die im März 1944 einsetzenden Tagesangriffe der Amerikaner eine neue Steigerung. Verkörperten die ruhelosen Ausländermassen das Unheimliche auf den Straßen, so versinnbildlichten die ungehindert einfliegenden Bomberpulks am Himmel die Existenz einer gewaltigen militärischen Kraft, der man sich – ohne wirkungsvolle Gegenwehr beobachten zu können – ausgeliefert fühlte (*Warner, S. 262f.; Menzel, S. 265f.*). Neben der Vernichtung der sich in Berlin noch immer konzentrierenden Rüstungsindustrie wollten die US-Luftstreitkräfte vor allem die angeschlagene deutsche Jagdabwehr niederkämpfen, »um das Gelingen der Invasion im Westen abzusichern«[297]. Warum sie sich jedoch bald der Taktik der Engländer anschlossen und Geschäfts- und Wohnviertel bombardierten, ist nicht geklärt. Ein Grund dürfte gewesen sein, daß es nicht glückte, die Rüstung zu beeinträchtigen[298], bei einzelnen Waffen – wie dem Jagdflugzeug – gelang dem Dritten Reich sogar noch einmal vom März bis September 1944 eine erhebliche Steigerung[299]. Obgleich auf Plakaten und Werbestempeln der Post das »Jagdflugzeug« zum »Gebot der Stunde« erklärt wurde[300] und die Presse mit z. T. tatsächlich hohen Abschußziffern um Vertrauen warb, wuchs die Bedrückung über die immer sichtbarer werdende Luftüberlegenheit der Flying-Fortress-Bomber und Mustang-Jäger. Das Regime konnte nicht verheimlichen, daß viele junge Flieger die Lücken erfahrener Staffelkapitäne und Geschwaderkommodores nicht ausfüllen konnten[301] und nach »zwei, drei Einsätzen tot oder verstümmelt waren«[302]; wegen Treibstoffmangel mußten die Flugstunden in den Schulen verkürzt werden[303]; die Abwehr zersplitterte weiter. Die 8. Luftflotte setzte dagegen ihre Tagesangriffe auf Berlin unbeeindruckt fort und konnte in einem am 22. März 1944 abgeworfenen Flugblatt nach der deutschen Luftabwehr fragen (*Abb. 29*); in der gleichen Nacht begann die RAF wieder mit ihren Mosquito-Einsätzen, so daß – verstärkt in den letzten Monaten – ein Fliegeralarm den anderen ablöste und die »Zwischenpausen kaum ausreichten, den notwendigen Lebensbedarf einzukaufen«[304]. Schon am 22. März waren die Amerikaner dazu übergegangen, die Innenstadt zu bombardieren und belegten am 29. April zwischen 11 und 12 Uhr mittags Berlin vom Halleschen Tor bis zum Norden zum erstenmal mit einem Bombenteppich[305]. Die Maiangriffe, die am 7. 5. u. a. den Französischen Dom in Flammen setzten (*Umschlagbild*), machten mehr als 100000 Berliner obdachlos[306]. Als die Rote Armee schon 50 km von der Reichshauptstadt entfernt an der Oder Stellung bezogen hatte und sich auf die letzte Schlacht vorbereitete, wurde Berlin am 3. Februar 1945 von dem schwersten Bombenangriff des Zweiten Weltkrieges getroffen, der mehr als 2500 Todesopfer forderte[307]. Die Flächenbombardierung verfolgte vermutlich – wie zehn Tage später in Dresden – das Ziel, mit einer gewaltigen Machtdemonstration die Lähmung des eigenen Vormarschs im Westen zu verdecken[308]. 937 Flying Fortresses und Liberators, begleitet von 600 Jagdflugzeugen, legten am Vormittag zwischen 10 und 11 Uhr die »dichtbesiedelten Stadtbezirke Kreuzberg, Mitte, Friedrichshain und Wedding« in Schutt[309], das Zeitungsviertel in der Kochstraße, der Anhalter Bahnhof und das Schloß im Lustgarten waren bald »eine einzige Feuerlohe«[310], endgültig zertrümmert wurden Spittelmarkt und Moritzplatz sowie »Altberlin« um Friedrichsgracht und Klosterstraße. Beim Abwurf der ersten Bomben »irrten Flüchtlinge auf den Straßen umher und suchten, meistens ohne Erfolg, eine Zuflucht«[311]; noch Stunden nach dem Angriff flogen verkohlte Papierteilchen durch die Luft, und Qualm behinderte das Atmen (*Abb. 30*). Vor dem Waisenhaus in der Alten Jakobstraße lagen tote Kinder in Reih und Glied; ein Straßenbahnwagen war ausgebrannt, »noch voller Menschen, die nicht mehr herausgekommen sind«; Bomben »so groß wie Betonmischer« durchschlugen selbst massive Bunkerdecken und drangen in acht Meter tiefe Keller ein[312]. Die USA flog bis zum 10. April weitere schwere Tagesangriffe; am 14. April, unmittelbar vor der Schlacht um Berlin, verwüstete die RAF den bisher auf wunderbare Weise heil gebliebenen Stadtkern von Potsdam.

Durch die Tagesangriffe hatte sich die Stimmung verschärft. Der SD beobachtete in Berlin eine »ausgesprochene Lebensangst« (MR 16.3.1944, 6413). Da die Luftlage nunmehr stündlich im Radio verkündet wurde, lebte »man [...] mit einem beständigen Horchen in den Äther«[313], in manchen Häusern organisierten die Familien Abhör- und Warndienste und machten sich »gegenseitig verrückt« (MR 11.5.1944, 6526). Zwischen 16 und 17 Uhr waren die S-Bahn-Züge von Frauen verstopft, die als »Klappstuhlgeschwader« in die Nähe der Flaktürme zogen (SB 3.3.; 9.3.; 31.3.1945). Der Bahnhof Zoo erinnerte Hans-Georg von Studnitz im April 1944 an das »Zwischendeck eines Auswandererschiffes«, in dem Hunderte auf Koffern schliefen, um bei Alarm als erste eine sichere Betondecke über dem Kopf zu haben[314]. Auch tagsüber waren die Flaktürme und die U-Bahn-Schächte am Potsdamer Platz und in der Friedrichstraße umlagert; in den Büros und Läden warteten vormittags Stenotypistinnen und Verkäuferinnen »geistesabwesend« an den Fenstern, meist »waren einige von ihnen mit dem gesamten Luftschutzgepäck bereits als Quartiermacher unterwegs«[315]. Das frühzeitige Verlassen der Arbeitsplätze wurde im März 1944 und noch einmal im Februar 1945 unter Strafe gestellt[316]. Vor den Eingängen der öffentlichen Luftschutzräume kam es nicht selten zu Zusammenstößen und Tumulten (SB 9.3.1945), »aber auch im Bunker setzte eine leichte Panik ein. Weiber kreischten los, sobald das Licht endgültig ausging.«[317] Ängstlich reagierten die Menschen auf das Rauschen der Bomben. Brandstäbe klangen »beim Fallen wie flatterndes Blech«[318] oder »wie man Blechtafeln schüttelt«[319], Sprengbomben wie ein »herunterkollernder Möbelwagen«[320]; »die man pfeifen hört, schlagen woanders ein«, versicherte man sich.[321] Lange nach dem Krieg lösten Geräusche Angstzustände aus, das Brüllen einer Kuh weckte die Erinnerung an das Aufheulen der Alarmsirene, »schnürte [...] kurz die Luft ab«, ähnlich wirkten knallende Geräusche wie das Donnern von Motoren oder das »Rummeln« des Windes an einer Fensterscheibe, »wie es bei lebhafter Flak- und Abwehrtätigkeit entstand.«[322] Die Insassen der Keller entwickelten bestimmte Eigenarten, es gab den »Löschwassertick« – »Allerorten stieß man sich an Kannen, Eimern, Töpfen, Fässern, in denen eine trübe Brühe stand« –, andere beugten sich vornüber und »atmeten ganz flach, wobei sie die Hände gegen den Leib preßten«, um einen Lungenriß zu vermeiden, dritte glaubten sich nur mit dem Rücken zu Außenmauern sicher[323]. Wenn der Angriff da war, löste sich der unangenehme Spannungszustand. Margret Boveri erzählte von einem »Heißhunger«, der sie beim Hören der Alarmsirene überfiel; im Luftschutzkeller brach dann oft »wie auf Kommando fiebriges Schwatzen los. Alle lachten, überschrien einander, rissen Witze«[324]. Die Angst brach sich mit Herzklopfen, stockendem Atem, einer ausgetrockneten, zusammengeschnürten Kehle, Kälte- und Hitzegefühl körperlich Bahn[325] und mobilisierte angeborene Trieb- und Instinktregungen. Die Menschen versuchten, sich so klein wie möglich zu machen, oder stemmten die Hände gegen die Decke, klammerten sich während der Detonationen zusammen, Eltern beugten sich schützend über ihre Kinder, auch »wenn dieses Verhalten [...] keine Minderung der Gefahr« versprach[326]. Nervenzusammenbrüche und abnorme Erlebnisreaktionen wie in den Schützengräben des Ersten Weltkrieges waren äußerst selten; das Ausbleiben einer Massenpanik deutet auf eine unerwartete seelische Blockierung. Nach dem Februarangriff irrten stundenlang die Menschen »völlig kopflos durch die Straßen, ohne sich um schon festgestellte Blindgänger und Zeitzünder zu kümmern«; an den Panzersperren wurde »in voller Ruhe« weitergearbeitet, »während ringsum alles brannte und jede zusätzliche Hilfe nützlich gewesen wäre« (SB 7.2.1945). Friedrich Panse notierte eine »ganz auffallende Apathie [...], Männer, Frauen und Kinder standen mit leeren Gesichtern da, starrten untätig in ihre Trümmer oder räumten müde und ohne Plan etwas beiseite«, tagelang hielten sich die Obdachlosen auf den Straßen auf, auch hier fiel unverändert eine »stumpfe [...] Teilnahmslosigkeit« und »geradezu Traumverlorenheit« auf[327]. Diese von Nationalsozialisten als »Durchstehvermögen« und »Tapferkeit« mißverstandene Haltung hat man überzeugend mit der von E. Baelz zum erstenmal 1894 bei einem Erdbeben in Tokio wahrgenommenen »Emotionslähmung« erklärt[328]. Auf der Höhe der Gefahr löst die Angst eine Schutzvorrichtung aus, mit der die Menschen – ohne Furcht – ihr Leben zu retten versuchen. Tagebuchaufzeichnungen und Berichte sprechen immer wieder von »Sachlichkeit«, »nüchterner Überlegung« oder »eiserner Ruhe«. Obgleich noch Flieger am Himmel »kreisten«, schaltete man die Bedrohung aus »und überlegte ganz klar, was zu tun war.«[329] Neben Starrezuständen konnte man Szenen rührender Demut und Aufopferung beobachten, aber immer auf die eigene Familie oder Nachbarn, niemals auf Fremde gerichtet (SB 7. 2. 1945). Häufig fiel das Wohlgefühl von Überlebenden auf, auch wenn sie Hab und Gut oder sogar Angehörige verloren hatten; mit einer »durch nichts zu dämmenden Vitalität« reagierten viele auf die Entwarnung[330], selten jedoch umtanzten sie »vor brennenden Ruinen« einander oder umarmten sich (*von Studtnitz, S. 173f.*), Promiskuität war – verglichen mit früheren Katastrophen[331] – zu keiner Zeit eine Massenerscheinung (*Kronika, S. 312*), zumeist schlug die Genußsucht rasch wieder in Apathie um.

Seelische Blockierungen wurden während und nach den Bombenangriffen am sichtbarsten, doch in der Selbstausschaltung drückt sich eine grundsätzliche gesellschaftliche Entwicklung aus. Der *Sondereinsatz* verzeichnete kaum Gefühlsausbrüche oder Debatten um politische Grundfragen, sondern alltägliche Kleinigkeiten, um die das Denken der Berliner kreiste und die – wie ein dichter Schleier – das Kriegsgeschehen vor ihnen verbargen. Hitler wußte, daß das Totalitäre seiner Diktatur nicht zuletzt auch in der Unterwerfung unter die Sachen bestand, wenn er jedoch glaubte, daß der materielle Verlust durch den Luftkrieg die Deutschen zu »fanatischen« Kämpfern machen würde[332], dann unterschätzte er die durch ihn selbst vorangetriebene Abflachung, die keine emotionale Teilnahme zuließ. Passanten verdächtigten Flüchtlinge, daß sie »in ihren Wagen ganze Rinder, Schweine, Schinken und Speck mitführten […] und dennoch zu den Kartenstellen liefen« (SB 7. 2. 1945); andere wünschten sich sogar einen Großangriff herbei, um in den Genuß einer »Sonderzuteilung« zu kommen[333]. Das materielle Denken löste nicht nur die Reste sozialer Verantwortung auf, sondern entwickelte eine Eigendynamik und zerlöcherte mehr und mehr die staatliche Ordnung. Schon lange war das »Hintenherum« zu einer alltäglichen Form der Bedürfnisbefriedigung geworden, die als »Kavaliersdelikt« jede Anstößigkeit verloren hatte (*Lagebericht, S. 198*). Jetzt bildeten sich bei Einbruch der Dunkelheit in allen Stadtteilen Berlins Schwarze Märkte; Umschlagplätze waren die »Schwarze Börse« am Alexanderplatz, aber auch Lokale wie Café Kranzler am Zoo (»Treffpunkt der Gangster«), Zum Hammer am Kottbusser Damm in der Nähe des Hermannplatzes (ebd. 18. 10. 1944) oder das Café Landsberger Platz, wo vier Schnäpse aus Sonderzuteilungsvorräten in Coca-Cola-Flaschen für RM 75,– abgegeben wurden (ebd. 3. 11. 1944). Ausländer verkauften »Mangelwaren« aus Liebesgabenpaketen, häufig tauchten aus Wehrmachtsbeständen Stoffe, Strümpfe und Lederwaren auf (ebd. 21. 11. 1944, 3. 1. 1945); während die Truppe an der Ostfront unter Treibstoffmangel litt, konnte man am 22. Februar 1945 für ein Pfund Kaffee oder ein Kilo Butter zwanzig Liter »schwarzes« Benzin kaufen; ein »Satz falscher Papiere [...] aus Reisepaß, Wehrpaß, Arbeitsbuch und Z-Karte für den Volkssturm kostete RM 80000,–«, auch Judensterne erzielten »größere Beträge«[334]. Herbst 1944 begann die Zigarette zur Ersatzwährung zu werden, ihr Wert stieg von RM 2,– (3. 11. 1944) auf RM 6,– (9. 3. 1945); für Brot wurden im April 1945 RM 100,– pro Kilo geboten, schon im März entwickelte sich der Preis rasch von RM 50,–/60,– (3. 3. 1945) auf RM 60,–/80,– (9. 3. 1945). Im letzten Kriegsmonat beobachtete der *Sondereinsatz*, daß Berliner immer häufiger »auf das Land fahren, um dort Lebensmittel gegen Kleidung, Wäsche usw. einzutauschen« (SB 10. 4. 1945); Frauen bettelten Ausländer an oder ließen sich in den Lokalen von ihnen aushalten (*Sondereinsatz, S. 249*); manche Frauen sollen den Fremdarbeitern bis zu RM 250,– aus den Taschen gezogen haben (SB 29. 11. 1944); der Geldwert war Anfang März so gesunken, daß die Mädchen am Alexanderplatz RM 40,– bis 50,– und mehr für den Beischlaf verlangten (*Sondereinsatz, S. 301*)[335], zumal Franzosen sich rühmten, sie könnten so viele Frauen haben, wie sie wollten, wenn sie nur ihre Schokolade und Zigaretten verteilten (MR 24. 1. 1944, 6279). Nicht selten trat ein Fremder in einen Saal mit Flüchtlingen und hielt einen Laib Brot in die Höhe, »bis ein oder mehrere Mädchen kamen, von denen er dann eines mit sich nahm.«[336] Der SD fühlte sich veranlaßt, einen Sonderbericht über *Unmoralisches Verhalten deutscher Frauen* vorzulegen, es gäbe »in vielen Orten stadtbekannte Verkehrslokale der

Kriegerfrauen, in denen sie Männer kennenzulernen suchten, um sich von ihnen nach Hause begleiten zu lassen« (MR 13.4.1944, 6482)[337]. Nicht nur wirtschaftliche Not, sondern auch die begrenzte Lebensperspektive verstärkte die Neigung, sich sexuell auszuleben. Junge Soldaten oder Flakhelfer betrachteten die Mädchen als »Kameradin« und wollten einen »möglichst unbeschwerten Liebesgenuß«, keine »auf die Dauer berechnete tiefere Verbindung« (ebd. 6486)[338]. Auch Mädchen bauten Schranken ab, bei gelöschtem Licht spielten sie mit Freunden Pfänderspiele wie »Brückenbauen, Sternezählen, rote und schwarze Kirschen«[339] und nahmen »wechselnden Geschlechtsverkehr ohne weiteres hin«[340]. Das in den zwanziger Jahren zum Durchbruch gekommene »sachliche« Verhältnis zum Geschlechtsleben und die Entseelung durch den Krieg ließen »Scharen von 12–16jährigen Mädchen« vor Bahnhöfen oder »Kasernen, Flakstellungen und Lazaretten« darauf warten, von Soldaten mit in ihre Unterkünfte genommen zu werden[341]. In der »wahllosen und ungehemmten« Hingabe[338] drückt sich ein tiefgreifender Wandel aus, der schon zu Beginn des Krieges beobachtet wurde (S. 14) und vor allem Jugendliche in die heimliche Prostitution abgleiten ließ. Je heftiger die Daseinsbedingungen erschüttert wurden, um so stärker wuchs in den zermürbten Menschen ein fieberhaft gesteigertes Verlangen nach Geschlechtsgenuß oder dem Besitz von »Mangelwaren«.

Die Bevölkerung Berlins wurde, auch wo ein unmittelbarer Einfluß durch Urlauber, Verwundete oder Gefangene fehlte, im Laufe des Krieges immer weiter in den Bann verbotenen Tuns gezogen. Die unmerkliche Verwischung des Bewußtseins für das Eigentum des Fremden an Front und Etappe unterhöhlte in der Heimat die Hemmung vor Diebstählen (*Warner, S. 192f.; Lagebericht, S. 196, 199*). So beklagte der Berliner Generalstaatsanwalt schon 1941 eine steigende Zahl von Feldpostdelikten vor allem durch ungeschulte weibliche Hilfskräfte und 1942 ein Anwachsen der Jugendkriminalität um fast 50 %.[342] Während Kapitalverbrechen (*Deutschland-Berichte, S. 82*) wie die S-Bahn-Morde auf der Strecke Rummelsburg–Erkner 1940/41 die Berliner zum Gruseln brachten[343], sanken in Wahrheit durch die Einberufung die Gewaltdelikte rasch ab[344]; erst durch das Zurückfluten der Wehrmacht nach der Niederlage 1945 wurde der »Mord im Trümmerfeld« eine häufige Erscheinung[345]. Der Hauptteil aller Straftaten bestand aus Wirtschaftsvergehen, die vor allem von Frauen und – beträchtlich stärker als im Ersten Weltkrieg – von Jugendlichen verübt wurden, »obwohl das Strafmündigkeitsalter um zwei Jahre hinaufgesetzt wurde«[346]. Selbst Todesurteile wegen »Verdunkelungsverbrechen« erfüllten nicht den Strafzweck der Abschreckung, zumal das »Leben in Bombenhagel und Frontkrieg« immer weniger galt. Die Lockerung in der Eigentumsmoral wurde nicht nur durch die abnormen Verhältnisse begünstigt, sondern auch durch die Spaltung zwischen denen, »die schuldlos völlig verarmt sind, und solchen, die ohne ihr Zutun ihren Besitz behalten« konnten[347]. Die als ungerecht empfundene Wirklichkeit drängte im Herbst 1944 Jugendliche aus Arbeiterfamilien zu Banden zusammen, die sich durch Einbrüche in Luftschutzkellern, Lauben oder Lebensmittelgeschäften die begehrten Sachgüter verschafften (*Lagebericht, S. 198*); teils lebten sie zu Hause, teils in Ruinenverstecken[348]. Schon vorher hatten sich Cliquen wie »CDU« (»Club der Unheimlichen«) und »Knietief« gebildet (*Reichssicherheitshauptamt, S. 193f., 197*); sie gehörten der Mittelschicht an und distanzierten sich durch eine Vorliebe für Jazz- und Swingtanz und eine »englisch-lässige Kleidung« von dem offiziellen Jugendbild[349]. Auch andere junge Menschen, die keiner Clique angehörten, schlossen sich mit Entschiedenheit von der Außenwelt ab, so daß man schon vor dem »Zusammenbruch« in Berlin von »Bahnhofsjugend« und einer »Romantik der Katakomben« sprechen kann[350]. Diese Abkoppelungen wären ohne die für die letzte Kriegsphase typische Einbeziehung in den Wirtschafts- und Verteidigungsprozeß nur schwer möglich gewesen. Luftwaffenhelfer fanden in der Wehrmacht einen Hohlraum, in dem unmilitärische Orientierungen maßgebend wurden. Einerseits sahen die Jugendlichen auf die »dämlichen Zivilisten« herab, zum anderen träumten sie sich in eine Halbwelt aus Ufa-Filmsternchen und -jünglingen hinein, die das »einzige öffentlich vorhandene Gegenmodell zum Soldatisch-Zackigen« anbot[351]. Auf Urlaub von den Flakstellungen »lungerten« sie am Kurfürstendamm herum (*Warner, S. 192*); charakteristisch waren ein »möglichst langer Façon-Haarschnitt«, dunkler Mantel, weißer Seidenschal und die »locker zwischen Zeige- und Mittelfinger gehaltene Zigarette«[352]. Ein Leben in Frieden entzog sich jeder Vorstellungskraft; Selbstvertrauen bezog man aus der »Kluft«, nicht von den Vorgesetzten und vielfach auch nicht mehr von den Eltern.

Die Abkapselung auf Gruppen- und Eigeninteressen und ein immer mehr erzwungenes Auseinanderreißen gewachsener Beziehungen kennzeichneten auch in Berlin die »Zusammenbruchsgesellschaft«. Die Fluktuation bei Wehrmacht und Luftwaffenhelfern, in Büros und Fabriken war außerordentlich heftig; bevor sich ein Arbeiter mit seinem Nebenmann anfreunden konnte, jagten »ihn die Bomben in einen anderen Betrieb«[353]. Die Anwesenheit von Fremdarbeitern, »Umsetzungen« oder Produktionsverlagerungen in weniger luftgefährdete Gebiete lösten den Zusammenhalt weiter auf und unterstützten die Isolierung und ungezügelte Konkurrenz untereinander. Die wachsende Stärke des Luftkrieges sorgte außerdem dafür, daß sich in Berlin – wie im Reich[354] – regionale Inseln bildeten. Die zwanzig Verwaltungsbezirke begannen ein Eigenleben zu führen[355]; da die Bahnen jetzt längere Zeit außer Betrieb blieben, war man auf mehrstündige Fußmärsche angewiesen[356], auch sonst wurde die Fahrt in den überfüllten Verkehrsmitteln durch die von »Mal zu Mal übler zerfledderte Stadt« immer mühseliger[357], so daß die einzelnen Regionen nach einem schweren Angriff oft tagelang nichts voneinander wußten und die Bevölkerung die Beziehung zu den vernichteten Stadtteilen allmählich verlor[358]. Diese »dauernde Schrumpfung des Horizonts«[359] machte vor einzelnen Straßenzügen und Häuserblocks nicht halt, denn während man »im warmen Zimmer am weißgedeckten Tisch« saß, konnten »kaum mehr als einen Kilometer entfernt [...] keuchende Menschen« um ihr Leben rennen und Hunderte Wohnungen in Flammen stehen[360]. Ein Weg von zehn Minuten dauerte stundenlang, »wenn man in einen Angriff geriet«[361]; auch in längeren Bombenpausen erschwerten Trümmerfelder und gesperrte Straßen das Zurechtfinden[362]; manche »geschlossenen Stadtviertel« z. B. zwischen Tiergarten und Wittenbergplatz bedrückten durch die »mit brütender Hitze gepaarte völlige Stille«, unheimlich wirkte vor allem, daß die »wieder ausschlagenden Bäume und spiegelsauberen Straßen« ein Weiterleben vortäuschten (*Hartlaub, S. 240*). Die Versteppung Berlins nahm von Monat zu Monat immer weitere Ausmaße an (*Findahl, S. 187*). Zwischen Ruinen und Säulen der Schinkelbauten weideten Ziegenherden; schon seit der »Brachland-Aktion« 1940 war das Zentrum von Ackerflächen durchsetzt, jetzt erinnerten Runkelrüben am Alexanderplatz und Mohn vor dem Schauspielhaus am Gendarmenmarkt[363] an das in Verfall geratene Forum Roms zur Völkerwanderungszeit, wo sich die »territorialisierten Ackerbürger«[364] zunehmend den »militärischen Anforderungen« und den »rituellen Kontakten zu anderen Römern außerhalb des Familienkreises entzogen[365]. Im Sommer 1944 hatten die Berliner ihre Trümmergrundstücke zusätzlich in Schrebergärten verwandelt, zwischen Mauersteine legten sie Bohnen und Erbsen und setzten Tomaten- und Kohlpflanzen; »hügelabwärts entfaltet sich eine kleine Kürbiskultur«, schrieb die *Deutsche Allgemeine Zeitung* (1.9.1944). Die Menschen widersetzten sich beharrlich der Umquartierung und lebten »primitiv wie Robinson« in den zerbombten Häusern[366]. Indem die Keller bewohnbar gemacht wurden, verteidigte man die Reste einer lokalen Gemeinschaft. Die Aufrufe zu Schanzarbeiten dagegen wurden trotz Androhung von Repressionen nur halbherzig befolgt oder verweigert (*Sondereinsatz, S. 306ff.*), im Durchschnitt sollen nicht mehr als 30000 im Einsatz gewesen sein, so mancher »Schrebergärtner empfand das Umgraben seines Kartoffelackers [...] als kriegsentscheidender als das Ausheben eines Panzergrabens«[367]. Man lebte in einer ständigen Furcht, voneinander abgeschnitten zu werden, und entwickelte gegen diese Gefahr ein extremes Gefühl der Nähe. Hartlaub entdeckte »noch völlig ungebrochene Urberliner [...] von erstaunlich frischem Aktionsgeist, der sich aber ganz auf den privaten Sektor [...] beschränkt«[368]. Das sich vor allem in der Endphase manifestierende Zusammenrücken war jedoch keine Keimzelle eines neuen öffentlichen Bewußtseins, sondern entsprach einer allgemeinen Tiefenströmung, die auch die nationalsozialistische Herrschaft auseinanderdriften ließ und ihre Teile verselbständigte. Indem die Menschen in der Kellergemeinschaft, der Privatfamilie oder Clique den Zusammenhalt retten wollten, verstärkten sie ungewollt die Abkapselung nach außen und entwickelten keinen kritischen Blick für die Machtapparaturen. Hinter der Fassade der »Volksgemeinschaft« hatte sich eine weitere »Auflockerung« der Interessen vollzogen: Neben gestaffelten Lohn- und Warenprämien zersplitterte jetzt zusätzlich die unterschiedliche Kriegsbetroffenheit das Denken in Klassenzusammenhängen[369]. Unverändert verführte die fortschreitende Atomisierung die Menschen dazu, »intime Beziehungen zur Grundlage gesellschaftlicher Beziehungen [zu] machen«[370]. Auch die vielfach überlieferten Demonstrationen christlicher Glaubensstärke in den zertrümmerten Kirchen Berlins (*Kronika, S. 291f.*) entsprachen mehr einer Stimmung als einer wirklichen »Wiederherstellung der religiösen Gesinnung im Volke«

und beschränkten das Teilen und Geben auf einen engumgrenzten Bezirk.[371]

Die Reduzierung auf die »private Sphäre« und der damit verbundene Verlust an Wirklichkeitserfahrung führten in der »Zusammenbruchsgesellschaft« zu den merkwürdigsten Halluzinationen. Die Berliner wurden von Phantasien über die »Stabilität der Ostfront« beherrscht[372], der *Sondereinsatz* bemerkte in den Askania-Werken, Tempelhof, eine »durchaus positiv[e] und zuversichtlich[e]« Haltung (SB 25.10.1944), vor allem Arbeiter hielten die »augenblickliche Lage im Westen« und im »ostpreußischen Raum« für wenig bedenklich (ebd. 9.12.1944); noch für Mitte Januar 1945 konnte der Bericht »allgemein« in Berlin die »Zuversicht« feststellen, »daß Deutschland den Krieg gewinnen werde« (ebd. 18.1.1945). Als die Rote Armee am 31.Januar 1945 die Oder erreichte, gab es eine Panik mit »hysterischen Gerüchten« über Panzerspitzen des Feindes in Velten, Straussberg und Fürstenwalde (ebd. 7.2.1945)[373], Luftlandetruppen im Stadtgebiet[374] und einer Evakuierung der Bevölkerung nach Bayreuth. Berlin wurde zur Festung erklärt. In der Nacht zum 1. Februar besetzte Volkssturm Bahnhöfe, Brücken und öffentliche Gebäude, die Polizei erschien am Morgen mit Stahlhelm und umgehängtem Karabiner[375]; »in aller Eile« wurden am Rand Berlins Gräben ausgehoben[376] und im Zentrum »Barrikaden und provisorische Panzersperren gebaut« (*Lange, S. 285*). Doch als die Sowjets an der Oder stehen blieben, »schlief zunächst der Stellungsbau wieder ein«[376], so daß noch am 7. März »außer einigen recht dürftigen Panzersperren [...] nichts zu sehen« war, »was darauf schließen lassen konnte, daß Berlin Festung sei.«[377] Während die Rote Armee, die kämpfend mehr als 500 km zurückgelegt hatte[378], mit »großer Umsicht und ohne Hast« 53 km nordöstlich und 80 km südöstlich von Berlin Nachschub heranzog[379], glaubten nicht wenige »Volksgenossen«, »der Feind würde es nunmehr genug sein lassen, weil er sich ausgeblutet habe«[380]. Dieser »Wunderglaube« wurde durch Flüsterparolen und öffentliche Verlautbarungen beharrlich wachgehalten, so erklärte der bis zum 6. März amtierende Kampfkommandant Ritter von Hauenschild über Drahtfunk, »daß die Front sich von Stunde zu Stunde verstärkt« und man deshalb die Hoffnung haben dürfe, »daß die Maßnahmen zur Verteidigung [...] nie in Wirksamkeit zu treten brauchen«[381]. Um keine Unruhe aufkommen zu lassen, vermied man – wie in den Ostgebieten – eine frühzeitige Evakuierung, außerdem glaubte das OKW, eine Behinderung der Militärkolonnen auf den Straßen durch Flüchtlingsströme möglichst lange hinauszögern zu müssen[382]. Die Führung verhielt sich chaotisch. Die Abreise aus Berlin wurde mit Erschießen durch Einheiten des Volkssturms bedroht[383], andererseits sollte eine »nun seit Wochen eingeleitete Mundpropaganda« Frauen und Kinder zur Evakuierung ermuntern[384], doch erst Mitte März erschienen auf Vorhaltungen des neuen Kampfkommandanten Reymann in der Presse Hinweise, »daß von seiten der Behörden gegen ein Verlassen der Stadt nichts einzuwenden sei«[385], soweit die Personen »nicht [...] benötigt werden«[386]. Die Unentschiedenheit, aber auch das immer enger werdende Reichsgebiet lockten nicht mehr als 70000 aus der unablässig bombardierten Stadt[385]. Der zügellose Schrecken der ersten Februar-Tage wechselte ohne Zusammenhang zu passiven Träumereien. In der S-Bahn Westkreuz–Spandau wurde am 3. Februar darüber gesprochen, »daß gegen die Russen eine ganz große Sache im Gange sei« u. a. durch Sepp Dietrich und die Wlassow-Armee (SB 7.2.1945). Schon lange suchten die erschütterten Menschen in Phantasien über neue Waffen Zuflucht[387], die Propaganda hatte dieses »magische« Reagieren geschickt ausgenutzt und mit der V1 und V2 reale Verankerungen geschaffen. Gerüchte über U-Boote mit neuen Stratosphären-Geschossen, die New York in Flammen setzten (SB 18.1.1945), Eisbomben mit ätzendem Nebel (ebd. 2.1.1945), neuen Granatwerfern (ebd. 3.3.1945) und Roboterflugzeugen festigten die Hoffnung, »daß es zu einem eigentlichen Kampf um Berlin nicht kommen werde« (*Sondereinsatz, S. 296*). Im gleichen Atemzug erzählten die Berliner von Waffenstillstandsverhandlungen (ebd. 12.12.1944, 23.2.1945) und in der Schweiz getroffenen Vereinbarungen über die Nichtbombardierung deutscher Städte (ebd. 1.2.1945).[388]

Diese Wunschvorstellungen konnten jedoch auf Dauer die Daseinsangst nicht übertönen, Folge davon war eine vor allem jetzt massiv auftauchende Kampfstoffpsychose[389], die offensichtlich auch die Führung erfaßte; noch im April wurden in Berlin frisch einberufene Soldaten in Gaskammern trainiert[390], und Luftschutzwarte mußten »Keller-Versammlungen« einberufen, um »Aufklärungsvorträge« zu halten.[391] Überfüllte Züge mit Ostflüchtlingen brachten die Front leibhaftig in die Stadt; junge Mädchen und Frauen hockten »eng gedrängt auf den Puffern«[392]. Margret Boveri erlebte, wie in Königs Wusterhausen Erfrorene aus Viehwagen ausgeladen und »reihenweise« auf die Bahndämme gelegt wurden [393]. Viele »Rückgeführte« verweigerten daher die Weiterfahrt und verließen ohne Genehmigung den Anhalter Bahnhof (*Abb. 6*). Am Stadtrand aufgestellte Schilder »Flüchtlingen ist der Aufenthalt in Berlin verboten« [394] versuchten vergeblich, die Trecks mit Leiterwagen, Pferden und Kühen von der Reichshauptstadt fernzuhalten. Ende Januar/Anfang Februar überfluteten Berlin rund 40000 bis 50000 Flüchtlinge täglich, von denen nur 3000 bis 4000 »weitergeschleust« werden konnten [395]. Die Behörden richteten in Schulen Massenunterkünfte ein; »es gab kein Licht und keine Heizung«, die Toiletten waren eingefroren; ehemalige Schüler teilten »lauwarmen Tee aus Blechkannen« oder eine »Wassersuppe« aus und nagelten Fenster mit Pappe zu. »Überall kauerten Menschen in totaler Passivität, die [...] nichts mehr mitbekamen.« [396] Erzählungen über die katastrophale Mißorganisation der Flucht [397] wirkten deprimierend, doch gerade die »Rückgeführten« hofften zu einem Teil – trotz ihrer Erlebnisse – auf eine rasche Heimkehr (SB 1.2.1945); während manche »gebrochen« waren, kamen andere mit einem »fanatischen Durchhaltevermögen« in Berlin an, »sie wollten ihre Situation um jeden Preis bewältigen« [398]. Weniger die Berichte der Ostflüchtlinge über ihr Leid, als die über Munitions- und Kraftstoffmangel und panikartige Absetzbewegungen der kämpfenden Truppe (SB 23.2.1945, 3.3.1945) ließen die Sicherheits- und Friedensphantasien spätestens im März endgültig zusammensakken; bis dahin galt die Armee als festes Ordnungsgefüge innerhalb der als Chaos empfundenen Gegenwart, jetzt riefen Gerüchte über plündernde deutsche Soldaten (*Sondereinsatz, S. 298*) die künstlich niedergehaltene Angst wach. Man hörte, die von den Bolschewisten »sich absetzende Soldateska« leiste gründliche »Zerstörungsarbeit« [399] und zerschlage Gläser und Porzellan, steche Geflügel und Schweine ab und schieße »auf die prachtvollen Danziger Schränke Panzerfäuste« [400]. In Berlin wie im Reich rutschte das Vertrauen »lawinenartig« weg (MR Ende März 1945, 6738). Entscheidend für diese Desillusionierung war neben den Gerüchten von der Front vor allem das Zusammenbrechen der Produktion. Schon Anfang 1945 sorgte die Frauenarbeitslosigkeit in Berliner Betrieben für Unruhe (SB 9.1.1945), doch erst im März, als die »großen Werke von Auer-Oranienburg, Henkel, Siemens, Deutsche Werke-Spandau usw.« wegen Material- und Kohlenmangel ihre Fertigung erheblich einschränken mußten (ebd. 3.3.1945), sank die

6 Flüchtlinge, Anhalter Bahnhof – Hotel Excelsior. Februar 1945.

Stimmung auf den »Nullpunkt«. Durch die Herstellungsausfälle verfiel der Aberglaube an neue Waffen endgültig; es häuften sich realistische Äußerungen wie »Nur Verrückte glauben noch an einen Sieg« (*Sondereinsatz, S. 309*). Der stückweise Rückgang der Produktivität hatte jedoch auch eine seelische Auswirkung: aufgrund der Feierschichten schwand die Ablenkung durch eine angeblich planvolle Aktivität und verwies die Menschen auf ihr erschüttertes Selbst. Folgerichtig wurde der Arbeitsverlust von einer tiefen Niedergeschlagenheit begleitet, über Schuld- und Angstgefühle bis hin zu Reizbarkeit[402] und schweren Depressionen. Vor allem kam jetzt zur Sprache, »wie man sich Mittel beschaffen könne, um sich das Leben zu nehmen, falls die Sache schiefgehe« (SB 3.3.1945); die Ärzte wurden um Giftrezepte gebeten[403], und Frauen diskutierten ernsthaft, »ob man die Arterien quer oder – besser – der Länge nach aufschlitzen sollte«[404]. Über Jahre bemäntelte Grausamkeiten des Dritten Reiches wie die Blockade gegen Leningrad kehrten in das Bewußtsein zurück und wurden auf das Schicksal der Reichshauptstadt bezogen (SB 23.2.1945); viele Menschen bekamen Angst vor dem Hungertod[405] und beschäftigten sich mit dem Leben unter einfachsten Verhältnissen[406], Anfang April erschienen Flugblätter und empfahlen zur »Verbesserung der Eiweißgrundlage« den Fang von Fröschen »mit bunten Lappen, die im Wasser am Ufer entlanggezogen werden«, außerdem gaben sie u. a. Hinweise zur Errichtung von Erdhütten[407]. Die Deutschen begannen wie über Nacht, dem eigenen Land ein »gewisses Maß an Schuld« für den Ausbruch des Krieges zuzubilligen[408] und verleugneten aus Angst vor einem ähnlichen Schicksal nicht mehr das Unrecht an den Juden (*Lange, S. 288*)[409]. Während Soldaten »Sternträgern« freundlich eine Zigarette anboten[410], protestierten Arbeiter in der Leipziger Straße, »daß polnische [...] Mädchen Steine schichten müssen« (*Sondereinsatz, S. 248*). Vereinzelt waren Frauen in der Öffentlichkeit bereit, Kriegsgefangene in Schutz zu nehmen, »denn wir hätten doch schon genug Schuld auf uns geladen durch die Juden- und Polenbehandlung, die man uns noch heimzahlen werde« (ebd.). April 1945 meldeten die Berlin-Berichte eine Häufung solcher Fälle (*Sondereinsatz, S. 311*). Betriebsführer steckten den bei ihnen beschäftigten Russen Würfelzucker zu und hofften, »daß diese Freundlichkeit eines Tages zurückschlägt«[411]. Schon vor dem »Zusammenbruch« zeichnete sich in Berlin das Muster eines merkwürdigen Arrangements mit den späteren Siegern ab. »Ihre Überzeugungen lassen sich zusammenklappen wie ein Taschenmesser«, notierte die *Iswestija* am 17. April 1945 über die Deutschen. »Was uns [...] am meisten verblüffte, war das gänzliche Fehlen jeglicher Menschenwürde bei ihnen. Sie gaukeln heute Reue vor, sie setzen die Aschermittwochmienen auf, sie kehren die Demut eines Mönchs hervor.«[412]

Der im März wieder aufgenommene Ausbau Berlins zur »Festung« wurde mit Skepsis verfolgt und flößte »kein großes Zutrauen« ein. Anders als im Februar riß man jetzt »Straßenbahnschienen heraus, rammte sie senkrecht in den Boden und verband sie durch Eisenträger aus zerstörten Häusern« (*Abb. 31*) oder fuhr mit Steinen gefüllte Straßenbahn- und Möbelwagen in die Zwischenräume (*Abb. 33*)[413]. Während an kleinen Durchlässen »halbe Kinder [...] ernsthaft die Ausweise« kontrollierten[414], zeigten die Erwachsenen an den noch nicht fertigen Sperren nur wenig Arbeitslust, reagierten allerdings »voll Mißgunst auf Passanten, die sich [...] frei bewegten«[415]. Die chaotisch organisierten »Maulwurfs-Aktionen« an den Reichsgrenzen[416] fanden vor den Toren Berlins ihre Fortsetzung, so daß »Männer und Frauen, die in Pichelsdorf-Spandau wohnten, im Osten der Stadt schippen mußten und umgekehrt«[417]. Bis Mitte April gelang es immerhin, »einen durchlaufenden Schützengraben zu schaffen«, der an gefährdeten Stellen durch einen »breiten Panzergraben« ergänzt wurde[418]. Die Zersplitterung der nationalstaatlichen Einheit bei Kriegsende zu fast autonomen Gauen[419] führte dazu, daß Volkssturmeinheiten des Gaus Brandenburg gegen den Widerstand von Goebbels aus der »Festung Berlin« herausgezogen wurden[420]. Der Volkssturm war »völlig unzureichend« mit erbeuteten Gewehren »aus ganz Europa« bewaffnet, wobei unklar blieb, »von wo die Munition [...] beschafft werden sollte«[421], selbst die vom Propaganda-Ministerium aufgestellten Kompanien waren schlecht ausgerüstet.[422] Die Volkssturmsoldaten im Alter von 16 bis 60 Jahren mußten einen Eid schwören, lieber zu sterben, »als die Freiheit und damit die soziale Zukunft [...] des Volkes preiszugeben«[423]; die »Unterweisungen im Gebrauch der Panzerfaust« scheiterten oft an den geringen Munitionsvorräten[424], viele Kompanien konnten die Waffe »nur in die Hand nehmen« (*Sondereinsatz, S. 297*). Passanten beobachteten, wie Männer tatsächlich in »Ruinen Häuserkämpfe und im Tiergarten Waldgefechte« probten, sie markierten das Maschinengewehrfeuer, »indem sie mit Stöcken auf leere Blechbüchsen schlugen«[348]. Der Vorsteher auf dem S-Bahnhof Savignyplatz ließ die kleinen blaubedruckten Plakate, die »in Bild, Wort und Vers« zum Volkssturm und zum Schanzen aufriefen, von einer Ostarbeiterin mit heißem Wasser abschrubben und erklärte realistisch: »Was soll der Dreck! Ist ja überflüssig!« (SB 9.3.1945). Neben dem Volkssturm sollten vor allem die 180 Flakbatterien Berlin verteidigen, aber ihr Kampfwert war – mit Ausnahme der Geschütze auf dem Dach der Großbunker – so schlecht, daß die Kanonen bei einem Übungsschießen nach Zielen auf dem Müggelsee »nicht einmal den See trafen«[425]. Da die geringe Verteidigungskraft nicht verborgen blieb, blockten vor allem die Arbeiter die »Bolschewisten-Greuel« als Propaganda ab; sie verbreiteten Gerüchte über Schokoladen- und Keksgeschenke der Roten Armee in Ostpreußen (SB 7.2., 23.2.1945) und bestärkten sich gegenseitig in der Hoffnung, daß der »Iwan« uns Arbeitern nichts tun werde (*Sondereinsatz, S. 304*)[426]. Angehörige der Mittelschichten rechneten mit einem Veto der USA, wenn die Sowjets tatsächlich Massen-Deportationen nach Sibirien versuchen sollten[427], und fieberten dem schnellen Vormarsch der britisch-amerikanischen Truppen entgegen, von denen sie »eine mildere Behandlung« erwarteten[428]. Im Westen der Stadt lebte die Bevölkerung noch während der Offensive in dem Wahn, daß die Amerikaner in ihre Teile einrücken und nur der Norden und Osten von der Roten Armee besetzt würden[429]. Anders als im Ruhrgebiet[430] gab es in Berliner Arbeiterbezirken keine Ansätze, den Widerstand gegen die Angreifer tatkräftig zu sabotieren; obgleich die Siege der Sowjetunion gewisse »pro-russische Gefühle« aus der Weimarer Republik wachgerufen hatten, blieben die Vorstellungen der meisten ehemaligen Kommunisten ausgesprochen vage und passiv[431], zu sehr hatte der Nationalsozialismus die alten Verwurzelungen ausgemerzt. Die Kraft zur Arbeiterrevolution verkleinerte sich zum reinen Überlebenswillen und wurde nur noch – resignativ – erinnert (*Sondereinsatz, S. 309*)[432]. Die Vermutung vieler »Bürger«, die Arbeiterschaft werde sich erheben und »die Sache in drei Tagen zu Ende bringen«[433], entbehrte jeder Grundlage. KP-Flugblätter »Berliner! Entfaltet die Fahne der Revolution!«[434] erschienen in Wedding als bizarre Werbeslogans; Arbeiter taten sie ohne Bewegung ab und verglichen sie mit den Propagandasprüchen der Nationalsozialisten wie »Haß ist unsere Pflicht – Rache unsere Tugend«[435] oder »Die Stunde vor Sonnenaufgang ist die dunkelste«[436], die von Malereibetrieben im Auftrag des Propagandaministeriums auf die Fahrbahn geschrieben wurden.

Am 16. April 1945, morgens um 4 Uhr, begann die russische Offensive; den schwachen deutschen Kräften stand eine Übermacht von mehr als 40000 Geschützen und 6000 Panzern gegenüber[437]. Obgleich die Führung versuchte, die Reichshauptstadt an der Oder zu verteidigen, und die kampffähigsten Volkssturmeinheiten in BVG-Bussen an die Front schickte[438], durchbrach die Rote Armee rasch die Verteidigungslinien. Schon am ersten Tag der Schlacht war in Berlin Geschützdonner »wie das dumpfe Grollen eines fernen Gewitters«[439] zu hören, das in den kommenden Nächten immer deutlicher wurde. Während Massen von Fremdarbeitern aus den Lagern um Berlin mit »Hand- und Schubkarren, Wägelchen und sogar bespannten Fuhrwerken« unter primitiven Fahnen auf den Vormarschstraßen dem Feind entgegenzogen[440], füllte sich die Stadt mit abgetriebenen Pferden und Leiterwagen, auf denen im regendurchtränkten Stroh Flüchtlinge kauerten[441]. Verletzte Soldaten stiegen aus Vorortzügen, doch »keine Hand regt[e] sich, um den Verwundeten [...] zu helfen«[442]. Die schon während der Bombenangriffe gelegentlich sichtbare »Emotionslähmung« wurde jetzt zu einem anhaltenden Zustand[443]. Eine tiefe Müdigkeit ließ die akute Angst- und Schrecksituation kaum noch ins Bewußtsein dringen. Obgleich ab 21. April Artillerie die Straßen beschoß, stellten sich die Berliner vor den Lebensmittelgeschäften an, um ihre »Himmelfahrtsrationen«[444] in Empfang zu nehmen. Wenn ein Volltreffer auf die Einkaufsschlange fiel, schloß sie sich bald wieder; die Wahrnehmung verengte sich auf die verteilten 500 g Fleischdauerwaren, 250 g Nährmittel und Hülsenfrüchte, 1000 g Zucker und 30 g Bohnenkaffee (DAZ 22.4.1945)[445]; Tote und Verletzte blieben außerhalb der Erfahrung; mit der Bemerkung »Was ist das schon, wenn man an einen Luftkrieg denkt«, versuchten einige, ihre Teilnahmslosigkeit zu rationalisieren[446]. Auch der sich in den letzten Wochen hemmungslos öffentlich bahnbrechende terroristische Zug des Regimes[447] erschien den meisten in einer Dämmerung. »Hingerichtete, in Zivilkleidern oder Uniform« hingen an den Barrikaden[448] oder den Masten von Omnibus-Haltestellen mit Schildern um den Hals[449], teilweise so tief, daß man sie an den Beinen drehen konnte[450]. Bei Ausbruch der Straßenkämpfe verkroch sich die Bevölkerung in die Keller; während der Schießereien zeigten sich kaum weiße Fahnen, lediglich die Bezirke Weißensee und Lichtenberg kapitulierten kampflos, am Prenzlauer Berg nahmen einige bewaffnete Luftschutzwarte HJ-Soldaten Panzerfäuste ab[451]. Doch diese Aktion

69

blieb eine Ausnahme, dagegen gelang es einigen Betriebsführern, ohne Schwierigkeit Arbeiter und Angestellte zu gewinnen, um die Ausführung des »Nero-Befehls« zu verhindern. So schützten in der AEG, Akkerstraße, sechzig Mann den Betrieb vor der Zerstörung, andere verteidigten in Joachimsthal das Wasserwerk[452]. Die Mehrzahl zeigte keine aktive Haltung, dennoch konnte es in den noch nicht unmittelbar bedrohten Straßen »sehr gesellig«, fast wie auf einer »italienischen Piazza gegen Abend« zugehen[453] (*Boveri, S. 318, 320*). Auch kam es bis zur Einschließung Berlins am 25. April an den Rändern zu planlosen Fluchtbewegungen, »krampfhaft« versuchten die Berliner, »aus dem Wehrmachtsbericht herauszufinden, bis wohin die Russen und bis wohin die Amerikaner« gekommen waren[454], und orientierten sich nach Wanderkarten; noch am 29. schoben sich auf den Ausfallstraßen Fluchtkolonnen hin und her und vermieden »Abkürzungen querfeldein«, wo man die Rote Armee vermutete[455]. In den bereits »befreiten« Teilen wie z. B. Frohnau verhielten sich die Menschen merkwürdig »wurstig«, einige setzten sich mit Einbruch der Dunkelheit auf die Terrassen, plauderten und tranken sogar Sekt, obgleich über dem Zentrum Feuerschein stand und ein paar Kilometer entfernt noch gekämpft wurde[456]. Auch die Verteidigung vollzog sich von Beginn an »ohne Kenntnis der Gesamtlage«; während »Männer mit mutlosen, völlig apathischen Gesichtern« nach Berlin hineinzogen, marschierten andere »in entgegengesetzter Richtung aus Berlin« heraus; am besten klappte noch die Verpflegung[457]. Bereits am 23. April konnte man im Bezirk Prenzlauer Berg beobachten, wie um 11 Uhr vormittags »die deutschen Truppen in hellen Scharen [...] in Richtung Alexanderplatz« strömten. Während SS-Scharfschützen in einzelnen Häusern die Stellung bis zur Kapitulation hielten, warfen Soldaten ihre Waffen weg, »so daß sich bald Panzerfäuste, Maschinengewehre und sonstiges Kriegsmaterial unter der Hochbahnbrücke häuften«[458]. Daß die Schlacht noch mehr als eine Woche dauerte, lag an deutschen und ausländischen SS-Divisionen (*Jerk, S. 314f.*), die jeden Gefangenen sofort erschossen und nach der Niederlage eine ähnliche Behandlung erwarteten[459]. Polnische Soldaten, die mit der Roten Armee einrückten, trafen auf Mädchen und junge Frauen aus Partei-Internaten; sie hatten sich – wie am linken Ärmel ihrer Bluse eingestickt war – »Rache für unsere Brüder und Männer« geschworen[460]. Die SS sollte in jungen 15- bis 17jährigen HJ-Soldaten eine Unterstützung finden, die in den letzten Wochen – von Zivilisten abgesperrt – in Wehrertüchtigungslagern ausgebildet und am 22. April »auf Führerbefehl« in die Schlacht geschickt wurden[461]. Carl Diem beobachtete, wie sie »frierend und angstvoll auf das Artilleriefeuer lauschten«[462], die Mehrheit wurde an der Havel und bei der Rückeroberung des Reichssportfeldes am 28. April »aufgerieben«[463]. Bei den in der Nacht vom 26. zum 27. April auf dem Flugplatz Gatow auf Befehl von Dönitz gelandeten angeblichen Eliteeinheiten der Marine[464] handelte es sich u. a. um Teilnehmer eines Funkmeßlehrgangs; ihre italienischen Karabiner vom Jahrgang 1917[465] und die »weißen Mützen, blauen Uniformen mit goldenen Knöpfen« verliehen der Schlacht um die Regierungsgebäude eine theaterhafte Note; »vom Straßenkampf verstanden sie nichts, so war es kein Wunder, daß die allermeisten binnen weniger Tage fielen oder verwundet wurden«[466]. Die SS ging durch Kanalisationsanlagen, Frontlücken und über Ruinenfelder vor, es ereigneten sich Scharfschützenduelle und Schießereien in den U-Bahn-Tunnels[467]; in der Nähe natürlicher Hindernisse genügte oft ein MG, um eine russische Kompanie zurückzuhalten[468]. Zwar verschoß die Rote Armee in Berlin täglich 230 Waggons Munition[469], aber häufig wich sie wieder zurück[470] und ließ sich nur an ganz wenigen Stellen auf Straßenkämpfe wie in Stalingrad ein. Durch die stückweise Besetzung Berlins und die vorsichtige Kampfweise bildeten sich regionale Verteidigungsinseln, die »auf eigene Faust« kämpften[471]. Nicht nur die Welt außerhalb lag durch den Ausfall des letzten Feldsenders »auf einem anderen Planeten«[472], auch die Nachrichtenverbindung in Berlin selbst brach zusammen, so daß die zersplitterten Kampfgruppen – oft vergeblich – die Hauptkampflinie suchten und nach einem Telefonbuch die Nummer in einer Straße wählten, in der sie die »Russen vermuteten«[473]. Als in der Nacht vom 1. zum 2. Mai im U-Bahn-Tunnel Stadtmitte der Befehl zum »Ausbruch« gegeben wurde, setzten sich alle ab, »wo es doch gar kein Absetzen mehr geben« konnte, denn »hinten, vorn, rechts und links, und [...] oben auf der Straße« stand bereits die Rote Armee[474]. Die Hoffnungslosigkeit wurde in der Alexander-Kaserne, Spandau, in Alkohol ertränkt[475], die Männer der Waffen-SS liefen am Morgen des 2. Mai im Rausch »unter die Ketten der Panzer« und in das Feuer der Geschütze[476]; ähnlich scheiterte der Versuch der Leibstandarte, sich aus der Reichskanzlei über die Weidendammer Brücke »abzusetzen«[477], sie wurde »von der Seite her über die Spree hinweg« unter Beschuß genommen[478]. Andere mischten sich mit Zivilkleidern unter

Flüchtlinge[479], es kam tatsächlich vor, daß deutsche Frauen an Wohnungstüren klingelten und »um Zivilkleidung für die Soldaten« baten[480]. Die sich schon im Februar abzeichnende »Selbstmord-Epidemie«[481] forderte im Mai 700, im Juli 295 und im August 279 Opfer[482]. Polnische Sanitäter versorgten am 30. April drei Frauen, die gleichzeitig in einem Friseurladen versucht hatten, sich mit einem Rasiermesser die Pulsadern zu öffnen[483]; in Eichkamp vergiftete sich eine Mutter mit ihren sechs Kindern[484]; nicht selten lösten Selbstmordversuche das Gerücht aus, »die Russen« hätten den Frauen nach der Vergewaltigung »die Hände abgehackt«[485].

Die zügellosen Plünderungen und Vergewaltigungen der Roten Armee schienen die erwarteten Greuelbilder zu verwirklichen; der Hinweis sowjetischer Offiziere auf die Ausschreitungen der Deutschen[486] findet zwar u. a. in der SS-Reiterbrigade Fegelein eine Bestätigung, die von ukrainischen Dorfschulzen »unter Todesdrohung und Bajonettstichen die Herausgabe von Frauen zur Vergewaltigung« erzwang[487], aber diese Handlungen waren – anders als jetzt – keine Massenerscheinung. Zeitgenössische Beobachter sahen in den Vergewaltigungen daher weniger einen Racheakt als eine Korrektur des Rassenwahns, der von der Propaganda vor allem in der Zusammenbruchsphase hysterisch gesteigert wurde (*Findahl, S. 354*). Merkwürdigerweise führte das Kollektiverlebnis der Vergewaltigung zu keinem Russenhaß; der im Vorfeld der Eroberung zutage getretene Stimmungsumschwung setzte sich fort (*Findahl, S. 355*). Wendungen wie »Und darauf hat man nun sieben Jahre gewartet« oder »Ein Rußki auf'm Bauch ist nicht so schlimm wie ein Ami auf'm Kopf«[488] weisen auf eine gemeinschaftliche Verarbeitung der Massenvergewaltigung und auf die tatsächlich verbreitete Haltung, mit den Russen »zusammenzuarbeiten und sich ihnen anzupassen«[489]; erst das in der Folge errichtete Willkürsystem reaktivierte die Ressentiments und schuf die Voraussetzung für die »uneingestandene Einheitsfront« aller Deutschen mit den Westalliierten im »Kalten Krieg«[490]. Das Verhalten der Roten Armee in Berlin war zunächst zwiespältig; die Bevölkerung wurde nicht nur mit Plünderungen, Vergewaltigungen und Morden konfrontiert, sondern auch mit Beispielen naiver und rührender Fürsorge einzelner Soldaten[491]. Die Militärorganisation unternahm viel, um aus eigenen Beständen die Versorgung sicherzustellen[492]; schon am 11. Mai wurden Lebensmittelkarten ausgegeben. Auf besondere An-

7 Russen in Berlin. Mai 1945.

weisung Mikojans war auf den schon ausgedruckten Karten kurz vor der Verteilung das Wort »Kaffee« durch »Bohnenkaffee« ersetzt worden; obgleich in den Proviantlagern der Armee kein echter Kaffee vorhanden war, setzte die sowjetische Führung die Sonderzuteilungs-Strategie von Goebbels fort und ließ von Moskau einen Güterzug mit dem Genußmittel nach Berlin bringen. Außerdem bekamen die Behörden »5000 Milchkühe, um Kinder und Kranke [...] zu versorgen«[493]. Die Ausgabe der Karten dämpfte die Angst vor dem Aushungern und löste »Beruhigung« aus. »Jeder sitzt da und studiert seine Karte«, heißt es in einem Tagebuch. »Es wird wieder regiert.«[494] Ein Bericht der 5. Stoßarmee über die Stimmung der Berliner Bevölkerung verzeichnete bereits am 15. Mai eine »Tendenz zum Positiven« (»›Wir [haben] mehr als jeder andere Strafe und keine Großherzigkeit verdient. Aber es ist ein Wunder geschehen. Die Bolschewiki sind gar nicht so, wie sie Goebbels ausmalte‹«[495]). Die Berliner freuten sich über das »erste Wasser« und den »ersten Strom«[496] und empfanden die Wiederaufnahme einer Teilstrecke der U-Bahn als etwas »Märchenhaftes«[497]. Wie nach schweren Bombenangriffen fanden sich alle Arbeiter rasch in ihren Betriebsstätten ein, vereinzelt begannen noch vor der Kapitulation wie in der Maschinenfabrik Appel, Spandau, erste Aufräumungsarbeiten; es gab sogar Fälle, wo die Belegschaft Geld sammelte oder Geräte von zu Hause mitbrachte[498]. Im Juli hatten 600 Fabriken ihre Produktion wieder aufgenommen. Daß die Aktivitäten nach dem »Zusammenbruch« auf die funktional-materielle Ebene beschränkt blieben, entsprach dem Willen der Machthaber, die Menschen abhängig und gesellschaftlich inaktiv zu halten. Der erste Befehl des Chefs der Besatzung Bersarin erlaubte nicht ohne Grund den »Betrieb von Vergnügungsstätten« wie Kino, Theater, Zirkus, Stadion[499]. An Mauern kündigten bald »bunte, handgekleckste Plakate [...] Varietéprogramme in verschiedenen Wirtshaussälen« an[500]. Liefen bis zum 21. April u. a. die Ufa-Produktionen *Ein fröhliches Haus*, *Der Mustergatte* und *Es fing so harmlos an*[501], zeigten die Lichtspieltheater am 15. Mai russische Spionagefilme wie *Der hohe Lohn* und *Tschapajew*[502]. Goebbels ließ noch am 21. April im Schauspielhaus am Gendarmenmarkt bei Artilleriebeschuß Arien aus *Tosca* singen (DAZ 21.4.1945), am 13. und 18. Mai veranlaßte die Rote Armee mit Darbietungen des Kammerorchesters im Schöneberger Rathaus und des Orchesters der Oper im Rundfunkhaus die Wiederaufnahme der Kulturunterhaltung[503].

In den folgenden Monaten zwangen die Sowjets der Bevölkerung Fabrikenteignung und Bodenreform auf; die Formeln revolutionärer Spontaneität waren »ausgeborgt« und veranlaßten die Menschen, »sich aus dem politischen Scheinwesen herauszuhalten« und ihr Heil – unverändert – im Privaten zu suchen. Der Berliner forderte nicht Selbstbestimmung, sondern »Ordnung«[504], vor allem weil die Rechtsunsicherheit täglich zunahm und Passanten von der Straße weg verhaftet wurden. Die Versprechungen der Roten Armee auf regelmäßige Lebensmittelversorgung wurden nicht erfüllt. Seit August blieben die angekündigten Fettrationen aus, bei Fleisch betrug der Rückstand Anfang November mehrere Wochen[505]; die Säuglingssterblichkeit stieg auf 66 von 100 Geborenen; im ganzen waren die Todesfälle mit 80000 in der zweiten Hälfte 1945 sechsmal höher als in normalen Zeiten[506], besonders betroffen waren neben Kindern ältere Menschen über fünfundfünfzig Jahre[507]. Die Pumpwerke der Abwasserbetriebe kamen nur langsam in Gang; während die Straßen bald trümmerfrei waren, wuchsen auf den Ruinengrundstücken die Müllhalden; im Juli brachen Ruhr und Typhus seuchenartig aus und führten wöchentlich zu 2500 bzw. 900 Neuerkrankungen[508]. Auch der englisch-amerikanische Einzug in die Stadt vom 1. bis 4. Juli schuf für die westlichen Teile keine stabile Ernährung. Neben dem Mangel an Nahrungsmitteln bedrohte später auch die unzureichende Kohleversorgung das Leben. Der Magistrat bot aus dem Tiergarten, Grunewald und öffentlichen Parks jeweils einen Baum zum Verkauf an[509], ein großer Teil des Brennholzes verschwand jedoch auf dem Schwarzen Markt[510], so daß Berliner in panischer Angst vor der Kälte sogar die Rinde von den Straßenbäumen schälten[511]. Die britischen Behörden evakuierten in der »Aktion Storch« daher 50000 Kinder von 4 bis 14 Jahren nach Osnabrück, Aurich und Oldenburg, um sie »über den Winter zu bringen«[512]. Viele Deutsche irrten noch immer »ziel- und heimatlos auf den Landstraßen« herum, allein 2,5 Millionen in Mecklenburg, 800000 in Brandenburg[513]; die Wanderungsbewegung beruhigte sich nicht, weil »jede lokale Behörde versuchte, Leute abzuschieben, die in ihrer Gemeinde [...] nicht heimatberechtigt sind«[514]. In der zweiten Oktoberhälfte erklärten die Engländer die von ihnen besetzten Verwaltungsbezirke »für Flüchtlinge zum verbotenen Gebiet« und errichteten Barrikaden und Straßensperren, um das Einströmen zu verhindern[515]. Auf dem Reichssportfeld kampierten Zehntausende auf der Erde und wurden mit einer dünnen Suppe und einer Scheibe Brot versorgt. Die Überfüllung trat deshalb so kraß zutage, weil Berlin durch die Flächenbombardierung jede dritte Wohnung verloren hatte, wobei die Stadtbezirke Mitte mit 54% sowie Tiergarten und Friedrichshain mit je 50% am schwersten betroffen waren[516]. Der Luftkrieg ließ fast Zweidrittel aller Industrieanlagen bis Kriegsende in betriebsfähigem Zustand und forderte 18 000 Menschenleben[517], lediglich bei der Wohnraumzerstörung hatten das britische Bomber Command und die amerikanischen Fernfliegerkräfte ihre selbstgesteckten Ziele gegen Berlin erreicht und mit mehr als 1,6 Millionen Obdachlosen weit übertroffen. Zur Verwunderung der Alliierten, die ernsthaft für den Winter 1945/46 mit Unruhen rechneten[518], zeichnete sich kein Aufstand ab; die Deutschen schienen Verständnis für das »Ausbaden« der »harten Zeit« zu haben[519]. Diese während des »Bombenterrors« eingeübte Haltung schuf ein eigentümliches Einverständnis mit dem »kolonialen« Herrschaftsstil der Sieger, die zunächst in allen Stadtteilen Spielraum für Versuche ließen, »auf eigene Faust [...] das Beste aus der Situation zu machen«[520]. Schon im Herbst zeigten sich »Berliner Geschäftsleute [...] über die Zukunftsaussichten optimistisch«[521], die Schaufenster füllten sich mit »Bucheinbänden aus Lederabfällen, Brillen- und Schlüsseletuis aus den weißen Achselstücken der Offiziere des ›Regiments Göring‹, gedrechselten Tischlampen aus Holz, [...] künstlichen Blumen und dergleichen«[522]. Kleinere chemische Fabriken nahmen die Produktion von Schönheitsmitteln auf. Die Lokale am Kurfürstendamm öffneten mit neu angestrichener Bestuhlung; die Berliner genossen »bei einem Ersatzkaffee die milde Herbstsonne«, konnte die *Neue Zürcher Zeitung* schon im Oktober berichten[521]. Doch die Sektorengrenzen vertieften jetzt die vor dem »Zusammenbruch« registrierte »Verinselung«, »vom Kurfürstendamm aus jemanden am Alexanderplatz zu besuchen« wurde beinahe zur »Tagesarbeit«[523]. Der Schwarze Markt zersplitterte zusätzlich das Gemeinschaftsdenken; im Oktober 1945 beobachtete Allemann mehr als irgendwo anders in den westlichen Teilen Berlins einen besonders scharfen Kontrast zwischen Hunger und »offenem Luxus« (ebd.); es gab Restaurants, wo man eine »Vorspeise, Gänseleber, Thon und Pâté de viande«, einen »Fleischgang [...] aus einem großen Stück Braten, Bratkartoffeln, Gemüse und etwas Salat« für RM 170,– erhalten konnte, eine Flasche Mosel kostete RM 220,– bis 260,–.[522] Im Dezember 1945 beförderten LKW-Besitzer lieber »schwarze« Christbäume als Ruhrkohle, um einen besseren Profit zu erzielen.[524] Dem »einzelnen Berliner«, notierten die *Basler Nachrichten*, sei es »abgesehen von seiner eigenen Familie absolut gleichgültig, wie es den andern geht«[510]. Schwarzer und Grauer Markt, heimliche oder offene Prostitution, Jugendkriminalität usw. wuchsen aus dem Dritten Reich »wie eine Schlingpflanze« weiter[525]. Die Preise für »Mangelwaren« lagen auf den Märkten zwischen Brandenburger Tor und dem ausgebrannten Reichstagsgebäude oder am Alexanderplatz teilweise doppelt so hoch wie in West- oder Süddeutschland[526]. Trotz gelegentlicher Festnahmen tolerierte auch die Rote Armee den illegalen Handel und duldete sogar, daß während des Prozesses gegen die KZ-Bewacher von Sachsenhausen am Büfett des Gerichts in Pankow »schwarzes« Speiseeis zu RM 6,–, Schokolade zu RM 60,– bis 80,–, Kekse zu RM 60,– und Zigaretten zu RM 25,– bis 35,– pro Schachtel verkauft wurden[527].

Früh erkannte Franz Neumann in *Behemoth* die Zersplitterung als Grundsatz der nationalsozialistischen Herrschaft. »Eine gemeinsame Loyalität existiert nicht. Der Zement, der sie zusammenbindet, heißt Profit, Macht und vor allem Angst vor den unterdrückten Massen.«[528] Ähnlich bemerkte Findahl nach seinem sechsjährigen Berlin-Aufenthalt, »daß in Wirklichkeit nichts in Hitlers Reich konsequent, geschweige denn, total durchgeführt gewesen« war[529], doch habe man genau gewußt, »wie die Deutschen genommen, gelockt und geführt werden müssen«[530]. Der Staatssicherheitsdienst schüchterte durch Terror ein, vor allem aber bestand seine Aufgabe darin, in den *Meldungen aus dem Reich* »laufend« die einzelnen Wünsche zu erforschen und die Entwicklung in allen Lebensbereichen »vollkommen objektiv« zu beobachten[531], um die Menschen durch die Befriedigung ihrer materiellen Bedürfnisse zu unterwerfen. Schon Le Bon hatte das »Aushorchen der Meinungen« als »Hauptsorge« bezeichnet, denn nichts sei »beweglicher und wandelbarer als das Denken der Massen«, sie seien letztlich gleichgültig gegen alles, »was ihren unmittelbaren Vorteil nicht greifbar berührt«[532]. Vielen Augenzeugen des Dritten Reiches war durchaus bewußt, daß mit der »Weltstadt Berlin« nicht nur Paläste, Villen, Mietskasernen, Plätze und Straßen vernichtet wurden, sondern – endgültig – die damit einmal verbundene bürgerliche Öffentlichkeit. Der »Wiederaufbau« vollzog sich in der »freien Marktwirtschaft« der westlichen Sektoren rascher als im Osten und verdeckte durch hemmungslose Aktivitäten, daß in beiden deutschen Teilstaaten die Zerstückelung in Gruppen- und Eigeninteressen weiter vorangetrieben wurde. Nach dem »Zusammenbruch« ersetzten die Sieger Volksgemeinschaftsideologie und Führerprinzip durch bürgerlich-individuelle bzw. revolutionäre Propaganda, aber unverändert behindert – unter neuen Blendwerken – das Wissen um die »Massenseele« und das scheinbar fürsorgliche Eingehen auf materielle und triviale Bedürfnisse die Entfaltung einer neuen öffentlichen Kultur. Vielleicht wird nach der Lektüre der Augenzeugenberichte deutlich, daß der Untergang Berlins den Menschen nicht einfach geschehen ist, sondern daß der Katastrophe eine freiwillige Selbstausschaltung vorausgegangen war. Das Ansprechen »geheimer« Wunschtriebe durch das NS-System veranlaßte den einzelnen, Unrecht als selbstverständlich hinzunehmen und gesunde Zweifel zu unterdrücken. Ohne den Kult der »privaten Sphäre« jedoch wäre diese Versteinerung nicht so umfassend gewesen. Auch heute halten in Berlin lokale Territorien für die Mittelschichten bzw. die SED-Bürokratie mit Eigenheimen und Appartementhäusern die Illusion einer überschaubaren Ordnung aufrecht; junge Menschen probieren in besetzten Altbauten inmitten einer als feindselig empfundenen Welt Brüderlichkeit, die sich – ohne gesellschaftlichen Zusammenhang – jedoch immer wieder selbst zerstört. Das Leben in solchen abgegrenzten Räumen wiederholt Verhaltensmuster aus der NS-Zeit, aber nicht Verinselung, sondern deren Überwindung »ist ein psychologisches und politisches Gebot.«[533] Mag die von Le Bon als planktonartig beschriebene Masse mit all ihren flüchtigen Eigenschaften dem unzivilisatorischen Raum der ehemaligen Reichshauptstadt noch ihre Gestalt geben, so ist vielleicht die Zukunft nicht fern, in der Berlin als öffentlicher Schauplatz neu belebt wird, wenn wir nicht bloß Nähe suchen, sondern uns den zerklüfteten Flächen der Stadt und damit wieder dem Leben als etwas Unheimlich-Fremdem öffnen.

Augenzeugenberichte

Die allgemeine Stimmung in Berlin 1939 bis 1941

Deutschland-Berichte der Sozialdemokratischen Partei Deutschlands (Sopade) im Auftrag des Exilvorstands der Sozialdemokratischen Partei hrsg. von E. Rinner, Paris 1940. Neudruck von K. Behnken. Salzhausen: Nettelbeck und Frankfurt a. M.: Zweitausendeins 1980. Bd 7. S. 25–27.

Januar 1940

[...] Die Klagen über die Unbequemlichkeit der Verdunkelung sind längst verstummt. Jedermann versichert, die Verdunkelung Berlins habe ausschließlich den Zweck, Licht zu sparen, da Fliegerangriffe unmöglich seien, weil man bisher von keinen Angriffen oder auch nur von Flugblattabwürfen auf Berlin selbst gehört hat. Das ändert aber nichts daran, daß mit Eintritt der Dunkelheit das Leben in der Stadt aufhört, vor allem, weil die Bevölkerung sich in den dunklen Straßen ungeschützt fühlt. Besonders die Frauen vermeiden es, nach Sonnenuntergang die Straßen zu betreten, wenn es nicht unbedingt erforderlich ist, da die Finsternis die anrüchigsten Belästigungen geradezu herausfordert. Es sind sicherlich nicht die seit der Verdunkelung stark erhöhten Unfallziffern, die die Bevölkerung in ihren Wohnungen festhalten, sondern die Zunahme von Verbrechen, welche den Menschen, und ganz besonders den Frauen, Angst und Besorgnis einjagt.

Ein unter Ausnutzung der Dunkelheit begangener Handtaschenraub, ein Verbrechen, das im Schnellgerichtsverfahren durch die Hinrichtung gesühnt worden ist, erscheint noch als harmlos, wenn man an die seit Kriegsausbruch verübten Sittlichkeitsdelikte denkt, deren Zahl erschreckend ist. Aus den Veröffentlichungen der Presse seien hier nur angeführt: eine weibliche Leiche, die in eine Kiste gepreßt war, aus der die Beine herausragten, wurde in Stralau a. d. Spree angeschwemmt; der Körper eines unbescholtenen, zweiundzwanzigjährigen Mädchens, das vergewaltigt und ermordet worden war, wurde am Adlersgestell in Oberschöneweide aufgefunden; Leichenteile eines Mädchens vom Zirkus Busch wurden am Bahnhof Börse und in der Linienstraße entdeckt.

Diese Verbrechen sind offenbar durch die Verdunkelung und die Vereinsamung der Straßen begünstigt worden. Ein tüchtiger Geschäftsmann hat ein Schild in sein Schaufenster gehängt, auf dem man liest: »Spazierstöcke sind ein wirksamer Schutz in der Verdunkelung.« Ganz unauffällig, offenbar um sich gegen eine Belästigung durch die Polizei zu decken, ist in kleiner Schrift darunter vermerkt: »Man kann mit ihnen durch die Finsternis tasten und bleibt vor dem Hinfallen oder Stolpern bewahrt.«

In den ersten Wochen des Krieges war das Geschäft im Gastwirtsgewerbe am Abend vollkommen erstorben. Nach Überwindung der ersten Depressionswelle aber besannen sich die Menschen, daß das Leben auch eine heitere Seite habe und es setzte eine sich noch immer verstärkende Sucht nach Vergnügungen ein. Das Amusement war für die Leute ein Weg, auf dem sie ihr Geld, das sie nicht nutzbringend anlegen oder umsetzen können und nicht behalten wollen, an den Mann bringen können. Aus den verschiedensten Stadtteilen wird berichtet, daß die Lokale und Lustbarkeiten aller Art plötzlich gleichsam unter unnatürlichen Hochdruck gesetzt wurden. Besonders das Bild der Innenstadt wird hierdurch bestimmt. Alle Leute bemerken voller Erstaunen, daß sie noch nie im Leben so viele angetrunkene Menschen auf den Straßen gesehen hätten, wie jetzt in dieser ernsten Zeit. Des Rätsels Lösung ist einfach: den Menschen, die vielleicht einen vollen Magen haben, aber nicht in kräftiger Verfassung sind, steigen schon geringe Mengen alkoholischer Getränke, die sie in normalen Zeiten vertrugen, zu Kopf. Das Bier und die Spirituosen sind auch bedeutend schlechter geworden und deshalb weniger bekömmlich.

Das gesellige Leben weist also unzweifelhaft Symptome eines Sittenverfalls auf. Begünstigt wird diese Entwicklung durch ein Gefühl des Sich-treiben-lassens und des Unbedingt-noch-auskosten-wollens, weil jeder das Morgen für noch schlimmer hält und Grauen davor empfindet. [...]

Horst Lange: Tagebücher aus dem Zweiten Weltkrieg. Hrsg. von H. D. Schäfer. Mainz: v. Hase & Koehler 1979. S. 9–11 (Die Mainzer Reihe Bd. 46).

1. November 1939

[...] Man vergißt immer wieder, wie vielfältig die Züge sind, die das Gesicht dieser Stadt ausmachen. Nachts wird das Strandgut durch die Straßen gespült, jene verzweifelten und geschwächten Männer und Frauen, welche nicht mehr zu schlafen vermögen und von einer hysterischen, gereizten Wachheit sind. Sie sammeln sich in den Vorhallen der Bahnhöfe, durstig nach dem kleinsten Schluck Alkohol, hemmungslos in ihrer Vertrauensseligkeit, unter geflüsterten, halblauten Gesprächen, voller Furcht, daß ihnen jemand zuhören könnte, der von staatswegen Macht über sie besitzt, und doch wieder andererseits exhibitionistisch bis zur völligen Selbstaufgabe. Das Tanzmädchen aus einem »mondänen« Lokal, in dem die Männer geprellt werden, ein junges, blondes Ding mit jener Grenze von Anständigkeit und gewerbsmäßiger Unzucht, wo sich noch viele rührende Züge in der Verderbnis bewahrt haben: sie fuhr zu ihrer bürgerlichen Schwester nach Breslau, die ein Kind bekommen hatte und von der sie zur Taufe eingeladen war. Sie konnte sich nicht lassen vor Freude, daß sie, die Mißachtete, dorthin durfte, – aber ich zweifle nicht daran, daß sie nicht weggekommen ist, denn irgendein durchtriebener und sehr hübscher Gauner machte sich an sie heran und nützte ihre Rührung aus. – Der Bauernjunge in altmodischer Joppe, Schaftstiefeln und flauschiger Schirmmütze, der mir aus lauter Begeisterung, nachdem wir über Liegnitz und sein Heimatdorf Jännowitz gesprochen hatten, eine Serie Breslauer Ansichtspostkarten schenkte, – eine rührende, gerechte und äußerst wohltuende Erscheinung, voller Empörung über die Verkommenheit seiner Umgebung, nüchtern, klar und mit einer höchst vorsichtigen Gutmütigkeit. –

Der junge, auf die schiefe Ebene gekommene Angestellte eines Ministeriums, der seit drei Tagen nicht mehr im Amt war und fortgesetzt getrunken hatte, der seine Aktentasche mit wichtigen Papieren verloren hatte und behauptete, daß ihm sein Geld gestohlen wäre, fröstelnd und zähneklappernd vor Übernächtigung, bösartig und gereizt und dann wieder sentimental und rührselig, gierig nach Bier, aus der ihm selbst unbewußten Furcht vorm Aufwachen. Jemand, dessen Lage mir derart hoffnungslos und verzweifelt erschien, daß ich mich bei der ersten, besten Gelegenheit von ihm freimachte. – Der Wartesaal des Bahnhofs Friedrichstraße, voll mit schlafenden Soldaten, die mit Polizei unter Gewehren bewacht wurden. – Die grauen, toten Straßenzüge, die ich zum Alexanderplatz hinüberlief, an der riesigen, verrammelten Synagoge vorüber, und dann, auf einmal, ein wenig später, wie Heere von Ratten, die vielen müden, schlürfend und schlaftrunken sich bewegenden Gruppen der Leute, welche zur Arbeit gingen – bei Dunkelheit ihre Stuben verlassen und bei Dunkelheit wiederkehren – ein Eindruck voller Trostlosigkeit und das Wesen dieser Stadt am besten kennzeichnend. –

Das Lokal am Alexanderplatz, früher ein Treffpunkt dessen, was man als »Unterwelt« bezeichnet, und nun eine gewöhnliche Mollenstampe wie jede andere. Die Hure Hilde, die über Kreuzworträtsel mit mir Kontakt suchte – ein gutmütiges, derbes und gewöhnliches Mädchen, das vom Landleben schwärmte und mit dem zu schlafen sich wahrlich gelohnt hätte. Der sektiererhafte junge Breslauer mit den verrückten und sehr traurigen Augen und der heiseren Stimme, den ich vor Monaten nach einer vertrunkenen Nacht kennenlernte und sofort wiedererkannte. Wir saßen zu dritt beisammen, redeten über ernste Dinge und tranken, bis die Kriminalpolizei uns das Mädchen wegholte. Ein alter Kommissar, schwerfleischig, melancholisch und voller Menschenverachtung – ein junger, scharfer Hund von Assistent, beaumäßig und gewandt, mit Filmschnurrbärtchen und einem Eintänzer gleichend. – Zuletzt kam mir alles durcheinander, ich fand mich auf der U-Bahn nicht mehr zurecht und fuhr falsch. [...]

Deutschland-Berichte der Sozialdemokratischen Partei Deutschlands (Sopade) im Auftrag des Exilvorstands der Sozialdemokratischen Partei hrsg. von E. Rinner, Paris 1940. Neudruck von K. Behnken. Salzhausen: Nettelbeck und Frankfurt a. M.: Zweitausendeins 1980. Bd 7. S. 24, 69–70, 97–98, 221.

Januar 1940

Es ist noch immer fast unmöglich, ein einheitliches Bild von der Stimmung der Berliner Bevölkerung zu gewinnen. Interessant ist die Beobachtung, daß in den Restaurants und Cafés trotz der Verteuerung der Speisen und Getränke, trotz der Verschlechterung des Biers und trotz der Ersatz-Mahlzeiten geradezu Hochbetrieb herrscht. Es ist zu manchen Tageszeiten fast unmöglich, einen leeren Stuhl zu finden. Ebenso sind die Kinos außerordentlich besetzt. Diese Erscheinung ist ein Ausdruck eines jetzt weit verbreiteten Fatalismus. Die Leute wollen ihr Geld ausgeben, da alles Sparen keinen Sinn mehr habe, und wollen auch nicht zu Hause sitzen, weil sie Ablenkung brauchen. Sollte Deutschland siegen, sagen sie, nützt uns das gar nichts, wir werden nicht besser dran sein als jetzt. Verliert Deutschland, dann geht es uns vielleicht noch schlimmer. Im Grunde genommen ist alles gleich, was kommt. [...]

Alles wird heute beherrscht von der Konsumrationierung. Das ist das häufigste Thema und die größte Sorge, wichtiger als der Kriegsverlauf im allgemeinen oder die einzelnen Erscheinungen des Krieges, wie z. B. die Verdunkelung Berlins. Man will wissen, ob die Rationierungsmaßnahmen wirklich nur, wie die Naziführer sagen, »Vorbeugungsmaßnahmen« seien oder ob vielleicht nichts mehr vorhanden ist und daß später nicht einmal die jetzt zugeteilten Mengen zu erwarten sind. Darüber gibt es die verschiedensten Meinungen und Sorgen.

Besonders stark wurde dieses Thema vor Weihnachten erörtert. Man erwartete eine Lockerung der Rationierungsmaßnahmen wenigstens für diese Zeit – und heraus kam nur die Extrazuteilung einer Krawatte für den Herrn und eines Paars Strümpfe für die Frau. Hierin gerade wollen viele sehen, daß eben keine genügenden Reserven vorhanden sind, sonst hätten es sich Göring und Goebbels nicht nehmen lassen, dem Volke eine Weihnachtsfreude zu machen und es ein bissel sattessen zu lassen.

Der Buchverkauf schlug alle Rekorde. Man konnte nichts anderes schenken und stürmte daher buchstäblich die Buchläden. Manche Buchgeschäfte waren richtiggehend »ausverkauft«, was noch nie vorkam. Die Verleger konnten gar nicht so viel liefern.

Ebenfalls Rekorde hatten aufzuweisen die Geschäfte für Galanteriewaren, Parfümerie, Porzellan, Kristall und (soweit sie noch Waren heranschaffen konnten) elektrische und optische Instrumente. Alles Dinge, für die es keine Karten gibt.

Typisch war auch eine Jagd auf Schreibmaschinen. Es scheint eine gewisse Flucht in die Sachwerte damit verbunden zu sein. Nur gibt es kaum noch eine kleine Schreibmaschine zu kaufen, die Geschäfte haben meistens nur noch große Schreibmaschinen, die 500 Mark und mehr kosten. Aber auch die werden zwecks »Kapitalanlage« gekauft.

Ferner wurden viel gekauft: Hosenträger, Sockenhalter und besonders Hüte, also ebenfalls Dinge, für die man keine Karten braucht. Pelze, die nicht dem Kartenzwang unterliegen, sind überhaupt nicht aufzutreiben.

Man befürchtet die Einführung des Zwangssparens, am meisten diejenigen, die relativ gut verdienen und sich nicht genug kaufen können, da das meiste nur gegen Karten zu haben ist. Die Beiträge zum »Volksauto« werden weiter einkassiert, worüber man sich ärgert.

8 Reservisten aus Polen zurück. Oktober 1939.

9 Aufhebung des Tanzverbots. Oktober 1939.

Bedeutsam ist die überall sich bemerkbar machende »freiwillige Rationierung«. Auch Dinge, für die kein Kartensystem besteht, werden von den Geschäftsleuten »freiwillig« nur in beschränkten Mengen verkauft. So insbesondere z. B. Zigaretten. Jeder kann bei seinem ständigen Zigarettenhändler die bisher bezogene Menge bekommen, wenn man aber bei einem fremden Zigarettenhändler kaufen will, gibt es nur 2 Zigaretten. Ebenso ist es mit Schokolade und Bonbons.

Februar 1940

Das Volk ist sich in keiner Weise der Unsicherheit der Lage Deutschlands bewußt. Die nationalsozialistische Propaganda hat dem Volke beigebracht, daß dieser Krieg unter allen Umständen von Deutschland gewonnen werden muß. England muß auf alle Fälle niedergerungen werden, das hat sich so in den Köpfen festgesetzt, daß es sogar Leute gibt, die daraus folgern: wenn nicht in diesem, dann muß England in einem nächsten Krieg geschlagen und vernichtet werden. Deshalb will man durchhalten, um diese – wie der Nationalsozialismus dem Volke weismacht – nun einmal schicksalhafte Prüfung Deutschlands zu bestehen. Nur so ist es verständlich, daß die schweren Belastungen von der Bevölkerung ertragen werden und nicht zum Aufbegehren, sondern eher zum Gegenteil führen. Wenn man jetzt im Reich die Ohren aufhält, so hört man von allen Leuten nur Klagen. Alle diese Äußerungen der Verstimmung und Verärgerung sind aber nicht von politischen Schlußfolgerungen begleitet, oder wenn, dann von pro-nazistischen. Dem Ausruf des Unmuts folgt immer wieder die gehorsame Feststellung, es sei ja nicht anders möglich, sei notwendig, könne nicht umgangen werden.

Einen Einblick in Geistesverfassung und Denkweise des Volkes gewähren die nachstehenden persönlichen Beobachtungen bei einer Musterung: [...] Jeder legt mehr oder weniger umständlich klar, weshalb er zu diesem oder jenem Truppenteil wollte und kommt dann wieder auf die Bequemlichkeitserwägungen zu sprechen. Jeder sucht sich also so gut wie möglich aus der Affaire zu ziehen. Aber man kann nicht sagen, daß die Leute grundsätzliche Kriegsgegner oder auch nur, in der Gesamtheit betrachtet, in ihren Hoffnungen auf den Ausgang des Krieges oder die Chancen Deutschlands in diesem Krieg schwankten. Ihre Vorbehalte erstrecken sich immer nur auf die persönliche Bequemlichkeit und es ist nicht uninteressant zu beobachten, wie Männer sich ausrechnen, daß sie beim Militär, von unerfreulichen Arbeitsverhältnissen und Ernährungsschwierigkeiten frei, ein bequemeres Leben finden könnten.

April 1940

Es hat sich eine Stimmung entwickelt, die hinsichtlich des Kriegsausgangs ziemlich optimistisch ist. Bei den meisten Menschen kommt der Gedanke, Deutschland könnte diesen Krieg verlieren, gar nicht auf. Das Spießertum, auf das Hitler so oft geschimpft hat, ist am wenigsten geneigt, darüber nachzudenken, ob der Krieg nicht auch anders, als mit einem Siege Deutschlands ausgehen könnte. Nur sehr wenige Menschen machen sich Sorgen über den Kriegsausgang. Viele möchten wohl den Sturz Hitlers, aber sie haben eine Höllenangst vor den Folgen einer Niederlage. Man will an diese Möglichkeit nicht glauben, weil man sich nicht mit den Folgen der Niederlage, besonders in wirtschaftlicher Beziehung, beschäftigen will. Lieber wollen viele Hitler behalten, als dem ins Auge sehen, was nach einer Niederlage kommen könnte. Man fürchtet das völlige Chaos, Raub, Mord und Totschlag, eben das, was sich der Spießer unter Revolution vorstellt. Diese im Bürgertum weit verbreitete Stimmung schaltet automatisch alle anderen Gedanken als den an den Sieg aus. Um diese Einstellung zu ändern, muß noch ganz etwas anderes kommen, als die Schwierigkeiten der Lebensmittelversorgung.

René Juvet: Ich war dabei ... 20 Jahre Nationalsozialismus 1923–1943. Ein Tatsachenbericht. Zürich/New York: Europa 1944. S.98–102, 106–108.

[...] Dieser erste Teil des Krieges ging wirklich vorüber, ohne daß er dem deutschen Volk eigentlich zum Bewußtsein gekommen wäre. Es ist kein Zweifel daran möglich, daß er zunächst äußerst unpopulär war und daß die meisten Deutschen ihn mit großen Sorgen kommen sahen; niemand kannte die katastrophale Unterlegenheit der alliierten Luftwaffen und mancher rechnete schon für die ersten Kriegstage mit massiven Bombardements. Die realistischen Zeitungsberichte über die Zerstörung Warschaus, die nichts beschönigten, sondern fast sadistisch die Leiden ausmalten, gaben einen Begriff von den Möglichkeiten!

Als aber jede wirkliche Reaktion der Westmächte ausblieb, Polen vernichtet wurde, ohne daß von ihnen eingegriffen wurde, fand auch in unserem Betrieb Neders neue Parole Glauben, das Kriegsende stehe nahe bevor, Verhandlungen zwischen Deutschland und den Westmächten würden demnächst ihren Abschluß finden. Auch Rußland sei ja mit von der Partie. Das letztere wurde umso eher geglaubt, als die deutsche Presse große Artikel über die Sowjetunion brachte, die nun auf einmal »Rußland« hieß, und über die Russen, die man keineswegs mehr als Bolschewiken bezeichnete. Man hörte sogar, Stalin sei im Grunde seines Herzens Antisemit und warte nur auf den günstigsten Augenblick, um sich mit Deutschlands Hilfe seiner zahlreichen jüdischen Helfer, deren Existenz man noch gestern so scharf kritisiert hatte, zu entledigen.

Kurz, man war optimistisch, und daran änderte auch die Ablehnung des deutschen Friedensangebotes im Oktober durch die Alliierten nichts. Vom Krieg spürte man noch wenig, die Rationierung war milde, im Wirtshaus konnte man sich noch ohne Karten sattessen, das Straßenbild war noch kaum verändert, wenn man von der Verdunkelung absah. Sogar neutrale Zeitungen waren noch an den Kiosken zu haben, man konnte sich das umso eher leisten, als sie kaum einen Einfluß auf die öffentliche Meinung hatten.

Um die Jahreswende 1939/40 begann das deutsche Leben langsam die Züge des Krieges anzunehmen. Die Rationierung, ursprünglich nur als Unbequemlichkeit empfunden, wurde zur wirklichen Last. Von Anfang an hatte sie ja, trotz des entgegenstehenden Anscheins, ein recht plutokratisches Gesicht. Solange die Mahlzeiten in den Restaurants noch couponfrei waren, konnte sich der Besitzende einfach außerhalb des Hauses sattessen; bald wurde die Rationierung allerdings auch auf die Gaststätten ausgedehnt und war da sogleich viel unangenehmer als in der Schweiz, denn die Einrichtung der Mahlzeitencoupons oder etwas Entsprechendes gab es in Deutschland nie, sondern man mußte für jedes Gericht sein gemessenes Maß an Fleisch-, Fett-, oder sonstigen Marken hergeben. Wenn nur der Familienvater zum Beispiel das Mittagessen nicht zu Hause einnahm, so mußte meist die Familie von ihrem Anteil opfern, damit er sich einigermaßen sattessen konnte. Ein Ausweg war freilich das markenfreie »Stammgericht«, eine in der Schweizer Rationierung unbekannte Einrichtung, aber es war in der Regel so wenig nahrhaft, daß es gerade dazu reichte, dem Hunger für zwei Stunden zu wehren. Mit der Einführung der Markenpflicht in den Gasthäusern war die soziale Gerechtigkeit aber keineswegs garantiert, denn es gab jetzt immer noch ein paar Luxus-Gaststätten, in denen man praktisch ohne Marken zu sündhaften Preisen gut essen konnte. Allerdings war der Kreis ihrer Gäste von vornherein beschränkt, man mußte gute Beziehungen zum Kellner oder zum Portier haben, um einen Platz zu erwischen. Das gehört zu dem Kapitel Schwarzhandel, der bald üppig zu blühen begann. Kaffee war sein Standardartikel. Zu Anfang des Krieges war er 20 oder 30 Reichsmark das Pfund zu haben; der Preis ist inzwischen in schwindelhafte Höhen geklettert; im Sommer 1943 hat man in Berlin 500 Mark und mehr bezahlt. Die Behörden haben offenbar den Schleichhandel in Genußmitteln weitgehend toleriert, während sie auf Butter und ähnliche nahrhafte Dinge ein scharfes Auge warfen. Aber die Bevölkerung war anscheinend auf Schlimmeres gefaßt gewesen; man schimpfte zwar, jedoch war von einer Aufruhrstimmung nicht das mindeste zu merken. Dazu trug auch die weitverbreitete Überzeugung bei, der Krieg werde keinesfalls lang dauern, für ein paar Monate konnte man diese Lasten ja schließlich auf sich nehmen, wenn man nachher alle Reichtümer der Erde, ganz anders als vor dem Krieg, zur Verfügung haben würde. Der Popularität der Partei bekam es freilich nicht sehr gut, daß gerade ihre Bonzen es sich offensichtlich gut gehen ließen. Die Läden begannen langsam leer zu werden. Die Schaufenster prangten zwar noch mit begehrten Waren, aber in den Geschäften gab es gerade die Dinge, die man am liebsten gehabt hätte, nicht mehr zu kaufen. Zuerst verschwanden, man kann mit einem beliebten deutschen Modewort sagen, schlagartig alle Lederwaren, dann die Textilien, auch die nichtrationierten. Da aber fast jedermann mehr Geld als früher hatte, begannen Geschäftszweige, die es sich nicht hatten träumen lassen, Riesenumsätze zu machen, so der Buch- und Kunsthandel, und auch Theater- und Konzertsäle waren fast allabendlich ausverkauft. [...]

Die völlige Niederlage Frankreichs, der Waffenstillstand und Dünkirchen nahmen auch dem letzten Gegner der Nationalsozialisten in Deutschland die Hoffnungen, die sich auf eine Niederlage der deutschen Militärmacht gegründet hatten.

Große Siegesfeiern wurden veranstaltet, siegreiche Truppenteile kehrten triumphal heim. Hitler zog unter einem Jubel der Bevölkerung in Berlin ein, daß man für die Lautsprechermembranen fürchten mußte, und das deutsche Volk hatte den sichern Eindruck, daß am Sieg nicht mehr gezweifelt werden könne, ja, daß das Schlimmste vom Krieg ausgestanden sei. Die Verluste waren wirklich gering, in meinem ganzen Bekanntenkreis wußte ich von keinem Toten, die niedrigen Ziffern, die der Führer im Reichstag nannte, klangen so durchaus glaubhaft.

Überdies begann der Krieg jetzt seine positive Seite zu zeigen: Die Soldaten kauften in den besetzten Gebieten zu günstigen Kursen Waren, die in Deutschland längst vom Markt verschwunden waren, Stoffe, Kleider, und schöne Dinge für sich selbst, oder für die Frau oder die Herzallerliebste; Kaffee und Schokolade kamen im sozusagen legalen Schwarzhandel zum Vorschein, aus den scheinbar unerschöpflichen Vorräten der eroberten Länder. Jeder nahm diese Wohltaten gern an, seltsamerweise war auch jedermann davon überzeugt, daß die Qualität der ausländischen Waren besser sei als die der deutschen, und wenn es sich um das windigste Fähnchen aus der französischen Provinz handelte. So sehr hatte man sich an die Ersatzwirtschaft in Deutschland gewöhnt.

Man war sich freilich bei all der Siegesstimmung bewußt, daß England noch bezwungen werden müsse. Aber das Verhalten der Briten bei Dünkirchen war dem deutschen Volk mit solchen Farben der Verachtung geschildert worden, daß niemand daran zweifelte, die Invasion, die ja nicht lange ausbleiben könne, müsse leicht gelingen. Die Luftangriffe auf die Insel, die im Spätsommer begannen, wurden allgemein als ihr Vorspiel aufgefaßt. Man hatte sie zwar als »Vergeltungsangriffe« bezeichnet, doch über ihren strategischen Sinn gab man sich keiner Illusion hin, umso mehr als auch die Presse immer wieder auf ihre Bedeutung hinwies und schauerliche Detailberichte über die Wirkung auf Englands Bevölkerung brachte. Unser Betriebsobmann Neder badete sich förmlich in ihnen; er versicherte uns immer wieder, diese perverse Nation habe nichts anderes als die völlige Austilgung verdient, und ihn würde es freuen, wenn sie mit Stumpf und Stiel verschwände. Unsere

Hauswartin daheim, eine einfache Frau, die nicht allzu selbständig dachte, meinte, es sei zwar schlimm, was da geschehe, aber der Führer werde schon wissen, wozu es gut sei, und übrigens sei es um die Engländer nicht weiter schade, es seien ja doch lauter Juden.

Howard K. Smith: Last Train from Berlin. London: Cressetpress 1942. Feind schreibt mit. Ein amerikanischer Korrespondent erlebt Nazi-Deutschland. Deutsch von Niels Kadritzke. Berlin: Rotbuch 1982. S. 80–87, 90–94, 96–98.

[...] Die Kurve, die den Verlauf der deutschen Moral nachzeichnet, ist keine elegante Schlangenlinie, die sich – wie die Stimmungskurve praktisch aller Völker, die im Frieden leben – langgezogen aufwärtsbewegt und langsam und ruhig wieder abwärtsgleitet. Sie ist vielmehr eine Zackenlinie auf niedrigem Niveau, die anfallartig plötzlich in die Höhe schnellt, um sofort wieder scharf nach unten abzuknicken. Der Grund für ihre krassen Konturen ist die unverminderte Angst vor diesem Krieg, die das deutsche Volk immer noch beherrscht, und die naive Bereitschaft, auch noch dem aberwitzigsten Gerücht zu glauben, das auf ein baldiges Ende des Krieges hindeutet. [...]

Die Moral war schon in Friedenszeiten nicht gerade hoch gewesen. Nach den Erfahrungen während meines ständigen Hin- und Herreisens zwischen England und Deutschland bin ich davon überzeugt, daß das erste Opfer von Hitlers Nervenkrieg gegen England – welche Wirkung er auch immer dort erzielt haben mag – in Wirklichkeit das eigene Volk gewesen ist. In der Zeit des Münchener Abkommens waren die Engländer beunruhigt, sogar äußerst beunruhigt; ich weiß das, denn ich lebte damals in England und war ebenfalls beunruhigt. Aber als ich kurz darauf nach Deutschland fuhr, waren die Zeichen der Anspannung dort weitaus krasser als alles, was ich persönlich in England erlebt hatte. Der Inhaber der Pension, in der ich in Köln meist wohnte, war nach dem Münchener Abkommen plötzlich aus der Pacht ausgestiegen und von Köln weggezogen, weil er Angst hatte, seine Pension liege zu dicht am Hauptbahnhof. Die allgemeine Stimmung brachte wohl am besten ein deutscher Student auf den Begriff, der in Amerika studiert hatte und den ich aus München kannte. Auf die Frage, wie er sich als junger Deutscher in Hitlers Reich fühle, antwortete er: »Es ist, als ob man mit einem kühnen jungen Artisten verheiratet ist, der am fliegenden Trapez arbeitet. Es wird nie langweilig, aber für die Nerven ist es eine Katastrophe.«

Wie mir meine Kollegen berichteten, fiel die Stimmungskurve nach der ersten Kriegserklärung steil ab und erreichte einen neuen Tiefpunkt. Im zweiten Kriegsmonat aber schnellte sie plötzlich in Rekordhöhe, und zwar an jenem Tag, als irgendein Schurke – man sprach von einem Juden, einem Bolschewisten oder einem Plutokraten, der mit dem Fallschirm abgesprungen war – ein Gerücht in die Welt setzte: Premierminister Chamberlain sei zurückgetreten und England habe sich zu Friedensverhandlungen mit Hitler bereiterklärt. Das Gerücht wanderte durch ganz Berlin. Hunderte von Berlinern versammelten sich vor der Reichskanzlei und riefen in Sprechchören: »Wir wollen unsern Führer!« – aus Dankbarkeit für den schnellen Frieden, der gar nicht eingetreten war. In einer solchen Verfassung treffen Enttäuschungen umso härter; die Entdeckung, daß es mit dem Frieden nichts wurde, löste einen Anfall von Depression aus.

Die Invasion in Dänemark und Norwegen belebte die Stimmung ein wenig, ließ sie aber nicht nennenswert ansteigen. Wie gleichgültig die Bevölkerung auf diesen einmalig kühnen Sprung übers Meer zur Besetzung eines gebirgigen Landes reagierte, davon zeugten in brutaler Offenheit die Stapel unverkaufter Extrablätter, neben denen die Zeitungsjungen einen ruhigen Nachmittag verbrachten. Die leichte Begeisterung, die es gegeben haben mag, wurde durch das Wissen wieder eingedämmt, daß diese Eroberungen ein strategischer Gewinn sein mochten, für den Frieden aber nicht entscheidend waren – und allein daran war und ist das deutsche Volk interessiert. Ich kann mich an ein typisches Gespräch von zwei alten Leuten erinnern, denen ich an jenem Vormittag nach der Invasion in Norwegen bei einem Besuch im Berliner Zoo begegnete. Der eine war ein alter Mann mit Kaiser-Wilhelm-Bart, der offensichtlich jeden Tag seinen Dackel im Zoo spazierenführte, der andere war der Kontrolleur am Eingang, der dem alten Mann die Karte abnahm und sagte:

»Morgen. Schon gehört, heute morgen sind wir in Norwegen einmarschiert.«

»Ja«, sagte der Besucher und nahm seine Zigarre aus dem Mund, »und in Dänemark auch.«

»Ja«, sagte der Kontrolleur und reichte die abgerissene Karte zurück.

»Auf Wiedersehen.«

»Wiedersehen.« Und der alte Mann und sein Dackel gingen durch das Tor, um das merkwürdige Verhalten der Tiere zu beobachten, der wilden wie der zahmen.

Der Beginn des Frankreichfeldzuges brachte dagegen eine entschiedene Reaktion: einen drastischen Stimmungsabfall. Was das Bewußtsein der Deutschen mit am meisten gefährdet, ist das Denken in Parallelen zum Ersten Weltkrieg. Fällt auch nur der Name eines Ortes, um den im letzten Krieg blutige Schlachten stattfanden, so löst das unvermeidlich die Vorstellung aus, es könnte wieder so ähnlich ausgehen. Genau das tat die Meldung vom Überschreiten der belgischen Grenze am 10. Mai. In einer Pension am Kurfürstendamm, in der ich damals wohnte, kam ein anderer Pensionsgast, ein schon älterer Preuße zu mir ins Zimmer, nachdem er gerade die Überschriften in der Zeitung gelesen hatte. Er setzte sich hin und sah mich besorgt und forschend an.

»Es hat angefangen«, sagte er. Ich konnte nur zustimmen.

»Nun wird es richtig losgehen«, meinte er dann und starrte wieder auf seine zusammengefaltete Zeitung.

»Wir haben diesen Krieg nicht gewollt. Wirklich nicht.«

Tränen stiegen in seine harten, alten Augen, als er weitersprach und die altbekannte deutsche Sache verteidigte. Dies war typisch für die Weltkriegs-Generation: sie vertraute nicht auf die Stärke der Deutschen, sie glaubte uneingeschränkter als jeder Engländer oder Franzose an die deutsche Unterlegenheit, und sie flehte beim einzigen Ausländer in Reichweite um Gnade. Es war eine rührende kleine Szene, aber zu Mitgefühl konnte ich mich nur schwer durchringen. Wer sich am Anfang duckt, wird im Augenblick des Triumphes im Handumdrehen herrisch und arrogant.

Die raschen Siege drückten die Stimmungskurve wieder nach oben: Eben Emael, Lüttich, Brüssel, Dünkirchen wurden eingenommen. Aber es bleibt ein erstaunlicher Beweis für das mangelnde Vertrauen in die eigene Armee, daß die meisten Deutschen, mit denen ich mich unterhielt, auch noch nach Dünkirchen – als die deutschen Truppen kurz (nur einen Tag) innehielten, um zum entscheidenden Angriff gegen die Franzosen Anlauf zu nehmen – das Gefühl hatten, sie würden besiegt werden. Ihr Glaube an den Endsieg war in keiner Weise gestärkt. Als die deutschen Truppen 1940 an der Somme plötzlich Halt machten, war sofort die Erinnerung wieder da, wie Moltke zur Marne vorgestoßen war, wie die Front dort festgelegt und das vierjährige Elend eines Abnutzungskrieges begonnen hatte. Auf einen Höhepunkt stieg die Moral, als der Waffenstillstand mit Frankreich unterzeichnet wurde. Eigenartigerweise gab es nach diesem Ereignis, das doch einen der größten militärischen Siege aller Zeiten anzeigte, keinerlei Demonstrationen auf den Straßen. In ganz Berlin war keinerlei offener Ausdruck dieser Hochstimmung zu verzeichnen. (Kurz zuvor, als Italien einen sicheren Moment abgepaßt hatte, um in den Krieg einzusteigen, war es zum ersten und während des Krieges einzigen Demonstrations»zug« durch die Straßen von Berlin gekommen, dem einige Deutsche auf den Bürgersteigen verständnislos hinterherglotzten. Der Zug war von den paar faschistischen Schwarzhemden organisiert, die es in Berlin gab, und bestand aus etwa fünfzig deutschen Studenten, die teutonisch verlegen aus der Wäsche schauten, wie sie da hinter drei oder vier Italienern in schwarzer Faschistenuniform einhermarschierten).

Etwa einen Monat später geschah etwas Außergewöhnliches. Die Kurve erreichte eine absolute Rekordhöhe. Es war das einzige Mal, daß ich Szenen echter, hemmungsloser Begeisterung erlebt habe: Deutsche, die vor reiner, spontaner Freude lachten und weinten – das ist weder davor noch danach jemals wieder vorgekommen. Eine Division Berliner Infanterie war aus Frankreich zurückgekehrt. Sie sollte die Ost-West-Achse entlang durch das Brandenburger Siegestor hindurch und die Straße Unter den Linden hinuntermarschieren. Nach der Parade sollte die ganze Division demobilisiert werden. Endlich ein reales, fühlbares Zeichen des Sieges, das die Beendigung eines Krieges anzeigte, den die Deutschen haßten und fürchteten. Da kamen sie, Söhne, Männer und Väter, sonnengebräunt und gekräftigt nach langem Militärdienst, glücklich wie die Kinder, endgültig zu ihren Familien zurück. Die Gebäude an der Straße Unter den Linden waren mit großen rot-weißen Fahnentüchern behängt, jedes von ihnen 40 Meter lang und 3 Meter breit. Auf der Siegesallee und auf allen auf sie zuführenden Straßen hatten sich Tausende von jubelnden Menschen eingefunden. Die Soldaten marschierten an der Ehrentribüne vorbei, die am Pariser Platz vor der Amerikanischen und – welche Ironie – der Französischen Botschaft aufgebaut war und auf der Goebbels und der Kommandeur der Berliner Garnison ihren militärischen Gruß erwiderten. Dann marschierten sie in Wolken von Konfetti Unter den Linden entlang. Kinder durchbrachen die Polizeiketten und überreichten den marschierenden Soldaten Blumen, ein Dutzend Militärkapellen spielte Märsche. Ein wirklich wunderbarer Tag. In all diesen glücklichen Herzen lebte der Glaube, damit sei nun der Krieg endgültig zu Ende. Aber so symbolisch es war, daß die Ehrentribünen vor der alten Französischen Botschaft aufgebaut waren, so symbolisch war es vielleicht auch, daß die Route dieser Siegesparade am östlichen Ende der Straße Unter den Linden direkt auf das Hauptportal von Kaiser Wilhelms Schloß zustößt, wo der oberste Kriegsherr des Ersten Weltkrieges residiert hatte. Aber das entging der allgemeinen Aufmerksamkeit.

Die Ehrentribünen am Pariser Platz blieben noch einen weiteren Monat aufgebaut, gekrönt vom Adler des deutschen Heeres. Offensichtlich sollten weitere Divisionen von der Front zurückkehren und demobilisiert werden. Eines Tages wurde dann von der Mitte der Tribüne der Heeres-Adler entfernt und das Luftwaffen-Emblem, der goldene Adler mit den ausgebreiteten Flügeln, an seine Stelle montiert. Offenbar standen ein paar unwiderstehliche Schläge gegen England bevor; der nächste Sieg – und die Berliner Luftwaffeneinheiten würden von der Front heimkehren, um auf den Spuren der Infanterie durch das Siegestor zu marschieren, hinein in die Freiheit vom Kriegsdienst. England würde angesichts des Friedensversprechens des Führers und seines Wunsches, »das Empire zu schonen«, rasch zur Vernunft kommen, und die ganze Geschichte würde zu Ende sein.

Es ist durchaus nicht nur eine Erfindung der Presseleute, daß Deutschland – Volk wie Führer – damals damit rechnete, England werde auf Friedensverhandlungen eingehen. Mir war aus höchst zuverlässigen Quellen bekannt, daß das Propagandaministerium damals bereits Aufträge an Dekorationsfirmen vergab, die die Hauptstraßen der deutschen Städte für die triumphale Heimkehr aller deutschen Truppen mit Siegessäulen ausstaffieren sollten. Mein Informant ist der Leiter einer der Firmen, die einen solchen Auftrag erhielten, und diese Firma fing im Juli 1940 tatsächlich damit an, solche Straßendekorationen anzufertigen. Aus verläßlicher Quelle hörte ich auch, daß Hitler einen seiner führenden Architekten nach Berlin kommen ließ, um außerhalb Berlins einen neuen, einzigartigen Triumphbogen errichten zu lassen, der noch ein wenig größer ausfallen sollte als der *Arc de Triomphe* in Paris.

Was aus diesen Hoffnungen geworden ist, ist bereits Geschichte. Churchill hielt offenbar nichts von der Idee. Der Goldglanz auf den Flügeln des Adleremblems verschwand unter dem ersten Schnee des Winters, und eines späten Abends bemerkte ich bei einem Spaziergang Unter den Linden einen Trupp Arbeiter, der die Siegestribüne auseinandermontierte und diese Planken der Hoffnung in Lastwagen davonkarrte.

Sie arbeiteten zügig, und am nächsten Morgen lag der Pariser Platz wieder frei und offen da. Danach sackte die Stimmungskurve steil nach unten. Und wie die Kurve der amerikanischen Konjunktur nach 1929 hat sie sich nie wieder richtig emporgearbeitet. Die geschilderten Szenen wiederholten sich in kleinerem Maßstab in ganz Deutschland. In vielen Dörfern wölbten sich am Ortseingang rohgezimmerte kleine Triumphbögen über die Straßen. Ich sah welche auf einer Autotour durch Süddeutschland, artig verziert mit Tannenzweigen und kleinen Blumensträußen, die in der Mitte an vergoldeten Kordeln herunterbaumelten. Die Transparente, die an solchen Bögen angebracht waren, verkündeten: »Rothenburg (oder Nördlingen oder Dillingen) grüßt seine siegreichen Helden.« Als ich sie später noch einmal sah, waren die Tannenzweige vertrocknet, die Nadeln fielen von den Zweigen und die Blumen waren vom Regen verwaschen. Egal was man von ihnen hielt, für diese kleinen Triumphbögen war es ein harter Schlag. Aber Mr. Churchill war eben ein Dickkopf.

Dann kam der Rußlandfeldzug. Der viel beschworene Zeitplan des deutschen Oberkommandos sah zwischen sechs und acht Wochen vor. Das wurde mir in einem überschwenglichen Augenblick nach der ersten Woche siegreicher Grenzgefechte von einem hochgestellten Mitglied des OKW versichert. Obwohl die Zensoren mir damals verboten, diese Äußerung in einer Rundfunksendung zu verwenden, und obwohl die Nazis sie später, als die Dinge anders standen, heftig bestritten, wurde mir dieser Zeitplan mehrfach von Personen bestätigt, die sich ihrer Sache aus gutem Grund sicher waren. In einem Leitartikel, der am 23. August in der deutschen Presse erschien, bekannte keine geringere Autorität als Dr. Goebbels persönlich, das deutsche Oberkommando habe das Ziel, »alles daranzusetzen, den Feind in der Frontregion zu stellen und ihn in gigantischen Vernichtungsschlachten auszulöschen«. Der Zeitplan war natürlich geheim, und wie jedes Geheimnis in einem totalitären Staat war er vom ersten Tag des Kampfes an ein offenes.

In den ersten Wochen des Rußlandfeldzugs herrschte unter der deutschen Bevölkerung noch ziemliche Begeisterung, denn noch lebten alle Hoffnungen von besagtem »Zeitplan«. Seit dem Abriß der Triumphbögen und dem Scheitern von Görings Blitz-Terror gegen England hatte sich Deutschland durch die Aussicht beunruhigt gefühlt, das unbesiegbare England könnte – mit der steigenden Rüstungsproduktion und den verstärkten Waffenlieferungen Amerikas im Rücken – dem militärisch überlegenen, aber auf dem Kontinent festgenagelten Deutschland durch eine Blockade langsam die Luft abschnüren. Nun sah es besser, viel besser aus. Ein paar harte, schnelle Schläge gegen Rußland, das ohnehin, wie ja jeder wußte, kurz vor einem Umsturz stand, würde in den Städten hinter der russischen Front ein Chaos auslösen. Wenn nicht schon das zum Sturz der Regierung führte, würde das Chaos zumindest die russischen Verteidigungsanstrengungen lähmen; die Wehrmacht würde also unbehindert durch die russischen Steppen voranmarschieren, so wie sie die Straße Unter den Linden entlangmarschiert war. Das war die vorherrschende Einschätzung, so wurde sie Dutzende von Malen in meiner Gegenwart formuliert. Auf die Stimmungskurve wirkte sie belebend. Einer der intelligentesten und am besten informierten Deutschen, den ich kenne, der UP-Korrespondent Walter Wilke, bot mir zu Beginn des Feldzuges eine Wette darauf an, daß die deutschen Truppen binnen zwei Wochen Moskau einnehmen würden!

Den besten Beweis dafür, daß selbst das deutsche Oberkommando an einen leichten, schnellen Sieg glaubte, liefert eines ihrer Kommuniqués. Bereits am 13. Juli, der Krieg war noch nicht einen Monat im Gang, ließ das OKW vom Führerhauptquartier aus verlautbaren, der Feind zeige »Anzeichen der Auflösung und des Zusammenbruchs«! Ganze Regimenter der Roten Armee würden angeblich ihre Waffen wegwerfen und zu den Deutschen überlaufen. Am 25. Juli meldete der *Völkische Beobachter* auf der ersten Seite, Moskau greife nunmehr auf seine »letzten Reserven« zurück.

Aber offensichtlich hielt Mr. Stalin nichts von dieser Idee. Der Sieg war bereits überfällig. In Berlin kratzte man sich am Kopf und wunderte sich. Aber es handelte sich um etwas weit Ernsteres als um das lediglich psychologische Problem, daß alle ungeduldig auf das Ende warteten. Dieser Feldzug hatte im Gegensatz zu allen vorhergehenden spürbare materielle Auswirkungen. Kleine Dinge, die das Leben angenehm machten, verschwanden nach und nach aus den Läden, wichtige Bedarfsartikel wurden zusehends knapper. Die Zahl der Briefe, die täglich von der Front an die Absender zurückkamen und mit roter Tinte den Vermerk »gefallen« trugen, nahmen unheilverkündend zu. [...]

Die Moral der Deutschen sank in den letzten Septembertagen auf den tiefsten Punkt in den fast neun Jahren Naziherrschaft. Zwar marschierten Hitlers Truppen im Osten immer noch voran. Aber das war nicht entscheidend, denn die Menschen in Deutschland sind nicht an militärischen Erfolgen interessiert. Die Eroberung von Städten, die Einkreisung von Armeen und Vorstöße von mehr als hundert Kilometern in wenigen Tagen sind ihnen gleichgültig geworden. Wie schon gesagt: das einzige, woran das deutsche Volk interessiert war und ist, das ist ein *entscheidender* Sieg, der den Krieg sichtbar seinem Ende näherbringt. Das deutsche Propagandaministerium war mit seinen psychologischen Tricks buchstäblich am Ende. Es war offensichtlich geworden, daß jetzt kein propagandistischer Ersatz mehr helfen konnte, sondern nur noch der entscheidende Sieg selbst, und der war dringend notwendig.

Die Lage an der Heimatfront war wirklich ernst geworden. Daß der Feldzug dem Zeitplan um zwei Monate hinterherhinkte, hatte eine ernsthafte Beeinträchtigung der heimischen Versorgung zur Folge. Diese Versorgungsmängel trafen die Menschen empfindlich. Auf Zäunen und Hauswänden erschienen Anti-Nazi-Parolen. Das Propagandaministerium bekam Briefe, in denen sich die Leute über zu viele Kriegsszenen in den Kino-Wochenschauen beschwerten [...].

Hitler hatte bereits begonnen, Besitztitel für sowjetrussische Fabriken an deutsche Industrielle zu verteilen. Mein junger HJ-Freund vertraute mir an, er werde seine geschäftliche Karriere wahrscheinlich irgendwo im Osten beginnen – »dort liegen große Entwicklungsmöglichkeiten, müssen Sie wissen«. Die Presse veröffentlichte Fotos von alten russischen Burgen, die in grauer Vorzeit von teutonischen Wandersleuten errichtet worden waren, und sprach von »Deutschlands Kulturmission im Osten«. Damit niemand auch nur im Traum auf die Idee kam, das deutsche Interesse an Rußland könne irgendwie geschäftlicher Natur sein, brachte die *Nationalsozialistische Wochenschrift* ein hübsches, blumiges Gedicht mit dem Titel »Ostland«. Es schwärmte, wie oft die Deutschen die russische Erde bereits mit ihrem Blut geweiht hätten,

10 Kurfürstendamm. Herbst 1941.

und daß einzig und allein ihr Pflichtgefühl sie dazu berufen habe, die Bürde des blonden Mannes auf sich zu nehmen. Ein befreundeter Ingenieur, dessen intellektueller Appetit knapp unter dem Niveau von »Geschichten-die-das-Leben-schrieb«-Heftchen lag, kaufte sich eine komplette Tschechow-Ausgabe, »um mein Russisch aufzupolieren«. Jeder stand im Begriff, reich zu werden. Jeder Arier ein Millionär.

Wenn ich jemals verrückte Tage erlebt habe, dann waren es diese. Es ist fast zu schade, daß sie nicht länger dauerten. Aber das taten sie nicht. Das Erwachen war jäh und grausam. Im folgenden gebe ich die originale, tagtägliche Abfolge der Schlagzeilen des *Völkischen Beobachter* wieder. [...] Der Leser möge selbst das Gefälle herausspüren.

10. Oktober [...]:
Die Große Stunde hat geschlagen
DER FELDZUG IM OSTEN ENTSCHIEDEN

11. Oktober (in schwarzen Lettern):
DURCHBRUCH IM OSTEN IN EINER BREITE VON 500 KILOMETERN

12. Oktober:
VERNICHTUNG DER ARMEEN AM ASOWSCHEN MEER VOR DEM ABSCHLUSS
Schrecklicher Terror in Odessa – Sowjetische Deserteure von hinten erschossen

13. Oktober:
Die Kessel von Brjansk und Wjasma bereits weit hinter der Front

14. Oktober:
Operationen im Osten gehen planmäßig voran

15. Oktober:
Operationen im Osten gehen wie vorgesehen voran

Und am selben Tag hieß die Hauptschlagzeile: SCHNELLBOOTE VERSENKEN BRITISCHE FRACHTER IM KONVOI! Nur zwei Wochen nach dem Beginn des größten militärischen Schlags Hitlers, eine Woche, nachdem die Entscheidung gefallen war und vier Tage, nachdem sich Stalins letzte Armeen in Auflösung befanden, war die Versenkung von zwei britischen Frachtern im Kanal wichtiger geworden als die größte militärische Auseinandersetzung der Welt! Am unmittelbar folgenden Tag veröffentlichte der *Völkische Beobachter* auf der ersten Seite einen aufschlußreichen Leitartikel. Er trug die Überschrift ÜBER DREI MILLIONEN GEFANGENE. Der Verfasser erweckte den Eindruck, als sei ihm nicht ganz behaglich und als versuche er, mehr sich selbst als seine Leser zu überzeugen.

»Keine Armee«, schrieb er, »und wenn sie sich auch auf das einst für unerschöpflich gehaltene Menschenreservoir der Sowjetunion stützt, ist imstande, derartige Verluste auszuhalten. Die Wehrmacht der Bolschewisten ... ist zertrümmert. Ihre Heeresmassen sind aufgezehrt. Was die Sowjets nun noch an fragwürdigen Reserven in die Schlacht werfen können, ist kein (ernsthafter) Gegner mehr ... Der Krieg im Osten hat sein eigentliches Ziel bereits erreicht: Die Vernichtung des Feindes ...« Der Artikel endete mit den Worten: »Stalins Armeen sind schlicht von der Bildfläche verschwunden.«

[...] Vom Hörensagen wußte ich, daß ein Auflagenrückgang stattgefunden hatte; um dies zu überprüfen, fragte ich meine Zeitungsfrau an einem großen Kiosk am Wittenbergplatz. Sie erzählte mir, an allen Kiosken, die von ihrem Zeitungshändler betrieben wurden, sei der Absatz zurückgegangen. An ihrem eigenen Kiosk um mehr als vierzig Prozent. Wie sie nun einmal sind, erfanden die Berliner in dieser Situation einen Witz über die deutsche Presse. Dieser Witz geht über eine Berliner Zeitung namens *BZ*, die Abkürzung für *Berliner Zeitung* und funktioniert so: Man muß fragen, warum die einzige noch lesbare Zeitung die *BZ* ist. Die Anwort lautet: Weil sie nur von B bis Z lügt, während alle anderen von A bis Z lügen.

Noch wichtiger war eine andere Entwicklung: das rasch um sich greifende Abhören von ausländischen Rundfunksendungen, besonders von solchen aus London und Moskau. Es war ein positives Zeichen dafür, daß die Leute ihre Informationen woanders suchten, und nicht nur ein negatives dafür, daß sie keine mehr aus Naziquellen beziehen wollten. [...] Die Zeitungen berichteten, daß in zwei Fällen Leute, die den Londoner Rundfunk gehört hatten, zur Höchststrafe, also zum Tode verurteilt wurden. Am 30. Oktober wurde diese Tendenz von Dr. Goebbels bestätigt, denn er ließ in allen deutschen Zeitungen eine Liste der

Rundfunksender veröffentlichen, die man empfangen durfte, nämlich die Sender in Deutschland und in den besetzten Ländern. Er warnte zugleich davor, dieses Gesetz zu übertreten. Im November erhielt jeder deutsche Bürger zusammen mit seinen Rationierungsmarken eine kleine rote Karte mit einem Loch in der Mitte, so daß er sie am Senderwahlknopf seines Radios befestigen konnte. Darauf stand: »Volksgenossen! Ihr seid Deutsche! Es ist eure Pflicht, keine Auslandssender zu hören. Wer dagegen verstößt, wird erbarmungslos bestraft!« Eine Woche später kam in einem Haus in der Nachbarschaft der örtliche Nazichef zu Besuch, um nachzusehen, ob die Karten auch an den Geräten angebracht waren. Leuten, die kein Radio hatten, sagte man, sie müßten die Karten trotzdem behalten, als Mahnung nämlich, daß sie auch nicht bei Unterhaltungen von Leuten zuhören durften, die Radios hatten und Auslandssender hörten. Aus all dem muß man offensichtlich schließen: Das Abhören von feindlichen Sendern hatte ungeheuer zugenommen, die Leute hatten kein Zutrauen mehr zur Propaganda der eigenen Seite. Nach allem, was ich herausfinden konnte, bestand die Hauptwirkung dieser neuen Welle von Propaganda und Drohungen darin, daß die Leute, die sich vorher noch nicht getraut hatten, neugierig wurden – und damit zu regelmäßigen Hörern der feindlichen Sender. Denn eigentlich ist es fast ausgeschlossen, direkt beim Abhören erwischt zu werden; sobald es nämlich an der Tür klingelt, kann man ganz leicht auf den Deutschlandsender zurückdrehen. Fast alle Verhafteten hat es auch gar nicht zu Hause beim Hören erwischt, sondern dann, wenn sie an einem öffentlichen Ort anderen erzählten, was sie gehört hatten.

Hauptmann Sommerfeld war ein freundlicher, trinkfester preußischer Offizier mit vorstehenden Augen, der dem deutschen Oberkommando als »autorisierter Militärsprecher« des Propagandaministeriums diente. Für die Aufgabe, Dr. Dietrich zu unterstützen, konnte man sich keinen besseren Kandidaten vorstellen. Er erledigte diese Aufgabe mit derselben bewundernswerten Beharrlichkeit, mit der die Russen Moskau verteidigt haben. Jeden Nachmittag um fünf Uhr dreißig saß er im Theatersaal des Ministeriums auf seinem mit rotem Samt gepolsterten Sessel unter der berühmten riesigen Rußlandkarte und versuchte, sich standhaft gegen die Szenerie zu behaupten, die ihre Weihe vormals vom Sonderbeauftragten des Führers erhalten hatte. Monatelang wiederholte er jeden Tag mit kompromißloser Miene und eisernem Rückgrat: die Rote Armee ist vernichtet. Durch bloße Tatsachen ließ er sich nicht aus dem Konzept bringen. »Übriggeblieben, meine Herren, sind nur ein paar hastig zusammengestellte Brigaden von halb verhungerten russischen Arbeitern und einer Handvoll Kinder und bewaffneter Frauen. Moskau wird fallen, meine Herren, nichts ist sicherer als das!«

Aber das Tageslicht, das stets um fünf Uhr dreißig durch die Fenster zwischen den roten Samtvorhängen in den Theatersaal einfiel, wurde immer düsterer, und eines Tages waren die Vorhänge zugezogen und die Pressekonferenz begann bei künstlichem Licht. Die Tage wurden kürzer. Hauptmann Sommerfeld jedoch – ganz der zähe Preuße, der er war – behauptete die Stellung, und seine Miene blieb so eisern wie sein Rückgrat.

Am 23. November langte der *Völkische Beobachter* erneut in seinen roten Farbtopf und produzierte eine riesige, nur aus zwei Worten bestehende Schlagzeile: ROSTOW GENOMMEN! Aber der Verkauf der Zeitung ließ sich dadurch in keiner Weise ankurbeln. Viel aufmerksamer lasen die Leute eine unscheinbare kleine Meldung des Oberkommandos, die zwei Wochen darauf im *VB* erschien. Es ging bereits auf Weihnachten zu. Die Geschäfte waren leer, lediglich in den Spielwarenläden waren eine Menge Würfelspiele zu haben, eins davon mit dem Titel »Bomben auf England«. Es gab keinen Alkohol für den Weihnachtspunsch, es gab keine Gänse oder Kaninchen für das Weihnachtsessen. Auf den Straßen wurden die abendlichen Schlangen vor den Geschäften immer länger. Die unscheinbare Meldung lautete, die Truppen des Führers hätten eine russische Stadt namens Rostow geräumt, die an der Mündung des Flusses Don liege. Dies sei notwendig geworden, um Vergeltungsaktionen gegen die Zivilbevölkerung vorzubereiten, als Antwort auf die ungastliche Haltung der Bewohner. Die Meldung erschien in Schwarz.

Der wirtschaftliche Niedergang
seit dem Rußlandfeldzug

René Juvet: *Ich war dabei ... 20 Jahre Nationalsozialismus 1923–1943. Ein Tatsachenbericht.* Zürich/New York: Europa 1944. S. 136–141.

An jedem Jahreswechsel seit 1940 hatte das deutsche Volk die Hoffnung gehabt, das nächste Jahr werde das Ende des Krieges bringen. Aber als das Neujahr 1943 anbrach, war die Zahl der Deutschen, die diese Hoffnung noch hegten, verschwindend klein geworden. Zwar wurde der entsetzliche Rückschlag im Osten noch kaum geahnt, aber schon die Besetzung von Französisch-Nordafrika und weiterer Teile Libyens stellte die Achse vor Aufgaben, die nicht in kurzer Frist zu liquidieren waren. An einen glatten Sieg glaubten nur noch ganz wenige. Allmählich brach sich die Ansicht Bahn, daß die Besetzung ungeheurer Gebiete für das Deutsche Reich nicht unbedingt nur ein Vorteil sein müßte.

In diese dumpfe Stimmung klang die scharfe Trauerfanfare von Stalingrad. So viele Nachrichten auch durch Radio und Flugblätter der anderen durchgesickert sein mochten, den größten Teil des Volkes traf die Botschaft doch unvorbereitet. Die deutsche Propaganda stand vor einem schweren Problem, aber sie hat es bewundernswert gelöst. Wer die Zusammenhänge wußte, hatte ja die Dinge kommen sehen, die sich Anfang Februar ereigneten, und man durfte gespannt sein, wie das deutsche Volk auf die Mitteilungen reagieren würde, die ihm doch auf die Dauer nicht vorenthalten werden konnten. Bisher hatte man ja nur Tatsachen mitzuteilen gehabt, die optimistisch auszulegen waren, die anderen konnte man entweder totschweigen oder »umdeuten«. Das war bei Stalingrad nicht mehr möglich; Hitler hatte sich in aller Form darauf festgelegt, daß die Stadt genommen werden würde, ja daß sie praktisch schon genommen sei. Die ganze Propagandaaktion, mit der das Volk auf den Fall der Feste vorbereitet wurde, dauerte etwa acht Tage. Sie begann damit, daß der Wehrmachtsbericht vom Heldenkampf gegen eine Übermacht zu sprechen anfing, was für den Kundigen ein Zeichen sein mußte. Nach und nach ließ dann Goebbels im Verlauf einer Woche die ganze Besatzung bis auf den letzten Mann untergehen. Wer wußte, wieviel Mütter und Frauen um Männer in und bei Stalingrad bangten, mußte diese Behauptung als ungeheuerlichen Zynismus empfinden. Das deutsche Volk hat bis heute noch nicht offiziell erfahren, daß doch immerhin eine beträchtliche Anzahl der Stalingradsoldaten nicht untergegangen, also auf deutsch getötet, sondern gefangen sind. Freilich, bei den Behauptungen, die über die gegenseitige Behandlung der Gefangenen im Umlauf waren, mochte dies ein schwacher Trost sein. Immerhin sickerte mit der Zeit durch, daß die Gefallenenquote bei den Generälen erheblich geringer war als bei den Landsern, und daß auch Generaloberst Paulus Hitler nicht den Gefallen getan hatte, sich zum Dank für seine Beförderung zum Marschall in die Luft zu sprengen, sondern vernünftigerweise in die russische Gefangenschaft gewandert war.

Zum erstenmal in diesem Kriege wurde wirklich der Toten gedacht, die Zeitungen brachten den abschließenden Bericht des Oberkommandos mit Trauerrand und öffentliche Lustbarkeiten wurden auf einige Zeit untersagt. Wäre Deutschland eine ähnliche Niederlage im Jahre 1940 zugefügt worden, so hätte sie vermutlich das Ende des Krieges bedeutet. Aber der Gegner war heute der Bolschewismus. Selbst wenn die deutsche Wehrmacht nicht in Rußland einen säkularen Haß auf sich gezogen hätte, wäre von den Deutschen ein Sieg der Russen mehr als der Teufel gefürchtet worden, so kam aber noch die Furcht vor der Vergeltung dazu. Man hörte häufig sagen: Wenn Deutschland verliert, werden alle Deutschen umgebracht, also müssen wir auch die kleinste Siegeschance ausnutzen, damit wenigstens ein Teil von uns den Krieg überlebt. Daß diese Möglichkeiten objektiv sehr klein geworden waren, wurde allgemein zugegeben, aber man glaubte einfach an das Wunder. Nie wurde die Lage Preußens im Siebenjährigen Krieg unter Friedrich dem Großen so oft zitiert wie damals. Man unterließ freilich zu sagen, daß die unbestreitbare militärische Genialität und seine unerhörte Ausdauer es nicht allein waren, die den König damals gerettet haben, sondern die Umkehr der Richtung der russischen Bajonette nach dem Tode der Kaiserin Elisabeth. Aber wer weiß, ob nicht insgeheim auch ein ähnliches Wunder heute einkalkuliert wurde?

Es war ein weiter Weg von der Haltung der deutschen Propaganda im Herbst 1939, die schamhaft das Wort Krieg überhaupt vermied, bis zu der krassen Schwarzmalerei nach Stalingrad. Aber sie hat jedenfalls verstanden, auch aus einer verzweifelten Situation Nutzen zu ziehen.

Jetzt, in der äußersten Not des Reiches und des Volkes, die die Führung keineswegs mehr zu leugnen suchte, rechtfertigten sich auch die äußersten und ungewöhnlichsten Maßnahmen. Krachend stürzte das Gebäude zusammen, mit dem man da und dort noch einen friedensmäßigen Zustand vorzugaukeln gesucht hatte. Der Wirtschaft war es ja schon seit längerer Zeit untersagt worden, Pläne für die Friedensproduktion zu machen, die bis 1941 sogar vorgeschrieben waren, aber die Ladengeschäfte hatten doch immer noch den holden Schein aufrechtzuerhalten gesucht, daß es noch etwas außer den rationierten Dingen zu kaufen gäbe. Man wurde freilich meist recht unsanft eines anderen belehrt, wenn man nach den im Schaufenster aufgebauten Waren fragte. Dieses sinnlose System band natürlich eine Menge Arbeitskräfte, denn immerhin mußte ja irgend jemand im Laden sein, um die Achseln zu zucken, auch wenn die Öffnungszeiten sehr eingeschränkt waren. Man hatte sich schon lange gefragt, wer eigentlich mit dieser Methode getäuscht werden sollte; für die paar Ausländer, die heute noch nach Deutschland kamen, lohnte sich das Manöver gewiß nicht. Nun auf einmal ging der Staat viel weiter, als es die Wirtschaft hatte tun wollen: ganze Branchen wurden rücksichtslos geschlossen, andere scharf zusammengelegt. Auch die Bars und die Tanzlokale, in denen seit Beginn des Rußlandfeldzuges ohnehin nicht mehr getanzt werden durfte, wurden geschlossen, während sie sich bis vor kurzem noch einer durchaus wohlwollenden Behandlung erfreuen durften. Die Entwicklung der Einstellung des Dritten Reiches war in diesem Punkt sehr drollig: Erst wurden zum Beispiel Nacktänzerinnen völlig verboten, kurz vor dem Krieg wurden sie wieder erlaubt und nahmen dann weit mehr überhand als in der verruchten »Systemszeit«; erst die Reinigungswelle nach Stalingrad brachte diese armen Mädchen um ihr sauer verdientes Brot (der Himmel mag wissen, womit sie es jetzt erwerben). Auch die Luxusrestaurants, in den Augen vieler längst ein Ärgernis, wurden geschlossen. Damit wurde sicher ein ansehnliches Kontingent an Kellnern frei, die in diesen Lokalen weit zahlreicher vorhanden gewesen waren als in den billigeren. Allerdings hatte es sich meist um Italiener, vereinzelt auch um Franzosen gehandelt.

Aber viel schlimmer und empfindlicher waren die Eingriffe in die Familie. Mit der Einführung der Arbeitsdienstpflicht für die Frauen bis zu 45 Jahren und der Flakdienstpflicht für die 15- und 16jährigen Buben wurde mancher Hausstand einfach aufgelöst. Denn die armen Frauen waren ja gleichzeitig mit viel mehr häuslichen Mühseligkeiten belastet als zu der Zeit, wo sie nicht auch noch außer Haus arbeiten mußten.

Man kann sich in der Schweiz gar kein Bild davon machen, welch

11 Strohschuhe ohne Bezugsschein. 1941.

eine Kunst dazu gehört, in Deutschland ein halbwegs vernünftiges Essen auf den Tisch zu stellen. Außer den rationierten Dingen gibt es praktisch nichts; dazu ist das Rationierungssystem ungeheuer kompliziert und in jeder Stadt wieder anders. Es gibt nicht eine einheitliche Lebensmittelkarte, sondern sechs oder sieben, für Brot, Fleisch, Fett, Eier, Zucker usw. je eine und daneben noch Sonderausweise, die am ehesten mit den blinden Coupons der Schweizer Karte vergleichbar sind, weil man bei Ausgabe noch nicht weiß, was einem der Staat darauf bescheren wird. Das erfährt man dann im Ernstfall auch immer so spät, daß es ein Glück ist, wenn man die zugeteilten Waren noch abholen kann. Es passiert zum Beispiel, daß pro Haushalt eine Flasche Wein zugeteilt wird. Dann muß man sich in sein Stammgeschäft begeben, einen Teil der von Göring so verketzerten Schlange bilden, und wenn man Pech hat, bekommt gerade der dritte oder vierte Vordermann die letzte Flasche. Es ist gar nicht zu beschreiben, welche Zeitverschwendung durch solche Dinge erfolgt. Muß man etwa gar zum Zahnarzt, so kann man mit vielen Stunden Wartefrist rechnen. Kommt man neu in eine Stadt und hat keinen Stammzahnarzt, dann reißt man sich den wehen Zahn am besten gleich selber aus, sofern man nicht einen Tauschartikel gegen zahnärztliche Leistungen anzubieten hat.

Daß unter diesen Umständen das gesellschaftliche Leben auf ein Minimum zusammenschrumpft, versteht sich. Trotzdem haben meine Freunde ihren Kreis aufrechtzuerhalten gewußt, und es hat ihnen eher genützt, daß man jetzt nicht der materiellen Genüsse wegen zusammenkam. [...]

Konrad Warner: Schicksalswende Europas? Ich sprach mit dem deutschen Volk ... Ein Tatsachenbericht. Rheinfelden: Langacker 1944. S. 25–29.

Die Menschen auf den Straßen, in den Läden und Verkehrsmitteln sahen schlecht aus in diesem grauen November des fünften Kriegsjahres. Sie waren bleich, ihre Augen eingesunken, in abgetragenen Kleidern steckten magere Leiber. Sie waren müde und doch von einer steten Hast getrieben, nicht nur von der Hast der Großstadt, die alle in den Bannkreis ihrer Tretmühle zieht, sondern von der ungesunden Eile übersteigerter Existenzjagd. Diese Eile war notgedrungen, man durfte nicht zu spät in den Laden kommen, sonst war die Ware ausverkauft. Man durfte nicht zu spät zur Haltestelle gelangen, sonst war die Bahn fort und der Sitzplatz von einem anderen weggeschnappt; man durfte nicht zu spät zur Arbeit kommen, sonst drohte Lohnabzug oder gar Sabotageverdacht. Man durfte nicht zu spät ins Restaurant kommen, sonst gab es kein Essen mehr, und man mußte rechtzeitig zu Hause sein, sonst wurde man mitten auf dem Wege vom Alarm überrascht. Darüber hinaus waren Eile und Hast Mittel gegen Selbstbesinnung und Grübelei.

Da standen sie nun Schlange, um ein bißchen Gemüse oder Kartoffeln zu ergattern, um ihre Zigarettenmarke zu erhalten, oder um ihre Lebensmittelkarten eintragen zu lassen. Sie standen Schlange vor den Kinos, um sich einen Platz zu sichern, im Laden, um eine Flasche Wein zu erstehen. Manchmal standen sie Schlange, ohne zu wissen, was es gab. Sie hofften auf irgend etwas, und wenn man es nicht für sich selbst brauchen konnte, dann war es doch vielleicht ein Tauschmittel.

An den Haltestellen der Schnell- und Untergrundbahn, der Straßenbahn und des Omnibusverkehrs standen sie wie fette Trauben. Beim Ein- und Aussteigen gab es jedesmal ein unvorstellbares Gedränge. Alle drängten gleichzeitig heraus und hinein. Immer setzte es Püffe und Schimpfworte ab, und selten meisterte ein Schaffner die verwirrte Situation mit einem Witzwort. Überall herrschte der Kommandoton, und die auf Anordnung Goebbels in allen Verkehrsmitteln angebrachten bunten Zweizeiler, die zur Höflichkeit und Rücksichtnahme aufforderten, blickten unbeachtet auf eine Herde feindseliger Brüder und Schwestern herab.

Ich suchte ein Lokal auf, um zu Mittag zu essen. Wie die übrigen, war es kurz nach zwölf Uhr bereits überfüllt. Von allen Seiten wurden die Kellner bestürmt, und es war kein Wunder, daß sie schlecht gelaunt waren. Es dauerte eine halbe Stunde, bis ich meine Bestellung aufgeben konnte. Nach einer Weile kam die Suppe. Mürrisch wurde mir der Teller hingeschoben, daneben lag billiges Eßbesteck. Nach einer großen Pause kam die Hauptmahlzeit, für die ich 100 g Fleischmarken ausgegeben hatte. Für Knochen- und Siedeverlust muß man 30 g rechnen, und was wirklich auf dem Teller lag, schien bei weitem nicht 70 g auszumachen. Dazu gab es Kartoffeln und Grünkohl. Drei oder vier halbe, angeschwärzte Kartoffeln und zwei oder drei Eßlöffel voll Kohl.»Kann ich noch ein paar Kartoffeln haben?« fragte ich den Kellner. »Die müssen Sie sich schon selber mitbringen!« war die Antwort. Mein von der Landluft angeregter Appetit war erst gereizt, und ich mußte noch zwei andere Restaurants aufsuchen, um einigermaßen satt zu werden. Nach zwei Stunden plagte mich wieder der Hunger, und dabei hatte ich nicht einmal anstrengend gearbeitet. Da es pro Woche 250g Fleisch gab, hatte ich nun noch 150g übrig, die bis zum Sonntag reichen mußten. Allerdings gab es das markenfreie »Stammgericht«, aber es bestand aus verkochtem Gemüse, meist Kohl und Kartoffeln, und hatte keinen besonderen Nährwert.

Ich dachte an die körperlich stark beanspruchten Arbeiter, die nicht wußten, was sie auf ihr Brot für die Frühstückspause legen sollten, die sich mit dem mehr oder weniger öden Kantinenessen zufrieden geben mußten und erst abends zu Hause eine richtige Mahlzeit erhielten, wenn sie eine Frau hatten, die dafür sorgte, die aber auch Stunden des Wartens, Anstehens und Einkaufens opfern mußte. Die Büroangestellten kamen meist besser weg, weil sie neben dem Kantinenessen während der Mittagspause auch noch eine Mahlzeit in einer Gaststätte einnehmen konnten, wenigstens ein markenfreies Gericht, denn sie mußten ihre Lebensmittelkarten wöchentlich in der Kantine abliefern.

Auch die Kinder waren meist in die Erfordernisse des Krieges eingespannt. Sie mußten einkaufen helfen, im Haushalt mitwirken, Schule und Schulaufgaben nahmen sie in Anspruch, und darüber hinaus wurden sie von den Jugendorganisationen mit Aufgaben überbürdet, die ihnen keine freie Zeit ließen, ihre Kräfte ausnutzten und ihren kindlichen Geist gefangen nahmen. Sie mußten Papier, Flaschen, Altmaterial sammeln, sie hatten sich an Übungen und Märschen zu beteiligen, Kurse und Versammlungen spannten sie in die »Schulung« ein, und die Kriegsereignisse, ihre Auswirkung auf Familie und Haushalt, Luftangriffe und der Tod von Nachbarn, Vätern und Brüdern belastete ihr jugendliches Gemüt in wachsendem Maße. Sie wurden erstaunlich früh reif, ernst, auch verroht, und wenn man sie beobachtete, verlor das Wort Jugend seinen hoffnungsvollen Klang.

Meine wachen Augen beobachteten die Erscheinungen der Großstadt und ihres Lebens, und ich merkte, daß das Wort Leben eigentlich nicht mehr berechtigt war. Was sich mir darbot, war eine grausige Groteske, und wenn nicht hinter allen Erscheinungen ein unabsehbares und unerbittliches Schicksal gestanden hätte, dann würde ich in ein großes Gelächter ausgebrochen sein über die Kleinheit der Menschen, über ihre Betriebsamkeit und Hast, ihre überreizte und überspannte Stimmung, über ihre Feindseligkeit und schlechte Laune, mit der sie sich gegenseitig den Alltag erschwerten, über die Blindheit, mit der sie ihrer Bestimmung entgegentrotteten. Da drohte im Osten die Überflutung durch den Bolschewismus, hier aber stritt man sich über ein vergessenes Glas Bier, um eine Fahrkarte für die Straßenbahn oder um den letzten sechzehntel Liter Milch vor Ladenschluß. Nach meinem Landaufenthalt kamen mir alle vor wie Irre, die einen Tanz um das Kerzenlicht ihres Selbstbewußtseins aufführten und nicht merkten, wie ihnen von allen Seiten der Feuerkranz des Weltbrandes auf den Leib rückte.

René Schindler: Ein Schweizer erlebt das geheime Deutschland. Tatsachenbericht. Zürich/New York: Europa 1945. S. 18–25.

»Wir sind im Krieg!« kann man in fast jedem Geschäft mit großer roter Schrift auf einem Plakat lesen, womit man sich gegenüber allen jenen entschuldigen will, die noch nicht begriffen haben, daß dieser Zustand natürlich auch seine Rückwirkungen auf die Versorgung mit Lebensmitteln und Gebrauchsgegenständen haben muß.

Im Verlaufe einer großen Stillegungsaktion sind zunächst einmal alle jene Geschäfte geschlossen worden, die als nicht versorgungswichtig betrachtet wurden.

Ein Direktor, 58 Jahre alt, der als Mitglied eines Produktionsausschusses der Rüstung an der Stillegung nicht kriegswichtiger Betriebe beratend beteiligt war, trat unter Preisgabe ihm dienstlich zur Kenntnis gekommener Tatsachen an eine der zur Schließung vorgesehenen Firmen mit dem Anerbieten heran, gegen eine Aktienbeteiligung die Stillegung verhüten zu wollen. Der Reichsführer-SS ordnete hier den Fronteinsatz dieses Direktors bei einer »Bewährungseinheit« an.

Das Personal und die Betriebsmittel der stillgelegten Firmen wurden Wehrmacht und Rüstungsindustrie zur Verfügung gestellt. Die restlichen Betriebe wurden auf eine Liste gesetzt und werden deshalb auch kurz L-Betriebe genannt. Sie haben, weil sie für die Versorgung der Bevölkerung lebenswichtig sind, auch dann offen zu halten, wenn sie, wie ich dies des öftern selbst feststellen konnte, effektiv gar keine Waren mehr zum Verkauf anbieten können, weil ihre Bestände erschöpft sind. Werden L-Betriebe durch Bombardierungen geschädigt, so bleiben sie nur »vorübergehend« geschlossen; werden sie total ausgebombt, so eröffnen sie »demnächst« den Betrieb in einem andern Gebäude.

Aber auch die L-Betriebe unterliegen der schärfsten »Auskämmung«, durch die der Generalbevollmächtigte für den totalen Kriegseinsatz, wie ein offizieller Titel Goebbels' heute heißt, weitere Kräfte für die Rüstungsindustrie freizumachen hofft, die ihrerseits Rüstungsarbeiter für den Fronteinsatz freimachen soll. Was übrigbleibt, muß sich zu »Kriegsarbeitsgemeinschaften« zusammenschließen, muß die noch vorhandenen Arbeitskräfte gegenseitig austauschen und so versuchen, den Betrieb aufrechtzuerhalten.

Die Geschäfte deutscher Großstädte, die in Friedenszeiten sehr wohl mit denen der Zürcher Bahnhofstraße wetteifern konnten, zeigen heute nur trübselige Auslagen. Fast keine Fensterscheiben sind mehr heil. Die Schaufenster sind zugemauert oder mit Brettern verschalt, die nur noch ein kleines Fensterchen aus Marienglas zur Besichtigung einiger Attrappen frei lassen. Eine Ausnahme davon machten bis vor kurzem die Parfümerien, die mit Lippenstiften, Puder und zweifelhaften Kosmetika meist französischer Herkunft geradezu überschwemmt schienen; die Metzgereien, mit verlockender Auswahl an Würsten und Fleisch; die Bäckereien, mit frischen, knusperigen Semmeln und dicken Brotlaiben. Aber der Anteil der Weißbrotmarken an der Brotration, der Anteil der Fleischmarken an der gesamten Lebensmittelkarte ist nur gering. Auch Kleider und Schuhe werden ausgestellt, aber die Kleiderkarte ist seit Monaten gänzlich gesperrt, Bezugsscheine für Textilien und Leder sind nur für total Ausgebombte erhältlich und auch erst dann, wenn der Nachweis erbracht wurde, daß man das Notwendige nicht aus den eigenen Beständen hatte retten können.

Wurde früher noch Wert auf eine glitzernde Fassade gelegt, so fällt auch die »Illusion des Schaufensters« heute dem totalen Krieg zum Opfer.

Das alles erschwert das Leben des einzelnen natürlich erheblich. Wenn dazu aber von den noch bestehenden Geschäften jedes an irgendeinem andern Nachmittag in der Woche geschlossen ist und andere Geschäfte wieder – so zum Beispiel die Rauchwarenläden – nur zu bestimmten Tagesstunden geöffnet sind, so daß man heute schon fast einen besondern Einkaufsstundenplan benötigt, um nicht viele vergebliche Gänge zu machen, dann kann man verstehen, daß es weder das

Verkaufspersonal noch die meist zusätzlich im Kriegseinsatz stehende Hausfrau besonders leicht hat, weshalb sie auch nicht immer gerade sehr höflich miteinander umgehen.

Mit den verlängerten Arbeitszeiten in der Rüstungsindustrie wurde endlich auch eine Verlängerung der Ladenzeiten notwendig. Lebensmittelgeschäfte müssen in der Großstadt vielfach bis 8 Uhr, ja sogar bis 9 Uhr abends geöffnet bleiben. Damit der Berufstätige einkaufen kann, ohne erst noch lange Schlange stehen zu müssen, wurde in Berlin sogar ein besonderer Ausweis für solche Spätkunden geschaffen.

Trotz aller Organisation, trotz aller Verbote und Strafen geht die Versorgung jedoch, wie dies überall in Zeiten allgemeiner Verknappung so gewesen ist, andere als die vorgeschriebenen Wege über das Ladengeschäft.

»Organisieren« ist heute Trumpf. Man muß sich alles »organisieren«, was man dringend zum Leben braucht, oder glaubt, dringend zu brauchen. Das heißt, man muß sich die benötigten Waren hintenherum zu verschaffen suchen, zu übersetzten Preisen natürlich, oder, was bedeutend leichter ist, im Tauschgeschäft. Tabak steht, besonders bei der ländlichen Bevölkerung, die ja auch am ehesten über sogenannte »Bauerndevisen« verfügt, am höchsten im Kurs. Kostet ein Pfund »schwarze« Butter gegenwärtig zum Beispiel etwa 150 Mark, so kann man sie auch schon für 20 ausländische Zigaretten, die durch Kriegsgefangene in Umlauf gesetzt wurden, oder für etwa 35 deutsche Zigaretten bekommen. Dieser Unterschied scheint durchaus gerechtfertigt, sind die deutschen Zigaretten doch bedeutend kleiner als die ausländischen und nur sehr locker gestopft, von der Qualität des Tabaks gar nicht zu reden.

Was wird in Deutschland nicht alles getauscht. Die Tauschspalte jeder der wenigen noch erscheinenden Tageszeitungen nimmt täglich mehr Platz ein – wenn man heute auch etwa drei Monate bis zum Erscheinen seines Inserates warten muß – und ist die am genauesten studierte Literatur. Man überzeuge sich nur selber einmal durch einen Blick in irgendein deutsches Blatt. Ein besonders groteskes Angebot blieb mir im Gedächtnis: »Tausche einen Gehrock gegen eine Fuhre Mist.« Der Krieg dreht das Rad unserer mühsam errungenen Zivilisation wieder zurück und bringt die Naturalwirtschaft wieder zu Ehren.

Nicht selten ist es auch notwendig, sich die für den endgültigen Tausch benötigte Ware erst durch einen Vortausch zu beschaffen, und oft scheitert ein dringend erwünschter Handel daran, daß es einem der beiden Partner unmöglich ist, den vom andern gewünschten Gegenstand zu beschaffen. Geld hilft dabei so gut wie gar nichts, denn für das erhaltene Geld kann sich der Partner ja auch nichts kaufen.

Die »Bauerndevisen« spielen aber nicht nur im Tausch eine bedeutende Rolle. Benötigt man einen Handwerker für irgendeine Reparatur oder gar für eine Neuanfertigung, so ist das ohne gehöriges »Schmieren« gar nicht zu machen. Ein Ehepaar hatte sich zum Beispiel seit langem eine Schlafzimmereinrichtung bei einem Geschäftsmann bestellt. Die Lieferung erfolgte aber nicht, obwohl die Frau öfters vorsprach. Schließlich soll der Geschäftsmann zu der Frau gesagt haben, wenn sie eine Gans bringe, ginge es wahrscheinlich schneller. Dafür bekam dieser Mann einen Strafbefehl, gegen den er – vergeblich natürlich – Einspruch erhob mit der Behauptung, daß sich die Frau bei dem Maschinenlärm in seinem Betrieb verhört habe, denn er habe gesagt: »Auch wenn Sie eine Gans bringen, geht es nicht schneller.«

Offiziell sind alle Waren dem recht wirksamen Preisstop unterstellt. So kostet zum Beispiel eine frische Semmel von 50 Gramm auch heute nur drei Pfennige. Gebrauchte Waren, für die in einigen Städten richtige Tauschbörsen organisiert wurden, fallen ebenfalls unter den Preisstop. Meine Berliner Bekannten bekamen einmal eine Strafe von 520 Mark nebst einer ernsten Verwarnung diktiert, weil sie in einem Inserat, das einen Maßanzug des gefallenen Sohnes zum Tausch anbot, ganz unabsichtlich die ihnen unbekannte Höchstpreisgrenze überschritten hatten, indem sie den ehemaligen Einstandspreis als Tauschbasis angaben. Lediglich sogenannte Kunstgegenstände, das sind vor allem Antiquitäten, sind nicht an einen Preisstop gebunden. Die Preise, die für diese Dinge oft zweifelhafter Herkunft und Güte gefordert und bezahlt werden, sind entsprechend.

Schlimmer als all das ist der empfindliche Mangel an Medikamenten. Oft ist es völlig unmöglich geworden, eine verordnete Arznei in der Apotheke zu bekommen. Ohne Rezept wird überhaupt nichts mehr abgegeben. Die Ärzte erhalten kein Benzin mehr für ihre Krankenbesuche; die Patienten, die wegen mangelnder ärztlicher Fürsorge sterben, sind »Opfer des Krieges«! Eine Mutter meines Bekanntenkreises, die auf dem Lande lebt, mußte zehn Stunden teils zu Fuß, teils mit der Bahn unterwegs sein, um ihr an einer schweren Mittelohrentzündung leidendes Töchterchen überhaupt zu einem Arzt bringen zu können.

Und doch geht das Leben irgendwie immer wieder weiter.

Howard K. Smith: Last Train from Berlin. London: Cressetpress 1942. Feind schreibt mit. Ein amerikanischer Korrespondent erlebt Nazi-Deutschland. Deutsch von Niels Kadritzke. Berlin: Rotbuch 1982. S. 124–126, 140–141.

[...] Mein kleiner Milchladen gleich um die Ecke hat eine Reihe Milchflaschen im Fenster ausgestellt, die zu sieben Achteln mit Salz gefüllt sind, damit es wie Milch aussieht. In dem Laden gibt es pro Tag vielleicht 15 Liter Milch, was manchmal zwei Stunden vorhält, wenn nicht schon frühmorgens zu viele Kunden kommen. Ein halber Schoppen pro Kunde, solange der Vorrat reicht. Die Milch ist so dünn, daß sie mehr bläulich als weiß aussieht. Auch die Tabakläden haben wunderbare Schaufenster mit allen möglichen farbenfreudigen Schachteln, »Aristons«, »Murattis«, »Kemals« (den »Camels« nachempfunden) und einer Marke, die einmal »Times« geheißen hatte, jetzt aber aus patriotischen Gründen und mit geringen Druckkosten, in »Timms« umgetauft ist. Die Schachteln sind leer, und ein Hinweis im Fenster sagt, daß sie nur als Dekoration gedacht sind – »Nur Attrappen«. An der verschlossenen Ladentür hängt fast jeden Tag ein anderes Schild. Der Inhaber, mit dem ich mich gut stehe, zeigte mir einmal alle Schilder, die er unter dem Ladentisch aufbewahrte: wegen Reparaturarbeiten geschlossen, oder wegen Inventur, oder wegen Umdekoration, oder wegen der Mittagspause, aber auch ein schlichtes »Ausverkauft«-Schild. Letzteres sollen im Grunde all diese Schilder besagen, die er dann und wann »nur so zur Abwechslung« einsetzt. Auf dem Tauentzien wollte ein Ladeninhaber den guten Schein wahren, indem er statt leerer Schachteln ein großes Foto ins Fenster stellte, das Hitlers Profil unter einem vergoldeten Hakenkreuz zeigte. Darunter stand in goldenen Lettern: »Wir danken unserem Führer!« Der örtliche Naziboß hielt das für einen Seitenhieb gegen den Führer und veranlaßte, daß die Dekoration ausgewechselt und ein paar »Attrappen« ins Fenster gestellt wurden. Der Mann hatte es eigentlich gar nicht als Gag gemeint, sondern lediglich versucht, ein guter Patriot zu sein. Aber in jüngster Zeit sind selbst die Versuche, den Schein zu wahren, eingestellt worden. Berlin beginnt tatsächlich, das Gesicht einer Stadt-im-Krieg anzunehmen. Und ich würde jetzt zu gerne mit meinem Offizier noch einmal Unter den Linden entlanggehen. Aber das geht nicht, weil ihm östlich von Kiew ein Bolschewist beide Beine zerschossen hat. Aber wir könnten auch fahren, wenn die Buslinie Eins nicht wegen Benzinknappheit eingestellt worden wäre, oder wir könnten ein Taxi nehmen, wenn noch eins aufzutreiben wäre. Es wäre gemein, ich weiß, aber ich würde ihm gerne zeigen, wie grau und dreckig die Gebäude geworden sind, wie die Farben abblättern und noch vieles, vieles mehr. Es wäre wirklich gemein, aber es ist endlich an der Zeit, daß jemand mal den Nazis das Monopol auf Gemeinheiten streitig macht.

Wer Berlin kennt, den interessiert vielleicht, wie diese herrliche alte Stadt heute aussieht, da sie zur Hauptstadt von ganz Europa geworden ist, zu einem Walhall auf Erden, mit dem – wie Dr. Goebbels im letzten Herbst schrieb – höchsten Lebensstandard auf dem Kontinent. Oder sagen wir: dem höchsten mit Ausnahme der beiden einzigen Länder, die noch nicht mit der Neuen Ordnung gesegnet sind – nämlich Schwedens und der Schweiz. Das ist nun, ich weiß schon, keine faire Bemerkung, aber Unfairneß ist ein weiteres Nazimonopol, das endlich geknackt werden muß. Fangen wir also mal bei den weitläufigen, großzügig ausstaffierten Lokalen im Zentrum des Geschehens an: das Café Unter den Linden und das Café Kranzler. Bei ihren Polsterstühlen platzt die Füllung aus den Nähten. Eine Zigarettenverkäuferin, die jetzt nichts mehr zu tun hat, erzählte mir, sie hätte neulich eine ganze Woche damit zugebracht, die Polster zusammenzuflicken. Dafür konnte sie nicht einmal Nähgarn auftreiben, bis der Krieg vorbei ist, wird man mit Bindfaden auskommen müssen. Nicht mit deutschem Bindfaden, der ist aus Papier und reißt, sobald man mit einer Nadel kräftig an ihm zieht; nein, mit Bindfaden von Paketen aus der Schweiz, an den man ab und zu herankommt. Das Essen in diesen Lokalen regt nicht gerade den Appetit an. Normalerweise besteht es aus einem übelriechenden Batzen Fisch, der auf der Speisekarte unter der Bezeichnung »Kabeljau« läuft, mit einer klebrigen gelben Soße drüber, »Senftunke« genannt. Das Ganze riecht, ehrlich gesagt, wie ein offener Mülleimer am Montagmorgen. Auch die Bedienung ist nicht mehr, was sie einmal war, vor allem weil es nur drei Ober gibt, die alle über siebzig sind. Sie waren schon im Ruhestand, aber als man im Juni die jungen Leute einzog, mußte man sie zurückholen und – Rheuma hin, Hexenschuß her – zu einem zehnstündigen Arbeitstag verpflichten. Das Café Unter den Linden hatte früher eine schöne, große Sonnenmarkise, die im Sommer die Tische auf dem Bürgersteig überspannte. Aber die Scharniere, an denen sie aufgehängt ist, sind durchgerostet und es fand sich niemand für die Reparatur, also hat sich das Regenwasser in den

12   Ladenfront. 20. April 1943.

Falten des Segeltuches gesammelt und Löcher hineingefressen. Das Café Schön gleich gegenüber hat mit seiner Frontpartie keine derartigen Probleme: Vor sieben Monaten zerstörten zwei britische Brandbomben die oberen Geschosse; damals wurde um das ganze Gebäude herum ein Gerüst aufgebaut, um es wieder instandzusetzen. Aber dann kam der Krieg gegen Rußland und alle Arbeiter wurden eingezogen, so steht das Gerüst heute einfach da und verbirgt die ganze Vorderfront des Gebäudes. [...]

Will man etwas von Berlin sehen, muß man in den Straßen umherlaufen. Will man etwas von den Menschen sehen, muß man mit der U-Bahn fahren. Dort kann man sie nicht nur sehen, sondern auch riechen. Die Zeit und die Zahl der U-Bahn-Waggons reicht nicht aus, um die Züge jeden Tag anständig zu reinigen und zu lüften. Und so hat sich in ihrem Innern ein Geruch nach altem Schweiß festgesetzt, nach Schweiß von hart arbeitenden Körpern, denen monatlich ein Stück Seife von der Größe einer Streichholzschachtel zusteht. Dieser Geruch hat sich mit der Zeit und dem Fortgang des Krieges nicht nur quantitativ verstärkt, er ist schließlich auch qualitativ immer penetranter geworden. Im Sommer kann man in dieser Luft ersticken, und das ist durchaus wörtlich zu nehmen: in der U-Bahn geben täglich Dutzenden von Menschen, deren Mägen und Körper ohnehin nicht die kräftigsten sind, die Beine nach. Manchmal muß man irgendwo, auf halbem Weg, einfach aussteigen, um auf dem Bahnsteig zwischen zwei Zügen einmal kurz frische Luft zu schnappen.

Die Gesichter der Menschen sind blaß, von einem mehligen, ungesunden Weiß, nur um die müden, leblosen Augen liegen rötliche Ringe. Man würde sich mit der Zeit an diese Gesichter gewöhnen und sie für normal und natürlich halten, wenn nicht ab und zu auch Soldaten mit der U-Bahn fahren würden. Dann fällt einem der deutliche Kontrast auf zwischen diesen jungen Männern, die vitaminhaltige Kost essen und zeitweise an der frischen Luft leben, und den Millionen Nicht-Uniformierten, die keine Vitamine bekommen und täglich zehn bis zwölf Stunden in Fabriken und Geschäften arbeiten. Der Vitaminmangel führt auch dazu, daß die Zähne rasch und augenscheinlich schlecht werden. Mein Zahnarzt erzählte mir, daß alle Zähne gleichzeitig verfallen, fast wie Würfelzucker, der sich in Wasser auflöste. Die Zahnärzte sind stark überlastet, denn die meisten von ihnen müssen die Hälfte der Zeit für die Armee arbeiten und betreuen in der restlichen Zeit ihre

Privatpraxis, dabei hat sich die Patientenzahl verdoppelt. So haben sie ihre Honorare beträchtlich erhöht, um Patienten abzuschrecken; mein Zahnarzt meinte, sie seien einfach dazu gezwungen gewesen. In diesem Winter hat Berlin die seit Jahren hartnäckigste Grippewelle erlebt. Die Ärzte sagen voraus, daß sie sich jedes Jahr verschärfen und vermutlich gefährliche Ausmaße annehmen wird, wenn sich an der Versorgungslage nichts ändert, vor allem bei Schuhen, denn die nutzen sich am schnellsten ab.

So erschöpft und krankheitsanfällig die Berliner sind, so mißmutig ist ihre Stimmung. Das ist noch milde ausgedrückt, in Wirklichkeit sind sie geradezu »unausstehlich« geworden. In ihren Gesichtern weisen alle Linien nach unten. Gegen einen gelegentlichen Anfall guter Laune weiß ich kein besseres Mittel als zehn Stationen mit der U-Bahn fahren. Wenn der überfüllte Zug plötzlich ins Schlingern kommt und dadurch der eigene Ellbogen in den Rücken eines Nachbarn gepreßt wird, dann löst das ein heftiges, zehnminütiges Wortgefecht aus, und jedes menschliche Wesen im Zug fühlt sich aufgefordert, mit einem derartigen Fanatismus Partei zu ergreifen, als ob vom Ausgang der Auseinandersetzung sein Leben abhinge. Prügeln tun sie sich nie, sie drohen nur. – »Ich zeige dich an, junger Mann!« lautet heutzutage die Zauberformel (oder auch: »Mein Freund ist ein hohes Tier in der Partei, der wird dir was erzählen!« Sie benehmen sich wie Kinder, die sich gegenseitig androhen: ich erzähl' es meinem Papi, der ist stärker als deiner).

Die Berliner waren von jeher notorische Querulanten, ständig mußten sie über irgend etwas nörgeln. Aber ihre Nörgeleien waren eher gutmütiger Art, man konnte darüber lachen. Im vergangenen Jahr hat sich das jedoch in eine neue und gänzlich andere Richtung entwickelt. Es ist nicht mehr komisch, es ist richtiggehend krankhaft, wenn Menschen mit bleichen, übermüdeten, ausgebrannten Gesichtern, die kurz zuvor noch ausdruckslos ins Leere gestarrt haben, plötzlich wie vom Schlag getroffen einen heftigen Wutanfall kriegen und sich gegenseitig aus nichtigem oder eingebildetem Anlaß Beleidigungen ins Gesicht schreien. Dabei konnte man verfolgen, wie sich das Naturell der Menschen immer mehr veränderte, je länger der Krieg dauerte. Und ganz deutlich – wie man Unkraut wachsen sieht – konnte man beobachten, wie die Verbitterung beinahe schlagartig zunahm, als das Ende des Krieges wieder außer Sichtweite rückte. All das mitzuerleben, ist deprimierend und hinterläßt einen schalen Geschmack. Die Ursache dafür ist zum Teil pure Angst, zum Teil ein nationaler Minderwertigkeitskomplex. Vor allem aber rührt die Verbitterung daher, daß die Leute krank sind, schlicht und einfach krank – an Leib und Seele. [...]

Judendeportationen

Howard K. Smith: Last Train from Berlin. London: Cressetpress 1942. Feind schreibt mit. Ein amerikanischer Korrespondent erlebt Nazi-Deutschland. Deutsch von Niels Kadritzke. Berlin: Rotbuch 1982. S. 161–166.

[...] In einer Oktobernacht [1941] waren plötzlich die ersten Schauer des herannahenden Gewitters da. Um zwei Uhr morgens – ich war gerade von einer Sendung zurück – suchte mich Fritz Heppler, ein jüdischer Freund, in meiner Wohnung auf und berichtete, daß die Gestapo in der ganzen Stadt die jüdischen Haushalte durchsuchte. Als Begründung gab sie an, die Juden hätten Lebensmittel gehortet und damit die Knappheit, vor allem bei Gemüse, verschärft. Auch in seinem Zimmer war sie gerade gewesen. Sie hatte nichts gefunden und ihn nicht weiter belästigt.

Fritz (in Wirklichkeit heißt er anders) war ein großer, sehniger, kräftiger junger Mann, einer der wenigen jungen Juden, die weder geflohen noch im Gefängnis gelandet waren, obwohl er zweimal verhaftet gewesen war. Ich hatte ihn ein Jahr zuvor kennengelernt, als wir zusammen in einem U-Bahn-Zug unter dem Potsdamer Platz einen Luftangriff abwarteten. Fritz hatte erraten, daß ich Amerikaner war, und mir seinen Ausweis gezeigt, in dem er als »staatenlos« mit dem Namen »Friedrich Israel Heppler« eingetragen war (das *Israel* war der von den Nazis verordnete Zusatz zu seinem Namen, für jüdische Frauen lautet er *Sara*) und der auf jeder Seite ein großes blaues »J« für Jude eingestempelt hatte. Ich mochte ihn, denn er war ungefähr in meinem Alter und hatte sich einen außergewöhnlichen Widerstandsgeist erhalten, der seine ganze Kraft aus einem wahrhaft beeindruckenden Haß zog. Aus purem Übermut verstieß er gegen jedes Judengesetz, das in Hitlers dicken Gesetzbüchern zu finden war. Den Judenstern trug er nie, und etwa einmal im Monat prügelte er sich mit Nazis. Bei unserer ersten Begegnung hatte er im Gesicht lauter blaue Flecke, die von einer Kneipenschlägerei stammten. Dabei hatte er den Vertreter der höherwertigen Rasse niedergeschlagen und sich im Schutze der Verdunkelung davongemacht. Seitdem kam er mindestens einmal pro Woche zu Besuch und war für mich eine unschätzbare Nachrichtenquelle über die Situation der Berliner Juden.

Fritz war ein Draufgänger und manchmal übertrieb er es auch. Aber in dieser Nacht starrte mir aus jeder Linie seines dunklen, sehr jüdischen Gesichts die Angst entgegen. Sein Bericht über den Gestapo-

Überfall endete mit den Worten: »Es ist soweit. Ich wußte, daß es so weit kommen würde, sobald sie zu verlieren anfangen.« Er meinte damit den Abtransport ins besetzte Rußland, der nichts anderes bedeutete als die Verurteilung zu reinster mittelalterlicher Sklavenarbeit und zum sicheren Tod. Als der Rußlandfeldzug sich immer weiter hinzog, hatte er mit mir immer öfter darüber gesprochen.

[...] Er ging, aber erst nachdem ich versprochen hatte, am nächsten Morgen sofort zur Amerikanischen Botschaft zu gehen und mich zu erkundigen, ob er ein Visum für die USA erhalten könne. Er sagte noch, er schäme sich, es zuzugeben, aber ihm würde jetzt immer rascher der Mut schwinden, er wolle einfach nicht mehr darauf warten, »die Revolution zu erleben«. Er hatte einfach Angst; er wollte so schnell wie möglich raus aus Deutschland. Ich versprach ihm, schon nicht mehr ganz bei der Sache, seine Bitte zu erfüllen, und schob ihn zur Tür hinaus.

Menschen, die nicht in Deutschland leben oder Deutschland noch nicht einmal auf einer kurzen Reise kennengelernt haben, können kaum in vollem Umfang erfassen, geschweige denn nachempfinden, mit welcher Angst diese völlig hilflosen Juden auf jedes kleine Anzeichen starrten, das auf Ereignisse schließen ließ, die sich auf ihr Schicksal auswirken konnten – waren sie doch auf Gnade und Barmherzigkeit einer Bande seelenloser Unmenschen ausgeliefert, in deren Augen sie weniger zählten als ein streunender Köter. Niemand kann die lähmende Furcht wirklich nachempfinden, von der sie bei den harmlosesten Begebenheiten gepackt wurden, etwa wenn sie auf der Straße einem uniformierten Nazi begegneten, der sie vielleicht nur geistesabwesend anstarrte. Sie lebten ständig unter dem Terror der Erwartung, und der ist meist schrecklicher als die Verfolgung selbst. [...]

Er tauchte weder am nächsten noch am übernächsten Tag wieder auf. Zu seiner Wohnung konnte ich nicht gehen, denn ich wußte nicht, wo sie war. Er hatte es mir nie erzählt; es wäre gefährlich für ihn gewesen, wenn seine Wirtin einen Nichtjuden in seinem Zimmer bemerkt hätte. Nach zwei Tagen – ich kam wieder einmal spät abends von einer Sendung nach Hause zurück – entdeckte ich, warum Fritz nicht mehr gekommen war. Über der Tür und dem Türpfosten der [...] Wohnung [eines alten jüdischen Ehepaares] klebten sechs kleine weiße Dienstsiegel und ein weiteres verklebte das Schlüsselloch. Auf jedem dieser

Siegel war ein Adler abgebildet, die Flügel gespreizt, die Klauen in ein Hakenkreuz geschlagen. Um dieses Wappen lief ein kreisförmiger Schriftzug: »Verschlossen durch die Geheime Staatspolizei.« [...]

In tiefster Nacht, als die alten Menschen schon im Bett lagen oder sich gerade schlafenlegten, fiel die Gestapo über sie her, in den meisten Fällen ohne Vorwarnung, nur durch ein plötzliches Hämmern an der Tür angekündigt. Man ließ ihnen eine Viertelstunde bis eine Stunde Zeit zu packen; Zeit, um die Angelegenheiten eines ganzen Menschenlebens zu regeln und die Wohungen zu verlassen, in denen sie seit ihrer Kindheit gelebt hatten. Aber diese Zeit reichte aus, denn sie durften nur mitnehmen, was sie tragen konnten: eine Tasche abgetragener Kleider. Was sie nicht in den eigenen Händen oder auf dem eigenen Rücken tragen konnten, fiel automatisch an den deutschen Staat: ihre Möbel, ihre Bettwäsche, ein paar alte Erbstücke; insgesamt eine bescheidene Habe – aber alles, was sie noch in der Welt besaßen. Die Beute war nicht besonders; bei weitem nicht so fett wie 1938, denn Göring hatte ihnen damals nur wenige wirklich wertvolle Dinge gelassen.

Dann wurden sie zu den Gestapo-Sammelstellen geführt, wo sie sortiert wurden und Schilder angeheftet bekamen, an denen jeder zum ersten Mal sein individuelles Schicksal ablesen konnte – die Namen von Städten in Polen oder Rußland, in die sie abtransportiert wurden. Eine dieser »Sammelstellen« soll die große zerstörte Synagoge in der Fasanenstraße gewesen sein, die nur einen Steinwurf von Ribbentrops Auslandspresse-Club und genauso weit vom Kurfürstendamm entfernt liegt. Sie war ausgebrannt, ihre Fenster waren zerbrochen, die leeren Höhlen noch rußgeschwärzt. Die Nazis hatten sie im Pogrom von 1938 niedergebrannt. Und während damals die Flammen aus den drei großen Kuppeln und den Fenstern schlugen, hatten Leute von der Partei im Wiener Grinzing-Café nebenan die Musikkapelle angewiesen, lauter zu spielen, damit die Leute, die die brennende Synagoge von der Straße aus beobachteten, die Musik hören konnten – eine fast schon orgiastische Inszenierung. So liebten sie es: wenn schon – denn schon. Und diese Devise brachte sie zweifellos auch auf den Gedanken, die alten Leute an ihrem letzten Morgen in Deutschland auf den Trümmern ihrer alten Synagoge antreten und Schildchen mit den Namen ihrer neuen »Heimat« entgegennehmen zu lassen.

[...] Wie Schakale um einen Kadaver kämpften da gestandene Arier um ein paar mickrige Dinge, die der russische Krieg rar gemacht hatte. Die Regierung erzielte für das alte Zeug noch gute Preise, denn die Auktionäre mußten mit Geheimpolizisten zusammenarbeiten, die bei den Versteigerungen in den hinteren Reihen saßen und die Preise in die Höhe trieben. Diese Auktionen fanden jeweils in der verlassenen Wohnung statt. Zu diesem Anlaß wurde zum ersten Mal wieder die Tür entsiegelt, und der Auktionator drängte sich unter Polizeibegleitung durch eine kleine Menschenansammlung, die sich, durch Zeitungsanzeigen angelockt, vor der ehemaligen jüdischen Wohnung eingefunden hatte. Als der Auktionator neben meiner Tür die alte Bernsteinsche Wohnung öffnete, konnte man auf dem Tisch in der Wohnung noch zwei Teetassen stehen sehen, die halb mit bräunlichem Wasser gefüllt waren. Die Gestapo hatte die beiden alten Frauen bei ihrem Schlaftrunk angetroffen, und man hatte ihnen nicht einmal Zeit gelassen, ihren »Ersatz«-Tee auszutrinken.

Diese Auktionen waren üble Spektakel, bei denen gereizte Bürger sich gegenseitig und alle gemeinsam den Auktionator beschimpften. Einmal wurde sogar eine Frau festgenommen, weil sie einen amtlichen Preistreiber als »verfluchten weißen Juden« beschimpft hatte. Ein anderes Mal schleppte man eine Frau zum Polizeirevier, weil sie nach einer Auktion beim Weggehen gesagt hatte: »Gott sei Dank ist das jetzt auch vorbei. Jetzt haben sie den letzten mickrigen Pfennig aus den Juden rausgesaugt, jetzt gibt's nichts mehr zu holen.« Damit drückte sie eine Meinung aus, die durchaus verbreitet war. [...]

Ursula von Kardorff: Berliner Aufzeichnungen 1942–1945. München: Biederstein 1962. S. 36–38.

3. März 1943

Frau Liebermann ist tot. Tatsächlich kamen sie noch mit einer Bahre, um die Fünfundachtzigjährige zum Transport nach Polen abzuholen. Sie nahm in dem Moment Veronal, starb einen Tag später im Jüdischen Krankenhaus, ohne das Bewußtsein wiedererlangt zu haben. Welch ungeheuerliche Funktion des Bösen wird hier ausgeübt, und warum bedient es sich gerade unseres Volkes? Durch welche Veränderung ist es eigentlich möglich geworden, aus einem im Durchschnitt gutmütigen und herzlichen Menschenschlag solche Teufelsknechte zu formen? Das spielt sich in einem kaltbürokratischen Vorgang ab, bei dem der einzelne schwer zu greifen ist, Zecken, die sich in den Volkskörper einsaugen und plötzlich ein Stück von ihm geworden sind.

Der Metteur Büssy erzählt mir heute beim Umbruch, daß sich in seiner Gegend am Rosenthaler Platz die Arbeiterfrauen zusammengerottet und laut gegen die Judentransporte protestiert hätten. Bewaffnete SS mit aufgepflanztem Bajonett und Stahlhelm holte Elendsgestalten aus den Häusern heraus. Alte Frauen, Kinder, verängstigte Männer wurden auf Lastwagen geladen und fortgeschafft. »Laßt doch die alten Frauen in Ruhe!« rief die Menge, »geht doch endlich an die Front, wo ihr hingehört.« Schließlich kam ein neues Aufgebot SS und zerstreute die Protestierenden, denen sonst nichts weiter geschah.

In unserem Viertel sieht man so etwas nie. Hier werden die Juden des Nachts geholt. Ohne Bärchen, die unermüdlich für die jüdischen Familien in ihrem Hause sorgt, wüßte ich nicht, wie das vor sich geht. Wie schnell haben wir uns alle an den Anblick des Judensterns gewöhnt.

Die meisten reagieren mit vollkommener Gleichgültigkeit, so wie ein Volontär, der neulich zu mir sagte:»Was interessieren mich die Juden, ich denke nur an meinen Bruder bei Rshew, alles andere ist mir völlig gleichgültig.« Ich glaube, das Volk verhält sich anständiger als die sogenannten Gebildeten oder Halbgebildeten. Typisch dafür ist die Geschichte von dem Arbeiter, der in einer Trambahn einer Jüdin mit dem Stern Platz machte:»Setz dir hin, olle Sternschnuppe«, sagte er, und als ein Pg sich darüber beschwerte, fuhr er ihn nur an:»Üba meenen Arsch verfüje ick alleene.«

Gestern schwerer Luftangriff. In unserer Nähe, in der Augsburger Straße, brannte ein Dachstuhl. Die Leute bildeten Ketten mit Wassereimern. Mama und ich halfen mit. Als wir etwas erschöpft nach Hause kamen, empfing uns Papa im Pyjama, eine Kerze in der Hand, weil es keinen Strom gab, Prousts Roman *A la recherche du temps perdu* unter dem Arm. Völlig verständnislos fragte er, warum wir denn dort mitgemacht hätten.»Laßt das doch die AGP machen«, sagte er. Aus Haß gegen die Partei will er sich absichtlich das Wort NSDAP nicht merken. Ich mußte lachen. Heute stellte sich heraus, daß es 1700 Brandstellen gab, der Prager Platz, gar nicht weit von uns, ist völlig zerstört. Raths verlo-

13 Wannsee. Mai 1943.

ren alles, auch die Fotografien des ermordeten Ernst und des gefallenen Sohnes. In ganz Berlin das Gerücht, dieser Angriff sei die Antwort auf die Judenverschleppungen.

Konrad Warner: Schicksalswende Europas? Ich sprach mit dem deutschen Volk ... Ein Tatsachenbericht. Rheinfelden: Langacker 1944. S. 106–107.

Es ist erschütternd, zu hören, was ein einziges gepeinigtes Herz vor einem ausschüttet, wenn es sich einmal erleichtern kann. Der Mann hat mir auch von einem seiner Freunde, einem höheren Offizier der Waffen-SS, berichtet, daß dieser wegen Gewissenskonflikten wahnsinnig geworden sei, nachdem er monatelang ununterbrochen damit beauftragt war, in den besetzten Ostgebieten Juden hinzurichten, nicht etwa einzeln, sondern in Massen. Er war nach Hause gekommen und hatte sich vor seiner Frau niedergeworfen und alles gebeichtet. Da er wirklich verrückt geworden war, kam er in eine Klinik.

Mein Bekannter schilderte mir auch, wie die Juden am Rande einer Schlucht niederknien mußten, in die sie nach dem Genickschuß hinabstürzten. – »Eine Sprengung bedeckte die Stätte des Grauens mit Schutt, und keines Menschen Auge wird je die gemordeten Zeugen erblicken. Aber im Bewußtsein ihrer Glaubensbrüder werden sie in einem unnachgiebigen Willen zur Rache fortleben.

Anderswo wurden die Juden vergast. In den Städten holte man sie bei Nacht und Nebel aus ihren Wohnungen und entführte sie auf Lastwagen. Die Kinder wurden von SS-Leuten an den Armen gepackt und hinaufgeworfen. Mit geschultertem Gewehr standen die SS-Leute umher. Ich habe es selbst des öfteren beobachten können, auf nächtlichen Heimwegen, nach endlosen Gesprächen mit Bekannten über Krieg und Politik. Die Stadt schlief, die Finsternis kroch durch die Straßen. Da tauchten die Lastwagen auf, schwarze Gestalten eilten in die Häuser, gebückte Wesen harrten unter Bewachung des Kommenden, während aus dem Hausflur Weinen und Schreie drangen, die bald erstickt wurden.«

Den Netzen entronnen. Die Aufzeichnungen des Joel König. Göttingen: Vandenhoeck & Ruprecht 1967. S. 316–323, 331–334.

Im März 1943 gab es bereits in einigen Bezirken Berlins ausgedehnte Trümmerfelder. Wie durch ein Wunder war die Stadtbahn fast überall verschont geblieben. Wenn der Zug durch einen zerstörten Stadtteil fuhr, drängten die Mitfahrenden sich ans Fenster und ließen ihre Blicke durch entvölkerte Straßenzüge schweifen, wo hohläugige Häuserfronten sich endlos aneinanderreihten. Auch ich drängte mich ans Fenster, und ich spitzte die Ohren. Aber keiner der Mitfahrenden äußerte ein Wort des Entsetzens oder der Entrüstung. Sie tauschten nicht einmal Blicke, sondern sahen nur hinaus und schwiegen. Es war ein unheimliches, mit Angst und Bitterkeit geladenes Schweigen. – Bitterkeit gegen wen? Gegen die englischen Bomberpiloten, die fast Nacht für Nacht Berlin besuchten? Gegen die Verwüster Rotterdams und Coventrys? Gegen die Gestapoagenten, die vielleicht mitten unter uns standen und ebenfalls zum Fenster hinaussahen? Ich hätte nur zu gern gewußt, was die Menschen dachten. Doch sie hielten die Lippen zusammengepreßt und starrten unentwegt auf das Bild der Verwüstung. Wo vor nicht langer Zeit noch die Sonne auf Dächer lebenerfüllter Wohnstätten geschienen hatte, drang sie nun ungehindert bis in die Keller ein und warf auf die umherliegenden Haufen von Steinen und Schutt die Schatten bizarrer Ruinen. Nichts regte sich dort. Nur dann und wann fegte ein Windstoß über den Schutt und wirbelte von dem unerschöpflichen Vorrat von Kalkkrümeln und Schmutz immer neue Staubwolken in die umgebenden Stadtviertel.

Berlin wurde mit jeder Bombennacht kleiner, die Häuser wurden weniger, die Obdachlosen vermehrten sich, und wir, die Untergetauchten, gesetzlich nicht Existierenden, suchten neue Behausungen in dieser Stadt, und wo möglich neue Nahrungsquellen. Seit den letzten Wutausbrüchen des Schusters gaben wir uns keinen falschen Hoffnungen mehr hin. Wenn wir bis zum Kriegsende durchhalten wollten, mußten wir neue Versteckplätze finden. Nicht nur für Toni und mich. Leon und Lore hatten auch keinen sicheren Unterschlupf. Zudem war ihr Unterschlupf ihnen nicht jederzeit zugänglich. Sie mußten immer noch manche Abende in meinem Zimmer zubringen, und ohne die Küchenreste, die Toni für sie auf die Seite legte, hätten sie schwer auskommen können.

Was setzte Leon nicht alles ins Werk, um nicht länger auf den Schuster angewiesen zu sein! Mein Vater hatte einst in Berlin-Wedding ein Haus besessen. Ruhnke, den mein Vater zum Verwalter eingesetzt hatte, mußte jetzt, wenn er noch lebte, ein achtzigjähriger Mann sein. Ach, wenn er nur noch lebte! Er würde uns gewiß nicht im Stich lassen. Der alte Preuße war nicht nur ein zuverlässiger Verwalter. Er nannte sich »Freund und Verehrer meines Vaters«, und er blieb ihm treu ergeben, auch als Hitler an die Macht kam und das Haus durch Zwangsverkauf in »arische« Hände überging. Warum war uns dieser Ruhnke nicht schon längst eingefallen? Ach, wenn er nur noch lebte!

Er lebte noch. Er öffnete Leon die Tür und empfing ihn freundlich. Er stand immer noch rüstig auf seinen Beinen, riesengroß, kerzengerade wie einer von den langen Kerls Friedrich Wilhelms I. Vor einigen Jahren war er verwitwet. Seitdem lebte er ganz allein in seiner Vierzimmerwohnung dahin. Leon faßte Hoffnung: Vielleicht würde er sogar froh sein, ein oder zwei junge Menschen um sich zu haben, die für seinen Haushalt sorgten? Leon brachte seine Sache behutsam vor. Ruhnke war erschüttert, als Leon ihm von unseren Eltern berichtete. Er hörte weiter sehr aufmerksam und mitfühlend zu. Als er aber die Worte »untergetaucht« und »ohne polizeiliche Anmeldung« hörte, begann er, nervös seinen Kaiser-Wilhelm-Schnurrbart zu zwirbeln. Das Gespräch endete dann sehr schnell.

»Ich begreife nicht, daß sich so ein Zittergreis an sein bißchen Ungestörtheit klammert!« rief Leon nach seiner Rückkehr verbittert aus. »Er hat mich mit einem mitleidigen Achselzucken vor die Tür gesetzt.«

Berlin wurde kleiner; aber es war immer noch unvorstellbar groß. Irgendwo in dem Häusermeer mußte es doch noch Schlupfwinkel geben; irgendwo unter den Millionen von Einwohnern gab es gewiß auch noch Menschen, die es wagen würden, untergetauchten Juden zu helfen. Aber wie zu diesen mutigen Berlinern finden und wie ihr Vertrauen gewinnen? Sie mußten ja ihre Güte hinter einer Maske unmenschlicher Gesetzesbeflissenheit verbergen, und wir, die Untergetauchten, mußten uns ebenfalls betragen, als wären wir loyal gegen die Machthaber des Reichs.

Nach der Enttäuschung, die Leon mit dem alten Ruhnke erlebt hatte, dachte er nicht mehr so viel daran, nach mutigen Helfern zu suchen. Er hielt es für aussichtsreicher, Schlupfwinkel aufzuspüren, in denen wir ohne Wissen und ohne Hilfe gütiger »Arier« hausen könnten. In dem unermeßlichen Berlin mußte es auch so etwas geben.

Leon streifte tagaus, tagein durch die Millionenstadt. An einem Sonntag bat er mich, ihn zu begleiten und mit ihm weiterzusuchen. Auch wollte er mir schon einige Stellen zeigen, die er entdeckt hatte und die vielleicht als Unterschlupf oder wenigstens als Stützpunkt in Betracht kämen.

Wir mischten uns in den Strom von Spaziergängern, die sich auf dem Fußweg neben der Charlottenburger Chaussee nach der Stadtmitte hin bewegten. Es war gut, mit so vielen Menschen zugleich durch den Tiergarten schlendern zu können. Je mehr Spaziergänger um uns, desto sicherer waren wir. Nur mußten wir Abstand halten und gedämpft sprechen, damit uns niemand hörte. Die Sonne schien mild durch das riesige Tarnnetz, das die Charlottenburger Chaussee ihrer ganzen Länge und Breite nach überdachte, und warf auf den Asphalt ein wabenförmiges Schattenmuster. Vom Inneren der Parkanlagen wehte es frisch herüber. Es roch nach Vorfrühling.

In den Jahren vor dem Krieg hatte ich mit Leon nicht selten denselben Spaziergang gemacht: durch den Tiergarten, Unter den Linden, bis zum Schloß hin. Wie anders sah Berlin jetzt aus! Mit welch anderen Augen sahen wir jetzt Berlin an! Alles streiften wir prüfend mit dem Blick, ob es sich nicht als Schlupfwinkel eigne. Oh, diese verfluchte preußische Ordnungsliebe, die keinen Seitenpfad und keinen Papierkorb zu kontrollieren vergaß! Wir beneideten die Vögel um ihre Nester. Als wir dann einige Bäume entdeckten, die durch Luftangriffe beschädigt waren, bedauerten wir wieder die Vögel, weil sie den Bomben- und Flaksplittern schutzlos preisgegeben waren. – Ob die vielen Spaziergänger um uns auch unablässig von Quartierproblemen sprachen?

Leon erklärte mir, was er bisher auf seinen Streifzügen gefunden hatte. In der Nähe des Reichstagsgebäudes hatte er einen Baukran bemerkt, der seit langem nicht mehr benutzt wurde. Leon wollte sich im Steuerhäuschen des Krans wohnlich einrichten. Im südwestlichen Teil des Tiergartens hatte er einen leeren Möbelwagen gesehen, um den sich anscheinend auch niemand kümmerte. Eine dritte Unterkunftsmöglichkeit wollte er mir an Ort und Stelle zeigen. Er führte mich von der großen Verkehrsstraße hinweg in die Nähe des Rosengartens und zeigte mir dort einen Holzschuppen, in dem man im Winter Gartenstühle aufbewahrte. Leon versicherte, in der warmen Jahreszeit stehe der Schuppen leer. Aber er wolle nicht bis zum Sommer warten, sondern sobald wie möglich prüfen, ob nicht jetzt schon zwischen den aufgestapelten Stühlen ein bißchen Platz zu finden sei. Es käme nur darauf an, einen Dietrich zu beschaffen, um den Schuppen aufzuschließen. Allerdings wären wir bei Luftangriffen in dem Schuppen genauso gefährdet wie die Vögel. Darum müßten wir irgendwo im Gebüsch einen geheimen Unterstand ausheben ...

Ach, es waren alles verzweifelte Projekte. Leon brauchte sie nur auszusprechen, um ihre Unausführbarkeit einzusehen und sie dann selbst bitter zu bespötteln. Und doch bestand er darauf, wir müßten weiter die Wohnviertel und Grünanlagen Berlins durchkämmen, bis wir etwas fänden. Wir dürften keine Mühe scheuen, um uns vom Schuster unabhängig zu machen.

Wir kehrten zur Charlottenburger Chaussee zurück und mischten uns wieder in den Strom der Spaziergänger. Das Brandenburger Tor hob sich schärfer und schärfer gegen die dunstverschleierte Ferne ab. Es sah aus, als stießen seine Säulen gegen das mit künstlichen Nadelbäumchen besetzte Tarnnetz. Erst als wir das Ende des Netzes erreichten, kam die Attika mit dem Viergespann in Sicht. Der Himmel hellte sich auf, unter uns verschwand das wabenförmige Schattenmuster.

Die »Linden« breiteten sich aus, in Sonne gebadet, mit Mörtelgrieß und Schuttmehl zerbombter Häuser bestreut. Es knirschte unter den Schuhsohlen bei jedem Schritt. Derart verschmutzt hatten wir die Prachtstraße noch nie gesehen. Und was für ein ungewohnter Lärm! Da quasselte und palaverte es in zwanzig Sprachen durcheinander. Über die ganze Straßenbreite fluteten die »Fremdarbeiter« hin, mit dunkelhaarig überwachsenen Nacken, in proletenhaftem Sonntagsstaat, laut gestikulierend, johlend und schreiend. An Kreuzungen stauten sie sich und ergossen sich dann ohne Rücksicht auf Verkehrslichter schubweise über den Fahrdamm hin. Sie schauten gar nicht so mißmutig drein, trotz der Rolle, die ihnen als Menschen zweiter Klasse im deutschen Machtbereich zugedacht war. Polnische Gefangene und Ostarbeiter sah man nicht. Das Straßenbild wurde von Menschen aus Mittelmeer- und Balkanländern beherrscht. Nur vereinzelt hörte man deutsche Worte. Sah man sich in so einem Augenblick um, dann konnte man fast darauf wetten, eine Uniform zu erblicken.

Leon scherzte, wir täten besser, nicht deutsch zu reden, sonst machten wir uns noch auffällig. Dieser Scherz bereitete uns bald ernstliche Sorge. Die Spaziergänger wiesen sich alle durch ihre Erscheinung und ihre Sprache aus. Welche Rolle sollten wir spielen?

Wir setzten unseren Weg fort, zum Zeughaus hin. Dort sollte ein neuerdings erbeuteter russischer Panzerwagen ausgestellt sein. Im Vorbeigehen prüfte mich Leon, ob ich noch wüßte, wie Unter den Linden vor dem Krieg ausgesehen hatte, welche Denkmäler sich unter diesem und jenem Haufen von Sandsäcken verbargen.

Der russische Panzerwagen hatte die Ausmaße eines Güterwaggons. Wir rechneten uns aus, daß er für eine Mannschaft von zwölf Soldaten gebaut sei. Von seiner Innenausstattung und von seiner Bestückung sah man nicht mehr viel; doch selbst das leere, ausgebrannte Stahlgehäuse machte einen beängstigenden Eindruck. Leon inspizierte das Ungetüm voll Begeisterung. Traurig sagte er: »Das wäre ein Unterschlupf für uns! Dann brauchten wir nicht bange zu sein vor Flaksplittern. Wie schade, daß sie ihn ausgerechnet vors Zeughaus gestellt haben!«

Leons rastlose Forschungen blieben doch nicht ganz ohne Erfolg. Er entdeckte einen kleinen Schlupfwinkel – nicht im Tiergarten, auch nicht in einem zerbombten Häuserblock irgendwo in Berlin, sondern dort, wo wir es am wenigsten vermutet hatten.

Als er sich wieder einmal in die Schusterwohnung schleichen wollte, bemerkte er im Treppenhaus neben dem Hinterausgang der Küche noch eine Tür, an der wir bisher achtlos vorbeigegangen waren. Wohin mochte diese Tür führen? In den Keller? In eine Nachbarwohnung? Leon konnte seine Neugier nicht bezähmen: Er klopfte an. Niemand antwortete. Da drückte er die Klinke herunter und gelangte in ein Klosett.

Der Abort war nur durch eine dünne Wand von der Küche geschieden, er hatte ein Fenster nach dem Hof, er war allem Anschein nach nicht mehr als Toilette in Gebrauch. Einen idealeren Ausweichplatz, meinte Leon, könnten wir uns gar nicht wünschen. Wenn wir die Schusterwohnung verlassen wollten, während sich Nachbarn im Hof umhertrieben, könnten wir im Abort abwarten, bis der Durchgang »frei« wird. Wenn wir von der Straße in die Wohnung wollten, könnten wir im Abort lauschen, ob der Schuster sich nicht gerade in der Küche aufhält. Wir könnten dort stundenlang warten, denn der Abort könnte ja auch als Abort dienen. Zur Not könnte man dort sogar eine Nacht zubringen.

Wir sahen uns den kleinen Raum an. Der Klosettsitz ähnelte äußerlich einem einfachen Dorfabtritt. Hob man den Deckel ab, dann blickte man aber nicht in eine Abortgrube, sondern in ein emailliertes Becken. Sogar eine Wasserspülung war vorhanden.

Welche Bewandtnis hatte es mit diesem Abort? Ursprünglich war er wohl für alle Bewohner des Hauses bestimmt gewesen; seitdem aber jede Wohnung eine eigene Toilette hatte, war er überflüssig geworden. Dafür sprach auch, daß man nichts von einem Klosettgeruch merkte.

Überflüssig geworden! Wir glaubten es nur zu gerne.

Der Abort hatte nur zwei Nachteile. Man konnte nicht lange darauf sitzen; von dem kantigen Deckel tat einem bald der Hintern weh. Durch das Fenster konnte man vom Hof hereinsehen. Doch Leon wußte Rat. Er bereitete ein großes Brett vor, um den Sitz flach abzudecken. Toni mußte für eine Scheibengardine sorgen.

Die Ausstattung unseres neuen Stützpunktes war schnell vollendet. Leon brachte oben, neben dem Spülkasten, sogar noch ein kleines Holzkästchen an, um dort Bücher zu verstecken. Den runden Abortdeckel entfernte er vorsichtshalber nicht; das breite Brett lehnte er nur griffbereit gegen die Wand.

Als wir am darauffolgenden Sonntagnachmittag in meinem Zimmer zusammenkamen, hatten wir den Abort schon einige Tage als Stützpunkt benutzt. Alles war gutgegangen. »Ach, wenn nur niemand etwas von der Sache merkt!« rief Leon inständig aus. »Genau das ist es, was wir uns alle erträumt haben: Drei Kubikmeter, nein! nur zwei Kubikmeter Raum, wo man in Frieden gelassen wird, wo man hinkommen darf, wann man will, wo man keinem Schuster aus dem Wege zu gehen braucht!«

Da hörten wir Schritte im Hof. Wir sprangen auf und spähten durch die Gardinen. Es war der Hauswart. Er stiefelte behäbig vorbei und verschwand in dem Hauseingang, der zur Hintertür der Schusterwohnung führte.

Nach wenigen Minuten stiefelte der Hauswart noch einmal durch den Hof, diesmal mit einem Brett unter dem linken Arm und einem Holzkasten unter dem rechten. Mit grimmigem Lachen verfolgten wir, wie er beides forttrug.

»Hoffentlich erholt er sich von der Verwunderung über seinen Fund, ohne viel nachzuforschen!« bemerkte Lore.

Leon knirschte mit den Zähnen: »Der Teufel soll sie holen, alle diese Hauswarte und Blockwarte!«

Trotz der Enttäuschung sollten wir von Leons Entdeckung noch viel Nutzen ziehen. Wir nannten den Raum weiter »geheimen Abort«, obwohl er nicht mehr ganz geheim war.

[...] Aufs neue machte ich die Runde durch die Museen und Galerien Berlins. Die Kunstmuseen hatten ihre Schätze in Kellern verstaut. Das Naturkundemuseum in der Invalidenstraße stand den Besuchern noch offen. Ich hatte es schon mehrmals durchwandert. Aber vielleicht hatte ich es nicht gründlich genug durchforscht. Vielleicht ließe sich doch noch eine abgelegene Ecke entdecken, irgendein Winkel oder eine Rumpelkammer, wo ich unbemerkt die Nacht zubringen könnte?

Ich war mit der Durchforschung bald fertig. Die Säle standen entweder voller Glasschränke, oder sie enthielten in allzu übersichtlicher Aufstellung Skelette und ausgestopfte Tiere. Hinter den ausgestopften Tieren konnte man sich nicht gut verstecken, hinter den Skeletten gewiß nicht. Und überall tauchten Wärter mit straffgespannten Schirmmützen auf, bei den Sauriern, den anatomischen Präparaten in Spiritus und in den vorbildlich hygienischen Toiletten des Gebäudes.

Enttäuscht verließ ich das Haus der toten Tiere und fuhr mit der Stadtbahn zum Zoologischen Garten. Es war kein Zufall, daß ich mich gerade im Naturkundemuseum und im Zoo nach einer Zuflucht umsah. Die Gebäude waren mir vertraut. In den Vorkriegsjahren hatte mich meine Tierliebe oft dorthin gezogen und ich hatte mir auch eingehendere zoologische Kenntnisse erworben, als man sie von den meisten der Zoobesucher erwartet. Da nun die Verfolgung der Juden so grausame Formen angenommen hatte, zog es mich sogar noch mehr zu den unschuldigen Tieren hin. Auch hielt ich es für unwahrscheinlich, daß sich dort viele andere Untergetauchte umhertrieben, und darum für ebenso unwahrscheinlich, daß die Gestapo ihnen dort nachspürte.

Die grünen Anlagen des Zoos lagen noch kahl und verlassen da. Polizeistreifen sah ich nicht. Ich riskierte es, mich auf einer der Bänke auszuruhen. Die Kälte jagte mich wieder auf.

Um warm zu werden, hielt ich mich abwechselnd in den Häusern der tropischen Tiere auf, bei Tigern und Löwen, bei den Papageien und bei den Affen. Auf die Dauer wurde es aber schwer, das Geschrei und den Gestank der Tiere zu ertragen. Vielleicht lüftete man im Totalen Krieg weniger, um Heizmaterial zu sparen. Da kam mir der Gedanke, einen Aufenthaltsort im Aquarium-Gebäude zu suchen.

Auch dies Gebäude war mir noch von meinen Besuchen in Vorkriegsjahren bekannt. Die unteren Geschosse beherbergten in leuchtenden Kristallkästen eine überwältigende Fülle von Getier, mit dem Gott am fünften Schöpfungstag Meere und Flüsse bevölkert hat. Im oberen Stockwerk befand sich ein großes Terrarium. Urinsekten und Tausendfüßler, Libellen und Schmetterlinge spannen, krabbelten, verpuppten sich im ewigen Tropensommer der gut geheizten Insektarien.

Ich durchschritt gemächlich die halbdunklen Säle und Gänge und sah mir nicht nur die buntschillernden Aquarien an, sondern achtete auch auf die übrigen Besucher. Sie waren nicht sehr zahlreich; der Totale Krieg ließ den Berlinern keine Zeit zur Betrachtung der Schöpfungswunder. Ich begegnete keinem einzigen Uniformträger. So empfand ich die Stille inmitten des Tiergewimmels als doppelt wohltuend. Das Gebäude war vom Kellergeschoß bis zum Dachstockwerk angenehm warm. Überall gab es genug Bänke, und setzte ich mich, dann fiel auf mich nur der schwache Widerschein der erleuchteten Aquarien. Ich konnte, ohne aufzufallen, eine halbe Stunde ausruhen und auch eine Stulle verzehren. Es fehlte auch nicht an Toiletten und Waschbecken im Haus.

Ich eilte zurück zur Kasse. »Kann man für das Aquarium auch eine Monats- oder Jahreskarte bekommen?«

»Jawoll«, sagte der Beamte, »kost' zehn Mark. Sie müssen aber'n Paßfoto mitbringen.«

Am nächsten Tage steckte in meiner Brusttasche eine Jahreskarte mit meinem Paßfoto, dem Stempel der Zoo-Verwaltung und der eigenhändigen Unterschrift Wilhelm Schneiders.

Mit dem Aquarium war ein wertvoller Stützpunkt in meinem haltlosen Dasein gefunden. Mein Tageslauf nimmt von nun an erträglichere Formen an. Nach wie vor verlasse ich gegen halb neun Uhr morgens die Schusterwohnung, aber jetzt mit einem Ziel vor mir. Welche Wohltat für die Nerven, die Schuppenmolche zu betrachten und die Schildkröten, wie sie lautlos durch das Wasser schweben, von Luftperlen umsprüht, von fluoreszierenden Fischen umschnellt! Sogar die räuberischen Knochenhechte und die monströsen Hammerhaie nehmen sich friedlich aus gegen das kriegführende, kriegschürende Deutschland.

Wie schön sind die beneidenswerten Krokodile einquartiert! Ein ganzes Haus hat man ihnen errichtet, mit eingebauter tropischer Flußlandschaft und allem denkbaren Krokodilkomfort, damit sie sich nur in

Berlin zu Hause fühlen. Sie können, wenn sie wollen, baden. Sie können, während draußen ein eisiger Wind bläst, am Strand liegen oder sich unter Palmen und Schlingpflanzen verkriechen. Wenn es ihnen beliebt, sperren sie den Rachen auf und halten ihn aufgesperrt, bis sie Lust bekommen, ihn wieder zuzumachen. Das einzige, was ihnen zuwider sein könnte, sind die Zoobesucher, die sie von der Bambusbrücke bestaunen und manchmal belästigen. Aber niemand jagt sie auf, kein Schuster und keine Polizei. Wenn die Besuchsstunden abgelaufen sind, brauchen sie nicht das Aquarium zu verlassen und mit der Stadtbahn im Kreise herumfahren.

Vom Umherwandern müde, setze ich mich auf eine der Bänke im Dämmerlicht der Schauräume. Mein Magen knurrt. – Woher nimmt die Zoodirektion nur das Futter, um alles, was hier schwimmt und kriecht, lebendig zu erhalten? Ich ziehe das Stück Brot heraus, das Toni mir mitgegeben hat, und verspeise mein Mittagessen in Gesellschaft von drei Meter langen Kommodowaranen, drachenähnliche Kragenechsen und der dreiäugigen Tuatara, die aussieht, als lache sie andauernd. Da leben sie wahrhaftig noch, die Reptilien vorsintflutlicher Ausmaße, und schleudern Zungenblitze in die Luft wie einst im Jura- oder im Kreidezeitalter.

Im Kriegsrat erzählte ich begeistert von meinem neuen Aufenthaltsort und empfahl Leon, ebenfalls täglich dorthin zu kommen. Er lachte mich aus: »Die Fische und Schlangen müssen dich ja schon gut kennen. Daß dich nur nicht die Wärter zu genau kennenlernen!«

Die Flächenbombardierung
22. bis 26. November 1943

*Konrad Warner: Schicksalswende Europas? Ich sprach mit dem deutschen Volk ...
Ein Tatsachenbericht. Rheinfelden: Langacker 1944. S. 148–172.*

Am Montag, dem 22. November 1943, sollte das Verhängnis über die Hauptstadt hereinbrechen. Bisher waren die Angriffe meist bei klarem Wetter erfolgt, dieser Tag aber war finster, tief bewölkt und regnerisch. Kein Mensch rechnete mit Alarm oder gar mit Angriff. Ein feines Regengeriesel erfüllte die Luft. »Na, heute werden sie wohl nicht kommen«, warf man ins Gespräch ein, wenn man einen Bekannten traf oder mit dem Nachbarn ein paar Worte wechselte. »Nein, das Wetter ist so schlecht, da werden wir Ruhe haben.« Auch ich hoffte es, denn meine Frau wohnte vorübergehend bei ihrer Mutter in Wilmersdorf, weil in unserer Wohnung Reparaturarbeiten ausgeführt wurden. Ich schlief allein dort, um auf alle Fälle anwesend zu sein, wenn etwas passieren sollte.

Meine Frau war gegen Abend mit einer Freundin ins Kino gegangen, und ich war mit einem Geschäftspartner zum Essen in Charlottenburg verabredet. »Wenn sie um halb acht nicht kommen, dann kommen sie heute nicht mehr«, meinte der Kellner. Aller Blicke wanderten von Zeit zu Zeit zur Uhr, denn die letzten Alarme hatten tatsächlich meist um diese Zeit begonnen. Wir waren gerade dabei, unser Feldküchengericht zu löffeln, als pünktlich im vermuteten Augenblick die Sirenen zu heulen begannen. Wir rechneten lediglich mit einem sogenannten Störangriff, suchten aber den Flakbunker am Bahnhof Zoo auf, dessen Luftschutzraum fünfzehn- bis achtzehntausend Personen Platz bietet. Bisher war ich immer bei Alarm unbesorgt nach Hause gegangen, heute aber eilte ich zum Luftschutzraum, des schlechten Wetters wegen und auch aus Interesse, da ich den festungsartigen Bau mit den vier Geschütztürmen bisher nur von außen betrachtet hatte.

Durch ein breites Treppenhaus gelangten wir in die zweite der fünf Etagen, fanden aber keine Sitzplätze mehr. Wie in einer Kirche standen da die Bankreihen, auf denen die Menschen saßen, die unterwegs vom Alarm überrascht worden waren. Wir stellten uns an einer Wand auf und harrten des Kommenden. Man unterhielt sich zuerst lebhaft, stellte Mutmaßungen über den bevorstehenden Angriff an, aber da alle hofften, bald wieder ins Freie gelangen zu können, machte man sich keine großen Sorgen. Es waren ungeheure Mengen Stahlbeton verwendet worden, um diesen Flakturm zu errichten, und da Mauern und

Decken außerordentlich stark und dick waren, drang von außen kein Laut herein. Soldaten regelten den Verkehr, verteilten die Menschen auf die Stockwerke und in die vielen Räumlichkeiten, elektrische Beleuchtung ermöglichte das Lesen oder Handarbeiten. Manche Leute hatten in kleineren Koffern ihre Wertsachen und wichtigsten Habseligkeiten mitgebracht. Andere kamen aus den nahegelegenen Kinos oder Wirtschaften, wo sie mitten im Genuß ihres Feierabends gestört worden waren.

Gegen acht Uhr mußte der Angriff begonnen haben. Man hörte wie von ferne die Abschüsse der Geschütze über unseren Köpfen. Zeitweise wuchs das gedämpfte Donnern an und man ahnte, daß es sich doch um mehr als einen Störangriff handeln konnte. Da erfolgte plötzlich ein harter Aufschlag, das massive Gebäude wurde bis in die Grundfesten erschüttert. Irgendwo klirrte es metallisch und laut, das Licht verlöschte wie mit einem Wimpernschlag – dann herrschte Totenstille. Gleich darauf begannen die Geschütze wieder zu feuern, und man vermeinte, das Dröhnen von Flugzeugmotoren zu vernehmen. Die Menschen lösten sich aus ihrer Erstarrung und fingen wieder an zu sprechen. Aus der Dunkelheit leuchtete ab und zu eine Taschenlampe auf. Dann zündete jemand eine Kerze an. Sofort benutzten einige die Finsternis, um eine Zigarette in Brand zu stecken. Aber die feinen Nasen der Wachen merkten das gleich, und die Sünder mußten die Glut austreten.

Eine Frau wurde ohnmächtig, es wurde nach Wasser gerufen, dann war alles wieder ruhig. Die Gespräche hatten Flüsterton angenommen. Noch einmal krachte es an der Außenseite des Bunkers, man hörte Holz splittern. Das Feuer der Geschütze war außerordentlich stark, man konnte es jetzt besser hören, weil sich die vielen Menschen stiller verhielten.

»Mein Gott, das war sicher ein Treffer«, sagte jemand. »Muß ein ganz schöner Angriff gewesen sein«, sagte eine trockene Stimme aus dem Dunkeln. »Bist du's oder bist du's nicht?« fragte eine Mädchenstimme und gleich melden sich drei, vier Männer. Gelächter. Endlos zieht sich die Zeit in die Länge. Die Zeiger schleichen über das Zifferblatt. Nach einer Ewigkeit stellt man mit Hilfe eines Streichholzes fest, daß erst fünf Minuten vergangen sind.

»Ach Gott, ach Gott, meine alten Eltern sind ganz allein zu Hause, wenn ihnen nur nichts passiert ist!« wimmert die Stimme einer jungen Frau. »Na, wird schon nicht so schlimm sein«, beruhigt sie jemand. Auch ich denke an meine Frau, und meine Kehle schnürt sich zusammen. Man hat ja hier so viel Zeit dazu, sich Bilder grausiger Vernichtung auszudenken, die Goya in den Schatten stellen. Ersticken, Ertrinken, Zerquetschtwerden, Verbrennen im eingeschlossenen Raum, Verrücktwerden vor Angst unter den Trümmern des eingestürzten Hauses, furchtbare Verletzungen durch Flaksplitter, die aussehen wie Meteoriten, abgerissene Gliedmaßen, oder zerfetzte Organe und vom Luftdruck aufgerissene Bäuche.

»Ob sie noch lebt? Ob sie noch lebt?« schreit das Herz bei jedem Schlag. Und die Vernunft beruhigt: »Es hat keinen Zweck, sich aufzuregen, bis du die Wirklichkeit kennst.« Und die Phantasie narrt dich wieder mit ihren scheußlichen Grimassen und abscheulichen Bildern, die du aus anderen Städten, aus Berichten und Briefen, aus Erzählungen und aus eigenem Augenschein kennst. Auch hier bist du eingeschlossen, wehr- und tatenlos, du kannst nicht nach Hause eilen, weil dich die Wachen nicht hinauslassen, du kannst nicht helfend Hand anlegen, wo es nötig wäre. Du bist ein armseliger Mensch in einem Gefängnis und hast keine Macht über die Ereignisse, die sich mit härtester Unerbittlichkeit da draußen abspielen.

Den Endalarm konnte man nicht hören, aber jeder merkte plötzlich, daß es so weit war. Langsam begannen die Kanäle abwärtszufließen, im Schneckentempo gelangte man aus dem Raum heraus, durch den Korridor auf den Vorplatz, wohin sich auch die Menschen aus den andern Räumen ergossen. Eng aneinander gedrückt tastete man sich über die Stufen hinab. Unten in der Eingangshalle, die von einer nur leicht gebauten Mauer umschlossen war, hatte es eingeschlagen. Eine Holztreppe war herabgestürzt, Türen waren eingedrückt und von draußen irrte roter Brandschein herein. Rauch erfüllte die Halle, alle begannen zu husten.

Endlich hatten wir das Freie erreicht, aber wie sah es da aus! Der Bunker liegt inmitten eines Ausläufers des Tiergartenparks, zwischen Bäumen, Rasenflächen und Strauchanlagen. Gegenüber zieht sich der Bahndamm hin. Die Bäume und Sträucher brannten, hinter dem Damm lohte die Flamme in voller Breite rot in das feuchte Gewölk hinauf. Schwarzer Rauch erfüllte die Luft und nahm jede Sicht. Da die Anlagen brannten, wußten die Menschen im ersten Augenblick nicht, wohin sie sich wenden sollten. Und nun begannen in der nächsten Umgebung Zeitzünder mit lautem Knall zu explodieren, einer hinter dem anderen, so daß die Menge wieder zurückflutete zu den Eingängen, wo es ein unbeschreibliches Gedränge gab. Der Luftdruck der krepierenden Bomben war bis hierher zu spüren. Und jetzt kamen Menschen an, mit ein, zwei Köfferchen, darunter viele aus Charlottenburg, die berichteten, daß dort alles brenne, ihre Häuser seien zerstört, der ganze Stadtteil sei vernichtet. Wie ich nachher feststellte, war dies übertrieben, aber inmitten des Feuermeeres konnte man glauben, die ganze Stadt brenne gleichzeitig.

Jetzt kamen Menschen aus dem Bunker, die von Toten und Verletzten unter der Bedienungsmannschaft der Geschütze berichteten. Ein Treffer war auf einen der Geschütztürme niedergegangen, als wir drinnen das Klirren hörten. Aber es war keine Zeit zu verlieren, es gab nur eines: Zu meiner Frau!

Zunächst eilte ich zum Bahnhof Zoo, der offenbar nicht getroffen worden war. Aber ringsumher brannten alle Gebäude. Die Kaiser-Wilhelm-Gedächtniskirche stand in hellen Flammen, der Ufa-Palast am Zoo war nur noch eine Ruine. Weiter, durch die Joachimsthaler Straße zum Kurfürstendamm. Auch hier brannten einzelne Häuser, der Himmel war rot, aber wegen des feuchten Gewölks und des tiefhängenden Rauches konnte man nicht weit sehen. Ich blickte in die Seitenstraßen, aber der Blick drang nicht durch den undurchsichtigen schwarzen Vorhang, aus dem da und dort feuerrote Brände hervorzüngelten. Ich rannte in die Kaiserallee, wo sich mir ein scharfer Luftzug entgegenwarf, erfüllt vom Funkenregen, der aus den zu beiden Seiten brennenden Gebäuden hervorstob. Straßenbahndrähte lagen auf dem Boden, Bäume waren umgerissen, Äste herabgeschleudert worden. Der Weg knirschte unter meinen Füßen, weil er ganz mit Glassplittern bedeckt war. Ich hastete und stolperte weiter, ein Taschentuch vor Mund und Augen, den Hut tief ins Gesicht gezogen und den Mantel hochgeklappt.

Aber ich mußte einmal kurz anhalten und Luft schöpfen. Gegenüber schleppten zwei alte Leute, ein Mann und eine Frau, ihre Koffer. Sie bogen um die Straßenecke. Das Gebäude stand vom Parterre an in Flammen. Oben begann sich ein turmartiger Vorbau ganz langsam zu lösen. Ich glaubte, eine der bekannten Zeitlupenaufnahmen zu sehen, die den Einsturz eines Kamins in seinen einzelnen Phasen zeigen. Und gleichzeitig sah ich unten die alten Leute, die eben ihre Koffer einen Augenblick abstellten, um Atem zu holen. Aber schon griffen sie wieder zu und setzten sich in Bewegung. Bevor ich schreien konnte, stürzte das Gemäuer in einer Staubwolke herab, aus der diese beiden Alten gerade in dem Augenblick hervortappten, als ich sie zerschmettert glaubte. Sie waren noch einmal davongekommen.

In Sekundenschnelle hatte sich das alles vor meinen Augen abgerollt. War das eigentlich die Wirklichkeit, oder war es ein absonderlicher Traum? Manchmal wußte ich es selbst nicht. Ich rannte weiter, klopfte mir die Funken von Mantel und Hut. Man rief sich gegenseitig zu: »Sie brennen, klopfen Sie aus!« und war schon zehn Meter weiter, als man merkte, daß man selber gemeint war. Nun war ich beim Café Josty angelangt. Es stand vom Keller bis zum Dach in loderndem Brand, eine Sprengbombe hatte den oberen Teil des Hauses eingerissen. Dahinter, am Prager Platz, brannte es in den Ruinen des 1. März, und auch das verschonte Haus hatte diesmal seinen Teil abbekommen.

Ein Feuerspritzenauto fuhr langsam über die von herabgeschleuderten Trümmern bedeckte Allee und bog in die Trautenaustraße ein. Dahinter her rannte eine Frau und schrie rasend: »Kommen Sie zu mir, da kann man noch löschen, kommen Sie, bitte, bitte, bitte, kommen Sie, bitte, bitte! Kommen Sie, bei mir können Sie noch löschen!« Kein Mensch kehrte sich nach ihr um, sie schwenkte ihr Taschentuch, stolperte über einen Ziegelstein und schlug auf die Straße hin.

In diesem Augenblick begannen die Sirenen von neuem zu heulen. Die Gestürzte sprang auf und rannte davon wie ein gehetztes Wild. Alle Menschen, die eben noch in der einen Richtung geeilt waren, kehrten um und rannten zurück zum Flakturm am Zoo. Nur wenige setzten ihren Weg fort. Ich beschleunigte mein Tempo, raste in die nächste Nebenstraße, um endlich zu meiner Frau zu kommen. Glücklicherweise erfolgten keine Bombenabwürfe mehr. Es mochte ungefähr zehn Uhr sein. Der Hauptangriff mußte also etwa vierzig Minuten gedauert haben. Da bis zum Endalarm noch einige Zeit verstrichen war, konnte sich das Feuer überall ausbreiten, weiterfressen und einen Umfang annehmen, gegen den die Menschen nicht mehr aufkamen.

Ich näherte mich der Straße, in welcher meine Schwiegermutter wohnte. Die Brände wurden immer dichter, fast kein Haus, das nicht brannte. Links und rechts knisterte es laut, es krachte und splitterte, kleine Explosionen schallten aus den von Brand erfüllten Ruinen heraus. In der Nähe der Brände wurde es bedrohlich heiß. Dachziegel, Balken, Antennen, Asche, Gebäudeteile stürzten auf die Straßen herab, auf denen ein wüstes Durcheinander herrschte. Man blieb in Drähten hängen, mußte über ausgerissene Bäume und Leitungsmasten klettern, man fluchte, daß man nicht schneller vorwärtskam. Die Brände dehnten sich aus, die Hitze nahm immer mehr zu und drückte alle losen Gegenstände hinaus in die rauch- und brandgeschwängerte Atmosphäre. Ein eiskalter Luftzug fegte durch die Straßen, er war erfüllt von einem Funkenregen, der in seiner Dichte einem äußerst heftigen Schneegestöber entsprach.

Ich mußte mit weit vorgebeugtem Kopf gegen den Feuersturm ankämpfen, das Gesicht nach unten, da ich sonst keine Luft schöpfen konnte. Dabei stolperte ich über einen Ziegelstein, und vertrat mir einen Fuß. Ich habe noch nie in meinem Leben so wütend und laut geflucht wie in diesem Augenblick. Mein Wutschrei übertönte den Orkan, der mich umgab, und brachte mich wieder zur Besinnung.

Endlich war ich da. Das Haus brannte im Dach und in den obersten Stockwerken, die Häuser links und rechts waren bereits halb eingestürzt. Kein Mensch war auf der Straße zu sehen. Ich stürmte durchs Haus hinauf in die Wohnung. Niemand war zu erblicken. Ich schrie in leere Räume hinein. Man hätte die Zeitung lesen können, so hell lohte der Feuerschein in die Zimmer. Ein ununterbrochener Funkenflug trieb durch die Fenster an der einen Wohnungsseite herein und durch die Öffnungen an der andern wieder hinaus. Ein Wunder, daß nicht schon alle brennbaren Gegenstände in Flammen aufgegangen waren. Dies umfaßte mein Blick im Bruchteil einer Sekunde, und schon stürzte ich in den Luftschutzkeller hinab. Dort fand ich meine Frau und Schwiegermutter. Sie waren im Begriffe, Möbel und Hausrat in den Keller hinunterzutragen. Im Kino hatte sie alle der Alarm überrascht. Sie waren nach Hause geeilt, aber sie glaubten auch, daß kein schwerer Angriff bevorstünde. Erst, als das starke Feuer der Flak und der dichte Abwurf der Bomben einsetzten, rafften sie ihre Sachen in die Koffer und eilten in den Keller. In der nächsten Umgebung hatten Minen und Sprengbomben eingeschlagen. Das ganze Stadtgebiet war mit Tausenden von Brandbomben überschüttet worden und stand in Flammen. Sie begannen nun zu löschen, und als der Wasserdruck nachließ und schließlich aufhörte, schleppten sie das Wasser in Eimern und Kannen aus dem Keller hinauf aufs Dach und in die Obergeschosse. Erst als sie einsahen, daß die Löscharbeiten keine Aussicht auf Erfolg boten, begannen sie mit der Rettung des Hausrates. Bald nachdem ich zu ihnen gestoßen war, stürzte über uns das brennende Treppenhaus zusammen. Der Weg nach oben war uns versperrt.

Der Keller füllte sich immer mehr mit Rauch. Wir mußten aus dieser höllischen Falle herauskommen. Die Menschen irrten aneinander vorbei, ohne sich zu sehen. Manchmal traf man ein fremdes Gesicht, man wußte nicht, gehörte es zum Haus, war es ein Nachbar oder ein Fremder, der auf Raub aus war. Andere saßen erschöpft und apathisch auf ihren Stühlen und Pritschen. Man tränkte Wolldecken, Schals und Taschentücher in den Wasserbecken, um sich gegen Brand und Funkenflug schützen zu können.

Wir krochen nun durch den Mauerdurchbruch in den Luftschutzkeller des Nachbarhauses, um auf unterirdischem Wege die nächste Querstraße zu erreichen, durch welche wir zu einem U-Bahnhof gelangen konnten. Das waren die Katakomben des 20. Jahrhunderts. So schleppten wir uns durch die verschiedenen Luftschutzkeller und krochen durch immer neue Durchbrüche, bis wir das letzte Haus an der nächsten Straße erreichten, von wo aus wir wieder auf der Erdoberfläche weiterkommen mußten. Die alten Leute gelangten nur mit Schwierigkeiten durch diese kleinen Tunnel, Kinder und Säuglinge wurden hindurchgereicht, Koffer hinübergeschoben. Über uns brannten alle Häuser lichterloh, durch die Straßenzüge wären wir gar nicht mehr vorwärtsgekommen.

Nun traten wir auf die Straße hinaus, wo sich der Funkensturm noch verstärkt hatte. Die Frauen hielten es für ausgeschlossen, da hindurch zu kommen. Kraftlos und zerschlagen setzten sie sich auf ihre Köfferchen, um auszuruhen. Indessen verschlimmerte sich der Feuerorkan immer mehr. Die Hitze wurde unerträglich. Die Augen brannten und das Atmen wurde schwieriger. Wir mußten vorwärts, um jeden Preis. Zum Glück hatte sich ein Hausbewohner zu uns gesellt, der uns tragen half. Viel Gepäck konnten wir nicht mitschleppen, da wir die Frauen mit einem Arm führen und mitreißen mußten. Im Laufschritt eilten wir gegen den nächsten Platz, um den U-Bahnhof zu gewinnen. Dort waren wir sicher, denn man mußte jeden Augenblick mit einem neuen

Angriff rechnen. Aber immer wieder wurden wir dazu gezwungen, stehen zu bleiben, um Atem zu schöpfen und die zitternden Glieder ein wenig auszuruhen. Weiter! Weiter! Sonst brauchte man zwei Minuten für den gleichen Weg, jetzt schien es eine Ewigkeit zu dauern. Nach etwa zehn Minuten waren wir im U-Bahnhof. Da die Strecke unterbrochen war, stand glücklicherweise ein Zug da. Wir brachten die Frauen darin unter, wo sie wenigstens sitzen konnten.

Unsere Koffer verstauten wir auf dem Bahnsteig, und nun traten wir den Rückweg in die Wohnung an, um noch zu retten, was zu retten war. Der Feuersturm wuchs allmählich ins Unglaubliche, und es wurde immer gefährlicher, sich zwischen den niederbrennenden Häusern durch die Straßen zu bewegen. Wir kämpften uns in der Straßenmitte vorwärts, um nicht von herabfallenden Steinen getroffen zu werden. Das Feuer dröhnte, brauste und heulte, es krachte, knisterte und explodierte gleichsam aus sich selbst und wölbte sich in dicken Schwaden aus Fenstern, Türen und eingestürzten Mauern heraus. Über dem roten Flammenmeer bleckte ein schwarzes Gewölbe, das alle Fürchterlichkeiten der Welt zu umschließen schien.

Wir eilten zurück durch die Keller, zwängten uns durch die Öffnungen in den Brandmauern und erreichten wieder unsere Wohnung. Wir packten so viele Koffer, als uns möglich war und traten den beschwerlichen Rückweg an. Das wiederholte sich noch einige Male. Als wir wieder die Straße entlang keuchten, ertönte hinter uns plötzlich ein berstender Knall, wir blickten uns um und sahen die hohe Fassade eines großen Miethauses auf den Weg herabstürzen, den wir soeben zurückgelegt hatten. Ein riesiger Haufen kahler Ziegelsteine, verkohlter Balken und verbogener Eisenteile füllte die ganze Breite der Straße aus, und wir mußten bei unserem nächsten Gang zweimal hinüberklettern. Als wir noch einmal zurückkehrten, war das Haus meiner Schwiegermutter eingestürzt und es gab nichts mehr zu retten. Nun konnten auch wir uns ein wenig ausruhen. Gerade jetzt ging uns der Tabak aus, das war eine schöne Bescherung. Vom letzten Rest drehten wir ein paar Zigaretten. Für eine dieser Zigaretten bot uns ein Schicksalsgenosse seine Kognakflasche an, aus der wir zuerst die Frauen stärkten, um dann selber einen kräftigen Schluck zu tun.

Ab und zu donnerte über uns eine Fassade auf den Platz. Die Ruinen stürzten ein, weil der Druck der Hitze sie bersten ließ. Wir gingen abwechselnd hinüber zu einem Kino, in welchem eine Hilfsstelle eingerichtet worden war. Einer blieb immer zurück und achtete auf das Gepäck, weil während der Angriffe und der nachfolgenden Verwirrung unglaublich viel gestohlen wird. Die Frauen in der Hilfsstelle kamen von der NSV oder von der Frauenschaft. Sie hatten sich noch während des Angriffs in Bewegung gesetzt, eigenes Geschirr mitgebracht und damit begonnen, Kaffee zu kochen und Brote mit Leberwurst zu bestreichen. Jedermann konnte sich hier ohne Marken und Bezahlung stärken. Das nutzten natürlich auch viele aus, welche keinen Bombenschaden erlitten hatten. Diese Stellen wurden laufend mit Kaffee und Brot und Wurst versorgt, und die Frauen arbeiteten die ganze Nacht bis in den folgenden Tag hinein.

In den frühen Morgenstunden machte ich mich auf den Weg, um meine Wohnung in Charlottenburg aufzusuchen. Immer wieder traf ich auf Absperrungen und mußte große Umwege machen. Verkehrsmittel gab es natürlich keine. Wo ich ging, brannten die Häuser, ganze Straßenzüge standen in Flammen. Immer wieder sanken Ruinen in sich zusammen. Feuerlöschpolizei und Bergungstrupps fuhren durch die Straßen, Meldefahrer flitzten vorüber, Menschen irrten mit verängstigtem Blick und verweinten Augen umher, Stimmen schrien und kommandierten und ich wurde mehrmals angehalten, um löschen zu helfen.

Man konnte wirklich glauben, Berlin sei in dieser Nacht völlig zerstört worden. Immer wieder mußte ich über eingestürzte Häuser klettern. In den Trümmern brannte es noch, aber was machte das schon aus. Ich traf einen Geschäftsherrn, der am gleichen Tage seinen 60. Geburtstag gefeiert hatte. Er mußte mit seinen Gästen mitten während des Essens in den Keller. In die gegenüberliegenden Häuser war eine Mine gefallen, die auch seine Wohnung demolierte. Brandbomben taten das ihre, das Haus brannte nieder bis auf die Grundmauern. Er hatte nur zwei Köfferchen bei sich. Das war alles, was er aus seiner reichen Wohnung hatte retten können. Einer seiner Freunde, der ein paar Häuser weiter gewohnt hatte, war beim Löschen einem Herzschlag erlegen. Ein anderer war von einem herabstürzenden Balken erschlagen worden. Das erzählte und hörte man, als ob es die alltäglichste Sache von der Welt wäre. »Ich wollte, mich hätte es auch getroffen. Ich habe genug, ich bin mürbe«, sagte er beim Abschied zu mir.

Als ich die Straße betrat, in der meine Wohnung lag, glaubte ich zuerst, ich hätte mich geirrt und sei in eine falsche Richtung geraten.

Aber es stimmte, ich war »zu Hause«. Vor mir gähnte ein riesengroßes Loch, ein Trümmerfeld, aus dem Brände emporschwelten. Hier mußte eine ganze Reihe von Sprengbomben niedergegangen sein. Eben erst trafen die Bergungskommandos ein, Militär und Hilfskräfte, um zu versuchen, die Verschütteten aus ihren Kellern zu holen. Ich konnte nicht mehr feststellen, wo unser Haus gestanden hatte. Wie ein Film rollte die Erinnerung an jahrelange Erlebnisse in Sekundenschnelle vor meinem inneren Blicke ab, wie es angeblich Ertrinkenden geschehen soll, die vor dem Tode ihr Leben noch einmal auf diese Weise nacherleben. »Stehen Sie hier nicht rum, fassen Sie mit an!« brüllte mich einer an. Ich kam wieder zu mir selbst, faßte mich und setzte einen Punkt unter dieses Kapitel.

Der Tag graute, als ich nach Stunden wieder zu meiner Frau zurückkam. Es war acht Uhr früh und die Menschen gingen zur Arbeit. Sie mußten ihre Arbeitsstätten zu Fuß aufsuchen, weil kein Verkehrsmittel funktionierte. Nun konnte man sich den Schaden erst richtig besehen. Die Brände waren zum Teil eingedämmt oder sie hatten sich ausgebrannt. Man begann bereits, den Schutt von den Straßen wegzuräumen und nun sah alles schon nicht mehr ganz so schlimm aus, obgleich es arg genug war. Ich hatte unterwegs einen Telefonapparat gefunden, der nicht gestört war, und hatte Bekannte angerufen. »Wir sind total ausgebombt, beide Wohnungen verloren; können wir zu euch kommen?« Natürlich waren sie einverstanden.

Nun holten wir erst noch einmal Frühstück und dann schleppten wir uns und unser Gepäck durch den Untergrundschacht bis zur nächsten Haltestelle, von wo aus der Verkehr bis zum nächsten Bahnhof im Gang war. Von Schwelle zu Schwelle tappten wir vorwärts. Mit Schwielen und Blasen an den Händen langten wir dort an. Der Bahnsteig war angefüllt mit Menschen in schmutzigen und abgerissenen Kleidern, mit abgehärmten Gesichtern, rußig und verschmiert, müde, überanstrengt und in ihr Schicksal ergeben. Sie saßen auf ihren Koffern, hockten auf Stoffbündeln und Matratzen, die sie gerettet hatten. In Bettlaken hatten sie eilig einige Habseligkeiten eingeschlagen und aus den Flammen getragen. Viele standen mit leeren Händen da, sie hatten überhaupt nichts mehr als das, was sie auf dem Leibe trugen. Eine Frau mit blutverschmiertem Gesicht lag über ein paar Kissen gebreitet. Man hatte sie soeben aus einem verschütteten Keller geborgen. Ihre Angehörigen hatte man noch nicht finden können. Eine Mine hatte in der Nachbarschaft des Hauses eingeschlagen, und als man nach ein paar Tagen den Keller freigelegt hatte, stellte es sich heraus, daß drei Personen vollständig verschwunden waren. Offenbar hatte der enorme Luftdruck sie atomisiert. Das konnte festgestellt werden, weil die Frau alle kannte, die im Keller anwesend waren. Es war die Gemüsefrau meiner Schwiegermutter, die wir nach ein paar Tagen nochmals trafen. Sie erzählte uns dann ihre Geschichte.

Schutzpolizei führte die Aufsicht in dem unterirdischen Bahnhof. Diese Leute kamen überhaupt nicht mehr zur Ruhe. Sie mußten immer bereit sein und die Anforderungen, die an sie gestellt wurden, wuchsen ins unermeßliche. Nach langem Warten kam endlich rückwärts ein U-Bahn-Zug eingefahren, in den wir uns mit unseren Koffern hineinpacken mußten wie in eine Sardinenbüchse. Aber es war ganz gleichgültig, wie wir davonkamen, wenn nur der Zug fuhr. Oft noch mußten wir umsteigen und unser Gepäck treppauf und treppab, über Straßen und zu anderen Haltestellen schleppen. Einen Teil mußten wir schließlich in einem Laden unterstellen, weil wir sonst nicht mehr weiter gekommen wären. Gegen Abend erreichten wir dann in einem fast gar nicht betroffenen Stadtteil unser neues Quartier, ein Zimmer mit Küche, in welchem wir wochenlang zu viert hausen mußten. Aber wir waren zufrieden, denn uns ging es viel besser als den meisten andern. Zu zweit schliefen wir auf Sofas.

Das Gas kam nur spärlich, aber mit der nötigen Geduld ließ sich ein Kaffee erwärmen oder eine Suppe zubereiten. Wie viele mochten jetzt noch umherirren und für die nächste Nacht eine Unterkunft suchen. Aber nach sieben Uhr spannten sich unsere Nerven, alle warteten wieder auf die Heultöne der Sirenen. Wir machten uns auf einen neuen Angriff gefaßt. Wir hatten uns schon gewundert, daß in der vergangenen Nacht nicht noch ein zweiter Anflug stattgefunden hatte, als die Stadt brannte und ein weithin sichtbares Ziel geboten hätte.

Und richtig, sie kamen wieder. Die Sirenen heulten auf und das Feuer der Abwehrgeschütze setzte mächtig ein. Dann hörte man das näher kommende Brummen der Flugzeuge. Ein schrecklicher Lärm schlug an unsere Ohren, obwohl sich dieser Angriff auf andere Stadtgebiete richtete. Fernher drang das dumpfe Plup-Plup-Plup der Einschläge. Das ganze Haus zitterte, und als auch in der Nähe einige Bomben niedergingen, wackelten sogar die Holzversteifungen des Luftschutzkellers. Das Licht begann zu flimmern, setzte dann aber wieder kräftig ein. Auch diesmal hatten wir es überstanden. Was hatten wir nicht seit gestern abend erlebt, was hatten die Frauen nicht alles durchgemacht und ausgestanden! Es waren 24 Stunden und es kam uns vor wie eine endlose Katastrophe. Am Mittwoch früh ging ich zur Fliegerschadenstelle, um für uns die Versorgungsnachweise abzuholen. Sie war in einem Theater untergebracht. Als ich hinkam, herrschte ein unbeschreibliches Gedränge. Die Menschen, die hier stundenlang anstehen mußten, erzählten alle von ihrem Schicksal. Den einen war das Haus oder die Wohnung durch Sprengbomben zerstört worden. Sie hatten überhaupt nichts retten können. Andern war die Wohnung so schnell verbrannt, daß auch sie nur das nackte Leben retten konnten. Dieser erzählte von Rohrbrüchen und Überschwemmungen, jener von Verschütteten und Verstümmelten, und aus allen Berichten sprachen Krieg, Tod und Vernichtung.

Die Drängerei wurde immer schlimmer, so daß schließlich der Krieg vergessen wurde und man zu schimpfen begann. Es kam zu einer richtigen kleinen Revolte. Der Mann an der Ausgabestelle erkletterte einen Stuhl und hielt eine Rede ans Volk, wie einst im Parlament. Zwischenrufe und Schmähungen unterbrachen ihn. Er begann immer wieder von vorn, um die Langsamkeit der Abfertigung zu erklären.

Auf dem Versorgungsnachweis wurden alle, Familienmitglieder und die beschädigte oder zerstörte Wohnung eingetragen. Es stand darauf, daß der Ausweis bei Verlust nicht ersetzt werde und nur innerhalb eines Monats in der Reichshauptstadt gültig sei. Verantwortlich zeichnete der Oberbürgermeister. Auf der Innenseite stand in fetten Lettern: »Kein Berufstätiger verläßt Berlin! Er wird hier untergebracht und arbeitet weiter.«

Auf Grund dieses Scheines erhielt man bei seiner Kartenstelle die Lebensmittelmarken und die Sonderzuteilungen an Zigaretten, Obst und Bonbons, Wein und Suppe. Nun mußte man sich bei der Kartenstelle wieder einfinden. Viele gaben vor, alle ihre Lebensmittelkarten und Ausweise für die übrigen Einkäufe verloren zu haben, obwohl das gar nicht der Fall war. So lebten sie während zwei Wochen mit doppelten Rationen, bis wieder eine neue Kartenperiode begann. Nach den Strapazen konnte das jeder gebrauchen. In einem großen Tuch holte ich dann bei der Ausgabestelle belegte Brote sowie die Sonderzuteilungen, die es frei und kostenlos gab.

Für die Wege in der Stadt brauchte man die vier- bis fünffache Zeit als sonst, weil kein einziges Verkehrsmittel in Gang war, wenigstens in den von den Angriffen heimgesuchten Stadtteilen. Nun machte ich mich auf den Weg zur Wohnung meiner Schwiegermutter. Ich wollte sehen, ob ich noch etwas aus dem Keller herausholen könne. Ich hielt ein dreirädriges Lieferauto an, setzte mich hintenauf und fuhr mit. Durch die Joachimsthaler Straße gelangten wir endlich auf den Kurfürstendamm. Überall sah es verheerend aus. In manchen Häusern brannte es noch. Der Gloria-Palast, ein Kinotheater kurz vor der Gedächtniskirche, war völlig ausgebrannt. Am Vordach hing noch ein Reklametransparent, worauf geschrieben stand: »Reise in die Vergangenheit.«

Die Straßen lagen noch voller Trümmer. Wir holperten darüber hinweg und fuhren im Bogen um die Schutthaufen herum. Mehrmals drohte der Wagen umzukippen, die Pneus spickten Steine und Mörtelteile in die Luft und auf die Fußgänger. Wir schleiften Drähte mit und ein dichter Wirbel von Staub und Schmutz ging hinter uns hoch. Allmählich gewöhnte man sich an den Anblick der endlosen Reihen von Ruinen und an den Rauch und Dreck in der Luft. Die Augen litten allerdings stark darunter. Sie waren entzündet und rot umrändert, das Reiben verschlimmerte die Schmerzen, aber man achtete ihrer nicht. Ab und zu kamen Menschen vorbei mit Verbänden um den Kopf, mit verbundenen Augen oder mit schrecklichen Verbrennungen im Gesicht.

Nun mußte ich abspringen, weil das Auto eine andere Richtung einschlug. Zu Fuß erreichte ich die Wohnung, die wir vorgestern verlassen hatten. Ich konnte mich kaum mehr zurechtfinden. Die meisten Straßenschilder waren vom Luftdruck oder Brand vernichtet worden. Die ausgebrannten Häuserreihen sahen alle gleich aus. Ich kam an einem tiefen Bombenkrater vorbei, in welchem hochkant ein Rotkreuzwagen stand, der vermutlich vom Druck hineingeschleudert worden war. Etwas weiter stand ein Lastwagen zur Hälfte in einem Ladengeschäft. Dann kamen wieder die flachen Einbuchtungen auf der Straße, ein Zeichen, daß hier Luftminen niedergegangen waren. Links und rechts davon waren die Häuser vom Druck und Sog noch schlimmer zerstört worden als durch Sprengbomben. Die noch stehenden Fassaden waren von den Einschlägen der Splitter durchlöchert. Ich kam durch Straßen,

14   Vor dem Gloria-Palast. 26. November 1943.

in denen kein einziges Haus mehr eine Spur von Leben aufwies. An manchen Stellen wurden Ruinen, die einzustürzen drohten, durch Militär gesprengt. Bei jeder Detonation fuhren alle Menschen in der Umgebung erschrocken zusammen.

Man schluckte ungeheure Mengen von Staub und Rauch und Ruß. Die Taschentücher waren abends rabenschwarz. Der feine Schmutz konnte kaum aus den Augen entfernt werden. Das Schuhwerk litt unter den Millionen Glassplittern auf den Straßen, unter den Trümmern, die überall umherlagen. Hin und wieder kam ich an Trümmerstätten, an völlig in sich selbst zusammengefallenen Häusern vorbei, deren brennbare Teile noch immer schwelten und glühten. Militär und sonstige Hilfskräfte schaufelten Gassen, um zu den Luftschutzkellern zu gelangen. Ich sah manche Stellen, an denen mehrere Tage lang gebaggert und geschaufelt wurde. Mit Horchgeräten peilte man nach Klopfzeichen. Mit Sauerstoffapparaten wurde versucht, den Eingeschlossenen Atemluft zuzuführen. Die Berliner Wohnhäuser sind alle sehr hoch gebaut und bestehen aus Vorderhaus, Seitenflügeln und sogenannten Gartenhäusern. Wenn da ein Volltreffer landet, dann kann man sich vorstellen, welchen Schuttberg ein fünfstöckiges Haus bildet, wenn es in seine einzelnen Bestandteile aufgelöst wird. An vielen Stellen konnte man die Bewohner nur als Leichen bergen, manche fand man überhaupt nicht mehr vor.

In der Joachimsthaler Straße war ein Gebäude getroffen worden, in dem sich ein Polizeirevierposten befand. Der größte Teil der Mannschaft und Hausbewohner war verschüttet worden. Es wurden russische Kriegsgefangene unter Aufsicht eines deutschen Soldaten angestellt, um die Verschütteten auszugraben. Die Gefangenen schafften ganz langsam einen Stein nach dem andern weg und kamen überhaupt nicht vorwärts. Und unten im Keller klopften die Menschen, von denen kein einziger gerettet werden konnte.

Jene Gemüsefrau, von der bereits die Rede war, hatte mir erzählt, wie sie selbst verschüttet wurde. Sie saßen alle im Keller und hörten die Bombeneinschläge in der Nähe, das Haus zitterte und wankte bis zum Fundament hinab. Sämtliche Geräusche der Hölle schienen losgelassen. Und plötzlich, sie wußte nicht wie, wurde sie von einem unheimlichen Druck zu Boden geschleudert und verlor die Besinnung. Es war finstere Nacht, als sie wieder zu sich kam, das Licht war verlöscht.

Sie lag in einem Bett von Schutt, Steinen, Mörtel. Mit den Händen tastete sie sich zurecht, doch als sie sich aufrichtete, schlug sie mit dem Kopf an einen Balken. Nun hörte sie Wimmern und Gurgeln, die Laute des Todes und Entsetzens. Röchelnd verendete in der Nähe ein Mensch.

Jetzt kam ihr erst richtig zum Bewußtsein, was geschehen war. Sie schrie in wilder Angst und Not um Hilfe, um sofort in Husten auszubrechen. Das Loch, in welchem sie lag, war angefüllt mit dem durch den Einsturz des Gebäudes und durch den Luftdruck aufgewirbelten Staub. Er bohrte sich in die Augen und geriet durch die Atmungsorgane in die Lungen. Es knirschte zwischen ihren Zähnen, wenn sie den Kiefer bewegte.

Jetzt entdeckte sie, daß sie ihre Handtasche krampfhaft festhielt. Sie zog eine Schachtel Streichhölzer heraus und brannte ein Hölzchen an. Nur schwach glimmte das Feuer, aber es reichte hin, um ihr einen schrecklichen Anblick zu verschaffen. Die Decke war eingestürzt, doch schien an dieser Stelle eine Art Hohlraum übrig geblieben zu sein. Unter einem grauen Haufen starrte ein Kopf hervor. Die Augen waren weit aufgerissen, der Mund verkrampft. Darüber lag eine weiße Staubschicht. Der Leib war verschüttet.

An einer andern Stelle lag eine Leiche mit aufgeschlitztem Bauch. Glucksend sickerte irgendwo Wasser. Jetzt schrie sie wieder um Hilfe, sie ängstigte sich entsetzlich vor dem Ertrinken. Das Dröhnen in ihren Ohren ließ nach und sie hörte endlich Scharren und Schieben. Mit einem Ziegelstein klopfte sie an einen verbogenen T-Balken und fuhr erschrocken zusammen, als der eingefangene Ton durch die Höhle irrte. Aber sie war eine resolute Frau, sie klopfte wieder und wieder. Und endlich, nach bangem Warten und der fürchterlichen Angst, vielleicht doch nicht gefunden zu werden, erblickte sie noch einmal das Licht der Welt, das aus den nächtlichen Großbränden bestand.

Katharina Heinroth: Mit Faltern begann's. Mein Leben mit Tieren in Breslau, München und Berlin. München: Kindler 1979. S. 130–132.

[...] Nach der Entwarnung eilten wir aus dem Keller. Da bot sich uns ein geisterhaftes Bild: Alle Häuser des Berliner Zoos schienen zu brennen, ebenso die Häuserzeile unserer Budapester Straße, der ganze Stadtbezirk bildete eine einzige lodernde Fackel. Ich rannte in den Erdbunker, um die Bewohner der Budapester Straße, die jetzt regelmäßig dort Schutz suchten, zum Löschen ihrer Behausungen anzutreiben; aber sobald ihnen der unvorstellbar gewaltige Feuersturm und Funkenregen entgegenschlug, wichen sie wieder zurück in den Bunker. Ich lief an unserem Wohnhaus vorbei zum brennenden Raubtierhaus und streifte dabei mit meinen Augen unser intaktes Wohnhaus. Ich bremste unwillkürlich, beinahe hätte ich mich überschlagen: Aus unserem Haus, oben aus dem Dach, schlugen kleine Flammen. Eine Torfabdichtung der Heizröhren war in Brand geraten und drohte das Gestänge des abgedeckten Dachs zu entzünden. Der Hauptkassierer des Zoos, Bruno Knopka, dessen Wohnung direkt unter diesem Bodengeschoß lag, war sogleich zur Hand. Wir schleppten Wanne um Wanne Wasser aus dem vor unserem Wohnhaus liegenden Teich – die Wasserleitung versagte wegen der Überbeanspruchung – und löschten mit einer Handspritze den Schwelbrand. Mein Mann ging von Wohnung zu Wohnung und trat die durch die zerschmetterten Fenster fliegenden glühenden Funken aus. Nur einmal wurde er mit einem kleinen Brandherd nicht allein fertig, er hatte ihn wohl hinter einer zerbrochenen Tür zu spät entdeckt und rief uns zu Hilfe.

Am nächsten Morgen überschauten wir den ganzen Schaden dieses einen Luftangriffs. Buchstäblich Tausende von Stabbrandbomben und Phosphorkanistern hatten fünfzehn Zoohäuser in Brand gesetzt: Das Antilopenhaus im maurischen Stil, das dem Aquarium gegenüberliegende Raubtierhaus, an der Budapester Straße das Verwaltungsgebäude und das Wohnhaus von Direktor Lutz Heck waren völlig ausgebrannt; alle anderen Häuser waren beschädigt; schwer zertrümmert waren das Affenhaus, das Quarantänehaus und das Hauptrestaurant. Auch das indische Tempelhaus der Elefanten lag bis auf den großen starken Eckturm gegenüber dem Bahnhof Zoo in Trümmern da; der Anblick, der sich uns hier bot, war besonders grausig: sieben tote Elefanten waren unter den Gesteinsbrocken verschüttet, ein Nashorn daneben schien nicht erschlagen, sondern durch einen Lungenriß infolge des enormen Luftdruckes getötet worden zu sein. Im Antilopenhaus waren achtzehn Tiere, darunter zwei herrliche Giraffen, umgekommen, im Affenhaus zwei Menschenaffen und fünfzehn kleinere Affen. Ein Drittel des nach einigen Auslagerungen noch immer zweitausend

Tiere umfassenden Tierbestandes des Berliner Zoologischen Gartens fand in dieser einen Nacht den Tod, fast siebenhundert Tiere starben. Der ganze Wahnsinn dieses Krieges kam uns zum Bewußtsein. Einige Antilopen, Hirsche und kleinere Affen waren nach der Zertrümmerung ihrer Häuser freigekommen, einige Vögel durch zerschlagene Glasdächer entflogen. Es entstanden Gerüchte, daß entflohene Löwen um die nahe Kaiser-Wilhelm-Gedächtniskirche gerast seien; aber tatsächlich lagen sie erstickt und verkohlt in ihren Käfigen. Nur einen verschüchterten Wolf traf mein Mann in einem Winkel hinter unserer Haustür, er ließ sich sofort einfangen.

Ein einziger Trost in all dem Chaos war uns geblieben. Das Aquarium hatte außer einem zertrümmerten Dach keinen Schaden erlitten. Aber schon die nächste Nacht brachte auch seinen Untergang. Wie immer waren wir beim Sirengeheul in unseren sicheren Winkel im Aquariumskeller geeilt und hörten wie immer unsere großen Krokodile in den Donner der Flakgeschütze einstimmen, den sie für Rufe von Artgenossen hielten. Diesmal antworteten sie zum letzten Male. Während wir mit bangem Herzklopfen auf die donnernden Einschläge der Bomben in der Ferne lauschten, gab es plötzlich einen furchtbaren Schlag: Die Wände zitterten, Putz und Regale prasselten von den Wänden; wir umarmten uns unwillkürlich im Schreck. Staub umquirlte uns, wir konnten kaum atmen. Es folgten noch zwei oder drei kleinere Einschläge. Als das Getöse abebbte, stürmten wir die Treppen hinauf: Ein Chaos empfing uns. Eine Luftmine war mitten in die Krokodilhalle gefallen, ihr Luftdruck hatte alle Aquarien- und Terrarienscheiben zersprengt und die Bewohner mit Wasser und Gesteinsbrocken in die Beschauergänge geschleudert. Wir stiegen über Mauerschutt, Holzsplitter und Scherben, wateten im Wasser. Im Schein der Taschenlampen sahen wir bei einigen Krokodilen Blut aus den Nasenlöchern quellen; zwei oder drei der Tiere lebten noch und peitschten mit ihren gewaltigen Schwänzen den Boden. Eines war bis zum Eingang des Aquariums gerutscht, keines lief allerdings auf die Budapester Straße hinaus, wie später Gerüchte wissen wollten. Bei Tagesanbruch sammelten wir überlebende Schlangen, Echsen und Kröten (sie waren inzwischen bei der eindringenden Kaltluft von 5°C erstarrt) und brachten sie in den warmen Aquariumskeller, dessen Decke standgehalten hatte. Hier hatten auch Maschinen und Filterräume die Nacht unversehrt überstanden. Schon vor den Alarmen hatten wir einige besonders wertvolle Insassen wie den riesigen Komodowaran »Moritz«, einige malaiische Gaviale und die Riesenschildkröten vorsorglich im Keller untergebracht. Seltsamerweise war ein einziges, geschützt am Seitentreppenhaus liegendes Schau-Aquarium intakt geblieben. Dort lebten schon seit Jahrzehnten Knochenhechte, Schlammteufel und ein Riesensalamander. [...]

Lutz Heck: Tiere – mein Abenteuer. Erlebnisse in Wildnis und Zoo. Wien: Ullstein 1952. S. 162–166.

[...] Die schweren Eingangstüren des Aquariumbaues aber waren aufgesprengt. Auf der Treppe schon rauschte mir Wasser entgegen. In der Eingangshalle zeigte sich im Schein unserer Taschenlampe ein Bild wüstesten Durcheinanders. Eine Luftmine hatte den dreistöckigen Schmuckbau des Aquariums an seinem empfindlichsten Teil getroffen: mitten durch das Glasdach, genau in die dreißig Meter lange Krokodilhalle mit ihrer Tropenlandschaft, wo über ein Stück Urwaldfluß, in dem Alligatoren und Krokodile lebten, eine Bambusbrücke geführt hatte. Sämtliche Glasscheiben von Dächern, Fenstern, Aquarien und Terrarien waren durch den Luftdruck zertrümmert und das große Gebäude im Innern ganz zerstört. Von den Decken in den Besuchergängen hatten sich die Stuckgewölbe gelöst, sie hingen herab oder lagen als riesige Schuttmassen am Boden. Der Urwaldfluß im ersten Stock, in dem man von unten durch dicke Glasscheiben die großen über drei und vier Meter langen Krokodile und Alligatoren bewundern konnte, war ausgelaufen und die Tiere waren aus der Höhe herabgekollert, zusammen mit Bambus, Palmen, Erdreich, Baumstämmen, Zementbrocken und Glasscherben. In der Halle und auf der Treppe wälzte sich alles durcheinander. Wie eine Vision aus Dantes Inferno war der Anblick dieser mächtigen, vom Luftdruck innerlich verletzten, von einstürzenden Mauern zerdrückten, von Sprengstücken verwundeten und sich vor Schmerzen windenden Riesenechsen, die sich im fußtiefen Wasser der Halle krümmten oder die Besuchertreppe herabwälzten, im Hintergrund ein aufgesprengtes, offenes Tor, durch das der Feuerschein des brennenden, untergehenden Berlin rot hereinleuchtete.

Mühsam drang ich zu den riesigen Aquarien der Meeres- und Süßwasserabteilung vor, wo fünfundzwanzig große, meterlange und hohe Schaubecken und ebensoviel kleinere den märchenhaften Eindruck einer fremdartigen, wundervollen Tierwelt gegeben hatten. Überall rauschte, tropfte, sickerte das Wasser aus den glaslosen Behältern. Scheiben von vierhundert Kilogramm Gewicht lagen zersprengt in tausend Splittern herum. Zahllose Fische zappelten im Schutt, ganz ohne die wunderbare Buntheit, die ihnen früher das Licht des perlenden Wassers schenkte.

Am Boden sah ich einen Wels liegen, der aus der Havel stammte, und als ich merkte, daß er noch nach Luft schnappte, schleppte ich das ungefüge Tier, das ebenso groß war wie ich, nämlich ein Meter achtzig lang, hinunter in einen Teich im Garten. Auch andere einheimische Fische wurden so in ihr eigenstes Element zurückversetzt. Aber viele waren mit Splittern so gespickt oder von Glasscherben zerschnitten, daß sie doch noch eingegangen sind. Die tropischen Fischarten, dabei die größten, schönsten Seltenheiten, verendeten alle.

An einzelnen im Dunkeln zischenden und pustenden Alligatoren vorbei kletterten wir mit Mühe in das erste Stockwerk. Auch hier lag alles in Trümmern. Wo einst in schwülfeuchter Dschungelluft der glasgedeckten Krokodilhalle die tropischen Echsen wohlig im Wasser lebten, gähnte ein kalter Nachthimmel herein. Schwere Eisenträger lagen kreuz und quer oder hingen lose von den Wänden herab. Die schön eingerichteten Terrarien, jedes einzelne ein Stückchen feuchter Urwald, dürre Steppe, trockene Wüste, je nach Art der darin hausenden Reptilien, waren vom Luftdruck buchstäblich zerrissen. Nicht ganz geheuer war uns bei dem Gedanken an freigekommene Giftschlangen. Die Mamba hätte uns gefährlich werden können, denn diese in ihrer Heimat Afrika wegen ihrer Gewandtheit am meisten gefürchtete giftige Schlange geht sofort auf den Menschen los, wenn sie sich von ihm bedroht fühlt.

[...] Vor den anderen Schlangenarten brauchten wir uns weniger zu hüten. Die Puffottern, die ich aus Abessinien mitgebracht hatte, die Nashornvipern, die wir im zentralafrikanischen Urwald gefangen hatten, waren dicke, schwere und träge Gesellen, von denen kein Angriff zu befürchten war. Die Klapperschlangen hätten durch ihr Gerassel gewarnt, und die Brillenschlangen würden sich erst aufgerichtet haben, bevor sie bissen. Aber schnell drang die Winterkälte bis in den letzten

Winkel, und mit fortschreitender Auskühlung des überall offenen Gebäudes sank die Wahrscheinlichkeit, daß eine Giftschlange gefährlich werden konnte. Diese Tropenkinder erstarren ungemein rasch.

[...] Die Bomben hatten das Gebäude mit allen seinen Insassen, siebenhundertfünfzig Tierarten in zweihundertfünfzig Behältern, zerstört, und die eindringende kalte Luft zusammen mit der Sprengwirkung und dem Wassermangel den meisten Tieren das Leben genommen. Überlebend waren nur zwei malaiische Spitzschnauzenkrokodile, einige Riesenschildkröten, zwei Pythonschlangen von drei und fünf Meter Länge, einige kleine Alligatoren, Land- und Wasserschildkröten, vier Knochenhechte, vier Riesensalamander, die die Kälte ertragen konnten, eine Geier- und vier unechte Karettschildkröten. Der berühmte, erst in diesem Jahrhundert entdeckte, von der Insel Kommodo stammende Riesenwaran lebte zwar noch, aber er war bereits ein Todeskandidat. Vierzehn Jahre hatte er in Berlin gelebt und es bei einem Futter von rohen Eiern, Kaninchen, Ratten und anderen Kleintieren auf eine Länge von zwei Meter fünfzig gebracht. Überall lagen Leichen von Krokodilen, Schlangen, Eidechsen und Fischen herum. Schmutziges Wasser stand in Lachen und Tümpeln am Boden.

[...] Fleisch gab es in Hülle und Fülle, manches den Luftangriffen zum Opfer gefallene Tier, von dem keine Hausfrau sich hätte träumen lassen, daß es eßbar wäre, wanderte in den Kochtopf. Sehr schmackhaft waren die Krokodilschwänze; in großen Behältern weichgekocht, schmeckten sie wie fettes Hühnerfleisch. Die umgekommenen Hirsche, Büffel und Antilopen lieferten Hunderte von Mahlzeiten für Menschen und für Tiere. Später waren dann Bärenschinken und Bärenwurst für uns eine besondere Delikatesse.

Vor allem hieß es in den ersten Tagen, die in Tierhäusern und in vielen Gehegen des Gartens herumliegenden Tierleichen wegzuräumen. Welche Aufgabe allein, die sieben toten Elefanten unter den Trümmern ihres Hauses, zwischen den Gittern ihrer zerstörten Schlafställe herauszuholen und abzutransportieren! Ein Veterinärtrupp arbeitete eine ganze Woche daran. Die Düfte, die sich dabei entwickelten, wurden von Tag zu Tag schlimmer. An Ort und Stelle zerlegte man die halbverkohlten Tierriesen, wobei die Männer in den Brustkörben der Dickhäuter wie in einem Gitterkäfig herumkrochen oder in Bergen von Gedärmen hantierten, hinter denen sie beinahe selbst verschwanden. Tonnenweise – ein weiblicher indischer Elefant wiegt ungefähr viertau-

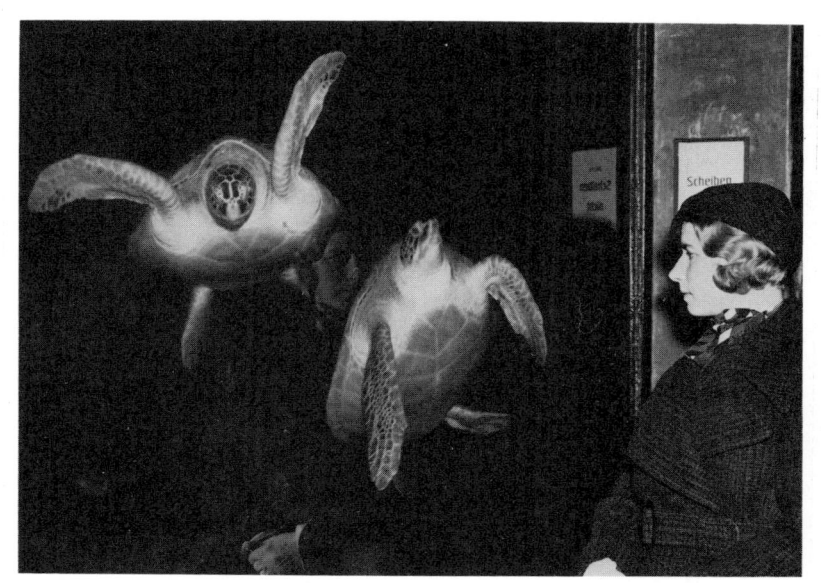

15 Aquarium, Budapester Straße.

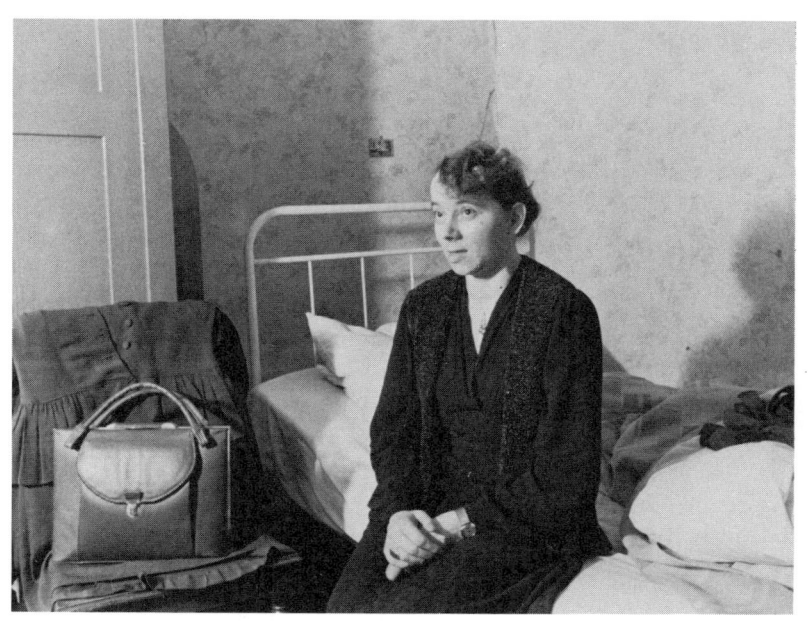

16 Fliegergeschädigte. November 1943.

send Kilogramm, ein männlicher über fünftausend – ging das Fleisch in Lastzügen nach der Tierverwertungsanstalt Rüdnitz, wo daraus Seife, Fleischmehl und so weiter hergestellt wurde.

Waldarbeiter, die ein hilfreiches Forstamt aus der Nähe Berlins geschickt hatte, gingen mit einer modernen Motorsäge daran, umherliegende, die Wege versperrende Bäume und Äste zu zerkleinern. Der Flakturm schickte ein Kommando Soldaten, um den brennenden Kokshaufen auseinanderzureißen und zu löschen. Vergebliche Mühe – er schwelte und glühte doch noch einen Monat lang. Einsatztrupps von Dachdeckern hockten auf den beschädigten Tierhäusern und legten Ziegel auf oder nagelten Dachpappe fest. Die Technische Nothilfe betätigte sich tagelang beim Sprengen von Ruinen unserer Tierhäuser, deren geborstene Mauern infolge Einsturzgefahr lebensgefährlich waren.

In den ersten Tagen und Nächten fingen einige Häuser immer wieder zu brennen an. Das war das Unheilvolle an diesen unsichtbar glimmenden Feuern, daß man nie wissen konnte, ob ein solcher Herd wirklich gelöscht war. Manchmal erst nach Tagen entzündeten sich heimlich schwelende Balken wieder, und urplötzlich stiegen Flammen auf, wo keiner mehr einen Brand erwartet hatte. [...]

Theo Findahl: Undergang. Berlin 1939–1945. Oslo: Aschehoug & Co. 1945. Letzter Akt – Berlin 1939–1945. Deutsch von Thyra Dohrenburg. Hamburg: Hammerich & Lesser 1946. S. 68–72, 73–74.

22. November 1943

Der Anruf aus Oslo kommt genau auf die Minute 18.15 Uhr. Als ich den Hörer anhänge, ist die Uhr genau 19.30. Alarm. Nun, vielleicht passiert ja doch nichts. Ich bin allein in der Wohnung im Hansaviertel, Klopstockstraße 33, also muß ich einen Rundgang durch die Zimmer machen, um nachzusehen, ob alles Licht gelöscht, die Badewanne mit Wasser gefüllt ist, die Fenster offen sind, damit der Luftdruck nicht die Scheiben eindrückt. Es ist in der letzten Woche so oft gerade um diese Zeit des Abends Alarm gewesen, aber es ist zu keinem Angriff gekommen. Goebbels hat den Berlinern so halbwegs den Glauben beigebracht, daß die RAF nicht ganz bis nach Berlin vordringen kann, dank der glänzenden Luftabwehr der Stadt. Ich habe keine Lust, den kleinen Koffer mit einer Garnitur Wäsche und Toilettensachen mitzunehmen, und gehe allein durch die stockdunklen Straßen zum Großen Stern, unserer alten Zufluchtstätte, wo wir, eine ganze Schar von Kollegen und Freunden, uns in dem unterirdischen Durchgang zu treffen pflegen, immer wenn englische Bomber Berlin anfliegen.

Heute abend sind nicht sehr viele Bekannte in unserem erlesenen Bunker. Ich sitze mit einigen Ungarn zusammen, dem slowakischen Presseattaché und einer Anzahl Fremder. Der Beschuß beginnt. Wir sehen uns gegenseitig an. Dies ist wahrhaftig ernster, viel ernster als irgendein früherer Luftangriff, den wir erlebt haben. Die schweren Metalltüren fliegen durch den Luftdruck auf, und die Trommelfelle schmerzen. Das Licht geht aus – ein donnerndes Getöse von Explosionen ringsum. Eine Bombe muß ganz in der Nähe niedergegangen sein, vielleicht gerade über unsern Köpfen. Es wird still in dem dunklen Bunker. Einzelne Anläufe zur Hysterie bei einigen Frauen werden schnellstens erstickt – glücklicherweise sind immer nur wenig Menschen in dem östlichen Bunker am Großen Stern. Gut, daß wir hier sind und nicht in dem westlichen, der immer vollbesetzt ist.

Wie furchtbar der Angriff gewesen ist, können wir erst ermessen, als wir auf den Platz vor der Siegessäule hinaustreten, nachdem das Schießen vorüber ist. Der ganze große runde Platz ist mit Bombensplittern übersät, mit Zweigen und Ästen von den Bäumen im Park. Am Rande des Bürgersteiges entlang sind reihenweise Autos in helle Flammen gehüllt, draußen auf dem Asphalt steht ein lodernder Autobus, einer Riesenfackel ähnlich. Schwarzer Rauch peitscht uns ins Gesicht von dem Sturm, den das Flammenmeer hervorruft. *Teppichangriff* – wie gegen Hamburg? Ja, dies sollte der erste Teppichangriff gegen Berlin sein und gerade über dieser Gegend hier.

Von dem Platz hier sieht es aus, als brenne die ganze Stadt. Das gesamte Hansaviertel hinter dem Park steht in Flammen. Ich muß nach Haus, um zu sehen, ob irgend etwas gerettet werden kann! In der Altonaer Straße ist die Wasserleitung geborsten, die Straße gleicht einem Binnensee. Unmöglich, auf diesem Wege zum Hansaplatz vorwärtszukommen. Der Tiergarten ist wie ein Dschungel. Zweige und Stengel stechen einem ins Gesicht, während man sich über gestürzte Baumstämme vorwärtstastet. Die Händelallee – ein Feuermeer! Ich gehe weiter und biege in die Klopstockstraße ein. Die Straße ist so heiß wie ein Backofen – an einzelnen Stellen versuchen die Leute etwas zu retten, hier und da werden Teile des Inventars auf die Straße hinausgeschleudert, aber die meisten geben die Mühe auf und lassen es nur brennen. Hoffnungslos, in das Haus Nummer 33 hineinzukommen – ein glühender Wind peitscht durch die Straßen, das Haus ist ein einziger Feuerwirbel. Aus dem großen Hause gegenüber, das den besten Keller der Stadt hat, wankt eine Schar verstörter Frauen herbei, ein halberwachsenes Mädchen schreit hysterisch, aber die meisten sind ganz ruhig, wie halb betäubt. Wie in einem Blitz sehe ich die blasse, stöhnende Französin vor mir, die sich vor drei Jahren in Bergues an den Hauswänden entlangschleppte, nachdem die Deutschen die Stadt in Schutt und Trümmer gelegt hatten. Das beste ist, so schnell wie möglich kehrt zu machen und wieder in den Park zurückzukommen, wo die Luft nicht ganz so beißend ist von Ruß und Rauch wie hier – schnell weg von dieser Stelle, die drei Jahre unser Zuhause gewesen ist!

Abermals Alarm! Der Menschenstrom auf der Achse macht kehrtum auf den Großen Stern zu, lange Schlangen haben sich schon vor den Eingängen der beiden Bunker gebildet. Besser, allein zu sein, irgendwo draußen im Park irgendeine Stelle zu finden, wo man wie ein Vogel Strauß unter eine Bank kriechen, sich flach auf den Erdboden hinlegen kann, aber nur allein sein und nicht von der Masse zerquetscht oder in Atome zerrissen werden! Ich wanke wie im Taumel durch den dunklen Park dahin. Es ist nicht leicht, sich einen Weg zu bahnen. Überall liegen niedergebrochene Bäume als große Hindernisse auf den Wegen. Aber hier weht kein beißender und glühender Wind. Die Luft ist verhältnismäßig rein und still, und viele Steige sind menschenleer und gut begehbar. Die Sirenen heulen, die Gefahr ist vorüber. Offenbar sind es nur einige Spähflugzeuge gewesen, die die Wirkung des Angriffs photographieren und die Löscharbeiten stören wollten. Langsam kann man es jetzt wagen, weiterzugehen – aber wohin? Ein Zuhause hat man ja nicht mehr.

Hinunter in die Stadt, wie aus alter Gewohnheit zur Wilhelmstraße, dem Arbeitsplatz. Das Hotel Adlon steht wie eine dunkle Wand gegen den feuerroten Himmel. Dort hinein kann man ja gehen, vielleicht sogar ein Zimmer bekommen oder sich jedenfalls in der Halle ausruhen. Ich bin nicht der einzige, der diese Idee gehabt hat: die große Halle in dem alten Luxushotel ist von sehr vorübergehenden Gästen überfüllt. Nicht ein Bettplatz ist aufzutreiben, aber man kann in der Halle sitzenbleiben. Rußgeschwärzte Menschen stauen sich überall zusammen, auf Stühlen und Bänken; auf dem Marmorfußboden liegen Koffer, Bündel, Pakete – wie in einem Flüchtlingslager. Die Drehtüren gehen ohne Aufhören, aber trotzdem ist es still, ganz still in der Halle. Alle sprechen leise, alle scheinen todmüde zu sein, alle haben das gleiche erlebt, es bedarf keiner Worte und Erklärungen, eine sonderbar drückende Stimmung von *Untergang* erfüllt die Atmosphäre. Wahrlich, hier geht eine Weltstadt gerade vor unsern Augen unter. Reminiszenzen an Romane über Karthagos und Roms Fall, über die Katastrophe von Pompeji jagen einem durch den Kopf. Aber dies geht nur um so schneller, als die Maschinen des Westens so viel schneller sind als die irgendeiner anderen Zivilisation. Ein so gewaltiger Schlag, daß er nicht zu fassen ist ...

27. November 1943

In der Bar im Klub am Leipziger Platz herrscht hektisches Leben, da zwei prominente deutsche Journalisten einander an Witzen und Schnurren und abenteuerlichen Anekdoten von der »Schlacht um Berlin« am 22. November überbieten. Der brennende Zug voller toter Menschen, der über den ganzen »Ring« rund um die Stadt raste, der Puma aus dem Zoo, der durch ein Meer von Funken sprang und auf dem Lützowplatz getötet wurde, die Schildkröten und Krokodile, die im Aquarium des Zoo gesotten wurden – der reine Edgar Allan Poe! Ist wirklich die Kunst, lebendiges unterhaltsames Geplauder um alle Dinge zu machen, auch in diesen apokalyptischen Tagen der Kern aller Journalistik? »Ein Erdbeben ist besser als gar kein Ereignis überhaupt.« »Nun ja«, sagt einer, »irgendeine *politische* Wirkung bekommen diese Angriffe auf alle Fälle nicht. Die Engländer irren sich, falls sie meinen, daß die Angriffe Unzufriedenheit mit der Regierung nach sich ziehen könnten. Die Leute haben jetzt so genug mit ihren eigenen Sorgen zu tun, daß sie nicht einmal Zeit haben, an Politik überhaupt zu denken«, fährt er fort und beginnt zu summen: »Sous les débris de Berlin«, im selben Ton wie »Sous les ponts de Paris«. »Das neue Berlin«, sagt ein anderer, »erhebt sich nicht auf den Ruinen, sondern lebt unter den Ruinen. Prost!«

Seltsam ist es, wie der Bombenlärm die Leute hier alles andere vergessen läßt – Gomel, Kiew, Witebsk – aber wie lange?

Hans-Georg von Studnitz: Als Berlin brannte. Diarium der Jahre 1943–1945.
Stuttgart: Kohlhammer 1963. S. 141–147.

24. November 1943

Unbeschreibliche Stunden liegen hinter uns. Wir haben einen Weltuntergang überlebt. Auf der Rückreise von Puddiger in Pommern, wo wir bei Blumenthals ein geruhsames Wochenende verlebten, erreichten wir gegen 20 Uhr Stettin, als die Lichter verlöschen und jemand »Luftgefahr« ruft. Der Zug fährt aus der Bahnhofshalle und bleibt einige Kilometer weiter auf offener Strecke liegen. Durch die Nacht dringt Geschützfeuer. Im Süden zeichnet sich ein fahler Schein gegen den dunklen Himmel. Nach einstündiger Pause setzt sich der Zug wieder in Bewegung. Gegen 22 Uhr sind wir in Angermünde, um 23 Uhr in Eberswalde, wo es heißt, ein großer Angriff habe die Strecke beschädigt. Wir kommen nur langsam voran und finden uns gegen ein Uhr früh in Bernau, wo wir zum Verlassen des Zuges und zur Weiterfahrt mit der S-Bahn aufgefordert werden, weil der Stettiner Bahnhof in Berlin unbenutzbar geworden ist. Das Umsteigen bereitet Schwierigkeiten, da der S-Bahn-Zug die vielen Reisenden aus dem Fernzug nicht fassen kann. Obendrein sind wir außer dem Gepäck mit zwei Kreaturen belastet, die wir in Pommern erstanden haben, einem jungen Dackel für Gini und einem Vorweihnachtsbraten in Gestalt eines Truthahns. In Buch erblicken wir erste Zerstörungen. Um 2.15 Uhr ist auch die S-Bahn-Reise zu Ende. In Pankow-Schönhausen werden wir herausgeholt und wissen nicht, wie wir weiterkommen sollen. Die Luft ist von beißendem Qualm erfüllt. Wir geben uns der Illusion hin, daß der Angriff dem Osten der Stadt gegolten hat, und machen uns so gut es geht mit unseren Sachen zu Fuß auf, um über die Schönhauser Allee der Stadt näher zu kommen. Das Gepäck lassen wir in einem Notspital, in dem ständig Verletzte eingeliefert werden. Hund und Truthahn nehmen wir mit.

Den Versuch, den Alexanderplatz zu erreichen, geben wir nach einer Stunde auf. Die von Brandgeruch und ausströmendem Leuchtgas geschwängerte Luft wird so unerträglich, die Finsternis so undurchdringlich, der Regenschauer vor sich herjagende Sturm so stark, daß unsere Kräfte erlahmen. Dazu versperren umgestürzte Bäume und Leitungsmasten, zerrissene Hochspannungskabel, verkohlte Straßenbahnwagen, Trichter, Gesteinstrümmer und Glasscherben den Weg. Alle

17   Phosphor. 1944.

Augenblicke reißt der Wind von den Ruinen Fensterrahmen, Dachziegel und Regenrinnen auf die Straße. Um 4 Uhr früh taucht ein Licht auf. Wir treten in ein Lokal, in dem sich Zeitungsfrauen zur Entgegennahme der Frühausgaben versammelt haben. Von ihnen erfahren wir, daß die Katastrophe sich nicht auf die östlichen Stadtteile beschränkt, sondern auch Zentrum und Westen schwer getroffen hat. Die Haltung der Austrägerinnen nötigt uns Bewunderung ab. Jede von ihnen ist ausgebombt oder hat in dieser Nacht irgendeinen schweren Schaden erlitten. Keine macht ein Aufhebens davon. Alle finden sich zur gewohnten Stunde ein, ruhig, tapfer und gefaßt, um die Bevölkerung mit den Morgenzeitungen zu versorgen. Gegen 5 Uhr früh bringt uns eine Zeitungsfrau auf den Weg nach dem U-Bahnhof Rosenthaler Platz.

Die Straßen dorthin säumen ausgeglühte Geschäftshäuser. Zwischen zuckenden Flammen, eingehüllt in Glut, Rauch und Funkenflug, erreichen wir den U-Bahn-Schacht mit Mühe. Auf den Bahnsteigen unter der Erde haben sich Hunderte von Ausgebombten mit dem Rest ihrer Habe niedergelassen. Mit Wunden, Verbänden und rußverschmierten Gesichtern hocken sie apathisch auf ihrem Bettzeug und anderem geretteten Hausrat. Der U-Bahn-Zug bringt uns bis zum Bahnhof Alexanderplatz, wo der Schienenverkehr zu Ende ist. Wir steigen empor in die brennende Hölle Berlins, der schaurige Morgen des 23. November bricht an.

Um den zerstörten S-Bahnhof Alexanderplatz brennen die großen Warenhäuser lichterloh. Weiter stadtwärts steht Schlüters herrliches Schloß, die einstige Residenz der Hohenzollern, inmitten eines Orkans von Rauch und Funken. Aus einem Flügel schlagen riesige Flammen. Wir überqueren die Spree und sehen das Bankenviertel brennen. Zeughaus, Universität, Hedwigskirche, Kommode und Nationalbibliothek sind bereits eingeäschert. Rauchwolken verdecken den Blick von den Linden in die Friedrich- und Wilhelmstraße. Auf dem Pariser Platz steht der Geschäftsbau der IG Farben in Flammen. Das gegenüberliegende Adlon scheint unversehrt. Die Französische Botschaft, das Palais Friedländer, das Schautenkasino, die von Schinkel erbauten, das Brandenburger Tor flankierenden Eckhäuser zeigen gegen den feurigen Hintergrund zum letzten Mal die feinen Profile ihrer Architektur.

Jenseits des Tores gleicht der Tiergarten einer Waldlandschaft aus dem Ersten Weltkrieg. Zwischen Bataillonen gefällter Parkbäume ragen die Stümpfe ihrer Kronen beraubter Eichen und Buchen. Die Charlottenburger Chaussee bedecken zerrissene Tarnnetze, versackte Autos, ausgebrannte Lastzüge, zwischen denen eine Völkerwanderung von Obdachlosen verstört dem Großen Stern zustolpert, über dem sich, unangerührt von den Schrecken der Nacht, die Siegessäule wie das Schwert des jüngsten Gerichts erhebt. Rings um das gewaltige Denkmal blicken die Bronzebüsten Moltkes und der Paladine aus dem Siebziger Krieg auf den trüben Spiegel eines in der Nacht durch den Bruch des Hauptwasserrohrs entstandenen künstlichen Sees.

Dann stehen wir in der Händelallee und vor unserer Wohnung. Auch dort ist der Park von Bomben zerpflügt, die Kaiser-Friedrich-Kirche durch einen Volltreffer zur Ruine geworden, die vierstöckigen Etagenhäuser eine Zeile erloschener Fassaden. Unser Haus Händelallee 12 hatte den Angriff überstanden und ist erst durch den Brand der Nachbarbauten der Zerstörung anheimgefallen. Von 33 Häusern in der Straße haben nur drei die Nacht überlebt. Das unsere steht als letztes in Flammen. Wir werfen einen Blick auf die Fenster der zweiten Etage, hinter denen es schauerlich leuchtet und züngelt. Einer sechsarmigen Fackel gleich schwebt der Empirekronleuchter in unserem Salon als letztes erkennbares Stück des Interieurs im Raume und stürzt dann durch die ausgebrannten Decken der unteren Stockwerke einer Sternschnuppe gleich in den Keller.

Im matten Licht des aufziehenden Tages entdecken wir am Rand des Tiergartens etwas Wäsche und ein paar Kleider, die unsere Köchin Klara den tobenden Elementen hat entreißen können. Alles andere ist unwiederbringlich dahin. Lebensmittelvorräte, die wir Jahre hindurch aufgebaut haben. 300 Flaschen Wein, alle Möbel. Klara hat Übermenschliches geleistet. Niemand konnte ihr helfen zu bergen, weil alle zu sehr mit sich selbst beschäftigt waren. Der Ausfall von Strom und Wasser hat die Rettungsarbeiten über die Maßen erschwert. Bevor der Brand das Haus ergriff, hat der Luftdruck der in der Nachbarschaft detonierenden Sprengbomben ein Chaos angerichtet, Bilder von den Wänden gerissen, die Bibliothek umgestürzt, Spiegel und Lüster zerschmettert. Anwesend hätten wir vieles retten können. So blieben uns die Stunden im schlecht abgestützten Luftschutzkeller erspart, in dem die Hausgenossen Gott anriefen, weil sie ihr Ende nahe glaubten. Der Überlebenden bemächtigte sich am anderen Morgen bacchantische Verwirrung. Vor den brennenden Ruinen umtanzen sie einander, umarmen sich und führen Szenen auf, die sich keine Phantasie vorzustellen vermag.

Was der erste Angriff übriggelassen hat, nimmt der zweite in der folgenden Nacht mit. Wer beide erlebt hat, hält ihn für den schlimmeren, weil noch mehr Sprengbomben geworfen wurden. Den Angreifern bietet die brennende Stadt ein weithin sichtbares Ziel. Als wir Berlin zwei Stunden vor dem neuen Alarm mit dem italienischen Botschafter Anfuso verlassen, sind die Straßen vom Schein der noch schwelenden Feuersbrünste taghell erleuchtet.

Zwischen den Bahnhöfen Charlottenburg und Alexanderplatz ist fast alles vernichtet. Nur in der Kant- und in der Rankestraße sowie am Kurfürstendamm ist der eine oder andere Häuserblock wie eine Insel im Ruinenmeer stehengeblieben. Um die Gedächtniskirche starren Ruinen, der Zoo ist verbrannt, das Aquarium und Eden-Hotel demoliert, der alte Westen von der Budapester Straße bis zur Potsdamer Brücke verschwunden, die Tiergartenstraße und der nördliche Rand des Tiergartens sind ausgelöscht. Im Zoo wurden die meisten wilden Tiere durch Sprengstücke, Feuer oder die novemberliche Witterung getötet. Phantastische Geschichten machen die Runde. Entlaufene Krokodile und Riesenschlangen sollen an den Böschungen des Landwehrkanals gesichtet worden sein. Ein entsprungener Tiger drang in die Ruinen des Café Josty ein, verschlang ein liegengebliebenes Stück Bienenstich – und verendete nach seinem Genuß. Ein Witzbold, der an diese Begebenheit Folgerungen über die Qualität des Jostyschen Kuchens schloß, wurde vom Pächter der Konditorei wegen Verleumdung verklagt. Das Gericht ordnete die Obduzierung der toten Bestie an und zur Genugtuung des Konditors stellte man fest, daß in den Magen des Tigers gelangte Glassplitter seinen Tod verursacht hatten. – So die Fama!

Von den Hotels stehen nur das Esplanade und das Adlon und ein Teil des Kaiserhof. Fast alle Ministerien, fast alle Banken, die alte Reichskanzlei, das Palais Wilhelm I., das Charlottenburger Schloß, das Lützowplatzviertel liegen in Trümmern. Die Botschaften und Gesandtschaften wurden mit wenigen Ausnahmen eingeäschert. Die Italienische und Japanische Botschaft haben schwer gelitten. Im Palais Ribbentrop ist der Dachstuhl ausgebrannt, im Haus Wilhelmstraße Nr. 74 die oberen Etagen. Alle Ausweich- und Sammelplätze sind durch den Umfang der Katastrophe über den Haufen geworfen.

Tausende von Lastwagen verstopfen die Straßen, ein Heer von Soldaten, Gefangenen, Sträflingen löscht, fährt Möbel, bringt Leute weg. Die Bevölkerung hält sich fabelhaft.

Von unseren Freunden haben fast alle alles verloren, darunter Doernbergs, Lutis, Oyarzabals, Tino Soldati, Sieburg, Fries, Spretis, Achim Stein und Laroches. Nur einer ist – als Ausgleich für die Katastrophe in Kerzendorf – verschont geblieben. Freddy Horstmann. In seiner Wohnung am Steinplatz hatten der Dachstuhl und das oberste Stockwerk Feuer gefangen, das von Marine eingedämmt werden konnte, die ein benachbartes Büro von Dönitz schützte. Freddys Möbel waren schon auf der Straße, als sich der Lift im Haus löste und auf die Decke der Vorhalle seiner Wohnung stürzte, die wunderbarerweise hielt. Freddy, dem Dutzende von Ausweichquartieren zur Verfügung stehen, gibt nicht auf. Am nächsten Morgen wurde alles wieder so eingeräumt, als wenn nichts gewesen wäre. Selbst die Teppiche wurden wieder auseinandergerollt. Während der ersten Angriffsnacht befand sich seine Familie in der Wohnung, da Lally Geburtstag hatte, in der zweiten hat der alte Herr allein ausgehalten, um sein Haus zu verteidigen. Freddy, der, schwer herzkrank, dies alles freiwillig durchsteht, wurde nie mehr bewundert als in diesen Tagen. Richard Kühlmanns Haus am Tiergarten und Eberhard Oppenheims Wohnung in der Graf-Spee-Straße sind nicht mehr. Paul Schmidt fiel beim Löschen des Auslandspresseklub ein Balken auf den Kopf. Helmut Fries' Dienstboten sind noch verschüttet. Die Köchin eines unserer Freunde vermißte ihren Mann, der unter einem eingestürzten Haus begraben wurde. Nach 24 Stunden wurde er lebend geborgen. In seinem Rucksack fand man ein halbes Dutzend unserem Freund gestohlener Hemden und ihm auf »rätselhafte« Weise abhanden gekommenen Schmuck. Um seine Bedienerin nicht zu verlieren, sah unser Freund von einer Anzeige ab. Die Antiquare, mit Ausnahme von Grosse im Esplanade, haben alles verloren.

Fernzüge fahren vom Schlesischen Bahnhof, von Potsdam und von Bernau. Der Stettiner Bahnhof ist zerstört, der Potsdamer Bahnhof nicht mehr benutzbar. Die S-Bahn verkehrt erst ab Pankow und ab Potsdamer Platz.

Wir sind zunächst bei meiner Mutter in Potsdam untergekommen. Heute holten wir unsere Fahrräder nach, die wir schieben mußten, da die Reifen durch Glasscherben zerlöchert worden waren. Ein paar gerettete Kleinigkeiten habe ich im Auswärtigen Amt abgestellt, weil die Leute alles stehlen, was nicht dauernd bewacht wird.

Schlimmer als der Verlust der Sachen schmerzt es, kein Zuhause mehr zu haben, keinen Ort, wo man tun und lassen kann, was man will, und wo man die Leute sehen darf, die man gern hat. Die Aussichtslosigkeit, die persönliche Welt wiederherzustellen, wiegt am schwersten. Meine Directoire-Bibliothek, eine Regence-Kommode und der russische Empirelüster gehören zu den Dingen, die es nie wieder geben wird. Nur eine Woche vor der Katastrophe war ich so vermessen, mir eine Louis-Seize-Standuhr zu kaufen und aufzustellen. Aber so haben viele von uns, Freddy an der Spitze, gehandelt. Jetzt sind wir mit fliegenden Fahnen untergegangen, erfüllt von der Genugtuung, bis zuletzt so gelebt zu haben, wie wir es liebten, ohne Konzessionen an den barbarischen Geist der Zeit. Das ist nun aus. Jetzt wird man von anderen Leuten abhängen, wird man jahrelang nur als Gast oder »eingewiesen« leben müssen, zigeunern, nicht im Sinne eines freien Mannes, sondern als Obdachloser.

Arbeitsmoral und Kriminalität

Meldungen aus dem Reich 1938–1945. Die geheimen Lageberichte des Sicherheitsdienstes der SS. Hrsg. von H. Boberach. Bd. 15. Herrsching 1984. S. 6122–6123.

9. Dezember 1943

[...] Seitens der Betriebsführung und der leitenden Personen der Werke wurden den Meldungen zufolge sofort die möglichen Maßnahmen zwecks Aufräumung und Wiederingangsetzung bzw. Verlagerung der Fertigung in die Wege geleitet. Diese Arbeiten wurden vor allem unterstützt dadurch, daß ein großer Teil der Gefolgschaftsmitglieder trotz teilweiser schwierigster Verkehrsverhältnisse, wenn auch verständlicherweise verspätet, wieder zur Arbeit erschienen sind. Fast einheitlich wird von allen Betriebsführern hervorgehoben, daß die Gefolgschaftsmitglieder, obwohl sie durch Luftangriffe teilweise oder totalgeschädigt, sich weitgehendst dem Arbeitseinsatz wieder zur Verfügung gestellt haben. In einem Konstruktionsbüro eines Großbetriebes für den Flugzeugbau fehlten z. B. am ersten Tage von 30 Gefolgschaftsmitgliedern 4, die jedoch nach Behebung des ersten Schadens in ihrer Wohnung sich wieder sofort zur Arbeit gemeldet haben. Bei der Fa. Siemens und Schuckert waren um 11 Uhr vormittags nach der ersten Angriffsnacht bereits 50 % der deutschen Gefolgschaft wieder im Betrieb. Am 29. 11. waren z. B. in einem Werk mit 5000 Mann Belegschaft 85 %, in einem anderen Werk mit 6000 Mann Belegschaft 80 % wieder anwesend. Als weitere Beispiele für den erfreulichen Einsatz der deutschen Gefolgschaft seien [...] genannt:

AEG-Gerätebau	75 %	
AEG-Kabelwerk	85 %	
AEG-Röhrenfabrik	85 %	
AEG Transformatoren	90 %	
Gema	90 %	
IG-Farbenindustrie	87 %	
Kabelwerke Vogel	98 %	
Knorr-Bremse	90 %	
Hugo Schneider AG	99 %	
Siemens-Apparate	96 %	
Hasse und Wrede	91 %	
Akkumulatorenfabrik	89 %	
Büsing MAG	87,5 %	(30. 11. 1943)

Den Meldungen zufolge ist die Disziplin der Gefolgschaften in Anbetracht der Schwere der Terrorangriffe als sehr gut zu bezeichnen. Urlaubsgesuche, z. B. für den Abtransport der Familie, Wiederinstandsetzung der Wohnung usw. seien verhältnismäßig selten und diesbezügliche Reibungen nicht bekannt geworden. Die allgemein von den Betrieben selbständig verkürzte Arbeitszeit hat wesentlich dazu beigetragen, den An- und Abmarsch von der Wohnung zum Betrieb zu erleichtern. Auch der Einsatz der Gefolgschaft bei den Löscharbeiten wird übereinstimmend als gut bezeichnet. »Die Leute haben wirklich unter Einsatz ihres Lebens Unmenschliches geleistet. Geradezu Heldentaten sind hier in einzelnen Fällen beobachtet worden.«

Von den Betriebsführungen wird immer wieder darauf aufmerksam gemacht, daß diese Leistung möglichst umgehend eine entsprechende Anerkennung finden müßte. Auch den ausländischen Arbeitern wird von fast allen Betriebsführern Lob gezollt. In den Betrieben, in denen die Ausländer in der Nähe der Betriebsstätte wohnen, haben sie sich, wie einstimmig [...] festgestellt wurde, bei den Lösch- und Bergungsarbeiten gut verhalten. Von mehreren Betriebsführern wird die Anregung gegeben, daß dieses Verhalten der Ausländer, und zwar insbesondere der Franzosen, in geeigneter Form unter Umständen durch Sonderzuteilungen von Lebens- oder Genußmitteln belohnt werden müßte.

Besonders die Franzosen und Ostarbeiter beiderlei Geschlechts haben sich bei den Lösch- und Bergungsarbeiten sowie bei der Wiederaufnahme ihrer normalen Arbeit hervorgetan. Es liegen aber auch über die Angehörigen der Balkanstaaten, Holländer und Flamen, positive Meldungen vor.

Lediglich von den Siemens-Schuckert-Werken wird berichtet, daß nach den letzten Bombenangriffen fast sämtliche Tschechen – die sich sonst ebenfalls ordentlich verhalten hätten – entwichen sind. [...]

Konrad Warner: Schicksalswende Europas? Ich sprach mit dem deutschen Volk ...
Ein Tatsachenbericht. Rheinfelden: Langacker 1944. S. 179–187, 209–210.

Vernichtung, Zerstörung, Verwüstung, Ausradierung: Das waren die Begriffe, von denen man jahrelang gehört hatte. Jetzt erlebte man den Anschauungsunterricht an Ort und Stelle. Er war überwältigend, aber nach wenigen Tagen hatte man sich daran gewöhnt. Der Mensch paßt sich auch der Hölle an, und er überwindet die Schwierigkeiten in bewundernswerter Weise. Es ist oft nicht begreiflich, daß die menschliche Natur all dies aushält.

Man sollte glauben, nach größeren Angriffen sei der Verkehr für immer ausgeschaltet. Aber weit geirrt! In der Nacht zum 23. November hatte einer der größten Angriffe stattgefunden, der wegen der Überraschung besonders unheimlich gewirkt hatte. Die gesamte Stadtschnellbahn und der Untergrundbahnverkehr, außer einer einzigen Linie, waren ausgeschaltet. Aber nach drei Tagen waren neunzig Prozent dieses Verkehrsnetzes wieder in Betrieb. Die restlichen zehn Prozent waren nach vierzehn Tagen wieder in Ordnung gebracht. Nach den Erfahrungen der nächsten Angriffe dauerte die Wiederherstellung normaler Verkehrsverhältnisse nur vierundzwanzig Stunden, bis achtzig Prozent des Verkehrsnetzes wieder befahrbar waren. Die übrigen zwanzig Prozent konnten, je nach der Größe der Einzelschäden, nach einer Woche dem gewohnten Betrieb übergeben werden.

Besonders schwer wurde die Berliner Straßenbahn betroffen. Sehr viele Tramwagen wurden unterwegs vom Angriff überrascht und brannten aus. Auch Tramdepots wurden vom Feuer verzehrt. So verbrannten allein in einem einzigen Bahnhof 130 Trieb- und Anhängewagen. Heute sind mindestens fünfzig Prozent aller Straßenbahnwagen Berlins vernichtet.

Die Reichsbahn leistete Erstaunliches. Schon im sogenannten »Altreich« stand ihr nur ein Drittel des eigentlich benötigten Wagenmaterials zur Verfügung. Sie löste die Kriegsaufgaben trotzdem in überraschender Weise. Allerdings kamen ihr dann die Eroberungen auf dem europäischen Festland zugute. Das russische Wagenmaterial wurde auf die europäische Spurweite umgearbeitet, da bekanntlich die Russen ihre Eisenbahnschienen weiter auseinanderlegen. Jetzt sind sie wieder daran, die schmaleren Schienenspuren zu verbreitern.

Immer wieder wurden wichtige Verkehrsknotenpunkte schwer bombardiert. Es gab Städte, in denen die Bahnhofsanlagen und ihre Umgebung ein einziger Schutthaufen waren. Aber nach wenigen Tagen waren die Schwellen wieder gelegt, die Schienen gezogen, die Signalanlagen wieder hergestellt, die eingestürzten Brücken ersetzt und die Bahndämme aufgefüllt.

Durch den Abwurf von Spreng- und Brandbomben wurden auch jedesmal Eisenbahnwagen und Lokomotiven zerstört. Das Reisen war schon vor den Bombardierungen schwierig, jetzt wurde es immer mehr zu einer Tortur. Der Zugverkehr wurde eingeschränkt, das Wagenmaterial wurde knapper und mit den Aufgaben des Nachschubs an die belasteten Fronten, den Abwehrvorbereitungen gegen die Invasion, der Versorgung der Rüstungs- und Lebenszentren mit Rohstoffen und Lebensmitteln, wurde die Reichsbahn in einem wachsenden Maße beansprucht, dem sie sich bisher als gewachsen erwies. Den Reichsverkehrsminister Dorpmüller kann man als Genie bezeichnen und seinen Mitarbeiterstab als das Gehirn des deutschen Verkehrs.

Auch die Post wurde durch die Luftangriffe keineswegs ausgeschaltet. Natürlich kommt es vor, daß Züge verbrennen, daß Postwagen den Flammen zum Opfer fallen oder gestohlen werden. Aber das sind verhältnismäßig geringe Ausfälle im Vergleich zum Aufgabengebiet dieses Instituts. Ich hatte am 23. November, nachdem unsere Wohnungen zerstört waren, in den beiden in Frage kommenden Postbezirken unsere neue Adresse angegeben und vom 24. November an wurde sie dahin umadressiert. Man stelle sich eine vom Luftkrieg heimgesuchte Stadt vor, dann wird man diese Leistung anerkennen müssen, denn außer mir gaben Hunderttausende ihre neue Adresse an. Und diese Riesenarbeit wurde bewältigt, obwohl zahlreiche Postangestellte sich aus Angehörigen fremder Völker rekrutierten.

Bald nach dem Beginn der schweren Luftangriffe richtete die Post einen besonderen Eilnachrichtendienst ein. Man konnte an den Schaltern sogenannte »Eilnachrichtenkarten« umsonst beziehen, rot umränderte für den zivilen, grün umränderte für den Feldpostverkehr. Diese Karten waren mit einem Vordruck versehen und man trug die eigene sowie die Adresse des Empfängers und dessen Telefonnummer ein. In wenigen Worten schrieb man über sein Befinden. Da sich die gesamte Bevölkerung auf die Telegrammformulare stürzte, konnte die Post den Andrang nicht mehr bewältigen. Nach den ersten Großangriffen wurden mehrere zehntausend Telegramme vermittelt. Daraufhin wurde diese Möglichkeit der Vermittlung von Nachrichten für den Zivilsektor gesperrt und man konnte nur noch auf Grund von Kennziffern telefonieren.

Die Postkarte war eigentlich das schnellste Verbindungsmittel im

Nachrichtenverkehr mit Verwandten oder Bekannten, die außerhalb wohnten. Sie kamen meist eher an als Telegramme. Ich erlebte es oft, daß Telegramme in die nähere und weiter gelegene Provinz erst nach acht oder zehn Tagen, Postkarten aber um zwei bis drei Tage früher ihr Ziel erreichten. Die Briefbeförderung dauerte oft wochenlang. Der Telefonverkehr in der Stadt war manchmal tage- und wochenlang gesperrt, wenn in der Nähe des Apparates die Kabel vernichtet waren. Für den Zivilbedarf war der Telefonverkehr nur stundenweise frei.

Der Betrieb der Banken und Sparkassen wurde fortgeführt. Mochten die Filialen zertrümmert sein, man konnte trotzdem seine Spareinlagen bis zu einer gewissen Höhe des Betrages im ganzen Reichsgebiet abheben. War ein Geschäftsraum zerstört, dann wurden Büro- und Schalterstellen behelfsmäßig in leerstehenden Läden oder sonstwo eröffnet. An der Ruine der ursprünglichen Filiale hing eine Tafel mit der neuen Adresse.

Eines Tages überquerte ich den verwüsteten Savignyplatz. An der Ecke zur Knesebeckstraße war ein Blindgänger explodiert. Dabei wurden alle Leitungen, Kabel, Gas- und Wasserrohre zerrissen. Es war eine besonders schwere Schadenstelle, denn die Arbeitskräfte waren viele Tage mit der Wiederherstellung beschäftigt. Die Versorgung mit Gas war sehr schlecht und fiel längere Zeit aus. Heute ist Berlin zu neunzig Prozent ohne Gas. Der Ausfall zieht sich über einen Zeitraum von einem Vierteljahr oder noch länger hin. Die Gasanstalten brauchen nicht einmal getroffen zu sein, nicht einmal ein Volltreffer auf die Leitungen ist nötig, um die Versorgung auszuschalten.

Da Berlin auf Sand gebaut ist, pflanzen sich die Detonationen, die Schwingungen und erdbebenhaften Erschütterungen bei Bombeneinschlägen sehr gut fort, wodurch die Rohrleitungen zerstört werden. Sie laufen dann voll Wasser, wobei sich der ungünstige Grundwasserspiegel Berlins auswirkt. Hierdurch werden noch größere Zerstörungen hervorgerufen. Die Bruchstellen sind sehr schwer aufzufinden. Außerdem werden die Suchaktionen ständig von Alarmen und Angriffen gestört. Man kann sich vorstellen, welche Erschwerung des täglichen Lebens es bedeutet, wenn die meist nur auf Gas angewiesenen Haushalte Berlins nicht kochen können.

Das Kochen, das zur Erhaltung des täglichen Lebens gehört, wird immer mehr aufs Gebiet der Elektrizität und auf die wenigen noch unbeschädigten Restaurants zusammengedrängt, die schon vorher überlastet waren. Die Bewag, Berliner Licht- und Kraft-AG., die restlos ausgebrannt ist, stellte elektrische Kocher gegen Vorweisung eines Bombenscheines leihweise zur Verfügung. Aber der Andrang konnte bei weitem nicht befriedigt werden. Gegen Bezugscheine, die man auf dem Wirtschaftsamt beantragen konnte, stand einem der Einkauf von elektrischen Heizplatten oder Kochern zu. Man konnte auf dem normalen Markt in Berlin schon längst keine solchen Kochgeräte mehr erhalten. Im Schwarzhandel zahlte man von hundert Mark an aufwärts die unglaublichsten Preise, während der wirkliche Wert einer solchen Kochplatte nur zehn Mark betrug.

Die Lichtanlagen waren durchschnittlich nie länger als vierundzwanzig Stunden ausgeschaltet. Wenn allerdings in der Nähe der Wohnung ein Volltreffer die Kabel zerstört hatte, dann konnte es auch Tage und Wochen dauern, bis der Schaden behoben war.

Wasser floß in den oberen Stockwerken manchmal nur spärlich oder überhaupt nicht. Nach größeren Angriffen, wenn die Löschaktionen viel verbraucht hatten, war es besonders schlimm. Im Parterre oder im Keller war jedoch immer Wasser erhältlich. In Notfällen waren wir dankbar, wenigstens aus dieser Quelle unser Wasser gewinnen zu können.

Wo vordem große Paläste ihre Flügel ausgebreitet hatten, erblickte das Auge nur Trümmer. Die Technische Hochschule an der Ost-West-Achse, einer Charlottenburger Prachtstraße, war ein ausgebrannter Ruinenspuk. Es hieß, der Unterricht werde in den Kellern fortgeführt. Schon damals, Anfang 1943, hatte es hier gebrannt. Die Studenten hatten gelöscht, während die Brandwache behauptete, keinen »Einsatzbefehl« zu haben. Das Schiller-Theater starrte als schwarze Höhle dem enttäuschten Besucher entgegen. Die Universität Unter den Linden hatte Treffer abbekommen, wie auch das danebenliegende Zeughaus und die Preußische Staatsbibliothek. Kasernen waren eingestürzt und Bahnhöfe zertrümmert oder ausgebrannt.

Das Haus Vaterland, die alte Reichskanzlei mit dem berühmten Balkon, der Sportpalast, in welchem der totale Krieg erklärt wurde, waren völlig ausgebrannt. Auch das Gebäude des Oberkommandos der Wehrmacht an der Potsdamer Brücke hatte seine Herrlichkeit eingebüßt. Es war in Baracken in ein Außenquartier verlegt worden, aber auch dort hatte der Luftkrieg es erreicht und nochmals vernichtet. Dem Oberkommando der Marine erging es nicht besser. Das Kaufhaus des Westens am Wittenbergplatz war mit seinen Vorräten vernichtet und das gleiche Schicksal teilten viele andere Kauf- und Warenhäuser. Postgebäude, Kartenstellen, Schulhäuser, Kirchen, Spitäler und Wohnblocks in weiter Umgebung waren noch schlimmer zerstört als die Synagogen im Jahr 1938. Die Zentralen der Dresdner und Deutschen Bank waren absolut bis in die Keller zerstört. Die Deutsche Bank behalf sich in der Behrenstraße mit einem Kantinenraum, in welchem das Personal enggedrängt seine Arbeit verrichtete. Wochenlang gab es hier keine Telefonverbindung.

Der Bürobetrieb im allgemeinen wurde durch die Alarme und Bombenangriffe sehr erschwert. Bei jedem Tagesalarm mußten sämtliche wichtigen Akten, alle Schreibmaschinen und alles wertvolle Material in die Keller getragen werden. Nach dem Endalarm hatten die Angestellten, die ohnehin schon bis zum äußersten belastet waren, alles wieder in die oberen Stockwerke hinaufzuschleppen. Und jeden Tag nach Büroschluß mußte alles wieder in die Keller gebracht werden.

[...] Einer Bescheinigung wegen suchte ich mein Polizeirevier auf. Als ich hinkam, war das Gebäude völlig ausgebrannt. Eine Stunde nach dem Endalarm war ein unbemerkt gebliebener Phosphorkanister explodiert. Die Menschen hatten sich schon wieder zur Ruhe gelegt, als die Katastrophe eintrat. Nun standen die Polizisten auf der Straße, die bedeckt war von Aktenkästen und Karteien, Möbelstükken, Büchern und Wäschestücken. Beharrlich rieselte der Regen hernieder. Ich erhielt meine Bescheinigung, ohne daß in den Akten nachgesehen wurde. Auch diesen Beamten schien nachgerade alles gleichgültig zu sein. Wir rauchten zusammen eine Zigarette, die ich für über eine Mark das Stück gekauft hatte, und betrachteten die Schutthaufen, die angebrannten Sessel und halbverkohlten Matratzen, aus denen das rostige Federwerk hervorsah wie das unbrauchbar gewordene Gerippe einer verunglückten Zivilisation, verbogen, ausgeglüht, rasselnd, von einem letzten Rest geblümten Stoffes überzogen. Irgendwo lag ein Kartonschild: »Der Betrieb geht ungestört weiter!«

Es war beinahe ausgeschlossen, daß man nach einer Bombennacht *nicht* an seiner Arbeitsstätte erschien. War sie zerstört, dann wurde ein

18   Wehrmacht-Kabarett Atlantis, Behrenstraße. 1943.

19   Besuch des Schiffbauerdamm-Theaters, links Schaukasten des »Stürmer« mit der Aufschrift »Die Juden sind unser Unglück«. 1944.

neuer Treffpunkt vereinbart, an dem man sich regelmäßig einzufinden hatte. Die Menschen gingen stundenlang zu ihrem Betrieb, wenn nach Angriffen die Verkehrsmittel gestört waren. Und abends legten sie den Heimweg ebenfalls zu Fuß zurück.

Eine Schauspielerin floh aus Angst vor weiteren Angriffen nach Ostpreußen. Sie wurde schwer bestraft. Als der Angriff vom 22. November noch nicht verraucht war, mußte das Nollendorftheater schon am 24. wieder spielen. Goebbels verlangte dies, und das Publikum war empört, als nachher zwei Tage Pause eingelegt wurden. In der ganzen Umgebung brannten die Häuser, aber es wurde Theater gespielt! Dabei waren die meisten Bühnenangehörigen bombengeschädigt. Ihr Haus oder ihre Wohnung waren Trümmerhaufen, hier aber mußten sie lächeln und tanzen, fröhliche Menschen spielen, Glück und Liebe mimen. [...]

Theo Findahl: Undergang. Berlin 1939–1945. Oslo: Aschehoug & Co. 1945. Letzter Akt – Berlin 1939–1945. Deutsch von Thyra Dohrenburg. Hamburg: Hammerich & Lesser 1946. S. 97–100.

[...] »Dem Erdboden gleichgemacht« ist nicht der richtige Ausdruck für die von Bomben heimgesuchten Teile der Stadt. Berlin ist auch nicht »niedergebrannt«, wie es im Kriege mit Orten geschehen kann, die aus Holz erbaut sind, es ist »ausgebrannt«. Straßauf und straßab stehen versengte und geschwärzte Hauswände als Schirmbretter vor der Leere zusammengestürzter Wohnungen. Straßauf und straßab sind die Bürgersteige mit Haufen von graubraunschwarzen Erdmassen eingefaßt, zu denen alle Dinge, viele Stadien der Auflösung durchlaufend, zurückkehren. Am längsten wehren sich Glas und Metall gegen die Auflösung – schimmernde Glasscherben, verrostete Badewannen, verbogene Radiatoren ragen aus den Schutthaufen hervor. Ganz grotesk, wie Broschen an einer Mumie, wirken die Kachelöfen, die vielenorts durch alle Stockwerke hindurch an den rauchgeschwärzten Mauerwänden hängengeblieben sind. Fliegenschwärme surren über dem Abfall in der sommerlichen Wärme. Fette Ratten eilen pfeilschnell unter den Kellergewölben hin und her. Wenn der glühheiße Augustwind durch die Straße fegt, spielt er ein wenig Wüstenwind, so daß einem der scharfe Staub in den Augen brennt. Allerlei wirbelnder Samen senkt sich auf die Schuttmassen und keimt zu neuem Leben. Wildes Kartoffelgras wächst üppig in den Straßen des Westens. Die Parks werden langsam zu einer Wildnis. Überall steckt das Unkraut seinen frechen Kopf heraus, ungeordnet und ungepflegt sieht die ehedem so ordentliche und pedantische Stadt aus. Verfall und Armut grinsen einem entgegen, wohin man sich wendet. Gut, solange das Dunkel der Kriegsnacht alles mit seinem schweren Mantel zudeckt, dachte man in den Sommertagen 1944, fürchterlich muß es hier werden, wenn das klare Licht des Friedens alles ans Tageslicht bringt. [...]

Es ist eine Sisyphus-Arbeit, Straßen und Bürgersteige nach jedem neuen Luftangriff in Ordnung zu bringen. Aber es war gerade, als könne Hitler in seiner bodenlosen Eitelkeit nicht ertragen, daß die Wunden in seiner Hauptstadt zu blutend und schmerzend seien – sie sollten sofort gereinigt und ein Verband angelegt werden. Zu einem frühen Zeitpunkt des Luftkrieges erhielt die Oper einen Volltreffer und mußte geschlossen werden. Wenige Tage später waren die Wiederherstellungsarbeiten in vollem Gange, das Foyer wurde in genau demselben Stil wie vorher neu errichtet, die Bühne wurde wieder instand gesetzt, und die Staatssänger und -sängerinnen begannen von neuem ihre Triller zu schlagen. Alles sollte sein, wie es früher gewesen war. Der Luftkrieg sollte ignoriert werden.

Später wurde es immer schwieriger und schwieriger und nach dem ersten Bombenteppichangriff am 22. November 1943 geradezu unmöglich. Neue und größere Bomben haben die Oper getroffen und dem Singsang ein Ende gemacht. Es wurden keinerlei Anstrengungen mehr gemacht, sie wieder zu errichten. Es würde sich nicht gelohnt haben.

Erst im letzten Abschnitt des Luftkrieges war es, als verstünden die Berliner schließlich die Sinnlosigkeit und Hoffnungslosigkeit in allen Versuchen, die Stadt in ihrer alten Gestalt wieder aufzubauen. Sie wurden bescheidener und beschränkten sich auf den Versuch, die Ruinen so bewohnbar wie möglich zu machen. Und bei diesen Arbeiten trug sich etwas Seltsames zu: Vor unsern Augen wuchs die Kleinstadt auf den Überresten der Großstadt heran. Ringsum in den von Bomben zerstörten Gegenden kribbelten und krabbelten die fleißigen Ameisen, die sich mühten und strebten, um kleine Zellen in dem zerstörten Haufen zu ordnen. Unglaublich, wie viele Leute noch in der Stadt wohnten, wie viele Räume eine Millionenstadt gehabt hat, die zu etwas anderem verwandt worden waren als zu Wohnungen. Die gähnend leeren Fenster im ersten Stock wurden zugemauert und in kleinere Öffnungen neue Scheiben eingesetzt, das Ganze in einem streng sachlichen Stil. Es galt vor allem, an Material zu sparen. Besonders unternehmende Personen gaben den neuen Mauern einen Farbanstrich in hellen Tönen, hinter den blanken kleinen Scheiben standen Blumentöpfe vor hübschen Gardinen. Ob es ein Laden, eine Bierkneipe oder eine Privatwohnung hinter der Fassade war, so bekam das Bild etwas Kleinstädtisch-Idyllisches, es war puppenhaft zierlich, anmutig und altmodisch gemütlich-deutsch wie in der Zeit der Kleinstaaterei. [...]

Karl Friedrich Borée: Frühling 45. Chronik einer Berliner Familie. Darmstadt: Schneekluth 1954. S. 57–59.

Auf der Bank herrschten jetzt Zustände, die bei aller Unerquicklichkeit der Komik nicht entbehrten. Die Angestellten, von den Prokuristen bis zu den Stenotypistinnen hinab, entfalteten einen Ameiseneifer, die immer wieder neu entstehenden Schäden immer wieder zu beseitigen. Wegschaffen von Schutt – den sie kurzerhand zu den Fenstern hinauswarfen – Kehren, Fenstervernageln bildeten ihre Berufstätigkeit; sie brachten sich das notwendige Handwerkszeug und Material von zu Hause mit. Es entwickelten sich Spezialisten, die man gegenseitig auslieh. Ich konnte nicht unterscheiden: war es der rührende deutsche Aktivitäts- und Ordnungstrieb, war es Angst um den Arbeitsplatz und vor einem unwillkommenen Einsatz, oder hatten sie einfach Freude daran, sich mit anderen Dingen zu tummeln als mit ihrem Bürokram? Der Hof tönte von Pochen und Klirren, aber auch von lustigen Stimmen.

Der ganze Betrieb machte in aller Schamlosigkeit das gespenstische Geräusch einer Maschine, die leerläuft. Ein hohler Ton durchsurrte das Haus. Man rannte in den Keller hinunter, um seine Akten und Schreib- und Rechenmaschinen heraufzuholen, man rannte mit ihnen wieder hinunter, wenn eine Vorwarnung ertönte. Dann kam die Mittagspause (oder ein Angriff). Wenn das Licht ausfiel, konnte in vielen Zimmern überhaupt nicht mehr gearbeitet werden. Die Post lief nur noch in zufälligen Stößen ein. Sicherlich ging es in allen Geschäftshäusern und Ministerien so, aber augenscheinlich hatte niemand den Mut, der obersten Stelle zu melden, daß die Arbeit in Berlin nur noch Attrappe sei; vielleicht wollten sie es oben auch nicht zugeben, damit die Abwanderung der Behörden und Wirtschaftszentralen kein Signal zur Panik werde. Selbstverständlich gab es noch sehr gewissenhafte Leute. Jenen Abteilungsdirektor, der im Luftschutzkeller zu arbeiten pflegte, traf ich dabei, wie er ein Geschäft mit dem estnischen Staate abwickelte, der gar nicht mehr existierte. Die Orientabteilung korrespondierte mit Geschäftsfreunden in Persien, die längst hinter die Front geraten waren.

Schließlich wurden ganze Abteilungen heimatlos, weil dort Luft war, wo sie gesessen hatten. Auf den Fluren stand Regenwasser, und es plätscherte die Marmortreppe hinunter. Man saß Schulter an Schulter an langen Tischen, Prokurist, Expedient und Stenotypistin. Ein Notofen, der mit Trümmerholz geheizt wurde, streckte sein schwarzes Rohr quer durch den Raum zu dem vernagelten Fenster hinaus. Ein paar winzige Öllampen blakten. Wenn jemand telefonieren mußte, ging er ins nicht mehr reparable Nebenzimmer, wo sich zufällig das Telefon erhalten hatte; der Apparat stand auf der Erde im Schutt. [...]

Hans-Georg von Studnitz: Als Berlin brannte. Diarium der Jahre 1943–1945. Stuttgart: Kohlhammer 1963. S. 161–163.

31. Januar 1944
Letzte Nacht gab es wieder einen schweren Angriff, dem ein blinder Tagesalarm vorausgegangen war. Als um 20 Uhr die Sirenen heulten, befand ich mich bei Traubs in Zehlendorf, um Ernst Ludwig Grolman zu treffen. Gegen Mitternacht wollten wir aufbrechen und mußten feststellen, daß die Verbindung von Nikolassee nach Grunewald gestört war. Am anderen Morgen gelangten wir über Zehlendorf-West nach Steglitz, wo wir einen Dreiradlieferwagen erwischten, der uns bis zum

Anhalter Bahnhof mitnahm. In Steglitz und Schöneberg entstanden wieder große Schäden. Mit Neu-Westend ist keine Verbindung zu bekommen, so daß ich nicht weiß, ob mein Zimmer bei Abs noch intakt ist.

Den Angriff in der Nacht vorher hatte Grolman im Hotel Continental erlebt. Er saß im Pyjama, roten Pantoffeln und mit einem Schafspelz bekleidet, im Luftschutzkeller, als gerufen wurde, es brenne. Grolman stürzte hinauf, um löschen zu helfen. Im vierten Stock, wo Brandbomben eingeschlagen waren, stieß er auf einen Haufen französischer, italienischer und russischer Kellner, die in ihren Muttersprachen nach Löschwasser schrien, ohne sich verständlich machen zu können. Auf dem lichterloh brennenden Dachboden warfen Kellner Luftschutzsand in die Glut. Grolman gelang es, diesen sinnlosen Löschversuchen Einhalt zu gebieten und die Leute zu Trupps zu formieren. Endlich erschien aus Dresden herbeigeeilte Feuerwehr. Ein sächsischer Feuerwehrmann richtete einen Strahl von 50 cm Länge gegen einen Feuerherd, der fünfzehn Meter entfernt war. Als Grolman brüllte: »Gehen Sie doch näher heran, Sie Idiot«, drehte der Mann das Schlauchende um, spritzte ihm ins Gesicht und sagte: »Danke, Herr Kollege.« Ein Oberstleutnant, der untätig im Foyer des Hotels saß, meditierte: »Wenn ich eine Kompanie Soldaten hätte, könnte ich den ganzen Kasten retten. Ein Wahnsinn, ein Wahnsinn!« Anstatt auf dem brennenden Dachboden Hand anzulegen, verleitete der Offizier die Hoteldiener, das in der Halle aufgestapelte und gar nicht gefährdete Gepäck auf die Straße zu schaffen, wo es regnete. Grolman, der sein Zimmer um 20 Uhr durch Feuer verloren hatte, durfte zum Dank für seine Löschhilfe am anderen Morgen den vollen Übernachtungspreis berappen!

Hans Flotow, der den Alarm bei Vicky Schak im Grunewald verbrachte, ging nach der Entwarnung von Halensee zu Fuß über den brennenden Kurfürstendamm nach Hause. Auf der Straße waren Feuerwehrleute tätig, dazwischen promenierten Liebespaare, ein alter Herr mit einem Hündchen, Mädchen in Stahlhelm und Hosen, Leute, die Radioapparate trugen und Zeitungsverkäufer. Eine weibliche Stimme schrie nach Wasser. Als Flotow sich umdrehte, frug ihn ein Mädchen, ob er sie nicht unterhaken könne, sie wolle mit ihm flirten. Endlich zu Hause, fand Flotow die benachbarte Magdeburger Privatstraße in Flammen. Dorthin eilend, fand er in ihrer vom Brand erleuchteten Küche Frau von Gersdorff Butterbrote für die Feuerwehr schmierend. In einem Raum der Gersdorffschen Wohnung war, bedeckt mit Kruzifix und einem schottischen Plaid, die Leiche eines Mannes aufgebahrt, der tags zuvor gestorben war, aber infolge der ständigen Alarme nicht ins Totenhaus hatte geschafft werden können. Um sieben Uhr früh im Bett, stand Hans eine Stunde später wieder auf, spielte Tanzplatten, um sich wachzuhalten, rasierte sich und fuhr in seine Fabrik am Halleschen Tor, wo ihn ein neuer Brand erwartete. [...]

Konrad Warner: Schicksalswende Europas? Ich sprach mit dem deutschen Volk...
Ein Tatsachenbericht. Rheinfelden: Langacker 1944. S. 206–209, 176–178.

Auch wenn man in die Zukunft zu blicken versucht, dann bietet sich ein Bild des Untergangs dar. Da geistern Hungersnöte und Seuchen, Racheaktionen und Bürgerkrieg über einen gequälten und verruchten Erdteil hinweg. Sprechen nicht die Menschen schon von der »Nacht der langen Messer«, wenn sie an die Wut der unterdrückten und dereinst vom deutschen Joch befreiten Völker denken, die über Deutschland herfallen werden, das sie erobert, besetzt und drangsaliert hatte? Spukt nicht bereits das Heer der erschossenen Geiseln durch die Angstträume der Menschen, die sich daran erinnern, daß es eine persönliche und völkerverbindende Verantwortlichkeit gibt? Sehen nicht die Ernüchterten und Entsetzten jetzt die an den Bäumen baumelnden Leichen der aufgeknüpften Polen und die von Dynamitsprengungen verschütteten und erdrückten Leiber der hingemordeten Juden als die Warnzeichen vor der Zukunft durch ihre Ahnungen irren?

Mit einem von den schrecklichsten Erlebnissen überlasteten, aber tödlich scharfen Bewußtsein ging ich durch die Stadt. Ich wanderte durch das Inferno und ich sah Opfer, Büßer und Narren. Zu beiden Seiten lagen die Schuttberge wie Mahnmale der menschlichen Verworfenheit. Und zwischen ihnen bewegten sich die Lebewesen vorwärts, die man einst Menschen genannt hatte: Die Frau eines Chemikers, der Kampfstoffe herstellte und die ihre überreizten Nerven in Schnaps ertränken wollte. Sie lief von Wirtschaft zu Wirtschaft, um irgendwo einen gebrannten Korn aufzustöbern. Sie war meist betrunken, und wir nannten sie, roh wie wir geworden waren, »Madame Spritfire«. Der Jüngling, der aus seinem Fotoatelier heraus dienstverpflichtet wurde, weil er für das Militär nicht tauglich war. Er hatte Salzsäure geschluckt, um glimpflich davonzukommen. Die Uniform nannte er »Reichseinheitssterbehemd«. Die Frau, die im Omnibus laut erzählt hatte, da ihr Mann an der Front sei, könne sie sich jetzt wenigstens gut amüsieren. Ein Soldat hatte ihr daraufhin eine Ohrfeige gegeben. »Hier haben Sie zehn Mark«, sagte ein Zivilist zu ihm, »und wenn Sie ihr noch eine runterhauen, dann bekommen Sie zwanzig Mark!« Sie war vom Volksgerichtshof abgeurteilt worden.

Da schwebten noch immer Frauen vorbei, mit wiegenden Hüften, in eleganten Tailleurs, mit knallroten Lippen und angeklebten Wimpern, die auf Schwanenhälsen und unter gewagten Hutphantasien ihre unbeteiligten Gesichter über die Menge hinwegtrugen. Und da tänzelten die offenbar international vertretenen und von keinem Krieg ausgerotteten Swingboys über den Kurfürstendamm, Schlager summend, Zigaretten in ihren gepflegten Fingern drehend und nach jeder weiblichen Wade Ausschau haltend. An ihnen zogen die Ausgebombten vorbei, schmutzig, abgerissen und erschöpft, ein mit ihren geretteten Habseligkeiten gefülltes Leintuch auf dem gebückten Rücken zu einem noch unbekannten Notquartier schleppend.

Und in der Nacht schossen sich Deutsche und Ausländer um einer Dirne willen. Spitzel schnüffelten herum, Hitlerjungen mit Pistolen in der Tasche erledigten unergründliche »Dienstwege«, und Jüdinnen schlichen zur Nachtzeit in eine Fabrik. Da kam der verrücktgewordene Soldat, der so lange in die Dunkelheit hinausschrie: »Wir wollen unsern Führer sehn!«, bis er verhaftet wurde.

An einem dieser unbeschreiblichen Tage ging ich durch die Uhlandstraße. In der vorhergehenden Nacht hatte sich wieder ein Angriff über Berlin entladen. Die Menschen kauerten zwischen ihren geretteten Möbelstücken und Habseligkeiten in Schnee und Regen. Manche schliefen stehend, indem sie sich irgendwo anlehnten. Sie waren erstarrt in stumpfer Trostlosigkeit und blickten teilnahmslos auf die Überreste ihrer Häuser, aus deren Kellern die Flammen schlugen. [...]

Immer wieder hörte ich von Raub und Diebstahl während der Angriffe. Bei Freunden fand man eine fremde Leiche im Keller, einen jungen Mann. Wahrscheinlich war er auf Raubzug ausgewesen, denn an einem Kabinenkoffer, den man noch herausschaffen konnte, stellte man

Aufbrechversuche fest. Der Mensch war offenbar an einer Rauchvergiftung ohnmächtig geworden und umgekommen. Andern wurden die Koffer aus dem Keller oder von der Straße weggestohlen, wohin sie im ersten Augenblick gestellt worden waren. Einem meiner Bekannten, in dessen Haus erst die Obergeschosse brannten, stahl man sämtliche Wäsche, Schuhe und Kleidungsstücke, Wein, Schnaps und Zigaretten aus den Schränken. In einem Damenwäschegeschäft erzählte mir der Besitzer: »Ich habe gegenüber löschen helfen, weil bei uns nichts passiert war. Und dann habe ich bei Ausgrabungsarbeiten geholfen. Als ich morgens nach Hause kam, war mein ganzer Laden ausgeräumt.«

Schon seit langer Zeit vor den Angriffen kam es dauernd zu Postdiebstählen, und zwar nicht nur von seiten ausländischer Arbeitskräfte, sondern auch von Deutschen selbst. Trotz härtester Strafen konnte das nicht verhindert werden. Man ist in Berlin überzeugt, daß es große unterirdische Organisationen gibt, die sofort beim Einsetzen eines größeren Angriffs ans Werk gehen. Sie rauben und stehlen alles zusammen, was sie erraffen können. Wahrscheinlich gibt es sogar eine geheime Börse, an der die Ware gehandelt wird. Da alles knapp ist oder fehlt, werden nicht nur die Waren schnell losgeschlagen, sondern auch unheimliche Preise bezahlt. Die Gauner machen sich die Abwesenheit der Bewohner in den Luftschutzkellern und die Vorschrift, daß die Wohnungstüren geöffnet bleiben müssen, zunutze. [...]

Reichssicherheitshauptamt. Meldung wichtiger staatspolizeilicher Ereignisse Nr. 5 (April 1943) S. 12–13.

30. April 1943

In Berlin-Schöneberg wurde im März 1943 eine Razzia gegen Jugendliche durchgeführt, die sich nach Einbruch der Dunkelheit ohne Begleitung der Erziehungsberechtigten auf den Straßen herumtrieben, Passanten belästigten und Unfug trieben. Hierbei sind 153 Jugendliche aufgegriffen und nach Feststellung der Personalien zunächst wieder entlassen worden. Von ihnen wurden 49 Jungen und 14 Mädchen auf einem städtischen Gutshofe an einem Sonntage unter Aufsicht besonders geeigneter HJ-Führer mit landwirtschaftlichen Arbeiten, Leibesübungen und Gesangsunterricht beschäftigt. Auch wurden sie weltanschaulich geschult und über die Polizeiverordnung zum Schutze der Jugend belehrt. Als Reaktion auf die Razzia trat eine Bande unter dem Namen »CDU« (Club der Unheimlichen) aktiv in Erscheinung mit dem Ziele, die Beeinträchtigung ihrer Bewegungsfreiheit durch Überfälle auf uniformierte HJ-Angehörige zu vergelten. Ein festgenommener Anführer dieser Bande machte umfassende Angaben über den Kreis der Mitglieder, Verabredungen von Überfällen auf HJ-Angehörige und die Ausrüstung einzelner Mitglieder mit Hieb-, Stich- und teilweise sogar Schußwaffen. Im weiteren Verlauf wurden 16 Jugendliche, darunter 4 Mädchen, die sich als Anführer oder sonst aktiv betätigt hatten, festgenommen und der Jugendhilfsstelle Herzberge bzw. einem Mädchenheim der Landesjugendanstalt zugeführt. Der Hauprädelsführer, der 17jährige Klempnerlehrling E [...] G [...], erklärte, aus Verärgerung und Rachegefühl gegenüber dem HJ-Streifendienst den Club gegründet und geführt zu haben. Nach Abschluß der Ermittlungen wurden die 4 Mädchen und 9 männliche Jugendliche nach staatspolizeilicher Warnung entlassen. Die restlichen werden dem Jugendrichter vorgeführt.

Am 10. April 1943 nach 21 Uhr wurde in einem Stadtteil Berlins, der als Anziehungspunkt für vergnügungssüchtige Jugendliche bekannt ist, erneut eine größere Streife durchgeführt. Hierbei wurde festgestellt, daß die Unterhaltungslokale und Cafés fast überwiegend von jungen Leuten beiderlei Geschlechts besucht waren, obwohl durch deutlich erkennbare Aushängeschilder zu erkennen gegeben war, daß Jugendlichen der Zutritt nach 21 Uhr verboten ist. Angehalten wurden 119 männliche und 71 weibliche jugendliche Personen, die sich in den Lokalen oder auf den Straßen ohne Begleitung von Erziehungsberechtigten aufhielten. Sie wurden dem zuständigen Polizeirevier zugeführt und nach Feststellung und Überprüfung ihrer Personalien wieder entlassen.

20 Rüstungsarbeiterinnen beim Flirt. *1940*.

21 Kontrollen im Luftschutzkeller. *1944*.

Lagebericht des Generalstaatsanwalts bei dem Kammergericht Berlin

31. Mai 1944

[...] In der Bevölkerung wird darüber geklagt, daß Ausländer sich vielfach bei Tage und bei Nacht offenbar beschäftigungslos auf den Straßen herumtreiben. Auffallend ist nach wie vor die Beteiligung der Ausländer an bestimmten Straftaten. So werden Bandendiebstähle, die trotz der schweren Strafen weiter in erheblichem Umfange vorkommen, hauptsächlich von Franzosen begangen, die es oft mit so erstaunlicher Schnelligkeit verstehen, mehr oder weniger feste Banden, denen auch Frauen (meistens Dirnen) angehören, zu organisieren, daß die Vermutung, ein Teil ihrer Mitglieder habe sich allein zu diesem Zweck nach Deutschland begeben, weiter bestärkt wird. Die Banden verlegen sich vorwiegend auf Keller- oder Geschäftseinbrüche. Demgemäß besteht ihre Beute aus Luftschutzgepäck, aus Lebensmitteln, Kleidungsstücken, Tabakwaren usw. Die Beute wird in schwunghaftem Handel zu Überpreisen abgesetzt. Im Hintergrunde stehen meistens gewerbsmäßige Hehler, unter denen sich auch Deutsche befinden. Ebenso werden Koffer- und Gepäckdiebstähle auf Bahnhöfen und in Eisenbahnzügen fast nur von ausländischen Arbeitern ausgeführt. Eine bandenmäßige Begehung ist bei diesen Taten allerdings nicht festzustellen; vielmehr werden Diebstähle dieser Art entweder von Einzeltätern oder von zwei Hand in Hand arbeitenden Tätern begangen. [...]

Die Verfahren wegen verbotenen Umganges mit Kriegsgefangenen haben nicht merklich abgenommen. Zu verzeichnen ist, daß in letzter Zeit verhältnismäßig viele Strafanträge von Frontsoldaten eingegangen sind, deren Ehefrauen in der Zeit ihrer Abwesenheit die Ehe gebrochen haben. Die Antragsteller sehen im Interesse ihrer Kinder meistens davon ab, die Ehescheidungsklage zu erheben, und begehren lediglich die Bestrafung des Ehebrechers wegen Beleidigung. Oft ergibt sich in der Hauptverhandlung, daß die Veranlassung zum Ehebruch von der Ehefrau ausgegangen ist. Manche der Frauen geben sich sogar im eigenen Hause mit Kriegsgefangenen ab, obwohl Kinder vorhanden und die Wohnungsverhältnisse sehr beschränkt sind. Schwerwiegende Fälle dieser Art werden mit empfindlichen Zuchthausstrafen geahndet. [...]

Es wurde bereits oben erwähnt, daß Ausländer verhältnismäßig oft arbeitsvertragsbrüchig werden. Indessen kommen auch gegen Volksgenossen eine nicht unerhebliche Zahl von Strafsachen wegen Arbeitsuntreue zur Anklage. Obwohl es im Falle einer Verurteilung sowohl aus Gründen der Arbeitsdisziplin als auch aus dem Gesichtspunkte der Abschreckung heraus eine unbedingte Notwendigkeit wäre, die erkannten Strafen grundsätzlich sofort zu vollstrecken, leiden einzelne Unternehmen häufig an einem solchen Mangel an Arbeitskräften, daß sie nach der Aburteilung des Falles den Antrag stellen, dem Verurteilten bedingte Strafaussetzung zuzubilligen, wenn er die Arbeit inzwischen wieder aufgenommen hat. Die Amtsgerichte tragen dieser Lage in vielen Fällen Rechnung, besonders bei Erstbestraften und bei Strafen von kürzerer Dauer. Die Strafaussetzung erfolgt dann unter der Auflage, daß die Verurteilten ihrer Arbeitspflicht pünktlich und gewissenhaft nachkommen und sich keine Verstöße gegen die Arbeitsdisziplin zuschulden kommen lassen. [...]

Reichssicherheitshauptamt. Meldung wichtiger staatspolizeilicher Ereignisse Nr. 1 (Juni 1944) S. 8.

2. Juni 1944
In Berlin wurden 24 Jugendliche festgenommen, die sich Anfang 1944 zu einer Clique »Knietief« zusammengeschlossen hatten. Sie kamen fast täglich in einem Café im Nord-Osten Berlins zusammen. Bei Jazz-Musik wurde getanzt und »gehottet«. Ein Angehöriger der Clique hatte die Wohnung seiner abwesenden Eltern für »Budenzauber« zur Verfügung gestellt, wobei es zu alkoholischen Exzessen und sittlichen Ausschreitungen mit Mädchen kam. Sie verübten ferner Überfälle auf HJ-Angehörige, rissen ihnen die HJ-Abzeichen ab und belästigten sie. Allgemein wurde langer Haarschnitt getragen.
  Zwei Cliquenangehörige, bei denen es sich um jüdische Mischlinge I. Grades handelt, wurden einem Arbeitserziehungslager zugeführt; 12 Jugendliche sind dem Jugendrichter überstellt worden.

Lagebericht des Generalstaatsanwalts bei dem Kammergericht Berlin

1. Oktober 1944

[...] Im Bereich der StA. Berlin sind Bandendiebstähle Jugendlicher stärker als bisher in Erscheinung getreten. Dabei handelt es sich hauptsächlich um Einbrüche in Luftschutzkeller und Lauben, aber auch in Lebensmittelgeschäfte. Ferner haben sich Jugendliche mehrfach zu Horden zusammengeschlossen und Angriffe gegen andere nicht zu ihrer Horde gehörige Jugendliche unternommen. Es handelt sich bei diesen Jugendlichen aber nicht um eine Cliquenbildung auf politischer Grundlage, sondern um Täter, die nur aus Rauflust und infolge mangelnder straffer Erziehung mit dem Gesetz in Konflikt gekommen sind. Zahlreich sind auch die Verfehlungen Jugendlicher gegen die Arbeitsdisziplin. [...]

Es ist zu verzeichnen, daß sich der Schleichhandel immer mehr auf die wirklich lebenswichtigen Erzeugnisse, wie z. B. Fett und Fleisch, hinaus auf Tabakwaren, Spirituosen und Bohnenkaffee erstreckt. Bei der Abrechnung der Spirituosen mit den Wirtschaftsämtern hat sich häufig herausgestellt, daß Marken durch Überkleben usw. verfälscht worden waren.

Es muß wiederholt darauf hingewiesen werden, daß der Schleich- und Tauschhandel einen unvergleichlich größeren Umfang angenommen hat, als durch die Verurteilungen wegen dieser Straftaten ausgewiesen wird. Dies liegt sicher mit daran, daß diese Delikte von der Bevölkerung nicht ihrer wahren Natur nach als schwer gemeinschaftsschädlich angesehen werden, sondern als »Kavaliersdelikte« betrachtet werden. Die Aufklärungsarbeit der Presse und der Partei muß hier die Strafrechtspflege energisch unterstützen. Ich habe auf Grund dieser Erwägungen dem Leiter des Gauschulungsamts die Aufklärung den Parteigenossen über diese Probleme nahegelegt und zur Einleitung selber vor den Gauamtsleitern, Kreisleitern, Ortsgruppenleitern und allen Schulungsverwaltern der Gliederungen und angeschlossenen Verbände des Gaues Groß-Berlin über die wahre Natur dieser Delikte einen eingehenden Vortrag gehalten und die Notwendigkeit der Einschaltung der Kräfte der Partei für die Aufklärung und Ausrichtung der Volksgenossen in dieser Anschauung dargelegt.

Die Zahl der Arbeitsvertragsbrüche ist nach wie vor recht bemerkenswert. Auf meine Anregung hat der Herr Kammergerichtspräsident kürzlich beim AG. Berlin neben den beiden bisher bestehenden Schnellgerichtsabteilungen zwei weitere Schnellgerichtsabteilungen eingerichtet, um eine beschleunigte Aburteilung aller anfallenden Sachen zu gewährleisten.

Neben Postgutdiebstählen, die in letzter Zeit wenig in Erscheinung getreten sind, haben die Bahngutdiebstähle merklich zugenommen. Teilweise haben sich regelrechte Diebstahlszentren gebildet, so z. B. Güterbahnhof Tempelhof und Verschiebebahnhof Wustermark.

In Militärlazaretten soll eine Zunahme von Geschlechtskrankheiten festzustellen sein. Bei der Bearbeitung der in Verbindung hiermit entstehenden Strafsachen wird es immer wieder als Schwierigkeit empfunden, daß zur Verfolgung ein Strafantrag des Verletzten notwendig ist. Es wäre zu erwägen, daß dieses gesetzliche Erfordernis in Fortfall kommen könnte. Das erscheint mir vertretbar, weil die Bekämpfung der Geschlechtskrankheiten nicht nur eine Angelegenheit des einzelnen betroffenen Volksgenossen, sondern in erster Linie eine solche der Allgemeinheit ist.

Verfahren wegen Kriegssachschädenbetruges sind bisher in verhältnismäßig geringer Zahl anhängig geworden. Strafsachen von besonders erheblichem Umfang sind hierbei nicht hervorgetreten.

Unter den Todesermittlungssachen ist bemerkenswert die Zunahme von Vergiftungen durch den Genuß von Methylalkohol. [...]

Unterhaltung

*Konrad Warner: Schicksalswende Europas? Ich sprach mit dem deutschen Volk ...
Ein Tatsachenbericht. Rheinfelden: Langacker 1944. S. 124–127.*

Einige politische Witze, wie sie im Volk mit Blitzesschnelle Verbreitung finden, mögen die geistige Haltung weiter Kreise illustrieren. Da fand gelegentlich eine Reichsspinnstoffsammlung statt. Man erzählte sich, die Ergebnisse seien sehr gut gewesen: Es seien abgeliefert worden das Lügengewebe des Propagandaministeriums, die Hirngespinste der Regierung, der Geduldsfaden des deutschen Volkes und die Lumpen aus der Partei. – Am Funkturm in Berlin wurde jedes Jahr eine Blumenschau veranstaltet. Es hieß, die Regierung habe sich diesmal auch beteiligt: Hitler als Fleißiges Lieschen, Göring als Fette Henne, Goebbels als Löwenmaul und das deutsche Volk als Zittergras. – An einem Zeitungskiosk am Potsdamer Platz legt ein Mann jeden Tag seine zehn Pfennige hin, ohne jedoch die Zeitung mitzunehmen. Der Verkäuferin fällt das mit der Zeit auf, und sie ruft den Mann zurück: »Sie vergessen ja immer Ihre Zeitung mitzunehmen!« Der antwortet: »Mich interessieren nur die Todesanzeigen.« »Aber die können Sie doch nicht sehen, die befinden sich auf der letzten Seite.« »Ja, wissen Sie, die, welche mich interessieren, stehen auf der ersten Seite!«

Als der Schwarze Mann überall hingemalt wurde, fragte man: »Weeste, wer det ist? Det ist Adolf auf der Flucht!« – Und eine andere Version war: »Die Sache steht schief und sieht schwarz aus!« – Bevor die Kapitulation Italiens erfolgte, hieß es, Hitler unterschreibe jetzt nur noch mit Bleistift. Warum? Weil Mussolini in der Tinte sitzt. – Als Hitler sich mit Marschall Pétain traf, erzählte man, Hitler habe höflicherweise französisch gefragt: »Est-ce que vous préférez du thé ou du café?« und Pétain habe die Höflichkeit auf deutsch erwidert: »Ich nehme lieber Tee« (liberté). – Hitler versammelt seine Getreuen, um sich mit ihnen darüber zu beratschlagen, wie lange Deutschland noch Krieg führen kann. Göring macht Angaben über die Rohstoffe, die zur Verfügung stehen; sie reichen noch für zehn Jahre. Goebbels sagt, mit seiner Propaganda könne er das Volk noch bis zum Kriegsende abspeisen, wie lange das auch noch dauern sollte. Und Darré meint, die Ernährung reiche noch hundert Jahre. Hitler ist erstaunt: »Das ist ja allerhand, Nahrung für achtzig Millionen während hundert Jahren?« »Nicht fürs Volk«, sagt Darré.

Oft werden ganze Verse gedichtet oder nach bekannten Vorbildern abgewandelt, oder es werden Reden Hitlers aus dem Jahre 1960 verfaßt. In einer derselben, die, wie alle ähnlichen, mit Schreibmaschinendurchschlägen vervielfältigt werden und daher in Massen auftreten, hieß es, Hitler habe Rosenberg zum geistlichen Oberhaupt gemacht, Göring wurde zum Zaren von Rußland ausgerufen, Goebbels wurde zum Großmufti von Jerusalem und zum Oberrabbiner von Palästina und Transjordanien ernannt, Churchill war Gauleiter von England geworden, Roosevelt wurde als alter Kämpfer begrüßt und von Stalin hieß es, er befinde sich augenblicklich zur Umschulung als General der Waffen-SS auf der Ordensburg Sonthofen. Von Hitler selbst wurde darin gesagt, er weile bei seinen Truppen in Chile. Diese »Proklamation« umfaßte eine ganz eng bedruckte Schreibmaschinenseite.

Wenn jemand bei der Verbreitung solcher Witze ertappt wird, dann erhält er Kerkerstrafen oder wird erschossen. Hin und wieder stehen diesbezügliche Notizen in der Presse, als Abschreckung – und als Kulturdokument. Vom Witz zur Hetze ist nur ein kleiner Schritt. An den vielen Bäumen, welche die breiten Berliner Straßen schmücken, bringt das Volk auf Zetteln seine Tauschangebote an, wenn ein Inserat in der Zeitung zu teuer kommt. Auf einem solchen Zettel stand einmal geschrieben: »Tausche wegen Fettmangel eine beinahe neue Bratpfanne gegen ein Führerbild.« – Im Grunewald fand man an den Bäumen die Fotografien der führenden Persönlichkeiten, wie sie in jedem Büro, in jeder Wohnung und in jeder Wirtschaft angebracht sind, aber mit durchstoßenen Augen. Immer wieder schreiben Unbekannte an die Wände der Untergrundbahn: »Stalin siegt!« – Als die Regierung zu Propagandazwecken große Transparente aufhängen ließ: »Sieg oder bolschewistisches Chaos!«, hieß es, ein Soldat habe darunter geschrieben: »Kartoffeln oder Erdäpfel!« Die Geschichte kann erfunden sein, aber sie wurde von vielen Leuten weiter erzählt und belacht. Eine Scherzfrage lautete: »Was ist der Unterschied zwischen Deutschland und Rußland? In Rußland ist es kälter!«

In einer Abwandlung des Horst-Wessel-Liedes wurde von Kindern auf der Straße der Vers gesungen:

»Die Preise hoch, die Läden fast verschlossen,
Der Hunger naht dem deutschen Volk sich Schritt um Schritt,
Doch hungern nur die armen Volksgenossen,
Die Reichen hungern nur im Geiste mit!«

Schillers »Bürgschaft« mußte zu folgendem Vers herhalten:

>»Ich bin, spricht Hermann, zu sterben bereit,
> Und bange nicht um mein Leben,
> Doch wollt Ihr mir geben drei Jahre Zeit,
> Bis daß ich Euch restlos vom Wohlstand befreit,
> Dann laß' ich Euch Joseph als Bürgen,
> Ihn mögt Ihr statt meiner erwürgen!«

Und als der Schlager »Es geht alles vorüber« im Schwunge war, da konnte man die Kinder auf der Straße singen hören:

> »Es geht alles vorüber, es geht alles vorbei,
> Erst geht Hitler kopfüber und dann die Partei!«

Da der Schlager eine geläufige Melodie hatte, wurde dieser Vers überall gesungen und das Propagandaministerium mußte sogar die Verbreitung der Musik durch das Radio verbieten, weil sie allzuviel unerwünschten Anklang gefunden hatte.
   In München sang man nach der gleichen Melodie:

> »Es geht alles vorüber, es geht alles vorbei.
> Berlin kommt zu Rußland, und Bayern wird frei!«

Hans-Georg von Studnitz: Als Berlin brannte. Diarium der Jahre 1943–1945. Stuttgart: Kohlhammer 1963. S. 151–154.

7. Dezember 1943

Der Bombenhumor treibt seltsame Blüten. Kindern wird folgendes »Abendgebet« empfohlen:

> »Müde bin ich, geh zur Ruh,
> Bomben fallen immerzu,
> Flak, o laß die Augen Dein
> Über unserem Städtchen sein.

> Was der Tommy hat getan,
> Sieh es lieber Gott nicht an,
> Deine Hand und unser Mut
> Machen allen Schaden gut.
> Allen, die uns sind bekannt,
> Ist die Wohnung ausgebrannt,
> Darum haben groß und klein
> Nur noch Trümmer und kein Heim.
> Mündchen halten, Köpfchen senken,
> Immer an den Endsieg denken.
> Hilf dem Meier, lieber Gott,
> Jetzt in seiner großen Not,
> Gib ihm seinen richtigen Geist,
> Daß er wieder Göring heißt.«

Ein »Tischgebet« lautet:

> »Komm, Herr Ley, sei unser Gast,
> Und gib uns die Hälfte, die Du uns versprochen hast,
> Nicht Pellkartoffeln und salzigen Hering,
> Nein, was Du ißt und Hermann Göring,
> Jüppchen darf davon nichts wissen;
> Sonst werden wir noch mehr beschissen.«

Schließlich reimt man:

> »Keine Butter in der Dose,
> Keinen Hintern in der Hose,
> Auf dem Klo nicht mal Papier,
> Aber dennoch Führer – wir folgen Dir!«

Andere Verse befassen sich mit dem totalen Krieg:

> »Ach, wie ist das Leben schön
> Oder wollt Ihr's schöner haben,
> Bunkerlaufen, Schlangenstehen
> Nach 'nem Weißkohl voller Maden.

Straßenbahn gerammelt voll,
Drängeln, Meckern, Pöbeln, Johlen,
Butterdose immer leer
Und im Keller keine Kohlen.

Wo Du hinschaust nur Ruinen,
Baum entwurzelt, Siel verstopft,
Brandkanister, Gangsterminen
Sind vom Himmel hier getropft.

Wohnung ohne Tür und Fenster,
Durch die Dächer regnet's rein,
Menschen mager wie Gespenster,
Die Klamotten kurz und klein.

Kommst Du nach getaner Arbeit
Abends im Galopp nach Haus,
Draußen gießt es dann in Strömen
Nässe, Dunkelheit und Graus.

Mammi, dieses gute Wesen,
Hat das Essen auf dem Tisch,
Wußte kaum noch was zu kochen,
Doch heute war sie dran mit Fisch,

Und Du setzt Dich voll Behagen,
Und verschlingst mit großer Gier,
Stundenlang knurrt schon der Magen,
Führer mein wir danken Dir!

Auf leicht angebombter Chaise
Streckst Du Dich dann rauchend aus,
Des Kartoffelkrautes Düfte
Ziehen wundersam durchs Haus.

Da – und schon jault durch den Abend
Lieblich der Sirene Schall.
›Jung, de Schiet ward mi bald krupen,
Kümmt de Aas um sechs jetzt all?‹

Mammi steht schon luftschutzmäßig
Mit Gepäck bei Fuß und so.
›Hein komm schnell mit nach'n Bunker
Büschen dalli, mak doch to.‹

Rein in Schale, Koffer schnappen,
Schnell den Schirm noch untern Arm,
Kinder weinen, Türen klappen,
Rums – da gibt's schon Vollalarm.

Vor dem Bunker Drängeln, Fluchen,
Doch mit einmal biste drin,
Und nach langem Plätzesuchen
setzte Dich dann endlich hin.

Nun ertönt aus einer Ecke
Das Geplauder eines Herrn
Baldrian, auch Staatsrat Ahrens,
Alle hören wir ihn gern.

›Sechs Minuten Warnung‹ – sagt er,
›Deutsche Bucht steht ein Verband,
Und es folgt ein ziemlich starker
Auch noch über Helgoland,

Einzelne, so etwa achtzig,
Ja auch hundert können's sein,
Fliegen südlich und quadratisch
In das Stadtgebiet hinein.‹

Dumpf beginnt die Flak zu schießen,
Und der Bunker schaukelt sacht,
Rumsch – nun sitzen wir im Finstern,
Nahebei 'ne Mine kracht.

Und so geht's noch eine Weile,
Bis Entwarnung dann ertönt,
Heimwärts geht's dann ohne Eile,
Denn man hat sich dran gewöhnt.

Fenster, Türen, alles heil,
Gott sei Dank, der Spuk ist aus,
Doch man hat schon seinen Teil,
Und man geht getrost ins Haus.

Einst am Ende, liebe Leute,
Leuchtet strahlend unser Sieg,
Die Parole ›Härter werden‹,
Überschrift: ›Totaler Krieg.‹«

Das Regime sucht solchen Stimmungen so gut es geht entgegenzuwirken. Das neueste ist eine 6-Pfennig-Postkarte mit dem Aufdruck:

»Der Führer kennt nur Kampf,
Arbeit und Sorge.
Wir wollen ihm den Teil abnehmen,
Den wir ihm abnehmen können.«

Howard K. Smith: Last Train from Berlin. London: Cressetpress 1942. Feind schreibt mit. Ein amerikanischer Korrespondent erlebt Nazi-Deutschland. Deutsch von Niels Kadritzke. Berlin: Rotbuch 1982. S. 128–134.

[1941]
[...] Die Potsdamer Straße erstreckt sich vom Pschorr-Haus in Richtung Süden, vorbei am großen Sportpalast, wo Hitler seine Reden hält, wenn er von der Front nach Berlin zurückkehrt. Früher war sie einmal ein lebhaftes Einkaufszentrum. Heute besteht sie aus einer Reihe aufgegebener Geschäfte, auf deren verdreckten Schaufenstern die kleinen Jungen mit ihren Daumen rumgemalt haben. Die »Fruchtbar«, die Obstsäfte ausschenkte, ist leer, denn es gibt kein Obst mehr. Die Holzbuchstaben, aus denen die Inschrift an der Frontseite gebildet ist, haben Risse bekommen, und wo sie von der weißgetünchten Mauer abgeplatzt sind, haben sie schmutzige Flecken hinterlassen. Viele Geschäfte sind leer, weil sie nichts mehr anzubieten haben. Einige sind angeblich wegen Reparaturarbeiten geschlossen, aber es wird nichts repariert. In

manchen Fällen haben Frauen und Töchter der zur Armee eingezogenen Besitzer das Geschäft noch eine Weile weitergeführt, aber jetzt sind auch sie dienstverpflichtet und arbeiten in den Munitionsfabriken. Weiter unten an der Potsdamer Straße steht hinter einem großen Bauzaun eine klotzige Bauruine, die einmal das »Deutsche Touristenzentrum« werden sollte. Alle Reiseunternehmen der Stadt sollten dort ein Büro bekommen. Der Entwurf stammte von Professor Albert Speer, Hitlers kleinem Architektur-Diktator. Aber als man damit begann, die Arbeitskräfte in Rußland zu verheizen, wurden auch Speers Arbeiter zu den Fahnen gerufen und die Arbeiten mußten eingestellt werden. [...]

Parallel zur Potsdamer Straße verlaufen linker Hand die Schienenstränge des Potsdamer Bahnhofs. Sie werden von einem riesenlangen Viadukt überbrückt; blickt man abends von ihm hinunter, so gewinnt man von dem ganzen wilden Getriebe Berlins das lebendigste Bild: ein Labyrinth sich kreuzender Schienen, ein ganzer Wald von Zugsignalen, hin- und herdampfende Lokomotiven und Züge, Dampfwolken in der Luft – von hier oben ist das alles ein wunderbarer Anblick. Ich erwähne diesen Ort, weil auf den drei am weitesten östlich gelegenen Gleisen immer lange Züge abgestellt sind, deren Waggons deutlich mit einem roten Kreuz im weißen Kreis gekennzeichnet sind: Lazarettzüge, aus denen verstümmelte Deutsche von der Ostfront ausgeladen und in Berliner Krankenhäuser transportiert werden. Als ich einmal spät in der Nacht mit der Straßenbahn nach Hause fuhr und sich der Zug gerade über diesen Waggons befand, stieß mich ein sturzbetrunkener, verhutzelter alter Bürger an, zeigte auf die Waggons und meinte: »Aus Frankreich haben wir Seidenstrümpfe gekriegt. Aus Rußland kriegen wir das. Die verdammten Russen haben wohl keine Seidenstrümpfe, wat?« Er hatte Glück, daß er mit dieser Bemerkung an mich geraten war, sonst wäre er womöglich am nächsten Morgen im Gefängnis am Alexanderplatz aus seinem Rausch erwacht. Manch zynischer Berliner behauptet aber auch, aus den Zügen würde gar niemand ausgeladen, man stelle sie nur dort auf die Abstellgleise, um die Briten davon abzuhalten, den Potsdamer Bahnhof zu bombardieren. Aber ich hab' es selbst einmal gesehen, wie sie welche ausluden.

Wenn man kurz vor dem Sportpalast von der Potsdamer Straße nach rechts abbiegt, ist man nach etwa eineinhalb Kilometern mitten im eleganten Viertel von Berlin, dem Westen. Die Umgebung der Straße Unter den Linden, so heißt es, lebt am Tage, der Westen bei Nacht. Im

Frieden ist es ein lebendiges, strahlend erleuchtetes Viertel mit Dutzenden von Kinos, Theatern und Varietés und Hunderten von winzigen Bars. Sein geographisches Zentrum und zugleich seine Seele ist der Kurfürstendamm, ein langgestreckter Boulevard, der sich von der großen Gedächtniskirche in Richtung der Berliner Seen zieht. Er ist zugleich die Berliner Bond-Street, die elegante Einkaufsstraße – im Frieden. Im Krieg kommt mir der Kurfürstendamm vor wie eine schöne Frau, die zur Geliebten eines reichen Mannes geworden und nach zu vielen Freuden des Lebens und der Liebe zu einer ausgebrannten, ordinären Frau heruntergekommen ist und die ihr Gesicht mit zu viel Schminke zukleistert, um die immer tiefer werdenden Falten zu übertünchen. Am Kurfürstendamm gibt es tausendundeine Bars und Nachtklubs. Früher waren das adrett aufgemachte kleine Lokale, innen mit kubistischen Dekorationen und außen mit Stuckfronten in kräftigen Farben. Jetzt blättert die Farbe ab und der Stuck bröckelt. Die meisten dieser Lokale haben dichtgemacht, der Rest ist nur an bestimmten Tagen der Woche geöffnet. Seit Beginn des Rußlandfeldzuges ist Sense. Denn die Vorräte an französischem Cognac, an holländischem Bols-Gin und an gutem polnischen Wodka sind erschöpft. Da es keine Mix-Zutaten für die gängigen Cocktails mehr gibt, sind diese von der Karte gestrichen. Dafür hat man einen »Standard«-Cocktail eingeführt. Er trägt in jeder Bar einen anderen Namen, der mal mehr, mal weniger phantasievoll ausfällt: »razzle-dazzle« oder »Hollywood« (das war, bevor Amerika zum Erzfeind wurde) oder »Extase«. Aber die Mixtur ist immer dieselbe (wenn sie zu haben ist), nämlich ein Schuß hochprozentiger Alkohol, der einem den Magen versengt, großzügig verdünnt mit dickem, süßem Johannisbeer-Sirup. Wenn man Glück hat, kann man auch eine Flasche Mosel vom jüngsten Jahrgang bekommen.

Für die Dauer des Krieges gegen Rußland ist Tanzen überall gesetzlich streng untersagt. Dennoch halten sich ein paar der Bumslokale »Bardamen«, die herumsitzen und müde Parteimänner zum Trinken animieren. Da die Besten ihres Berufsstandes in Richtung Osten rekrutiert worden sind, um die Offiziere zu unterhalten, gehören die in Berlin verbliebenen Vertreterinnen nicht gerade zu den Taufrischen. Neuerdings werden auch die Kleider kürzer getragen; es gibt aber keine neuen Kleider zu kaufen, und so müssen die Mädchen einfach ihre alten Kleider abschneiden und mit neuen Säumen einfassen. Die Pro-

22   Titelseite. Februar 1940.

23   Aktfoto aus R. Ottwil Maurer:
Skulpturen aus Fleisch und Blut. 1940.

stitution als solche ist ein aussterbender Beruf. Es gibt wohl noch, wie ich gehört habe, ein paar entsprechende Etablissements, eins in der Kanonierstraße in der Nähe der Wilhelmstraße und eins in der Giesebrechtstraße im Westen. Letzteres soll vom Außenministerium betrieben werden, um untergeordneten diplomatischen Gästen, vorwiegend japanischen, zu Diensten zu sein. Auch auf der Straße soll man angesprochen werden können, wenn man sich große Mühe gibt, aber man muß sich schon große Mühe geben. Insgesamt hat die Tatsache, daß es in Berlin mehr als doppelt so viele Frauen wie Männer gibt, dem Gewerbe doch stark zugesetzt. Im Hinblick auf das allgemeine Thema Pornographie können sich diejenigen, die gerne verallgemeinernde Ansichten über die Unwandelbarkeit der menschlichen Natur von sich geben, durch folgende interessante Tatsache dezent bestätigt fühlen: Eine der ersten Maßnahmen der Nazis – und eine ihrer besten – war das Verbot aller pornographischen Photomagazine im Jahre 1933. Seit dem Krieg sind unter dem Titel »Kunst« eine Unmenge pornographischer Magazine aufgetaucht. Egal wie sie sich nennen – *Glaube und Schönheit-Magazin*, *Der Tanz*, *Moderne Photographie* – sie enthalten durchweg nur Photos von nackten Frauen und sind im Grunde die Neuauflage der alten pornographischen Kost aus der Vor-Nazi-Zeit. Die Verkaufszahlen sollen phantastisch sein.

Der Krieg steht offenbar in einer kausalen Beziehung zur Pornographie. Er hat dazu geführt, daß ein alter Porträtmaler, der ein geräumiges Studio Unter den Linden hat, noch einmal in ganz Berlin berühmt geworden ist. Unter Kaiser Wilhelm war er zum Hofmaler ernannt worden, aber seit dem Krieg, und seit Hitler, hatte er nicht mehr besonders gut verkauft. Deshalb war er auf die Idee gekommen, eine Serie lasziver nackter Frauen zu malen und dem Publikum gegen eine Gebühr zugänglich zu machen. An seiner Eingangstür hängt heute ein Schild, das ganz offen anpreist: »Sensation! Riesengemälde von einem türkischen Harem, mit sechs nackten Schönen, in Lebensgröße. Eintritt: 50 Pfennig.« Drinnen kann man neben lebensgroßen Porträts von Bismarck, Hindenburg und Hitler die große Sensation bewundern: dunkelhäutige, wohlgeformte Nackte, hingestreckt auf samtenen Diwanen. Die Nazis haben nie etwas dagegen unternommen, nicht einmal aus rassischen Gründen. Bei den billigen »Kunstläden« in der Friedrichstraße sind die Fenster voll mit Bildern von reizenden ausgezogenen Mädchen, die zu jeder Tageszeit ein stattliches Publikum anziehen. Im folgenden will ich einige der wirklich beliebten Berliner Lokale schildern (die nicht meinem Geschmack entsprechen, sondern dem der Deutschen):

Das Goldene Hufeisen. Hauptattraktionen: Hier gibt es die einzige schwarze Hostess in Berlin. Und eine Kreisbahn mitten im Saal, auf der die weiblichen Gäste bei Musik zu Pferde reiten und dabei ihre Beine bis übers Knie zeigen, worüber die männlichen Bürger in begeistertes Grölen ausbrechen. Ein langsamer Trab kostet die Dame oder ihren männlichen Begleiter 50 Pfennige, ein anständiger Galopp 75 Pfennige.

Die St.-Pauli-Bar. Hier arbeitet eine Bardame, die nicht nur einen, sondern zwei Männer im Krieg verloren hat! Den Krieg sieht sie als eine gezielte Intrige gegen ihre Person. Die Fassade der Kneipe bestand früher aus Porzellankacheln, auf denen die Flaggen aller Nationen dieser Erde abgebildet waren. Aus politischen Gründen mußte eine nach der anderen übermalt werden, und heute sieht die Fassade wie ein Schachbrett aus: zur Hälfte graue Flecken, zur Hälfte Flaggen.

Walterchen, der Seelentröster. Das ist ein kleiner Tanzsaal in einem Arbeiterviertel in der Gegend des Stettiner Bahnhofs. Der bekannte Besitzer »Walterchen« verkuppelt Junggesellen und Witwer in den mittleren Jahren mit älteren Mädchen und Witwen – eine Art öffentliches Heiratsinstitut, wo ältere rheumatische Herren noch einmal galant und Damen, die es verlernt haben, wieder kokett werden können. Äußerst amüsant. Walterchens Markenzeichen ist ein rotes Herz mit einem Pfeil mittendurch.

Die Neue Welt. Sie ist eine riesige Bierhalle mit mehreren Sälen im südöstlichen Stadtteil Neukölln. Während sie früher der einträglichste Berliner Amüsierbetrieb war, ist die Neue Welt heute meistens wegen Bierknappheit geschlossen. Der Ort ist sehr interessant, wenn man das deutsche Proletariat beim Kartenspielen beobachten will; aber auch, weil die Gestapo die Gäste scharf überwacht und man ohne weiteres festgenommen werden kann, wenn man zufällig bei einer Kontrolle keinen Ausweis bei sich hat. Es ist der einzige Ort, an dem mich jemals Geheimpolizisten in die Mitte genommen und zum Vorzeigen meines Passes gezwungen haben, damit ich ihnen nachwies, daß ich weder mit dem Fallschirm abgesprungen noch ein Jude war, der sich illegalerweise zu amüsieren versuchte.

Die X-Bar. Sie ist das lebendigste Lokal von ganz Berlin. Ich nenne die Bar besser nicht bei ihrem richtigen Namen, denn ich möchte einige ihrer Geheimnisse ausplaudern. Sie war mein bevorzugter Zufluchtsort, wenn mich der »Blues« packte und ich mich unbedingt ins Nachtleben stürzen mußte. Zum einen, weil sie eine gute Band hat, die sich über die Anstandsregeln der Nazis hinwegsetzt und amerikanische Musik spielt, dann aber auch, weil der Inhaber, den ich ganz gut kenne, noch einen geheimen Vorrat an schottischem Whisky hat. Da die

X-Bar aber auch mit Vorliebe von Nazigrößen besucht wird, spielt die Band die amerikanischen Jazzstücke nicht völlig ungeniert, sondern umrahmt sie mit irgendwelchen deutschen Nummern. Das besänftigt die Gewissen der Nazi-Gäste, die sich sonst zu sehr daran erinnert fühlen könnten, daß sie einer Musik lauschen, die von rassisch Minderwertigen stammt. [...]

Die Theater und Show-Bühnen im Westen sind jeden Abend überfüllt. Es gibt nichts, wofür man sein Geld sonst ausgeben könnte, und so ist selbst die übelste Show ständig ausverkauft. Die großen Varietés wie die Scala und der Wintergarten finden kaum genügend talentierte Kräfte, um ihre Programme zu bestreiten (auch wenn diese Programme aufgrund von Nazi-Erlassen, die seit Kriegsbeginn gleich bündelweise herauskamen, wesentlich zusammengeschrumpft sind). Das deutsche Publikum liebte Wahrsager – mit oder ohne Kristallkugel – und alle Arten von Hellsehern auf der Bühne. Aber als Heß dann nach Schottland flog, wurden sie allesamt und für immer von Goebbels von den deutschen Bühnen verbannt, weil Heß bei seiner Entscheidung angeblich unter dem Einfluß eines solchen Hellsehers gestanden hatte. Ein großer Schlager waren auch die Clowns, die ihre Nummern auf politische Anspielungen getrimmt hatten, aber auch die wurden nach einer Weile von Goebbels verboten. Auf dem Felde der Musik waren amerikanischer Jazz und Blues-Songs am populärsten, bis der Diktator der deutschen Kultur den Veranstaltern inoffiziell mitteilte, auch dieser Brunnen sei vergiftet. Die Scala pflegte ausschließlich mit ausländischen Talenten zu locken, sie zeigte den einen Monat ein spanisches Programm, den nächsten ein amerikanisches und so fort. Aber der Krieg hat für die Behörden die Zahl der zulässigen bzw. erwünschten Nationalitäten ziemlich drastisch beschnitten. Übriggeblieben sind eigentlich nur noch Akrobaten und Jongleur-Programme. Sie werden zwar schnell langweilig, aber sie lassen die Menschen den Krieg vergessen, und genau dafür zahlen sie ihr Eintrittsgeld. [...]

Tami Oelfken: Fahrt durch das Chaos. Logbuch von Mai 1939 bis Mai 1945.
Überlingen: Wulff 1946. S. 142–146.

[...] Wenn ich abends heimkehre in meine Wohnung am Kurfürstendamm, tappe ich mich vorsichtig durch die Straße – wie ein Blinder. Und ich habe das Empfinden, als ob ich durch ein Meer feuchter Watte ginge. Stumm tasten sich die Menschen an mir vorbei; dunkle, umrißlose Gebilde, die vorsichtig die Hände ausstrecken, um ihren Weg zu finden. Sie haben den Charakter des Leblosen und Mechanischen. Sie stolpern dahin – grau und stumpf und leidend. Um dich geistert ein Alptraum. Du erschrickst, wenn jemand lacht. Dir wird bewußt, daß all jene Späße, die du am Tage in den Fensterauslagen mit einem Gefühl von Bitterkeit betrachtest – so z. B. jene mit Magnesium angehellte Plakette »Glühwürmchen durch Berlin« – daß all diese Späße einem Grauen vor der Wahrheit entsprungen sind.

Es gibt in Porzellan eingebrannte Sprüche, die du in verschiedenen Ausführungen immer wieder antriffst. Der Rahmen ist meist voller Edelweiß, der Lieblingsblume des Führers. Auf einer der Kacheln steht: »Der Führer hat immer recht.« [...]

Da gibt es noch andere Kacheln, und von ihnen kannst du erfahren, damit du es nie mehr vergißt: »Wir lassen jeden in Frieden, aber wehe, wer uns nicht in Ruhe läßt! Adolf Hitler.« Der beliebteste Spruch aber, der viel verlangt wird, ruft dir zu: »Wer angibt, hat mehr vom Leben!«

Im Dunkel ist all dieses Großsprecherische wie fortgeweht. Die Straßen sind zwar voll Menschen, doch das Leben geht merkwürdig stumm und leblos um. Es mutet mich so an, als wären wir auf die Tiefe des Meeresgrundes verwiesen, wo wir zwischen drohenden, zerrissenen Wracks und zähnebleckenden Raubfischen unsicher unseren Weg suchen. Manchmal befühlt mich eine fremde Hand, um jäh zurückzuzukken; manchmal spürst du einen fremden Atem in deinem Gesicht, und auf die Dauer einer Schrecksekunde blitzen Augen wie zwei feurige Kohlen vor dir auf. Dann geht das Gesicht zurück in die Dunkelheit, die es wegsaugt.

Der Eintritt in mein Lokal, in dem ich mein Abendessen zu nehmen pflege, weckt allerdings ganz andere Vorstellungen. Ich trete durch einen schweren schwarzen Vorhang in eine Höhle, die in einen tiefen Berg eingegraben ist. Sie ist erfüllt von einem gleißenden, blendenden

Licht, das unsere an die Dunkelheit gewöhnten Augen kaum mehr ertragen können. Die Höhle ist abgeschlossen vom Zugang der Welt. Sie gewinnt so den Charakter von etwas Verbrecherischem, Verbotenem und Gefährlichem. Sie ist zudem voller Rauch und voll gellender Stimmung. Genauso brüllen wohl die Buben, um vieles mutiger und leidenschaftlicher, wenn sie sich in großer Zahl befinden. Es ist seltsam, daß die Sinne an solchem Ort unbewußt die Welt in eine Ober- und Unterwelt einteilen. Das Lokal ist der Unterwelt zugeordnet. Und deine Sinne suchen sofort irgendwo im All jene Region, wo unter ruhigen Sternen die Oberwelt atmet. Doch du findest sie nicht.

[...] Es ist noch schwärzer und noch drohender auf der Straße geworden. Die Menschen schlurfen und flüstern. Wenn jemand vorsichtig an den Wänden und Gittern entlangtappt, vergeht ihm das Schreien. Am Übergang der Fasanenstraße liegen flache schimmernde Schildkröten wie kleine Lichtinseln. Viele Füße treten in ihren Lichthof, um diesen nur zögernd wieder zu verlassen. Ich habe mir die Crêpesohle meiner geflochtenen Schuhe mit Magnesium einreiben lassen. Es kostet mich jeden dritten Tag zwanzig Pfennig. Aber nun bin ich sicher, daß die Volksgenossen mir nicht auf den Füßen herumtreten. [...]

Den Eingang zu unserer Wohnung bildet der Glasgang, der hinten durch unsere mächtige Tür abgeschlossen ist. Von innen ist sie leicht zu öffnen. Von außen muß sie von jedem Hausbewohner mit dem Drücker aufgemacht werden. Dieser Passagengang ist wie ein gähnendes Loch. Ich muß hindurch, an den vielen gegen die Wand gepreßten und flüsternden Liebespaaren vorbei. Die Angst vor den Fliegern, das aufregende Sirenengeheul, die Nähe des Krieges – das alles macht die jungen Menschen in ihrem Lebenshunger bedenkenloser. Auch alle Gesetze der Moral, der Triebe, des Besitzes erhalten andere Aspekte. Zu alberner Narretei aufgelegte junge Burschen – es besteht ja keine Gefahr, daß sie erkannt werden – fassen wahllos nach Frauen, die jäh aufkreischen. Und das darauffolgende Gelächter ist roh und unpersönlich. [...]

Hans-Georg von Studnitz: Als Berlin brannte. Diarium der Jahre 1943–1945. Stuttgart: Kohlhammer 1963. S.63–64.

19. April 1943

Neben dem Eingang zu meinem Arbeitszimmer im Amt hängt seit einiger Zeit ein Spruchrahmen. Die Spruchblätter werden alle vier Wochen ausgewechselt. Das letzte verkündet: »Tüchtiges Schaffen, das hält auf die Dauer kein Gegner aus.« In den Wochen vorher las man:

»Ich wünscht, ich wäre ein Elefant,
dann würd' ich jubeln laut.
Es ist nicht um das Elfenbein,
nein, um die dicke Haut.«

oder:

»Alle Halbheit ist taub.«

oder:

»Was mich nicht umbringt, macht mich stärker.«

Die Spruchkrankheit gehört zu den seltsamsten Erscheinungen dieses Krieges. Im Auswärtigen Amt gibt es kaum einen Korridor, der nicht mit Sprüchen dieser Art geziert wäre. Eine geheimnisvolle Organisation wechselt die Sprüche von Zeit zu Zeit aus. Im großen Treppenhaus krönt den Spruchrahmen ein Hoheitsadler. Darunter prangt ein Bild vom Untergang des Flugzeugträgers »Arc Royal« mit der Beschriftung »Des Führers Worte wurden nicht gehört, jetzt sprechen des Führers Waffen.«

Eine Abart der Spruchkrankheit ist die Kachelkrankheit. Für Badezimmer gibt es schon längst keine Kacheln mehr. Dafür kann man in jedem Papierladen mit Sprüchen bemalte Kacheln kaufen. Kachelsprüche wie »Jeder spinnt anders«, »Mensch ärgere Dich nicht«, »Jeder hat einen Vogel«, »Nicht ärgern, nur wundern«, »Humor ist, wenn man trotzdem lacht« finden reißenden Absatz. Keine Banalität ist dumm genug, um nicht auf Kacheln verewigt zu werden. Ein Karikaturist zeichnete kürzlich ein Badezimmer, das ganz mit Spruchkacheln tapeziert ist!

Auch sonst widersteht der Kitsch hartnäckig allen kriegsbedingten Einschränkungen. So zirkuliert eine Ansichtskarte mit dem Führer und zwei Schornsteinfegern. Die Szene ist betitelt: »Eine originelle Begegnung.« Eine andere Kitschpostkarte vereinigt die Köpfe Hitlers und Churchills. Der Führer lacht, Churchill fletscht die Zähne. Ein Kitschstück besonderer Art ist *Plischkes nationaler Wandkalender*: »Wieder Herr im Horst.« Auch für die Reproduktion von Aktphotos, die man an allen Straßenecken kaufen kann, ist genug Papier vorhanden.

Kriminalität und Gefährdung der Jugend. Lagebericht bis zum Stande vom 1. Januar 1941. Hrsg. vom Jugendführer des Deutschen Reiches; bearbeitet von Bannführer W. Knopp unter Mitarbeit von Stammführer Amtsgerichtsrat Dr. Rätz. [Berlin] 1941. S. 204-208.

Berichte und Bilder in Presse und Literatur befassen sich seit längerer Zeit auffallend häufig in aller Öffentlichkeit mit sexuellen Dingen. In Büchern, Zeitschriften und besonders in den Magazinen werden Nacktphotos in großer Zahl wiedergegeben. Diese Schriften erscheinen natürlich in seriös getarnter Aufmachung (Propaganda für »nordische« Körperkultur, phototechnische Anleitungsbücher u. ä.). Selbst sonst nicht zu beanstandende, ernstzunehmende Zeitschriften (z. B. eine Photofachzeitschrift) veröffentlichen seit einiger Zeit regelmäßig monatlich mindestens ein Aktphoto. Anlaß für derartige Bilder und Berichte ist in den meisten Fällen weiter nichts als das Streben nach Umsatz- und Verdienststeigerung.

Ganz sicher entstammt die Hochflut der Zeitschriften, Magazine, tänzerischen und anderen Darbietungen, die sich in den Dienst der neuen »Nacktkulturepoche« stellen, *nicht* der Absicht, dem Volke wahre Kunst und edle Körperkultur nahezubringen, sondern einem Geschäftsgeist, der eine verdächtige Ähnlichkeit mit dem jüdisch-materialistischen der Systemzeit hat. Das Urteil darüber, ob die so weitgehende Duldung derartiger Veröffentlichungen zu rechtfertigen ist oder nicht, sei anderen Stellen überlassen. Sie bilden jedenfalls eine unendliche Gefahr dadurch, daß sie fast ohne jede Einschränkung der Jugend zugänglich sind. Man braucht sich nur einmal die Zeitungskioske der Bahnhöfe anzusehen, in denen auch der Jugendliche bis zur Nacktkulturzeitschrift alles kaufen kann. Welchen Einfluß derartige Darstellungen auf den noch nicht gefestigten Jugendlichen haben, braucht wohl nur angedeutet zu werden. Ein großer Teil der sittlichen Verwahrlosung Jugendlicher muß darauf und auf die darin zum Ausdruck kommende immerhin befremdliche Haltung mancher Kreise zurückgeführt werden. [...]

Seit der Aufhebung des Gesetzes zur Bekämpfung von Schmutz und Schund im Jahre 1934 ist die Flut der Schundliteratur unendlich angeschwollen. Schundheftreihen, Kriminalschmöker und billigste Romane werden trotz der Papierknappheit in großer Zahl angeboten und auch von den privaten Mietsbüchereien vorrätig gehalten (Englische Kriminalreißer!). Sie werden von der Jugend, gerade auch von den 10–15jährigen, wie Stichproben immer wieder gezeigt haben, viel gelesen. Nach der Feststellung von Jugendämtern und Jugendgerichten tragen sie in erheblichem Maße zur Verwahrlosung der genannten Altersklassen bei. [...]

Eine nicht geringere Gefahr als Schrifttum und Film bedeuten die Darbietungen der Revuen, Kabaretts und Varietés für Jugendliche. [...] Abgesehen von nur für Erwachsene geeigneten Vorträgen können auch Nackt- und Schleiertänze nicht ohne Wirkung auf die Jugendlichen bleiben. Diese Art Darbietungen haben einen derartigen Umfang angenommen, daß ohne sie kaum noch eine Vorstellung denkbar ist. Die Wirkung der genannten Darbietungen wird noch dadurch vervielfältigt, daß die Nackttänze nach außen durch Aushängen von Nacktbildern der betreffenden Tänzerinnen der Jugend zur Kenntnis gebracht werden.
   Als bemerkenswertes »Kulturdokument«, das den Geist dieser sogenannten »Kultur« mit ausreichender Klarheit beleuchtet, wird nachstehend die Programmzeitung zu der in letzter Zeit in mehreren Städten Deutschlands aufgeführten Revue *Eingang verboten* wiedergegeben:

»Warum Eingang verboten?

Weil dieses Leben vor so viele schöne Türen, durch die jeder von uns zum Verrecken gern einmal gehen möchte, das häßliche Wort ›Eingang verboten‹ hingeschmiert hat.
   Da ist beispielsweise die Bühnentüre. Was steht daran? ›Eingang verboten‹ steht dran!
   Und grade darum möchte jeder einmal gern durch diese Tür gehen

und sehen, wie es nun eigentlich hinter den Kulissen ausschaut! Würde dran stehen ›Eingang erlaubt‹ oder ›Bitte einzutreten‹, kein Aas wäre neugierig.

Es ist dies die alte Sache seit dem Apfel im Paradiese. Hätte nicht drangestanden ›Abpflücken strengstens verboten! Die himmlische Gartenverwaltung!‹, weder die Eva noch der Adam hätten Appetit gehabt, und wir lebten heute noch im Paradies. A propos, Paradies! Damit wären wir auch gleich bei unserer Revue angelangt. Wenigstens was die Kleidung unserer Darstellerinnen in einigen Bildern betrifft. Ohne zu übertreiben, dürfen wir die Kostüme paradiesisch nennen, teils wegen ihrer Schönheit und teils wegen ... na ja, wir werden ja sehen!

Qui vivra verra!

Dieses Zitat habe ich nur deshalb dahingesetzt, damit der Leser, der mich ja nicht persönlich kennt, mich evtl. doch für einen gebildeten Menschen hält! Um wieder auf den ›Verbotenen Eingang‹ zurückzukommen, wir machen schonungs- und hemmungslos die verbotenen Türen auf! Wir jagen den alten Muff zum Teufel!

Für Mucker ist unsere Revue nicht geschrieben, die seien hiermit ausdrücklich ge- und verwarnt, bei denen heißt es:

›*Eingang verboten!*‹«

Die darin aufgeführten Worte »schonungs- und hemmungslos« charakterisieren das Machwerk und seinen Verfasser ebenso wie viele gleichartige Produkte genügend. Die Hitler-Jugend – als für diese Dinge nicht zuständig und nicht verantwortlich – hätte an sich keine Veranlassung, zu den in diesem Abschnitt erwähnten Dingen Stellung zu nehmen, wenn sie nicht erhebliche Bedeutung im Rahmen der *Jugendgefährdung* hätten, da Jugendlichen alle diese Darbietungen durchaus zugänglich sind. Für die Naivität, mit der diese Frage oft behandelt wird, spricht folgendes Beispiel:

Gegen das öffentliche Aushängen der Bilder von Nacktänzerinnen war in einem Fall wegen Gefährdung der Jugend Einspruch erhoben worden. Die auf diesen Schritt erfolgende Maßnahme bestand darin, daß die Bilder höher gehängt wurden.

Ursula von Kardorff: Berliner Aufzeichnungen 1942–1945. München: Biederstein 1962. S. 54, 95–96, 110–112, 134–138.

28. Juni 1943

Mit Thilenius und einer dunkelhaarigen, sehr gut aussehenden Österreicherin aus Prag (Gretl Bubna) in Hoppegarten zum Rennen. Dies ist bereits eine untergegangene Welt. Ich mußte an Bernhards Ausspruch denken: »Kinder, ihr wißt gar nicht, wie angesägt der Ast schon ist, auf dem ihr sitzt.«

Auf der Tribüne Soldaten und Offiziere, fahl, elend, an Krücken, ohne Arme, im Rollstuhl, andere humpelnd. Wie viele, mit denen ich früher in heiterem Flirt auf und ab wanderte, sind nicht mehr am Leben. Wie oft war ich mit den Brüdern hier, die immer falsch wetteten und verloren. Diesmal am Toto lange Schlangen von Leuten, die früher sicher nicht ihr Geld so gleichgültig verloren hätten wie heute. [...]

4. Dezember 1943

[...] Sonnabend abend mit Bärchen und Thilenius, dessen Wohnung ebenfalls ein schütteres Gebilde geworden ist, im Adlon. Er zeitgemäß mit einem Rucksack ausgestattet, den er früher zur Jagd trug. Die Adlon-Halle könnte Schauplatz eines Kolportageromans sein: Bonzen in klirrender Parteiuniform, Urlauber aller Dienstgrade, die noch eine Illusion von Komfort an die Front mitnehmen wollen, ausländische und deutsche Diplomaten, Schauspieler, Dahlemer Damen in Hosen, die sich vom Aufräumen in ihren zerstörten Villen erholen, Geschäftsleute, die die Aura »Rüstung« um sich verbreiten und schweinslederne Aktenmappen tragen, und schließlich Abenteurerinnen aller Grade, die sich der Männer annehmen. Denn Berlin ist eine Männerstadt geworden, seitdem die Familien evakuiert und die Schulen geschlossen wurden.

In der kleinen Bar wird Bier ausgeschenkt, an den Tischen mit weißen Tischtüchern gibt es Wein. Die Gäste, die in den Saal wollen, müssen zwischen gierigen Blicken Spießruten laufen. Manche gehen gesenkten Hauptes, andere eilig und energisch oder betont hochmütig vorüber. Die Hotelmanager werden umbuhlt, denn von ihrer Gnade hängt es ab, ob jemand einen Tisch bekommt. So findet sich hier eine Gruppe von Menschen zusammen, die unberührt von allem Elend dahinlebt, als sei sie auf der bedrohten Erde nur zu Gast. Seltsame, spannungsgeladene Atmosphäre. Seit es den Tiefbunker gibt, zu dem vom Hotel aus ein besonderer Eingang führt, gilt das Adlon als bombensicher. Deshalb bekommt auch zur Gespensterstunde niemand hier den nervösen Blick und das gespannte Ohr. Hier ist man sicher, kann folglich in aller Ruhe seinen Rotwein trinken, ehe man sich, die ledernen Koffer in der Hand, unter eine neun Meter dicke Betondecke in Fliegerdeckung begibt.

Ich bewundere Bärchen. Jeden Tag, wenn uns alle gegen fünf Uhr nur noch drei Stunden vom Alarm trennen und ich nach Potsdam fliehe, geht sie beherrscht zitternd in ihre Wohnung am Savignyplatz, starrt in die Glut des Anthrazitofens und harrt der Dinge, bei jedem Geräusch zusammenfahrend. Ihr Keller, nicht einmal ganz unter der Erde, macht einen noch fragwürdigeren Eindruck als der unsere in der Rankestraße. Eine Falle für lebendig Begrabene. So wie sie warten Abend für Abend ungefähr drei Millionen Menschen auf ihr Schicksal.

24. Januar 1944

Fuhr mit Klaus im dunklen Zug von Potsdam zurück. Hinter uns erklang Gitarren-Jazzmusik. Tschechen. Klaus fragte sie, ob sie morgen bei uns spielen wollten, denn wir haben uns für morgen alle unsere Freunde eingeladen. Medizin gegen den Alltag. Tanz zwischen den Ruinen. In England ist das Tanzen niemals verboten worden. Warum sollen ausgerechnet wir unsere Lebensgesetze den englischen Fliegern unterwerfen?

Mein Artikel über die uns noch verbliebenen kleinen Freuden bekam einen so spießigen Ton, daß ich die Seiten voller Wut in den Papierkorb warf. »Klemm der Katze den Schwanz ein und laß sie wieder raus, dann wird sie voller Freude sein«, sagte Jürgen immer.

25. Januar 1944

Neulich war ich mit Klaus beim Sieben-Uhr-Alarm im Zoobunker. Gespenstisch. Eine Herde Menschentiere läuft, während die Flak schon zu schießen beginnt, im Dunkeln auf die Eingänge zu, die klein und viel zu eng sind. Taschenlampen gehen an, und alles schreit: »Licht aus!« Dann schiebt und stößt und drängt das Volk hinein, wobei man sich wundert, daß es noch verhältnismäßig gut abgeht. Die Bunkerwände, massige Steinquader, wirken wie das Bühnenbild zur Gefängnisszene im *Fidelio*. Ein erleuchteter Lift fährt lautlos auf und ab, wahrscheinlich

Abendkarte

Der Adlon Grill ist abends geöffnet
von 18 Uhr bis zur Polizeistunde 23 Uhr.
Warme Küche von 18 Uhr bis 22 Uhr.

Stammgericht   markenfrei
     Gemischte Gemüseplatte . . 2.25

Hausgericht   5 gr. Fettmarken
     Limfjord-Muscheln in Dill
       mit Salzkartoffeln 2.50

Suppen   markenfrei
     Selleriesuppe 0.60

Fische   Fisch nach Belieferung

Fleischlose Gerichte
     10 gr. Fett- 100 gr. Nährmittelmarken
     Makkaroni Mailänder Art
       mit gem. Salat 2.50

Gemüse   10 gr. Buttermarken
     Gemüse nach Belieferung . 1.50

Süßspeisen   25 gr. Nährmittelmarken
     Nußcreme mit Fruchtsoße . 1.—

Salate   markenfrei
     Kopf-Salat . . . . 1.—
     Kresse-Salat 1.25

Kompotte   markenfrei
     Kompott nach der Jahreszeit

1 Scheibe Weißbrot oder 1 Scheibe Vollkornbrot oder 1 Brötchen = 50 gr.
Käse gegen 30 gr. Marken
Stück Butter = 10 gr.   Friedrichsdorfer Zwieback = 50 gr. = 0.25
Lebensmittel-Marken nur von der laufenden Woche.

10% Preiszuschlag, der restlos der Bedienung zufällt.

24 Abendkarte Hotel Adlon. Ende 1944.

für die Kranken. Das Ganze könnte Ernst Jünger in seinen *Capriccios* erfunden haben. Schnauzende Polizisten und Unteroffiziere treiben die widerwillige Menge langsam die Treppen hinauf, um sie auf die verschiedenen Stockwerke zu verteilen. An jedem Absatz bleiben alle wieder stehen. Eine Frau bekam Schreikrämpfe. Sie dachte, dort oben würde sie eher umkommen: »Ich habe Mann und Sohn an der Front«, rief sie kreischend. »Ich gehe nicht hinauf!« Schließlich wurde sie abgeführt. In den Türmen sind Wendeltreppen. Hier sitzen die Liebespaare – Travestie eines Kostümfestes. Wenn die Batterien oben schießen, schwankt das Gebäude, und die Köpfe ducken sich gleichmäßig, als führe eine Sense über sie hin. Alles steht durcheinander: verängstigte Reiche, müde Frauen, abgerissene Ausländer, die ihr Hab und Gut in riesigen Säcken mit sich schleppen, und Soldaten, die einen recht genierten Eindruck machen. Wenn hier eine Panik ausbricht, dann gnade uns Gott, dachte ich.

Bald müssen unsere Gäste kommen. Wir sind mit den Vorbereitungen fertig. Am glücklichsten sind die drei Franzosen, die Klaus und mich vorhin zu einer Flasche Champagner einluden. Alarm scheint nicht zu kommen. Die Aussichten sind günstig, da Nebel in England. Das Eßzimmer sieht fast wie in alten Zeiten aus. Das Parkett wurde geputzt, so gut es ging, wir haben eine Art Bar aufgebaut und vor die verpappten Fenster Rollos gehängt, die Mama früher einmal mit Blumen bemalte. Jetzt klingelt es. Ich muß aufhören.

26. Januar 1944

Total erschöpft. Unser Fest dauerte bis in den Morgen. Ein Freund von Thilenius, Graf Widmann, der aus Prag gekommen war: »So lebt ihr zwischen den Trümmern, ihr tanzt auf dem Vulkan, und wir, die wir nichts von Bomben spüren, wagen kaum noch zu lachen!« Die tschechischen Musiker spielten großartig. Als wir erfuhren, daß es Studenten waren, ging Hülsen mit einem Teller herum und sammelte Geld. Ich glaube, es kamen viele hundert Mark zusammen.

Wir tanzten wie Besessene. Als stände jemand mit der Hetzpeitsche hinter allen, als sei es das letzte Mal. »Untergang des Abendlandes« haben wir dieses Fest getauft. Wohl zwanzigmal erklang die Melodie: »Bei mir biste scheen.« Herr Remde, von der St. Pauli-Bar nebenan, den wir auch eingeladen hatten, sorgte für den Rotwein.

Schwab, dessen Vater vor drei Monaten im Zuchthaus starb, Jutta, deren Geschwister verbrannten, Dr. Meier, dessen Vater im Lager verhungerte – sie alle machten mit. Jeder wollte einmal für kurze Stunden seine Last und seine Trauer vergessen. Freude ist auch ein Wärmespeicher in dieser Zeit. Wir alle leben nur noch dem Augenblick, doch so intensiv wie nie zuvor.

Übermorgen kommt ein Lastwagen, dann gehen die Möbel nach Lychow.

11. April 1944

Ostern in dieser absurden Stadt! Saß bei strahlender Sonne lange an dem bizarrsten Platz, der sich vorstellen läßt, hinter dem Reichstag. Ehe der Krieg begann, wurde hier ein riesiges Gelände für Parteibauten ausgeschachtet, auf das inzwischen die Bomben gefallen sind. So entstand inmitten einer Hieronymus-Bosch-Landschaft ein See, mehrere Meter tief, umrahmt von der Ruine des ehemaligen Generalstabsgebäudes, in dessen Kellern jetzt die Polizei haust, und den zerstörten Villen der diplomatischen Vertretungen, von denen nur noch die des Schweizer Konsulats erhalten ist. Auf diesem See spielen verbotenerweise Kinder, die sich aus verkohlten Brettern Flöße gebaut haben. Ein Kind wäre neulich beinahe dabei ertrunken, ein Schweizer Attaché konnte es noch im letzten Moment retten. Ringsum blühen die Schuttblumen, gelb und giftig, aber die Luft ist rein und das Unkraut grün, und Fische haben sich auch schon angesiedelt. Eine Idylle makabrer Art. Auf dem Gelände vor dem lädierten Reichstag stehen die Wracks von verbrannten Autos. Die Köpfe heruntergefallener Figuren haben Witzbolde auf umherliegende Steine gestellt. Die ausgebrannte Kroll-Oper, die verrosteten Gerippe der Wagen – Salvadore Dali hätte hier nach der Natur zeichnen können. Vor allem, wenn nach einem Tagesangriff schwarze Rauchwolken über den schwefelgelb-grünlichen Himmel ziehen, wird man an surrealistische Bilder erinnert.

Die letzten Abende verbrachte ich mit Schauspielern, die, fast alle ausgebombt, nun in die Hotels in die Nähe der Theater gezogen sind. Während wir im Adlon saßen und auf Alarm warteten, vertrieben wir uns die Zeit mit einem Spiel, das »Hollywood« heißt: Man gibt sich abwechselnd Scharaden zu raten auf. Auch einige Leute aus dem Auswärtigen Amt machten mit. Großartig Aribert Wäscher als Sphinx, Paul Hartmann als Venus im Pelz und Wilfried Seyffert als Ahnfrau, unermüdlich auch die beiden Ambessers. Unangenehmes Zwischenspiel, als der Gesandte Clodius die Mutter Gottes karikierte, was auch sofort erraten wurde. Er schockierte nicht nur mich.

Die Luftangriffe haben im Moment nachgelassen, dafür gibt es wieder neue Verhaftungen. Auf einem Tee bei Fräulein von Thadden ist eine ganze Gesellschaft einem Spitzel zum Opfer gefallen. Lagi Solf mit Mutter und viele andere.

12. April 1944

Der neueste Witz: »Berlin ist die Stadt der Warenhäuser, hier war'n Haus und da war'n Haus.«

Ging vom Zoo zu Fuß nach Hause, weil so schönes Wetter war. Überall Trümmer. In den Zoo kann man nicht hinein. Die komisch-geschmacklosen orientalischen Bauten ragen halbverbrannt in den Himmel. Ab und zu spähte ich durch Risse in der Mauer, konnte aber nur Krähen entdecken. An einer Stelle blökten Schafe, und es roch nach Pferdemist. Bekam Sehnsucht nach dem Land. Und doch hat selbst hier der Frühling immer noch etwas Verheißendes. Der Tiergarten in voller Pracht, trotz der Bombentrichter.

In der ehemaligen Hohenzollernstraße, jetzt Graf-Spee-Straße, in der ich geboren wurde, stand nur noch ein Haus. Die Umwelt einer ganzen Epoche ist im alten Westen, dem besten Teil Berlins, nun ausgelöscht. [...]

Neulich, in einem Lokal, wurde mir klar, wie es noch kommen wird. Neben uns saß ein Paar, sie in fleckigem Pullover, er in Hosenträgern. In einer großen Feldflasche hatten sie Eierkognak und boten davon den Kellnern an. Als wir unser kümmerliches Menü mit einem IG-Pudding von giftiger Farbe beendet hatten, servierte man ihnen gebratene Ente, dazu roten Sekt. Das sind die Typen, denen die Zukunft gehört. Bei uns steht alles auf der Kippe, jeden Tag kann sich der Untergang vollziehen, aber jene werden in jedem Regime oben schwimmen.

Ein Wahnsinn, wie sich dieses Europa vernichtet, so als sei die Menschheit, wie beim Turmbau zu Babel, mit Verwirrung geschlagen. Während der Ansturm aus dem Osten immer heftiger wird, bemühen sich die Engländer, unsere Städte völlig zu zerstören.

Vorgestern kamen mir fast die Tränen, als ich las, daß jetzt fünfzig der besten Fotografen die in Deutschland noch erhaltenen Kunstwerke und Bauten, Kirchen und Schlösser fotografieren sollen. Diese Aufnahmen werden eines Tages das einzige Zeugnis sein, das noch von den vernichteten Denkmälern Kunde gibt.

Eine große Anzahl von Intellektuellen ist jetzt davon überzeugt, daß wir unter russische Herrschaft kommen werden, und glaubt, der künstlerischen Freiheit würden dann keine Grenzen mehr gesetzt. Diese Leute sagen, mit Europa sei es zu Ende, alle westliche Kultur sei im Absterben. Naturverbundenheit, Vitalität, Kraft, das alles besäße der Osten noch, und eines Tages werde von dort auch eine neue, starke Religiosität ausgehen. Vielleicht haben sie recht, aber ich bin anderer Meinung.

Es scheint mir ein bedrohliches Anzeichen, daß so viele gebildete Menschen Europa kampflos aufgeben. Möglich, daß ich mir Illusionen mache und nicht merke, daß ich noch von einer Epoche geprägt bin, die zu Ende geht. Ein Leben ohne Kultur – und ohne ein Minimum von Geld und Zeit, ohne Muße ist Kultur nicht denkbar – könnte ich nicht ertragen. Vegetieren kann man nur eine gewisse Zeitlang und nur, solange die Hoffnung auf einen Wandel nicht schwindet. Hört aber diese Hoffnung auf, ist der Tod vorzuziehen.

Vorläufig ist das Leben allerdings noch auszuhalten. Man tut immer wieder so, als ob man die Bedrohung ignorieren könnte. Macht sich hübsch, geht ins Adlon, freut sich, wenn man dort in der Begleitung gutaussehender Männer auffällt, vielleicht sogar Neid erregt, und trinkt Wein oder Kognak, um sich abzulenken. Genießen ist so viel leichter als grübeln.

Theo Findahl: Undergang. Berlin 1939–1945. Oslo: Aschehoug & Co. 1945. Letzter Akt – Berlin 1939–1945. Deutsch von Thyra Dohrenburg. Hamburg: Hammerich & Lesser 1946. S. 102–105.

Herbst 1944

Jahrhundertealte Ruinen in majestätischer Stille und Ruhe können ergreifende und schöne Zeugnisse von der Vergänglichkeit aller Dinge sein, aber frische Ruinen als Hintergrund für Leben und Verkehr der Großstadtstraße sind wie garstige Gerippe am hellichten Tage. Das fühlt man am besten auf dem Kurfürstendamm, Berlins großer Avenue des Westens, die selbst jetzt, dicht vor dem Untergang, ihren Ruf als Promenade und erotisches Jagdgebiet aufrechtzuerhalten sucht und so tut, als gebe es keinen Krieg. Die Sprengbomben und Luftminen der Nacht können Europas Großstädte in ihren Grundfesten beben lassen, die Brandbomben können Wolkenbrüche von Feuer über die Dächer hinsprühen – am nächsten Morgen steckt Eva ihr Haar auf, sieht in den Spiegel, legt etwas Rot auf Lippen und Wangen und geht hinaus, um ihrem Adam zu begegnen. Solange die Bomben nicht die jungen Leute, Adam und Eva, selbst treffen, bleibt sie das Hauptinteresse in seinem Leben und er das ihre, und der Kurfürstendamm behält sein Publikum.

Mit einem Federstrich hat Goebbels im Namen des totalen Krieges fast alles, was in Berlin Vergnügungen heißt, abgeschafft. Keine Theater und Varietés, keine Tanzlokale, keine Wein- und Likörstuben. Berlin ist die absolut langweiligste Großstadt der Welt geworden. Es gibt keine anderen Treffpunkte für die Jugend als die Kinos, wo sich die Schlangen in gefahrdrohendem Ausmaß vor jeder Vorstellung stauen, die Cafés auf offener Straße den ganzen Kurfürstendamm entlang und dann die Straße selbst. Ein merkwürdiger Ausschnitt aus dem Leben des zum Tode verurteilten Anti-Jerusalem ist der Spaziergang und Flirt auf der breiten und weiten Straße jetzt im letzten Sonnenschein des Herbstes – gleich einem letzten Aufflattern von Schmetterlingsflügeln vor den drohenden Gewitterwolken, ein kleiner armseliger Rundgang in einem Winkel des Kirchhofs, ein Widerklang von Karneval zwischen den Ruinen. Der Kurfürstendamm ist der einzige Ort in Berlin, wo man elegante Damen sieht, sagen die jungen Männer. So genügsam, so arm ist die große Stadt wirklich geworden, daß das Leben auf dem Kurfürstendamm noch »elegant« in ihren Augen wirkt. Ein gut gepflegtes Gesicht, ein schicker kleiner Hut oder ein Kostüm sind wie Offenbarungen aus einer lichteren und leichteren Welt des erdrückenden Graus und der Häßlichkeit der Ruinen. Lippen und Wangen flammen rot auf dem Kurfürstendamm; kosmetische Waren sind nicht bewirtschaftet. Schwieriger ist es für die jungen Damen mit vielen anderen notwendigen Dingen geworden, mit Schuhen zum Beispiel. Zusammen mit der Wehrmacht sind auch die Damen von Niederlage zu Niederlage gegangen. Bis in die Mitte des Jahres 1943 konnte man gute italienische Damenschuhe in Berlin kaufen; aber nach dem Badoglio-Aufstand war es zu Ende mit der Herrlichkeit. Glücklicherweise ist es modern geworden, im Sommer ohne Strümpfe und ohne Hut zu gehen,

25 Tauschzentrale. 1944.

26 Vor dem Marmorhaus, Kurfürstendamm. 1943.

mit nackten Beinen und mit einer Schleife, irgendwelchen Blumen oder anderem Schmuck im Haar. 1940 hatte Paris weder Kanonen noch Munitionslager, die der Rede wert gewesen wären, aber einen desto größeren Vorrat an Modewaren aller Art. Eisenbahnladungen von Kleidern und Hüten, kilometerweise Tüll und Schleier, Seide und Brokat. Die Räumung von Paris wurde von der Berliner Damenwelt als eine viel ernstere Katastrophe angesehen als die Niederlagen bei Stalingrad und an der ganzen Ostfront. Bis 1943 konnte jede deutsche Dame ein Kleid und einen Mantel im Jahre auf Kleiderkarte bekommen, jetzt aber sind die Restbestände für ausgebombte Mitschwestern beschlagnahmt, und es ist für die Eva auf dem Kurfürstendamm schwierig geworden, den Schein des Gutangezogenseins aufrechtzuerhalten. Ein Paar Silberfüchse, die sie vor zwei Jahren durch zivile oder militärische Beziehungen billig in Norwegen bekam, helfen etwas nach. Einen Winter kann man sich zur Not noch durchmogeln und verbergen, wie blutarm und ausgemergelt Berlin geworden ist.

Ähnlich wie mit der übertünchten Armut in der Bekleidung ist es mit den Nahrungsmittel-Surrogaten in den Straßencafés, die noch immer ihre Schilder zur Schau stellen: »Auserwählte Weine«, »Liköre für den verwöhnten Geschmack«, »Delikatessen aus allen Ländern«, »Konditorei«, »Pâtisserie«. Und jetzt? Schwindel und Plunder allenthalben, Kaffee, der kein Kaffee ist, Tee, der kein Tee ist, sondern etwas ganz anderes. Kuchen, die keine Eier, keine Sahne oder Butter enthalten. Gelbe und rote Getränke, die nicht aus echten Früchten gepreßt, sondern Präparate der IG-Farben sind, »des Reichskonditors«, wie der Volkswitz diesen mächtigen chemischen Konzern getauft hat, den größten der ganzen Welt. »Es hat in Rußland in den Jahren der Revolution größerer Nahrungsmittelmangel geherrscht als während des Krieges bis jetzt in Deutschland«, erzählt eine ältere Dame, während sie melancholisch an ihrem Kaffee-Ersatz nippt; »dennoch war die Volksgesundheit in Rußland gut, vielleicht«, fügt sie gedankenvoll hinzu, »weil das Land keine chemische Industrie hatte.«

Krieg und Todesgefahr stacheln die Erotik an, pflegt man zu sagen. Die Natur, die keine Blüte ohne Frucht will, treibt die Krieger, ihre Frauen zu umarmen, bevor sie in die Schlacht ziehen. So ist es immer gewesen, und so war es auch in den ersten Jahren des Krieges in Berlin. Aber jetzt nicht mehr, nachdem die Mächte der Auflösung, der Leere und der Vernichtung so überwältigend geworden sind. Überall stapfen müde Männer und Frauen im Arbeitszeug aneinander vorbei, ohne sich mit den Augen zu suchen; der einzige kleine Hauch von »Pikanterie« in der ganzen riesigen Stadt ist hier auf dem Kurfürstendamm zu verspüren, einige kurze Stündchen des Nachmittags und Abends. Hektisch und gezwungen. Alle fühlen, daß auch dies nicht mehr so lange dauern wird ...

Matthias Menzel: Die Stadt ohne Tod. Berliner Tagebuch 1943/45. Berlin: Habel 1946. S.93–96.

30. November [1944]
Einmal abends in einem der wenigen gebliebenen Restaurants zu essen: das ist eine Unternehmung, die langer Strategie bedarf. Am Kurfürstendamm war es unmöglich gewesen. Gruban-Souchay, das um fünf Uhr öffnete, war um sechs Uhr ausverkauft. Zwei, drei Dutzend hatten umsonst draußen vor der verschlossenen Tür im Novemberregen angestanden. Die Klause hatte nur noch dünnes Bier, im Kindl war der markenfreie Eintopf ausgegangen, als wir eben einen Platz erobert hatten. Und bei Stöckler war für die wenigen vorhandenen Gerichte jeder Platz vorbestellt. So hatten wir noch eine Stunde nach allem vergeblichen Fahnden im Eden gesessen bei einem grünen Trank, den wir lieber stehenließen. Von nebenan, aus dem ausgebrannten Kleinen Haus, kamen längst keine späten Theatergäste mehr, und zwischen den Tischen lag steif und gefroren eine Luft ohne Duft, in der man über jedes Lachen erschrak, das sich von irgendeinem der Tische löste.

Hinten, auf den Wandtischen, stand hie und da auch eine Flasche Wein. Er war verstohlen gebracht worden. Die guten Sitten internationaler Höflichkeit waren lange schon aus der Stadt geflohen. Man mußte »Beziehungen« haben oder einen weithin sichtbaren Namen. Es war eine Gesellschaft, die nie eine war: ängstlich fast, nie in der Sicherheit ihrer Leistungen ruhend, mit unsteten Gesichtern, die fast alle in eine nicht faßbare Weite zu greifen schienen, so usurpierten sie das Recht, Gäste dieses Hotels zu sein. Sie hatten nicht einmal den Mut zum Prassen. Wie sie heimlich, das Gelände vorher sichernd, zum Glase griffen, waren sie schon Geringeres als Parvenus. Und die anderen, denen nur die dünnflüssigen Limonaden gereicht wurden, waren Paare: Frauen und Männer, die noch Kleider und Anzüge hatten, gepflegte Abendschuhe, die nach Paris und Mailand dufteten, und Sakkos, deren Schneider in der Rue des Capucines saßen. Wenn man an ihnen vorbeiging, strich ein Hauch von Chanel auf. Doch hätte ich dieses Bild mondän nennen können? Es war widersinnig hineingepinselt in ein Gemälde, in dem das barbarische Grau alle Konturen übertuschte. Geschaffen wohl nur für die wirkungslosen bunten Illustrierten, die in die Welt leuchten sollten mit dem grellen Reklamedruck: Deutschland, wie es wirklich ist.

Zwischen sieben und acht Uhr löste sich auf den Straßen rings um die Gedächtniskirche die dunkle Hast der Passanten. Man sah nicht weiter als zwei, drei Schritte, tastete mit der Erfahrung von fünf Verdunkelungsjahren über die Bordschwellen, über die Dämme, aneinander vorbei. Der schwarze Schlund des Zoo-Bahnhofs verschlang die letzten Hunderte, und wie wir miteinander standen, erst eine Insel im Gewoge, war es bald stiller und stiller um uns. »Sie sind schon wieder unterwegs«, rief ein Hastiger einem anderen zu. Die Mathematik der Luftlagemeldungen ist das einzige Spannungsverhältnis, in dem Berlin noch steht.

Wir schlenderten die Joachimsthaler Straße hinunter, bogen um die Kranzler-Ecke in den Kurfürstendamm und begegneten nur noch einzelnen, die hinauf oder herunter strebten. Die Lokale hatten längst geschlossen. Durch ein schadhaftes Verdunkelungsrollo drang hier ein spärlicher Lichtritz, und dort standen zwei in einem Hauseingang. Im Lichtspalt sahen wir auf die Armbanduhr. Es war acht Uhr abends. Die Glocke der Gedächtniskirche hatte längst ihre Kraft eingebüßt, die Stunden anzusagen. Acht Uhr abends auf dem Berliner Kurfürstendamm: das Kino hatte sein Programm hinter sich, die einst so bunte, lärmende, licht- und lebenflirrende Straße war still geworden, still um acht Uhr abends. Die Lust zum Abenteuer und zum pikanten Abweg, hier zu Hause wie nirgendwo in Berlin, war der blassen Gewöhnung gewichen, den Kalender der möglichen Luftkatastrophe peinlich einzuhalten. [...]

Karl Friedrich Borée: Frühling 45. Chronik einer Berliner Familie. Darmstadt: Schneekluth 1954. S. 43–45.

Wir hatten in den ersten Kriegsjahren den Brauch eingeführt, einen Tag in der Woche außer dem Hause zu essen, zur Entlastung der Hausfrau, zur Abwechslung, als Protest gegen die grau und grauer werdenden Zeiten. Anfangs hatten wir den Sonntag mit dieser Extravaganz geschmückt und Restaurants in unserer damaligen Wohngegend aufgesucht. Später, als auch die Versorgung der Gasthäuser schlecht wurde und immer mehr Leute auf den gleichen Gedanken verfielen, verlegten wir das Unternehmen auf den Sonnabend und in die Stadtmitte, da sich erwies, daß im Geschäftszentrum an diesem Tage die Gaststätten schwächer besucht waren. Wir kletterten langsam auf den Rangstufen der Lokale in die Höhe, bis wir bei den vornehmsten ankamen, solchen, die ich früher nie aufzusuchen gewagt hätte. Nur diese verbürgten noch sauber gedeckte Tische, gute Bedienung, einige erlesene Gerichte, zu denen man gar keine oder nur wenige Marken abgeben mußte, und sogar Wein. Auf das Geld kam es nicht mehr an, Zechen von dreißig Mark waren keine Seltenheit. Aus unseren drei Himmelsrichtungen rannen wir zusammen zu diesem kleinen Fest. Insonderheit Maximiliane genoß den Schimmer von großer Welt, der auf diesen Oasen noch ruhte, in die man aus der Wüste verschütteter Straßen trat. Man mußte eingeführt sein, aber an den Wochenenden waren die Geschäftsführer nicht so streng. Ein Lokal nach dem anderen erlag den Bomben, schließlich landeten wir im Restaurant des Kaiserhofs, der nach seiner Zerstörung am Wilhelmsplatz seinen Wirtschaftsbetrieb in den Räumen eines exklusiven Klubs fortführte. Ein italienischer Kellner – es gab damals viele italienische Kellner in Berlin, die auf dem Wege der Arbeitsverpflichtung dorthin gelangt waren – bediente uns mit einer unerschütterlichen Grandezza und Hingabe an seinen humanen Beruf.

Diese hübsche Gepflogenheit auch nach unserem Umzuge beizubehalten, waren wir lebensentschlossen genug. Die Ökonomie gab sich eine ruhmwürdige Mühe, den Stil des Hauses zu wahren. Von Woche zu Woche füllte sich ein weiterer Fensterrahmen mit Holz, schließlich saßen wir in dem mit verjährtem Geschmack eingerichteten Salon bei künstlichem Licht. Man hörte den Polizeifunk ticken, und die Kellner hatten es eilig, die Rechnungen zu kassieren. Aber wenn wir wieder in unserer Bahn saßen, hatten wir das Bewußtsein, ein Stück Freude ergattert zu haben, und daß dies eine moralische Handlung sei. Wir zählten die erhaschten Genüsse nach; satter geworden als sonst waren wir kaum, aber auf eine würdigere Weise. Maximiliane, sei es aus alter Gewohnheit auf ihre Kontur bedacht, sei es aus seelischen Motiven, gab mir immer die Hälfte ihrer Kartoffeln ab. Ich litt damals noch nicht unter Hunger, aber daß mein Körper etwas vermißte, merkte ich an der Gier, mit der ich mich auf nahrhafte Dinge stürzte.

Ärgerlicherweise stellte um diese Zeit, Anfang März [1945], unser Kasino seinen Betrieb ein. Der Kaiserhof ließ am gewöhnlichen Werktag nur seine alte Kundschaft zu. Ich klapperte mittags, mit wenigen Marken ausgerüstet, die Speisewirtschaften der umliegenden Straßen ab. Sie waren überfüllt, man mußte lange warten, bis die Kellnerin eine Bestellung entgegenzunehmen geruhte; es gab überall den vorgeschriebenen »Stamm«, ein markenfreies Gericht, das aus Wasser, ein paar Stücken Kartoffel und etwas Kohl bestand, aber man wurde scheel angesehen, wenn man sich auf den Stamm beschränkte; denn an den anderen Gerichten wurde der Ausfall an Marken eingeholt. Manche Zeitgenossen, welche die richtige Einsicht besaßen, daß es nur noch darauf ankam, sich zu erhalten, schlichen freilich von Lokal zu Lokal, um sich so viele »Stämme« einzuverleiben, bis ihr Magen gefüllt war. Mitunter geriet ich an eine Kellnerin oder einen alten Ober, der mir einen zweiten Teller Suppe zuwendete oder sogar ein Stück Brot ohne Marken. Mehrmals widerfuhr es mir, daß ich am nächsten Tage nur noch Trümmer fand, wo ich gerade einen neuen Futterplatz entdeckt zu haben vermeinte. Durch irgendwelche mir unbewußten Qualitäten gelang es mir schließlich, in einem Hotel die Gnade des Managers zu erwerben, und nachdem ich ihm ein paar von Reinharts guten Zigarren und seiner Tochter, die studierte, ein Buch mitgebracht hatte, wurde ich unter die anerkannten Gäste aufgenommen, die zunächst im Lesezimmer placiert, später, einzeln oder paarweise aufgerufen, in den Speisesaal eingelassen und dort auf die freigewordenen Plätze verteilt wurden. Während an den damastgedeckten Tischen selten gewordene Dinge, wie gebackene Forelle, serviert wurden und die gold- und marmorstrotzenden Wände in kleinen Weinkaraffen blitzten, brach von der Frontseite des Saales her der nackte Moloch des Krieges herein; wo nur ein Bretterverschlag den Salon vom Chaos abgrenzte, standen die Füße in der Nässe ständig nachrinnenden Regenwassers und schauten die Augen durchs Fenster in Trümmerhalden. Auf dem Rückwege von diesem Lustort, den ich niemand verriet, kam ich Tag für Tag an einem ausgebrannten Hause vorbei, in dessen Dach ein Flugzeug mit der Leiche des Fliegers hing.

Fremdarbeiter

Konrad Warner: Schicksalswende Europas? Ich sprach mit dem deutschen Volk ...
Ein Tatsachenbericht. Rheinfelden: Langacker 1944. S. 204–206.

Auch Rosenbergs Ostministerium war ausgebrannt. Am 30. Januar [1943] hing, wie an vielen andern Orten, eine Hakenkreuzfahne in der Ruine, und wie an manchen Trümmerstätten verkündeten große Transparente: »Führer, wir marschieren mit dir bis zum Endsieg!« Das Ostministerium hat die Hoffnungen der Ukrainer enttäuscht, die von den Deutschen ihre Befreiung erhofft hatten. Als das deutsche Militär zum ersten Mal die Ukraine eroberte, wurden die Soldaten von der Bevölkerung freundlich aufgenommen. Offiziere und Soldaten erzählten mir, die Unruhen hätten begonnen, als die Zivilverwaltung, d. h. die Partei, nach dem weiteren Vormarsch der Truppen nach Osten die Macht übernommen habe. Ich sah einmal eine umfangreiche Denkschrift, welche die in Berlin lebenden Ukrainer dem Reichsaußenminister Ribbentrop eingereicht hatten. Auf dem linken Blatt standen jeweils die Versprechungen der deutschen Regierung verzeichnet, während auf dem rechten die brutale Wirklichkeit und die Anklagen der Enttäuschten zu lesen waren. Ob dieses Schriftstück jemals in die Hände Ribbentrops und Hitlers gelangte?

In Berlin und im Reich leben viele Hilfskräfte aus dem Osten, die nicht immer gut behandelt werden. Eine Ukrainerin war als Dienstmädchen bei einer mir bekannten adligen Dame angestellt, das sie wie eine Sklavin hielt. Das Mädchen arbeitete gut und zuverlässig. In einem Gespräch sagte es zu mir, der Krieg werde erst aufhören, wenn Hitler und Stalin tot seien. Sie war eine treue Russin, wenn sie auch ihr eigenes Regime nicht liebte. Sie traf regelmäßig ihre Landsleute. Auch diese seien nach ihrer Aussage mit der Behandlung unzufrieden, und es sei klar, daß sich unter ihnen mit der Zeit eine große Empörung ansammle, die im Falle einer deutschen Niederlage zur Explosion kommen könne.

Die Angst vor den Fremdarbeitern und Kriegsgefangenen ist im deutschen Volk in der letzten Zeit sehr groß geworden. Daß die der Landwirtschaft oder den Fabriken zugewiesenen Gefangenen nicht freudig arbeiten wollen, leuchtet ein. Deshalb kommt es zu Auseinandersetzungen und Bestrafungen. Diese erbittern die Fremden wiederum noch mehr, und man sieht keinen Ausweg aus dieser Schicksalsmasche. Das deutsche Volk betrachtet die vielen Millionen Fremden, die alle den ehemaligen und gegenwärtigen Kriegsgegnern angehören, wie eine gleichsam noch in der Luft hängende Bombe, die eines Tages mit furchtbarer Entladung herabzustürzen droht.

Jeanne Mammen an Erich Kuby. In: Erich Kuby, Mein Krieg. Aufzeichnungen aus 2129 Tagen. München: Nymphenburger 1975. S. 309–310.

28. Januar 1943

[...] Ich irrte umher nach einem Luftschutzraum, aber sie waren alle überfüllt, die U-Bahnhöfe so gestopft voll, daß die Menschen wieder hinausquollen, schließlich sauste ich noch bis zur Potsdamer Brücke, es knallte schon richtig, da war auch schon alles voll, im »Rauchzimmer« noch ein Eckchen Holzbank – für eine halbe Backe, doch ich saß, kiekte und glaubte irgendwo in Rußland zu sein: Pelzmützen, Lammfellwesten, Asiatenschuhe mit zurückgebogenen Schnäbeln, Filzstiefel, hohe Lederstiefel, zehn verschiedene Arten, alles qualmte, daß man in fünf Minuten den schönsten Hecht schneiden konnte. Neben mir saß einer mit einem Kückenembryogesicht und lutschte die fetten Backen einer kleinen (winzig kleinen überdicken) todschicken Arbeiterin. Andere klatschten sich die Kopfbedeckungen bis über die Augen und lachten bis zu Tränen. In der Mitte des Raumes hockten sie auf ihren Fersen und spielten etwas mit einer grünen Karte, die in Felder eingeteilt war, worauf sie kleine schwarze Dinger hin und her schoben. Dann kamen noch mehr Mädchen, die wurden in die Ecke gekeilt von demjenigen welcher, und dann angesungen. Aber jedes Männchen sang etwas anderes, so laut und so schmelzend wie möglich. Darauf kam ein Luftschutzmann, brüllte: »Ruhe!, seid mal artig« – und knipste das Licht aus (um ein kleines Luftloch aufmachen zu können, da man vor lauter Rauch nur noch Visionen hatte) und dann ging es erst los. Die Mädels quietschten und heulten, die Jungens brüllten, einer fing an zu tanzen, kein Wort Deutsch, sogar »Wolga Wolga« ertönte. Man hörte keine Flak, keine Bombe, keine »Entwarnung« – solch einen Höllenspektakel machten die Kerls! [...]

Felix Hartlaub an den Vater. In: Felix Hartlaub in seinen Briefen. Hrsg. von
E. Krauss und G. F. Hartlaub. Tübingen: Wunderlich 1958. S. 218–220.

23. August 1944

[...] Seit meinem letzten Dortsein (Februar) ist an Zerstörungen doch noch eine Menge hinzugekommen, vor allem in der Innenstadt, aber immer nur einzelne »Schadenstellen«, nicht mehr der Übertritt geschlossener Stadtviertel in den Stand der Ruinen. Das letztere – zum Beispiel alles zwischen Tiergarten und Wittenbergplatz, der »alte Westen« in der weitesten Bedeutung des Wortes – ist entschieden das Unheimlichere, weil die äußeren Umrisse meist noch irgendwie stimmen und man angesichts der wieder ausschlagenden Bäume und spiegelsauberen Straßen das Gefühl hat, daß es dort noch irgendwie weiter leben muß und nicht endgültig verloren hat. Bedrückend ist dort auch die jetzt noch mit brütender Hitze gepaarte völlige Stille. Dagegen knüpfen die viel wüsteren und, da meist von Sprengbomben herrührend, viel tragischeren »Schadenstellen« irgendwie an eine vertrautere Vorstellung von Katastrophe an und sind darum leichter zu verdauen. Das Leben biegt vor ihnen nur kurz aus, der Straßenlärm überbrückt sie. – Daß das Leben im übrigen weitergeht und sogar nicht ohne eine gewisse sommerliche Eleganz und mit allerlei neuen Nuancen, steht nicht nur in den Zeitungen, sondern stimmt auch wirklich. Man muß nur Bescheid wissen und sich einteilen und einrichten können, sich dauernd umstellen und umpassen. In einigen Lokalen konnte man z. B. nicht schlecht essen, auch sonst wird noch allerlei geboten. Die Tatsache, daß natürlich doch sehr viele Menschen weg sind, wirkt sich teilweise als große Erleichterung aus. Man kann zeitweise wieder normal, d. h. sitzenderweise in den städtischen Verkehrsmitteln fahren, was schon vor dem Krieg nur selten glückte, und stößt oft unvermutet in Bezirke fast dörflicher Stille hinein. Doch sind das natürlich nur die Eindrücke eines Außenstehenden: in Wirklichkeit ist die Lebensabwicklung enorm erschwert und in dieser Art eben nur durch die besondere Berliner Rasse zu meistern.

Infolge der großen Bevölkerungsverschiebungen tritt das ausländische Element ganz unverhältnismäßig stark in Erscheinung. In manchen Straßen und Lokalen hört man tatsächlich kein Wort Deutsch und hat so das Gefühl, durch ein eigenartiges Babylon zu wandeln, ein Babel der Trümmer und der Arbeit und der ungeheuren Erwartung, in dem aber auch das eigentliche Babylonische wohl nach wie vor nicht zu kurz kommt. In Gegenden, von denen kaum noch die Straßennamensschilder stehen, weht einen die Atmosphäre der Pariser Banlieue, der italienischen Piazza, des ukrainischen Dorfplatzes an. [...]

Ursula von Kardorff: Berliner Aufzeichnungen 1942–1945. München: Biederstein 1962. S. 220–221.

30. November 1944

Der Bahnhof Friedrichstraße mit seinen breiten Treppen, die in eine Art Unterwelt führen, gilt als bombensicher. Dort ist es so, wie ich mir Shanghai vorstelle. Zerlumpte malerische Gestalten in wattierten Jakken mit den hohen Backenknochen der Slawen, dazwischen hellblonde Dänen und Norweger, kokett aufgemachte Französinnen, Polen mit Haßblicken, fahle, frierende Italiener – ein Völkergemisch, wie es wohl noch nie in einer deutschen Stadt zu sehen war. Fast ausschließlich Ausländer sind da unten, Deutsch hört man kaum. Die meisten wurden in Rüstungsbetriebe zwangsverpflichtet. Trotzdem machen sie keinen gedrückten Eindruck. Viele sind laut und fröhlich, lachen, singen, tauschen, handeln und leben nach ihren eigenen Gesetzen.

Der Not gehorchend – nicht dem Herzen – hat man für sie Kantinen eingerichtet, Theateraufführungen organisiert und bringt sogar Zeitungen heraus. Auch in den großen Bräus am Bahnhof Friedrichstraße sind fast keine Deutschen mehr zu sehen. Jeder, der nicht dort hingehört, wird mißtrauisch gemustert. Hier kennt sich alles untereinander. Mädchen gehen von Tisch zu Tisch, junge Männer mit grellen Halstüchern und langen Haaren schlendern umher. Dazwischen wieder einsame Gestalten, die gemieden werden, vermutlich Spitzel oder Kriminalbeamte. Die Fremdarbeiter sollen vorzüglich organisiert sein. Es heißt, daß Agenten unter ihnen sind, Offiziere, Abgesandte der verschiedenen Untergrundbewegungen, die gut mit Waffen ausgerüstet seien, auch mit Sendegeräten. Woher soll der »Soldatensender« auch sonst so auf dem laufenden sein, woher »Gustav Siegfried Eins« zwischen Zoten immer wieder Wahrheiten einstreuen können? »Es sprach: der Chef« ... schließen die Nachrichten. Diese Sender werden bei uns passionierter gehört als alles, was je dem Deutschen Haus des Rundfunks entströmte. Zwölf Millionen Fremdarbeiter* gibt es in Deutschland. Eine Armee für sich. Manche nennen sie das Trojanische Pferd des heutigen Krieges.

René Schindler: Ein Schweizer erlebt das geheime Deutschland. Tatsachenbericht. Zürich/New York: Europa 1945. S. 44–49.

Die heute über das ganze Reich verteilten ausländischen Arbeiter, die etwa zwölf Millionen betragen*, werden in Deutschland tatsächlich als eine ernste Gefahr betrachtet, und zwar nicht nur von der Partei, auch der Bürger macht sich seit jeher kein Hehl aus dem Ernst der Situation.

Diese Sklaven, so möchte man fast sagen, denn es handelt sich ausschließlich um Angehörige der von Deutschland besetzten Gebiete Europas, die nun im Reich in fast allen Fällen gegen ihren Willen arbeiten, also Zwangsarbeit verrichten müssen, sind einzeln natürlich vollkommen ungefährlich. Ostarbeiterinnen ersetzen das seit langem in die Rüstung oder als Luftwaffenhelferinnen abgewanderte deutsche Haushaltungspersonal. Junge Franzosen wurden gezwungen, ein Jahr – ein Jahr, das nie zu Ende geht – Arbeitsdienst in Deutschland zu leisten; entweder als gelernte Facharbeiter in den Fabriken oder dann in der Landwirtschaft. Die Einbringung von für Deutschland bestimmten italienischen Arbeitern, die meist bei Aufräumungsarbeiten oder beim Straßenbau Verwendung finden, wird mit sonst nicht erhältlichem Urlaub prämiiert. Ein Rumäne schnitt mir in München die Haare; den Lift in meinem Hotel in Berlin bediente ein Ungar; Franzosen, Italiener, Ungarn und Rumänen sind in Hotels und Gaststätten als Bedienung tätig.

Die Lebensumstände dieser bedauerlichen Menschen entsprechen oft der Ideologie vom deutschen »Herrenmenschen«, d. h., auch hier läßt sich nichts allgemein Gültiges sagen, vielmehr ist festzustellen, daß der Dienstherr, der für die Behandlung der ihm unterstellten ausländischen Arbeiter verantwortlich ist, den Ausschlag gibt. Allgemein sind

* Hans Pfahlmann: Fremdarbeiter und Kriegsgefangene in der deutschen Kriegsindustrie 1939–1945. Darmstadt 1968, S. 227 nennt die Zahl von rd. 7,5 Millionen Ausländern.

27   *Fremdarbeiter in einem Lager bei Berlin. Oktober 1943.*

aber sowohl in der Behandlung wie auch in der Ernährung die Lebensbedingungen auf dem Lande besser als in den Städten und Fabriken.

Gelänge es diesen Menschenmassen einmal, sich in irgendeiner Form zu organisieren, werden sie tatsächlich, wie dies bereits in andern Ländern mit den Partisanen geschehen ist, aus der Luft mit Waffen und mit Lebensmitteln versorgt, so steht, zusammen mit den zum Teil ebenfalls auf das Land verteilten Kriegsgefangenen, mit einem Schlag eine ganze feindliche Millionenarmee mitten im Reich.

Denn nicht alle Kriegsgefangenen sind in Lagern untergebracht und bewacht. Bewacht und kaserniert sind vor allem die Angehörigen der angelsächsischen Länder, die tagsüber in kleineren Gruppen, von einem oder höchstens zwei aus gesundheitlichen Rücksichten dem »Landsturm« zugeteilten Soldaten bewacht und zur Arbeit geführt werden. So sah ich in Berlin eine Gruppe Engländer, in München eine Gruppe Kanadier und Australier mit Aufräumungsarbeiten beschäftigt. Die Wache, ein junger, bleicher Germane, drückte gegen ein paar Schweizer Zigaretten gerne beide Augen zu, so daß ich auch den Engländern einige »Players« zustecken und Grüße an ihre Angehörigen notieren konnte, die ich von der Schweiz aus zu vermitteln versprach. Ihr Los, so sagten sie mir, sei im allgemeinen erträglich; die Zerstörungen, die der Krieg in den Städten verursache, wurden bedauert und nicht in allen Fällen als notwendig empfunden.

Viele Kriegsgefangene aber, vor allem die Angehörigen der Balkanländer, werden vom »Stammgefangenenlager«, kurz »Stalag« genannt, in kleineren Gruppen von drei bis zwanzig Mann der Landwirtschaft zugeteilt. Zunächst wurde diesen kleinen »Kriegsgefangenen-Arbeitslagern« jeweils eine besondere Wache beigegeben. Im Zeichen des totalen Krieges muß nun aber einer der auf dem Bauernhof gebliebenen deutschen Männer die Verantwortung für diese Gefangenen übernehmen; notfalls mag er sie erschießen, man wird ihm keinen Vorwurf daraus machen! Und so kann man heute auf dem Lande nicht selten eine Gruppe dieser Arbeitskräfte, mit Sensen und Gabeln bewaffnet, ohne jede Bewachung zur Arbeit aufs Feld ziehen sehen.

Die Lebensbedingungen dieser Gefangenen sind meist besser als die der in den Lagern untergebrachten. Der Lohn wurde bis vor kurzem in besonderem Kriegsgefangenengeld – Papierscheine vom Wert von einem Pfennig an aufwärts bis zu einigen Mark – ausbezahlt, das nur im Arbeitslager oder in der Kantine des »Stalag« verwendet werden konnte. Damit sollte verhindert werden, daß der Gefangene im Verkehr mit der Bevölkerung sich zum Beispiel Zivilkleider verschaffen kann. Aber die ganze mit diesem Kriegsgefangenengeld zusammenhängende Abrechnerei erforderte so viele Arbeitskräfte, daß es kürzlich wieder abgeschafft wurde, zudem der Gefangene ja über viel tauschkräftigere Objekte als über Geld verfügt.

Jeder einzelne von ihnen, gleichgültig welcher Nationalität, erhält nämlich neben seiner Verpflegung, die nach der Haager Konvention der des deutschen Soldaten entsprechen muß, und neben den Liebesgaben, die speziell die Angehörigen der Balkanländer geschickt bekommen konnten, monatlich ein Rotkreuz-Paket aus den Vereinigten Staaten zugestellt, das eine Karte enthält, auf der der Gefangene den Empfang des Paketes zu Händen des Absenders bestätigen muß. Ein Paket von fünf Kilo, das hundert amerikanische Zigaretten, Pulvermilch, Büchsenkäse, Büchsenmargarine, Sardinen, Schokolade, Schwarztee, Kakao und Nescafé enthält. Durchwegs Dinge, die auch bei der deutschen Zivilbevölkerung außerordentlich beliebt sind und einen ihrer Seltenheit und dieser Beliebtheit entsprechenden Tauschwert besitzen.

Der Kontakt der Gefangenen mit der deutschen Hofbelegschaft ist trotz allen Verboten und Aufklärungen über die »Unwürdigkeit« des Verkehrs mit Angehörigen der Feindländer oft sehr eng. Ich besuchte einen kleinen Bauernhof, dem einige Serben, Russen und Franzosen zugeteilt waren, die teils auf diesem, teils auf andern Höfen zu arbeiten hatten. Dort konnte ich einen von den Gefangenen gestifteten herrlichen Nescafé genießen; meine Zigaretten wurden dankend abgelehnt, der englischen Geschmacksrichtung wurde »American Blend« vorgezogen.

»Wenn heute Offizier kommt«, so sagte ein Serbe, »und sagen, du kannst heim, ich nicht gehen; ich bleiben hier.« Es läßt sich vorstellen und dieser Serbe bestätigte es mir, daß es einige der Gefangenen in Deutschland besser und ordentlicher als in der Heimat finden. Kehren sie jemals in ihr Dorf zurück, so werden sie, wenn ihre Behandlung danach war, wahrscheinlich manches dazugelernt haben und den zurückgebliebenen Dorfbewohnern vielleicht in vielem überlegen sein.

Einer der Franzosen sprach unverfälschten Dialekt. Da er nicht als Gefangener, sondern im Arbeitsdienst in Deutschland ist, konnte er sich vom Bauern einen Trachtenanzug zu Weihnachten wünschen. Für die Kinder des Hofes hatte er an langen Abenden mit der ganzen

Geschicklichkeit seiner Rasse ein komplettes Puppenhaus gebastelt und eingerichtet.

Aber, so sagte der Bauer, nicht alle Gefangenen fühlen sich wohl. Viele leiden an Heimweh. Die Fremde ist ihnen zu fremd; die Lebensart zu verschieden von der bisher gewohnten und oft völlig unverständlich. Einige sind bereits geflohen und sind nicht wieder aufgefunden worden. Nun werden nach Feierabend, ehe die Türen versperrt werden, die Hosen aller Gefangenen eingesammelt, um ihnen dadurch eine geplante Flucht zu erschweren. Wenn aber ein Paar Schaftstiefel einen Tauschwert von 800 Mark haben und man für 20 der amerikanischen Zigaretten ein Pfund Butter einhandeln kann, läßt sich mit dem Inhalt von einem oder zwei der Rotkreuzpakete schon recht weit kommen. Bei der Unzahl von Ausländern, die man heute in Deutschland antrifft, ist jede Fahndung von vornherein fast aussichtslos.

Das Verbot, mit Kriegsgefangenen zu sprechen, soweit die Unterhaltung über Dienstanweisungen hinausgeht, das Verbot, ihnen Geschenke zu machen, hat schon lange an Aktualität verloren. Heute sind es die Gefangenen, die die Geschenke machen, und mancher Deutsche findet es keineswegs unter seiner Würde, mit diesen Menschen sich zu unterhalten, ihnen, wo immer er dies kann, kleinere Erleichterungen zu verschaffen und sich selbst dadurch vielleicht einen neuen Weg zu lange entbehrten Genüssen zu öffnen. Keinesfalls unter ihrer Würde finden es zum Beispiel auch die Angestellten eines Krankenhauses, in dem auch englische Gefangene untergebracht waren, sich auf die von deren Mahlzeit übrig gebliebenen Teeblätter zu stürzen, um sich selbst noch einen Abguß dieses herrlichen Getränkes zu machen.

Sind die ausländischen Arbeiter auch in den meisten Fällen nicht militärisch vorgebildet, so sind es die Kriegsgefangenen, die bei einer Erhebung dieser Elemente sicherlich eine führende Rolle spielen werden. Die Partei, alle Deutschen tun sicherlich gut daran, diese Menschen als ein Trojanisches Pferd, als eine sehr ernste Gefahr zu betrachten. Was wird der »Volkssturm« dagegen wohl ausrichten können, wenn es einmal so weit ist?

6. *Bericht über den »Sondereinsatz Berlin« für die Zeit vom 13.11.–19.11.1944*

21. November 1944

Einzelbeobachtungen: [...] Ausländer. Immer wieder taucht dieses Thema auf. Die Ausländer hätten in Deutschland noch immer zu viel freie Zeit, man müßte sie viel mehr beschäftigen. Häufig sind die Klagen darüber, insbesondere von Frauen, daß in Berlin und in den Vororten die Ausländer am Tage Schwarzhandel trieben, während deutsche Männer und Frauen schwer arbeiten müßten. Polizei sähe in den meisten Fällen tatenlos zu oder beteilige sich sogar an Ankäufen. Auch bzgl. der Gleichberechtigung der Ausländer herrscht starke Unzufriedenheit in der Bevölkerung. Man spricht sogar davon, daß die Ausländer in ihren Kantinen größere Lebensmittelzuteilungen bekämen wie deutsche Arbeiter. Überdies würden wir bei den vielen ausländischen Arbeitern und Arbeiterinnen sehr bald große Lebensmittelsorgen haben und die Rationen müßten gekürzt werden.

7. *Bericht über den »Sondereinsatz Berlin« für die Zeit vom 20.11.–26.11.1944*

29. November 1944

Einzelbeobachtungen: [...] Tageskino Biograph, Münzstraße 9. Am 23.11. konnte wieder eine große Zahl junger Männer, meist sehr gesund aussehende Ausländer, vor der Kasse stehend beobachtet werden. Das Programm begann mit der Wochenschau, die überhaupt nicht beachtet wurde. Die Besucher unterhielten sich in der Mehrzahl wie in einer Kneipe, andere gingen, eine Anzahl neuer Besucher kam. Hinweise auf den Ernst der Wochenschau wurden mit Gelächter beantwortet. [...] Auch in anderen Tageskinos konnte wieder festgestellt werden, daß der größte Teil der Besucher aus Ausländern besteht. Dagegen müssen deutsche Besucher, so Soldaten oder andere Durchreisende, wenn sie kurz vor Beginn einer Vorstellung kommen, unverrichteter Dinge wieder gehen.

[...] In der Straßenbahn wurde ein Italiener auf seine Anstandspflicht, einer älteren deutschen Frau Platz zu geben, hingewiesen. Nach seiner Bemerkung, er habe ja auch bezahlt, nahmen andere deutsche Frauen

für den Italiener Partei. Er könne doch auch nichts dafür, daß er hier sei, und habe doch genauso in den Krieg müssen, wie die deutschen Männer auch. Man müsse doch menschlich bleiben, denn wir hätten doch schon genug Schuld auf uns geladen durch die Juden- und Polenbehandlung, die man uns noch heimzahlen werde. –
In der Leipziger Straße regte sich ein deutscher Arbeiter darüber auf, daß dort polnische Frauen und Mädchen Steine schichten müßten. [...]

12. Bericht über den »Sondereinsatz Berlin« für die Zeit vom 25.12.–31.12.1944

3. Januar 1945

Einzelbeobachtungen: [...] In der S-Bahn Oranienburg–Wannsee konnte am 31.12. eine Gesellschaft von französischen Volksangehörigen, bestehend aus 12 Männern und 5 Frauen, in teilweise stark angetrunkenem, teilweise sogar betrunkenem Zustande beobachtet werden, die sich in durchaus ungebührlicher Weise in dem Abteil breit machten. Auffiel wiederum, daß *sämtliche* das *Olympia-Erinnerungsabzeichen* (5 Ringe) trugen. Große Entrüstung seitens der deutschen Mitfahrenden. Fragen nach der Herkunft des Alkohols oder des vielen Geldes usw. – Auch in den vielen Gaststätten am Alexanderplatz treiben sich tagsüber zahlreiche Ausländer anscheinend beschäftigungslos herum, betreiben dafür jedoch einen schwunghaften Schwarzhandel, wie bereits schon gegen 10 Uhr im Pilsator zu sehen war. Die Bevölkerung murrt bereits sehr stark darüber. Diese[s] fremde Volk lungere nur herum, verdränge schließlich noch die Deutschen, und der deutsche Staat müsse diese Menschen noch ernähren, ohne einen Nutzen, wahrscheinlich aber nur Schaden davon zu haben. – Auf die Ausländer werden letzten Endes schon alle Unregelmäßigkeiten, die in irgendeiner Form auftreten, geschoben. Wenn sich die jetzigen Zustände nicht ändern ließen, würden uns die Ausländer in diesem Krieg den wirklichen »Dolchstoß von hinten« geben. [...]

14. Bericht über den »Sondereinsatz Berlin« für die Zeit vom 6.1.–14.1.1945

18. Januar 1945

Einzelbeobachtungen: [...] In den Lokalen der Innenstadt, z. B. Krug zum Grünen Kranze am Alexanderplatz, Übersee in der Neuen Königstr., Münzklause in der Memhardtstr. sowie Aschinger am Alexanderplatz und in der Friedrichstr., aber auch in Lokalen des sogen. besseren Westens wie Melodie und Leon am Kurfürstendamm kann immer wieder beobachtet werden, daß sich deutsche Frauen derartig bewegen, daß dieses Gebaren schon mehr als anstößig ist. Anscheinend finden sie nichts dabei, sich von Ausländern freihalten zu lassen oder diese um Zigaretten anzuschnorren. [...] Außerordentlich bedauerlich ist, daß diese sogen. deutschen Frauen um Zigaretten sogar ihre Ehre verkaufen, wie man ebenfalls zu hören bekommt. – In dem Speiselokal Hainschloß, Berlin NO 18, Am Friedrichshain 15, und im Lokal Am Friedrichshain 35 (Königstor) halten sich deutsche Frauen sogar mit ihren Kindern auf und kaufen für die dort verkehrenden Italiener Mittagessen. Außerdem werden diesen noch belegte Brote und Zigaretten zugesteckt, wie einwandfrei am 9.1. beobachtet werden konnte. – Gelegentlich eines Besuches eines italienischen Hoflokals in Berlin O, Frankfurter Allee 18, am 11.1. in der Zeit von 17.30 bis 22 Uhr konnten vornehmlich Ausländer aus den Lagern Köllnische Heide festgestellt werden. Die anwesenden deutschen Frauen und Mädchen kümmern sich um Deutsche überhaupt nicht, sondern sitzen ausschließlich mit den meist gut gekleideten Ausländern am Tisch und nehmen diese später auch mit nach Hause. Gleichzeitig findet hier auch ein starker Tauschhandel zwischen den Mädchen und Ausländern statt, z. B. silberne Ringe gegen Fleischmarken usw. Ein Ausländer am Tische der Angehörigen des Sondereinsatzes sagte u. a., daß er ins Lager gehe, wann er wollte, und daß er sich um die Sperrstunde nicht zu kümmern brauche.

Tagesangriffe

*Konrad Warner: Schicksalswende Europas? Ich sprach mit dem deutschen Volk ...
Ein Tatsachenbericht. Rheinfelden: Langacker 1944. S. 191–198.*

Unter der Einwirkung der nächtlichen Alarme wurde unser Schlaf immer leiser. Unwillkürlich warteten wir auf das Ertönen der Alarmsirenen und auf das Dröhnen der Flugzeugmotoren über der dunklen Stadt. Unsere Träume waren unruhig und zerquält. Kamen die Bomber eine Zeitlang um drei Uhr früh, dann wachten wir pünktlich um diese Zeit auf, auch wenn sie ausblieben. Dafür wurden wir zu einer anderen Stunde von ihnen überrascht.

Wie oft wir in diesen Monaten in die Keller hinuntereilten, wie oft wir Angst um das Leben unserer Lieben haben mußten, wie viele Stunden wir in den kalten, winterfeuchten Luftschutzräumen uns zusammendrängten, wir wissen es nicht mehr. Wir gewöhnten uns daran. Dies war nun einmal die Wirklichkeit und wir paßten uns ihr an, soweit dies eben möglich war. Wir lebten, wir schliefen und aßen, wir machten unsere Geschäfte und wir freuten uns über jeden Sonnenstrahl.

Wir waren Menschen des 20. Jahrhunderts, von dem man sich so viel versprochen hatte, und das man das Jahrhundert der Technik nannte, die jetzt wirklich mit allen Mitteln in Aktion getreten war. Es war das Jahrhundert der Cäsaren, hinter dem unbeachtet die Worte standen: »Nach Christi Geburt.«

Es floß kein Wasser, es brannte kein Licht, das Gas hatte zu strömen aufgehört und das Radio konnte uns die traurigen Stunden nicht mehr vertreiben helfen. Im Treppenhaus war es finster wie im Schlund eines Walfisches. Wenn die Sirenen aufheulten, stolperten wir über die unsichtbaren Treppen hinunter. In der Ferne begann schon das Rollen der Geschütze. Am Himmel blitzte es weiß auf, plötzlich senkten sich die berüchtigten »Weihnachtsbäume« herab und irgendwo in der Nähe setzte ein schweres Flakgeschütz mit seinem Feuer ein. Der Boden waberte leise, metallisch und weltenweit erscholl das vielfältige Echo von Abschüssen und Einschlägen.

Wir achteten darauf, daß wir im Keller unter einem Türbogen oder einem sicheren Gewölbe sitzen konnten. Bei jeder Erschütterung und jedem Schlag zogen wir die Köpfe ein und sahen einander verstohlen an. Wir berührten den Nächsten, um ihn zu beruhigen und um selber Ruhe zu suchen. Und wir atmeten auf, wenn das Ungewitter in die Ferne entwich.

Jetzt ein, zwei, drei Einschläge in der Nähe! Sie kommen wieder, sie sind über uns, hörst du das Dröhnen der Motoren! Sie kommen im Sturzflug auf uns herab! Die Erde geht unter in Krachen und Splittern und Dunkelheit. Sie wird zu einem unsicheren Feuerball, zu einer Retorte scheußlicher Gase und Gifte.

Als wir aus den Löchern krochen, brannte das Haus bis ins Parterre. Die Menschen, die in dem Haus gewohnt hatten, liefen durcheinander. Sie jammerten und weinten und standen vor ihren Häusern, ohne diese Wirklichkeit begreifen zu können. Unaufhaltsam und unersättlich knisterte der Brand hinter den Fenstern und in den Räumen, wo die Kinder geboren wurden und wo die Verlobung des Sohnes gefeiert worden war. Dort hatte man die Goldene Hochzeit begangen; jetzt war es für immer vorbei, jetzt stand man als heimatloser Bettler auf der Straße.

Wir mußten ein neues Notquartier suchen. Teilnahmslos lebten wir in den Tag hinein. Krieg, Politik und Zukunft interessierten uns nicht mehr. Und manchmal hofften wir, daß eine Bombe auf uns niedersausen und uns erlösen werde von der Qual dieses unbegreiflichen Daseins.

Mit Alarm, Bomben und Brand begann das neue Jahr. Angriff folgte auf Angriff und die Zerstörungen fraßen sich durch den Leib der Großstadt. Bald mußte sie ganz vernichtet sein. Immer enger rückten die Menschen zusammen. Immer mehr Werte gingen verloren und würden nie mehr ersetzt werden können. Fast alle unsere Bekannten hatten ihr Hab und Gut verloren und lebten notdürftig in einem Raum oder in einem Luftschutzkeller mit vielen andern Opfern des Krieges. Bei den Angriffen im November sollen über 400000 Menschen obdachlos geworden sein. Die Zahl der Toten war nicht zu ermitteln. Mit dem zunehmenden Abwurf schwerer und schwerster Sprengbomben erhöhte sie sich beträchtlich. Am 22. November waren viele Berliner unterwegs überrascht worden. Sie wurden von Brandbomben, Sprengsplittern oder Geschoßteilen verstümmelt und getötet. Schon kurz nach dem Endalarm konnte man die Leichen von Fußgängern oder aus den zerstörten Wohnungen geholten Erschlagenen mit Etiketten an den Füßen im Freien liegen sehen, während der rote Brandschein über sie hinweghuschte.

Mit den Wohnungen wurden Möbel, Kleider, Wäsche und alle andern lebenswichtigen Dinge vernichtet. Auf den Fliegerschein, den man als Ausgebombter erhielt, konnte man beim Wirtschaftsamt Bezugsscheine für die wichtigsten Möbel bekommen, wenn man eine neue Wohnung gefunden hatte. Auch Bezugsscheine für Kleidung und Schuhe wurden ausgegeben, aber es war schwierig, die Ware zu erhalten. Sogar für Nähgarn im Wert von etwa zwanzig bis dreißig Pfennig brauchte man einen Bezugsschein, den man nach langem Warten auf dem Wirtschaftsamt ausgestellt bekam. Wenn die Zerstörungen fortschritten, dann mußte es bald unmöglich werden, die Bevölkerung mit dem Nötigsten zu versorgen. Zwar hatte man Ausweichlager angelegt. Aber konnten nicht auch diese eines Tages den Flammen zum Opfer fallen?

Auch die Körperpflege wurde notgedrungen immer nachlässiger. Die Seife war denkbar schlecht, und kosmetische Artikel wurden in immer geringeren Mengen dem Verkauf zugeleitet.

Für die verlorengegangenen Werte und Gegenstände reichten die Ausgebombten beim Kriegssachschädenamt einen Antrag auf Schadenersatz ein. Die Bevölkerung meinte, die Auszahlung werde erst »drei Monate nach dem Sieg« erfolgen. Einen Vorschuß von einigen hundert Mark konnte man jedoch erhalten. Die Bankkonten waren nicht gesperrt, so daß man immerhin nicht ohne Geldmittel war. Viele fürchteten, daß ihre eingereichten Anträge eines Tages ebenfalls den Flammen zum Opfer fallen würden. Aus brennenden Häusern hatte die Wehrmacht Möbel und Gegenstände gerettet und in Sammellagern untergebracht. Es dauerte Stunden, bis man sie besichtigt und festgestellt hatte, daß nichts vom eigenen Hausrat dabei war.

Wieviel Dutzend deutschen Städten erging es ebenso? Wir brauchten nur die Landkarte aufzuschlagen, um das Ausmaß der Katastrophe zu erahnen. Städte, die man bereits für völlig vernichtet hielt, wurden immer wieder bombardiert. Es kam darauf an, die jedesmal von neuem in Ordnung gebrachten Verkehrsanlagen zu zerstören. Nie wurden alle Häuser getroffen, es blieben unbeschädigte Fabriken und Betriebe zurück, Büros und Ministerien arbeiteten weiter. Auch die Versorgung der Bevölkerung mußte weitergeführt werden. Der militärische Nachschub rollte ununterbrochen. Erst dann wird eine Stadt als im kriegsmäßigen Sinne unbrauchbar betrachtet, wenn sie außer dem Eigenbedarf nichts mehr für die Lieferung an Rüstungsbetriebe und zum Transport in andere Gebiete herstellen kann. Und manche Städte waren in einem Maße zerstört worden, daß ganze Stadtteile zugemauert werden mußten.

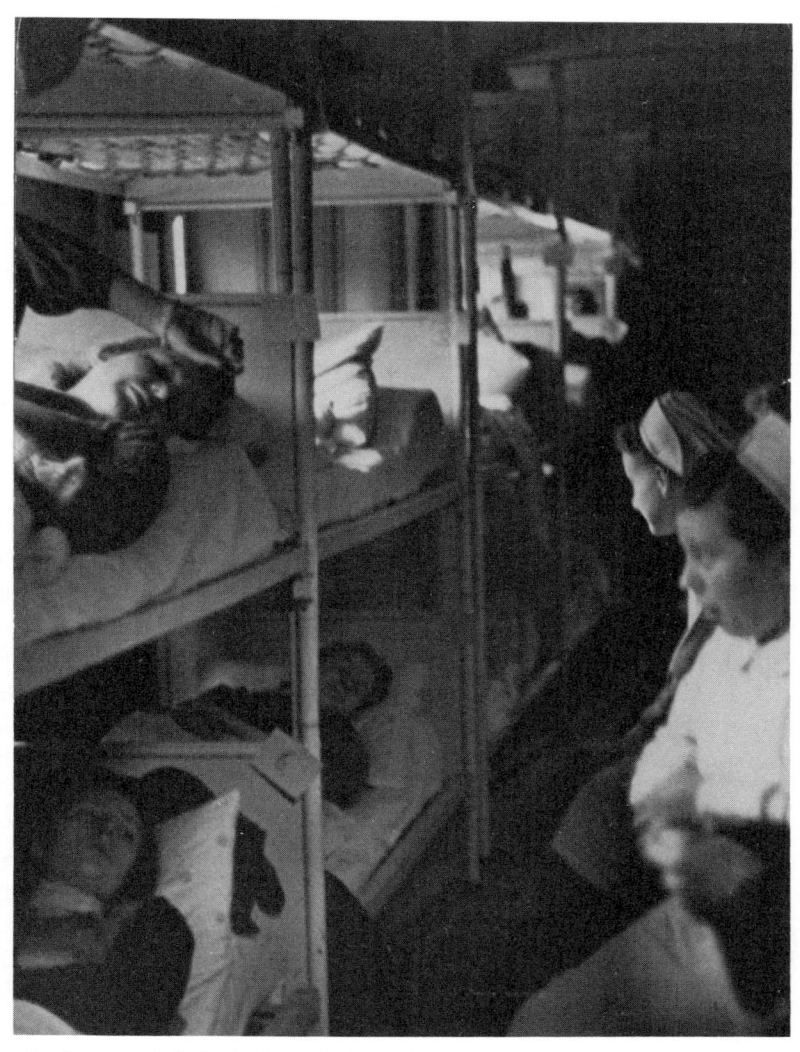

28 Lazarettschiff für Bombenopfer. September 1944.

Während einer Reihe von Tagen hatten wir Ruhe. In den frühen Morgenstunden des 29. Januar jedoch prasselte wieder ein Bombardement auf uns nieder. Halb angezogen eilten wir hinab in die Keller. Am Sonntag, 30. Januar, dem Nationalfeiertag, sollte um zwölf Uhr Hitler im Radio sprechen. Kaum hatte er begonnen und scharfe Töne gegen England angeschlagen, als die Alarmsirenen seine Zuhörer in die Luftschutzräume trieben. Es gab viele Deutsche, die sagten: »Er soll doch aufhören mit seinen provokatorischen Reden, sonst kommen sie erst recht!«

Das Anhören der Radiosendungen wurde immer schwieriger. Entweder machten die Alarme den Sendebetrieb unmöglich, oder der Strom war unterbrochen. Das war sehr unangenehm, weil durch das Radio die Luftlagemeldung verbreitet wurde. Bisher hatte ein großer Teil der Bevölkerung die englischen Sendungen empfangen. Man kannte den Atlantiksender und den Sender Gustav Siegfried. Ja, man hörte selbst russische Sendungen in deutscher Sprache. Das wurde jetzt immer gefährlicher, weil infolge der Bombardierungen zahlreiche einander fremde Menschen in einem Raum zu hausen gezwungen waren.

In der Mittagsstunde dieses Tages erfolgte kein Angriff auf Berlin. Aber abends um halb acht Uhr brach die Hölle von neuem los. In unserer unmittelbaren Nachbarschaft schlugen zwei Minen und eine schwere Sprengbombe ein, die mehrere Häuserblocks bis in die Keller einrissen. Wir wurden vom Luftdruck gegeneinander geworfen. Der Keller füllte sich mit Staub und Kalk und das Licht verlöschte. Drei Häuser weiter lagen über dreißig Verschüttete. Wir versuchten, sie noch während des Angriffs auszugraben. Noch eine Woche lang wurden dort Bergungsversuche unternommen. Aber sie waren vergeblich.

In der ganzen Umgebung standen die Häuser in Flammen. In kürzester Zeit brannten sie bis zu den Grundfesten nieder. Der Luftschutz war machtlos. Ohnmächtig stierten die einstigen Bewohner in die grausige und dennoch unfaßbare Wirklichkeit des Untergangs. Der Brandschein geisterte und flackerte auf den schwitzenden und rußverschmierten Gesichtern der Menschen, die bis zum letzten Augenblick gegen das Feuer gekämpft hatten. Es war fast taghell und die Höllenorgel der Großbrände dröhnte in unsern Köpfen. Hitze und eiskalter Luftsog bedrängten unsere Körper, die der Vernichtung wieder einmal entgangen waren. Wieder hatten Hunderte oder Tausende den Tod gefunden, Abertausende waren obdachlos und zu Bettlern ohne Hoffnung geworden. Ganze Stadtteile wurden zu Friedhöfen, und oft geschah es, daß in die Trümmer noch einmal Bomben fielen und daß es in den Ruinen tage- und wochenlang brannte. Aus defekten Leitungen gluckste unaufhaltsam das Wasser über die Schutthaufen einstiger Wohnpaläste, die es vor ihrem Schicksal nicht hatte bewahren können. Wir hatten den Eindruck, daß jetzt immer mehr und schwerere Sprengbomben abgeworfen wurden. Hunderte von Bombern flogen am entweihten Himmel Europas, und man wußte, daß es nur eines Hebelzuges bedurfte, um Tausende von Tonnen Sprengstoff herabsausen zu lassen, dem man wehrlos ausgeliefert war. Mit unheimlichem Geheul, Pfeifen und Luftdruck schlugen diese Ladungen in die Stadt und löschten sie langsam aber sicher aus. Die meisten Häuser waren beschädigt. Unzählige waren vollkommen zerstört. In einem Bezirk in Berlin sanken allein zwischen dem 23. und 30. November 45 000 Häuser in Trümmer. Die andern waren von Brand und Luftdruck beschädigt.

Als wir nach dem Angriff wieder in unser Notquartier hinaufkletterten, – wie viele haben wir nicht in jenen Monaten der Reihe nach bewohnt! – waren sämtliche Scheiben und Rahmen kaputt. Türen waren eingedrückt und lagen auf Tischen und Betten. Manchenorts waren die Zimmerwände eingestürzt; der Berliner nannte das »durchgepustet«. Der Verputz war von den Wänden gefallen, die Decken hingen herab und überall lief man auf Gips, Mörtel und Glassplittern. Die Möbel waren durcheinandergeschoben und umgestürzt. Von außen sah das Haus wie eine Ruine aus, aber wir konnten vorläufig noch darin wohnen. Sollte aber in der Nähe noch einmal eine Sprengbombe fallen, dann mußte der Bau in sich zusammenstürzen wie ein Kartenhaus.

Jacob Kronika: Berlins Undergang. Kopenhagen: Hagerup 1946. Der Untergang Berlins. Deutsch von Margreth Bossen. Flensburg und Hamburg: Wolff 1946. S. 11–14.

25. Februar 1945

Es gibt immer noch Kinder in Berlin. Zwischen den Alarmen spielen sie unbekümmert in zerbombten Straßen. Ihr Spiel aber ist vom Krieg geprägt. Wenn sie mit ihren kleinen Spaten und Schaufeln graben, dann bauen sie fast immer Bunker. Ihr kindlicher Streit gilt dann der

Konkurrenzfrage, wer den stärksten Bunker schaffen kann. Mit altklugen Mienen sprechen sie über die Sprengwirkung der verschiedenen Bombenkaliber; sie operieren sachkundig mit 2 Tons, 4 Tons, 6 Tons und mit Superbomben.

Ein amerikanischer Bomber war auf ein Eckhaus im Inneren Berlins abgestürzt. Das Haus war bereits durch Bomben arg beschädigt. Nur noch wenige Mauerreste standen; sie reichten bis etwa zum ersten Stockwerk hinauf. Alles andere war ein Trümmerhaufen. An dieser Ecke befand sich einmal ein großes und vornehmes Blumengeschäft. Inmitten der Zerstörung schaukelte ein Schild mit der Aufschrift »Blumen«.

Auf den rauchgeschwärzten und pulverisierten Resten des Blumenladens lag nun der amerikanische Bomber. Die Leute blieben stehen und sahen sich die Geschichte an. Mit Kennermiene stellten sie fest, daß der Bomber in sehr geringer Höhe getroffen sein mußte, sonst hätte er nicht so verhältnismäßig unbeschädigt sein können!

In dem Wrack der Maschine lag ein Mitglied der Besatzung. Sonderbar – es sah fast so aus, als ob der tote Flieger völlig unverletzt geblieben wäre. Doch war es wohl nur die solide, dicht schließende Fliegerkombination, die diesen Eindruck hervorrief.

Der Pilot lag auf dem Rücken. Der eine Arm ragte gen Himmel. Das Gesicht war ganz schwarz.

Eines Tages kletterte ein zehn- bis zwölfjähriger Berliner Junge auf die Ruinen des Blumengeschäftes hinauf. Keiner der Passanten kümmerte sich weiter darum. Niemand sagte etwas.

Was hatte der Junge vor? Er schielte nach rechts und nach links. Dann glitt er vorsichtig an den toten Piloten heran. Sich auf die Knie niederlassend, begann er mit irgend etwas zu hantieren, das zum Wrack der Maschine gehörte. Es verging eine Weile, ehe der Junge sich wieder aufrichtete. Seine Beute versuchte er – so gut es sich machen ließ – zu verbergen. Mit unsicherem Blick streifte er die Menschen, die unten auf der Straße standen. Immer noch sagte niemand etwas. Vorsichtig begann der Junge nun mit dem Abstieg. Kaum hatten seine kleinen, emsigen Füße festen Boden berührt, als er, seine Beute an sich pressend, mit langen Sätzen davonlief.

»Er hat den Fallschirm mitgenommen«, rief ein Mann.

»Halt, Junge!« ließ sich ein anderer vernehmen.

»So was ist streng verboten ...«

»Laß ihn nur laufen«, bemerkte ein junges Mädchen. »Seine Mutter wird froh sein über die schöne Seide ...«

Mitten in der ausgebombten Straße steht eine alte Wasserpumpe. Es ist ein Exemplar aus Eisen, gewichtigen Formats. Zum Glück gibt es viele Pumpen dieser Art in Berlin. In normalen Zeiten wirkten sie prähistorisch. Jetzt aber, in den Tagen des Luftkrieges, sind die Berliner froh, daß es noch solche Pumpen gibt. Wo sollten sie sonst Wasser hernehmen, wenn die unterirdischen Leitungen und Rohre Volltreffer bekommen haben?

Männer und Frauen stehen Schlange. Meistens in langen Reihen, denn es dauert eine Weile, ehe die Eimer vollgepumpt sind. Aber die Geduld ist groß. Man muß ja froh und dankbar sein, so lange man noch zu denen gehört, die ein eigenes Heim mit Wasser versorgen können!

In der Nähe der alten Pumpe stehen havarierte Straßenbahnwagen auf zerstörten Schienen. Alle Scheiben sind zersplittert. Die Karosserie zeigt Löcher und Beulen. Zerrissen liegt die Stromleitung auf der Erde.

Zwei kleine Mädchen krabbeln auf den Trittbrettern herum. Eines von ihnen hält eine schäbige Puppe im Arm. Um den Kopf hat es ein Tuch gebunden, genau so, wie die Frauen in Rußland und Polen es zu tun pflegen. Das andere Mädchen hat ein Stück von einem verschmutzten Laken erwischt; das ist nun eine Schürze, die fast bis auf die Zehenspitzen reicht. Beide zeigen tiefernste Gesichter. Viel zu ernst. Denn sie spielen doch nur. Was für ein Spiel ist es aber?

»Ich bin Flüchtling aus dem Osten, und *sie* ist NSV«, erklärt die kleine Puppenmutti, als ich die beiden anrede.

»Hier drinnen in dieser Straßenbahn ist die Essen-Ausgabe für die Flüchtlinge auf dem Bahnhof; dort kriegen ich und mein Kind zu essen. Wir haben seit zweiundzwanzig Tagen nichts mehr gegessen ... Und mit der anderen Straßenbahn wollen wir nach Thüringen fahren. Dort bekommen wir ein neues Haus. Mit einem Garten. Und dort gibt es keine Alarme. Und die Russen kommen auch nicht mehr. Und dann kriegen wir Vati zurück aus dem Krieg ...«

»Dann fährt deine Mutti wohl auch mit nach Thüringen?« unterbreche ich den kleinen »Flüchtling«.

»Mutti?« fragt die Kleine gedehnt.

Einen Augenblick ist es still. Dann sagt sie:

»Mutti ging doch auf dem Flüchtlingstransport verloren...«
»Ihre Mutti ist erschossen worden«, erklärt die Freundin.
»Und nun haben wir nur noch eine NSV-Mutti«, fügt der kleine Ostflüchtling tief ernst hinzu und schaut dabei auf die Puppe. »Sie steht dort an der Pumpe und holt Wasser...«

Meldungen aus dem Reich 1938–1945. Die geheimen Lageberichte des Sicherheitsdienstes der SS. Hrsg. von H. Boberach. Bd. 16. Herrsching 1984. S. 6315–6317.

10. Februar 1944

Um die noch verhältnismäßig hohe Zahl von Kindern in den luftgefährdeten Gebieten zu verringern, wurden in den letzten Wochen durch die Partei, die Hitlerjugend, die Dienststellen der Kinderlandverschickung, die NSV und die Schulen größere *Werbeaktionen für die Schulverlegung* durchgeführt.

Bedauerlicherweise haben sich trotz dieser Werbeveranstaltungen immer noch ein *erheblicher Teil der Eltern* zur Verschickung ihrer Kinder *nicht bereitgefunden.*

Aus den Meldungen seien die nachfolgenden Beispiele über die *durchgeführten Elternversammlungen* herausgegriffen, die erkennen lassen, mit welchen Argumentationen und Einwänden sich die Eltern in diesen Versammlungen gegen die Kinderevakuierung aussprechen:

»Den Eltern der 28. und 29. Volksschule wurde im Lichtspielhaus Passage Neukölln ein Film über ein KLV-Lager gezeigt. Die anwesenden Jugendlichen zeigten sich begeistert, die Mütter hielten sich zurück. Als der Redner ausführte, daß es durchaus möglich sei, daß die Jungen oder Mädel auch einmal einige Tage im Stroh schlafen müßten, dafür aber nicht durch Alarm aus dem Schlaf geweckt würden und die Bunker aufsuchen müßten, kam der erste *Zwischenruf:* ›Im Bunker ist es aber prima!‹ Auf den Hinweis, daß Berlin Kriegsgebiet sei, in dem Kinder nichts zu suchen hätten, riefen verschiedene Mütter: ›Wir aber auch nicht!‹ Als der Redner daraufhin erklärte, die Mütter sollten dankbar sein, daß ihre Kinder in Sicherheit seien, ertönte der Zwischenruf: ›Die Kinder wollen aber nicht.‹ Nach einem Appell an die Mutterliebe und der Feststellung, daß es unvernünftig sei, zu erklären, man wolle mit seinen Kindern zusammen sterben, wurde dem Redner laut entgegengehalten: ›Nein, das ist richtig.‹ Die Feststellung, daß hier in der Stadt *kein Unterricht* erteilt werde, wurde mit ›Na, dann eben nicht‹ quittiert. Die Feststellung, daß Kinder unter 10 Jahren in Familienstellen untergebracht werden, da sie nicht als lagerfähig angesehen würden, beantworteten die Eltern mit *lautem Gelächter*. Als der Vortragende, der bisher die Zwischenrufe mit Geschick beantwortete, auf die Frage, wohin die Kinder unter 10 Jahren kämen, keine genaue Auskunft geben konnte, verließ der größere Teil der Eltern die Versammlung. Ihre Auflösung konnte vom Versammlungsleiter auch nicht durch die versuchte Führerehrung verhindert werden.«

»In der Volksschule Berlin N 58, wo die Eltern der 9., 10., 21. und 22. Volksschule zusammen waren, hatte ein Rektor in sehr anschaulicher Form gesprochen. Als er ausführte, daß die Kinder, die *keinen Schulunterricht* hätten, *nicht versetzt* werden könnten, ertönten die ersten *Zwischenrufe*. Der Versuch, einen Vater, der seine Kinder zur Verschickung anmeldete, sprechen zu lassen, wurde von Anwesenden mit der Bemerkung, dies sei doch nur ›Theater‹ beantwortet. Mehrere Eltern hatten sich inzwischen erhoben und dem Ausgang zugewendet.«

»In der Elternversammlung in der Schule Eberswalder Straße 10, Bezirk Prenzlauer Berg, versuchte der Redner durch den Hinweis auf noch zu erwartende schwere Angriffe, die Eltern zur Verschickung zu bewegen. Die darauf entstandene *Beunruhigung* machte sich in Zwischenrufen laut: ›Wir wissen, daß wir damit zu rechnen haben – wo bleibt aber *die Vergeltung? Unsere Kinder sollen bei uns bleiben.*‹ Als der Redner zum Ausdruck brachte, daß Kinder nicht nur Eigentum der Eltern, sondern ebenso wie der Boden, der vom Landmann bearbeitet werde, auch Eigentum des Staates seien, erhob sich ein Soldat und verließ wortlos die Versammlung. Dabei erfolgten Zwischenrufe wie: ›Wir haben die Kinder aber in die Welt setzen dürfen, mußten sie großziehen und jetzt gehören sie uns nicht mehr. *Das sind ja bolschewistische Zustände.*‹ Unter Anspielung auf die Uniform des Redners sei die Frage gestellt worden: ›Der ist wohl gar von der Partei?‹ Auch die sachlich einwandfreien Ausführungen über die Betreuung in den Lagern wurden durch Zwischenrufe gestört. So z. B. eine Mutter: ›Ich habe meinen Jungen acht Monate in der KLV gehabt. Dort kommt er nie wieder hin, da die Jungens von unreifen HJ-Führern geschunden werden.‹ Der Hinweis, daß die Schulappelle eingestellt würden, führte zu Zwischenrufen, wie: ›Na, also, Gott sei Dank‹ oder ›Endlich hat man es eingesehen!‹«

»In einer Versammlung sind einige Männer aufgestanden und haben die Frage dem Redner vorgelegt: ›*Können wir dazu gezwungen werden, die Kinder zu verschicken?*‹ Als darauf der Redner die Notwendigkeit zum Zwang andeutete, für den Fall, daß der Aufruf an die Freiwilligkeit ohne Erfolg bleibe, habe ein *großes Trampeln* eingesetzt.«

Ergebnis der Werbeaktion
Aufgrund der Elternveranstaltungen sind die *Erwartungen nur zum Teil erreicht worden.*»Nach den bei der Schulabteilung des Stadtpräsidiums Berlin bis zum 28. 1. vorliegenden Meldungen haben sich insgesamt 5607 Schüler und Schülerinnen zur Teilnahme an der Schulverlegung aufgrund der neuen Werbeaktion gemeldet. Diese Zahlen setzen sich wie folgt zusammen:

Einzelverschickung	6–9jähriger Kinder:	2159
Volksschüler von	10–14 Jahren:	
	1562 Jungen	
	1203 Mädchen	2765
Mittelschüler	209 Jungen	
	193 Mädchen	402
Oberschüler	143 Jungen	
	138 Mädchen	281.«

Im einzelnen können folgende Beispiele angeführt werden: »Im Schulkreis Zehlendorf haben sich von *8 Volksschulen 50 Kinder* gemeldet; von der Mittelschule 7 Schüler. In Charlottenburg von *28 Volksschulen 50–60 Schüler.* In Wilmersdorf von *12 Volksschulen 12 Kinder.*« [...]

Konrad Warner: Schicksalswende Europas? Ich sprach mit dem deutschen Volk ... Ein Tatsachenbericht. Rheinfelden: Langacker 1944. S. 198–202.

Im März [1944] begannen die Tagesangriffe. Die Bombergeschwader flogen sichtbar wie während einer Parade über Berlin. Die Menschen hatten zuerst nicht mit einem Angriff gerechnet. Deshalb liefen sie noch durch die Straßen, standen beim Einkauf in den Läden und saßen in den Wirtschaften. Sie waren an ihrer Arbeit oder fuhren umher. Und mitten hinein in diesen Betrieb platzten die Bomben und Brandgranaten. Als die Sirenen aufheulten, nahm das niemand sehr ernst. Man rechnete noch nicht mit Tagesangriffen. Jetzt wurden einzelne Stadtteile schwer heimgesucht, die bisher noch verschont geblieben waren. Der Norden, Osten und Südosten Berlins erlitten bedeutende Schäden. Wenn schon im Wehrmachtsbericht von einem »schweren Terrorangriff« die Rede war, der Schäden und Verluste zugab, dann konnte man damit rechnen, daß wieder ein großes Unglück über die Stadt und ihre Bewohner hereingebrochen war.

Einige schwere Nachtangriffe setzten das Werk der Zerstörung fort. Als wir Ende März Berlin verließen, um aufs Land zu flüchten, waren zwei Drittel der Stadt zerstört. Das restliche Drittel würde wahrscheinlich auch noch vernichtet werden. Aber immer noch waren die Straßen voller Menschen, die Verkehrsmittel waren auf den Hauptstrecken in Betrieb und barsten vor Überfüllung. Es gab zu essen und zu trinken, wenn auch mäßig. Die Betriebe arbeiteten weiter. Das Leben setzte sich durch. Mit einer unwahrscheinlichen und unbeschreiblichen Energie versuchten die meisten, dem Krieg zu trotzen und ihre Pflicht zu erfüllen. Sie paßten sich den Verhältnissen an, weil ihnen nichts anderes übrigblieb.

In einer Zeitung stand einmal zu lesen, daß die großen Angriffe auf Hamburg zehn Millionen Dollars »gekostet« haben, und daß die Zerstörung Berlins das Zehnfache verschlingen werde. Aber was kosteten die Werte, die vernichtet wurden? Museen, Bibliotheken mit unersetzlichen Kulturschätzen, Spitäler mit ihren Einrichtungen, Kirchen, Schulen, Wohnhäuser und Besitztümer der Menschen gingen für immer verloren. Denn nie mehr würde man gleiche Möbel kaufen, ähnliche Schmuckstücke erwerben oder Gemälde anschaffen können. Alles würde, wenn es erst einmal soweit war, in billiger Massenfabrikation hergestellt, um den unermeßlichen Bedarf schnell zu befriedigen. Es würde überall gleich aussehen, und wahrscheinlich kann man sich noch gar nicht vorstellen, was man dann statt »Kulturbolschewismus« für ein Wort wird anwenden müssen, um den neuen europäischen Stil zu bezeichnen.

Wer wollte versuchen, die zerstörten Werte an Gebäuden, Einrichtungen und Habseligkeiten zu errechnen? Die Summe, die für die Ausradierung einer Stadt ausgeworfen wird, verschwindet neben der wirklich astronomischen Ziffer, die dabei herauskommt. Und selbst wenn man alle Zahlen festlegen könnte, dann ersähe man daraus noch lange nicht den ideellen Wert, den die Dinge im persönlichen Leben der Verlierer hatten. Einem armen Manne bedeutet ein schäbiger Anzug mehr, als einem Besitzenden ein Schrank voll schöner Kleider. Einer Arbeiterfrau erscheint die stillose Einrichtung ihrer Küche und ihres Wohnzimmers so herrlich und heimelig wie der Frau eines Ministers ihre Villa.

Uns waren ja schon eine Schnur, ein Flicklappen oder ein Paar ausgetretener Schuhe ein kostbarer Besitz, nachdem wir alles verloren hatten. Eine Kerze konnte überhaupt nicht bezahlt und wertmäßig errechnet werden, wenn man sie im Notfall hatte. Und wieviel wertvoller erschien sie uns erst, wenn wir sie nicht hatten, als es dunkel war und wir über fünf Treppen hinuntereilen mußten, mit Gepäck und Decken, und die Hand nicht vor den Augen sehen konnten, während die Sirenen durch die tiefe Nacht heulten und die Bomber im Anflug waren.

Und welche menschlichen Werte wurden nicht in uns und allen andern zerstört, die ziffernmäßig überhaupt nicht erfaßt werden können. Wie viele Menschen verloren nicht ihr Leben, und waren es nicht meist die anständigsten und wertvollsten, die umkommen mußten? Jede Bombe, die explodiert, jeder Schuß, der fällt, jede Kugel, die trifft und jeder Brand, der wütet, sei es in Berlin, in London oder Paris, an allen Orten dieses zerfleischten Erdteils, sie alle treffen und vernichten Europa, verwüsten seine Überlieferung und gefährden seine Zukunft. Während wir ruhig in unseren Betten schlafen, rasen die Großbrände durch die Städte unseres Kontinents, sterben die Menschen zu Tausenden an den Fronten und in den Kellern.

Die Zerstörung Berlins ist eine Katastrophe von historischem Ausmaß. In den fernsten Jahrhunderten wird davon die Kunde gehen. Und wer weiß, wofür diese Ruinenstadt Symbol wird? Wir sehen die Zeichen des Untergangs, aber wir können sie noch nicht deuten. Auf den fotografischen Aufnahmen aus der Luft sehen wir die Mauerreste. Schwarz und tot starren sie in die Höhe wie die Augenhöhlen einer verstümmelten Leiche. Und so blicken alle anderen Städte in einen erbarmungslosen Himmel. In allen Ländern schreien diese Wunden nach Frieden und Heilung. Aber ungehört verhallt ihr Wehruf. Die Vernichtung schreitet fort bis zur Ausblutung.

Ein Stadtteil nach dem andern wird in Schutt und Asche gelegt. Der

Städtetod breitet sich aus wie die Lava eines Vulkans. Das ist das Werk der Menschen. Aber manchmal scheint es, als ob die Geschehnisse unabhängig vom Willen der Menschen hereinbrechen wie ein Naturereignis. Haben die Regierungen die Entwicklung noch in der Hand? Die entfesselte Geschichte läuft ab wie ein schauriges Theaterstück im Grand Guignol. Aber das Stück wird zur Wirklichkeit. Das Publikum selbst wird gefoltert und verliert sein Blut, während die Direktoren im Büro sitzen und die Einnahmen registrieren.

Ich war zufällig in Berlin. Gerade so gut hätte ich dasselbe in London oder in Bukarest, in Sofia oder in Leningrad erleben können. Eine Weltstadt stirbt! Nein, eine Welt geht unter. Wer Augen hat, zu sehen, und wer Ohren hat, zu hören, der erlebt diesen Untergang alle Tage.

Matthias Menzel: Die Stadt ohne Tod. Berliner Tagebuch 1943/45. Berlin: Habel 1946. S. 41–44, 48–50, 61–62.

11. Februar [1944]*

Eine weitere Illusion ist zerbrochen. Heute waren die amerikanischen Bomber zum ersten Male am Tage über Berlin. Seit Wochen raunten es sich die Sachverständigen zu, und die Verängstigten glaubten es zu gern: bei Tage wagten die feindlichen Luftverbände nicht die Begegnung mit der Berliner Luftabwehr. Es wimmelte von exakt vorgetragenen Theorien darüber, deren einleuchtendste die schien, man habe im Raum von Berlin aus politischen, psychologischen und repräsentativen Gründen die tüchtigsten deutschen Jagdverbände zusammengezogen, die bei einigermaßen klarem Himmel den schwerfälligen Bomberverbänden schon das Nachsehen geben würden. Daß bisher nur die Nacht Berliner Kriegsschauplatz war, aber in West-, Südwest- und Süddeutschland, zuletzt aber auch schon in mitteldeutschen Städten die amerikanische Fliegerei den Tageskampf mit wachsenden Erfolgen betrieb, das sollten wir als Beweis dieser Thesen nehmen.

Nun sind sie dagewesen. Sind an einem zartblauen, wolkenfreien Februarhimmel entlanggezogen. Es war heller Mittag, und wir sind, als eine Stunde nach dem Sirenengeheul noch immer nichts zu hören war,

* Der erste Tagesangriff ist für den 6. März 1944 überliefert.

aus dem dumpfen Keller heraufgekrochen, vorsichtig und listig den Luftschutzvögten entwischend, die grimmig darüber wachen sollten, daß wir wie dunkle Kellerasseln beieinanderhockten in stickiger Enge, bis ihr Befehl uns wieder freigab. Erst standen wir auf der Straße, auf der am klaren Tag das Leben der Wagen und Straßenbahnen erstarrt war wie beim Figurenwerfen, das wir als Kinder gespielt hatten. Keine Maschine lief, kein Rad drehte sich – die Majestät des tödlichen Gegners hatte den Riesenarbeitsprozeß der Millionenstadt jäh durchschnitten, ihn mit harter Hand erdrosselt.

Auf dem hohen Dach, auf das wir uns danach wie Diebe, immer der Gewalt der Luftschutzwächter entgehend, geschlichen hatten, bot sich ein unvergleichliches Bild der Stadt. Wie gelähmt lag sie, unheimlich schweigsam, zerfressen, zernagt von oben her, wie wir erst jetzt sahen. Nur auf Nebendächern erblickten wir allmählich andere Menschen, die gleich uns den Himmel abspähten. Sie zeigten nach Südwesten. Dort ringelte sich, sehr fern, ein weißer Wulst von Streifen durch das blaue Feld, und quer durch den Wulst zog eine einsame, schmale, weiße Linie steil nach oben. Das war etwas für die Sachverständigen. Sie erklärten daraus das Bild eines Luftkampfes, und man sah ihnen mehr die Freude an, wenigstens auf diesem verbotenen Dache einmal eine Meinung haben zu dürfen, als das Vergnügen, das sie an dem Schauspiel hatten. Zwei Stunden und länger dauerte das Schauspiel, das wir auf dem Dache mit anschauen konnten. Die weißen Streifen wanderten an der Peripherie des Himmels entlang, ruhig, im geraden Kurs, ohne Hast. Sie kamen näher. Und sowie sich unsere Augen gewöhnt hatten, sahen wir, von der Sonne umglänzt, an der Spitze der Streifen die hellen Punkte ziehen: in sauberer Geschwaderordnung rauschten sie dahin, eines, nach ein paar Minuten ein neues, ein drittes, ein viertes, ein fünftes ... Neben uns begannen sie die silbernen Pünktchen zu zählen. Sie waren schon bei vierhundert. Aber es war noch kein Ende abzusehen. Und jetzt flogen sie durch dunkle bauschige Ballen, die wie Aussatz den Himmel befleckten. »Flakschüsse«, so erklärte einer. Doch so sehr wir unsere Augen anstrengten – die Gruppen flogen weiter durch die masrigen Flakwolken; unbehelligt, so schien es. Sie hatten hoch und weit den Berliner Himmel besetzt. Hinter ihnen war er zerfurcht wie ein tolpatschig durchpflügtes Ackerland, mit unsymmetrischen weißen Streifen, die die Bahn der Jäger bezeichneten.

Die Schicksalsfrage:

Wo ist die Luftwaffe?

Das ist die Frage, die eure Soldaten an der Ostfront und in Italien immer wieder gestellt haben.

„Die Luftwaffe verteidigt die Heimat", sagte man ihnen.

JETZT AM HELLEN TAGE
fliegen amerikanische Bomber in Massen über Berlin. Heute waren sie zum 5. Male über der Reichshauptstadt. Natürlich fragt auch ihr jetzt:

„Wo ist die Luftwaffe?"

**FRAGT GÖRING!
FRAGT HITLER!**

29 Amerikanisches Flugblatt, Vorderseite. 22. März 1944.

Dann geschah es auch, daß es einen herabgerissen hatte zur Erde. Wie ein Hohlspiegel glänzte die trudelnde Maschine immer wieder auf, wenn sie, stürzend, von der Sonne getroffen wurde. Es war *einer*. Die anderen zogen, flogen. Bis sie, auf ein unhörbares Kommando, am östlichen Himmel stillezustehen schienen. Wir wußten uns dieses Halt zuerst nicht zu erklären, sahen Leuchtfäden herunterschwirren, sahen sie einschwenken, scheinbar zur Erde tauchen und ahnten nur, was hier geschah. Eine bestürzende Systematik der gleichen Bewegung war allen den weißen Dunstbündeln eigen, die über unseren Himmel zogen. Wir spürten: dort geschah es. Dort, 25 Kilometer östlich, stürzte es konzentriert auf ein schuldig-unschuldiges Stück Erde nieder. Ein Stück Erde, das oben die vierhundert, fünfhundert Piloten genau und sorgfältig auf ihrer kleinen Karte eingezeichnet hatten. Und wir standen auf den Dächern und dachten an die Tüchtigkeit jener politischen Sachverständigen, die doch so genau zu beweisen wußten, warum die Amerikaner Berlin scheuen ...

30. März [1944]

Man muß wohl jetzt »ausgebombt« werden, um das innere Fieber zu ermessen, von dem dieser deutsche Organismus geschüttelt ist. Vor einem Jahr blitzte es auf dem Kartenamt und der Betreuungsstelle von Mitleid und Freundlichkeit. Der Bombengetroffene wurde von einer Welle der Hilfsbereitschaft umfangen. Mit sportlicher Leichtigkeit wogen die Beamteten das Geschehnis und zerbliesen es in die Bagatelle, bald werde sich ja das Blatt wenden. Nun weht ein rauherer Wind. Es heißt anstehen: wie auf dem Kasernenhof. Und das Achselzucken gehört zu den häufigsten Antworten. Damals waren es noch wenige, die betroffen waren. Es wurden mehr und immer mehr. Die beklagenswerten Ausnahmeerscheinungen von gestern wurden die Regel. Ein Wettbewerb der zwei-, drei-, viermal Getroffenen jagte durch die Amtsräume, die jeden Monat kleiner und am immer anderen Ort zu suchen sind. »Ein Hemd wollen Sie – und Sie haben noch zwei? Halten Sie uns doch nicht mit solchen Zumutungen auf ...« So und in tausend solchen Variationen hören wir es. Man darf keinen sauberen Kragen tragen, wenn man aufs Amt kommt – das ist verdächtig. Wem der Hunger und das Elend nicht aus den Backenknochen schreien – der gehört zu den Privilegierten. Die Damen hinter den Schaltern scheinen das Bärbeißergesicht in die Wiege mitbekommen zu haben. Sie halten das Wort

»Unmöglich« für die zweckmäßigste Therapie der Zeit. Und vor dem Schalter ist wohl selten einer, der noch Nerven genug hat, um mit der Faust auf den Tisch zu schlagen. Einer war heute mit mir da, der wagte es. In die trüben Augen der Wartenden sprang ein lange verlorener Schein. Der Vorsteher mußte kommen. Er gab sich erst korrekt und zugeknöpft. Danach suchte er zu beschwichtigen. Als auch das nicht half, hielt er seine Vorlesung über die ernste Lage und die Notwendigkeiten, die sich aus ihr ergäben. »Notwendigkeiten?« sagte der Angeredete darauf. »Aufhören sollt ihr, Schluß machen mit...« Er kam nicht weiter. Denn der Vorsteher hatte ihn in sein Amtszimmer hineingezogen. Eine Viertelstunde später sah ich ihn zwischen zwei jungen Männern in einen Wagen einsteigen, der sich schnell hinter ihnen schloß und eilig davonfuhr. Die Damen hinter den Schaltern waren um einen weiteren Grad unfreundlicher und abweisender geworden und die Wartenden stiller. An dem großen Hitlerbilde, das den Herrn über so viel Leid lachend auf einem KdF-Dampfer zeigte, hatte sich aber nichts geändert.

30. Juni [1944]

Im Abstellgleis vom Bahnhof Grunewald stand heute ein Verwundetenzug von der Invasionsfront. Sie sehen anders aus als die Verwundeten von 1940. Mit Mühe habe ich Hubert wiedererkannt. Ein Dreißigjähriger war ein müder Greis geworden. Das sei ja Wahnsinn, sagte er, dessen Urteile und Erkenntnisse immer sehr vorsichtig formuliert waren. Wahnsinn, wie dort an der Westfront eine Truppe hilf- und schutzlos geschlachtet würde, weil ihr der Gegner in allem, aber auch in allem, überlegen sei. Es machte dem frisch Amputierten Mühe, zu sprechen – aber die kargen Sätze, mit denen er die furchtbare, niederdrückende Gewalt des pausenlos bombenschweren Himmels schilderte, deuteten klar, was draußen aus dem deutschen Soldaten geworden war: ein ohnmächtig an die Erde gedrückter Wurm, dem kein Karabiner und keine Maschinenpistole aus den Fangarmen des Waffenmolochs half, jenes Molochs, den er entfesselt hatte. Nichts hatten sie von einer Entlastung oder bloßen Veränderung der Frontlage gemerkt, seit die »neue Waffe« gegen London flog. Er weiß nichts von ihr – aber die Kraterlandschaft der westdeutschen Städte hat ihn ergriffen, durch die sein Zug hierher gerollt ist. Er bangt um das Kommende; denn er fürchtet, daß die Spuren der Verwüstung um uns nur Vorbereitungen für das Verderben aus der Luft sind, das den eigentlichen Schlachten verheerend voranschreitet.

Am Zug gingen Schwestern entlang und reichten Zigaretten in die Abteile. Zwei Stück pro Mann. Es war keine »Camel« oder »North State« mehr, ein Firmenaufdruck fehlte auch, die deutsche Einheitszigarette diente zum Willkomm. »Es ist gut gemeint«, sagte die dunkle Schwester, die verständig genug die Hilflosigkeit dieser Geste empfand. Wohin der Zug wohl gehen werde, fragten wir. »Ja, viel Auswahl haben wir nicht mehr«, antwortete sie, »Deutschland ist kleiner geworden.«

Und dann rollt er weiter. Wir haben keine Blumen, die wir ihm aufs Bett hätten legen können, und seine Frau können wir nicht einmal anrufen, weil ihr gerade vor einer Woche das Telefon gesperrt worden ist, da es nicht »kriegswichtig« sei. Außerdem blieb wenig Zeit zu einem Abschiedswort, da das Geheul der Sirene uns rasch auseinandertrieb.

Karl Friedrich Borée: Frühling 45. Chronik einer Berliner Familie. Darmstadt: Schneekluth 1954. S. 47–49.

Auf dem Büro begrüßte man einander nicht mehr mit der Phrase: »Wie geht's?«, sondern mit der Frage: »Wie ist es Ihnen diese Nacht ergangen?« Die Tagesangriffe machte man gemeinsam durch. Diese Angriffe der Amerikaner wurden mit schweren Bomben ausgeführt, und die Bank lag im begehrtesten Zielraum. Um elf Uhr war die kritische Zeit. Von zehn an beschäftigte sich das Personal vorwiegend mit den Luftlagemeldungen. Kam dann das erste Warnsignal, so strömte alles pflichteifrig über die Gänge und Treppen hinunter in den vielräumigen Keller und setzte zunächst einmal die Schreib- und Rechenmaschinen in dem Safe ab, aus dem man sie erst vor zwei Stunden geholt hatte. Dann verteilten sich die Leute auf die den einzelnen Abteilungen zugewiesenen Kellerquartiere. Der Luftschutzkeller war ein »Musterbetrieb«, schon vor dem Kriege angelegt, zwei Stock unter der Erde, gekachelt, mit großer Ventilationsanlage, Verbandsraum und Befehlsraum versehen; nur war er leider ohne jede Kriegserfahrung ausgebaut worden: er lag rings um den Hof, der ebenso tief unterkellert, aber ungeschützt war. Ich hielt ihn für eine Mausefalle.

Die Bomben hörte man selbst dort in der Tiefe fauchen. Die Menschen beherrschten sich erstaunlich. Ein Abteilungsdirektor, ein hagerer, etwas sonderbarer Herr, zog sich mit seinen Akten in eine leere Kammer zurück und brachte es fertig, dort weiterzuarbeiten. Ich versuchte es ihm gleichzutun, aber ich war zu nervös. Meine kleine Sekretärin pflegte an der Wand auf einem Stapel von Karteikästen zu hokken. Ich sah auf das dunkle Vlies, das ihren ovalen Kopf bedeckte. Sie blickte unbeweglich auf einen Punkt schräg abwärts vor ihren Augen. Aber zuweilen überraschte ich sie dabei, daß sie zu mir aufsah. Ich dachte darüber nach, daß sie völlig allein stände in der Welt und ob dieser Zustand die Sache für sie wohl schlimmer oder leichter mache. Wahrscheinlich war jeder in solchen Minuten nur er selbst. In ihrem gesunden Haar konkretisierte sich das Leben. Ich wandte mich ab.

Einmal glaubte ich, das siebenstöckige Gebäude breche über uns zusammen. Das Licht ging aus. Die Menschen in dem dichtgefüllten Raum blieben still. Einer zündete eine Kerze an. Ein Pedant predigte: »Ruhig atmen!«; vermutlich hatte er das im Luftschutzunterricht gelernt. Eine Tür wurde aufgestoßen. Menschen stürzten herein, Staub drang nach. Wir holten ein paar Frauen aus verschütteten Gängen, ohne erkennen zu können, ob sie tot oder nur betäubt wären, und schleppten sie in den Lazarettraum. – Als wir wieder hinausgelassen wurden, sah ich, daß ein Loch in einer der Hofwände klaffte. Auf einem Flügel schien es zu brennen. In meinem Archiv war die Tür mitsamt ihrem Rahmen aus der Wand gerissen. Ich stieg über sie hinweg, nahm ein paar Privatsachen aus dem mit Glassplittern und Schutt bedeckten Schreibtisch und ging los, um etwas zu essen zu finden. Es wurde alles zur Farce.

Die Luft biß mit Rauch, vor unserem Hauptportal gähnte ein Trichter. Der Asphalt war mit angekohltem Papier überstreut, lauter Aufrufen des Propagandaministeriums. Leitungsdrähte hingen herab. Ich schlängelte mich zwischen den Trümmerhalden hindurch. Man konnte vor Qualm nicht die Linden hinunterblicken. Es schien mir, als ob auch das Schloß brenne. In meinem Hotel-Restaurant behaupteten sie, binnen einer Stunde das Essen servieren zu können. Ich fand die Leute lobenswert, doch ich wartete die Erfüllung ihres Versprechens nicht ab. Die Stadtbahn ging noch nicht wieder, ich setzte mich in Marsch auf den Bahnhof Gesundbrunnen zu. Ich brauchte nur den Menschen zu folgen, die in breitem, lockerem Zug nach dem Norden wanderten. Es war ein neues Zeitphänomen. Sie wanderten schweigend; wo sie redeten, tauschten sie Nachrichten über die Zerstörungen aus. Von Auflehnung war nichts zu hören. Ein kalter Wind trieb uns Staub und Rauch ins Gesicht. Am Stettiner Bahnhof wollten sich zwei Frauen an mich heften, aber sie liefen mir zu langsam: ich unterdrückte einen kärglichen Rest von Nächstenliebe.

Auf dem Bahnhof Gesundbrunnen erlebte ich etwas, was ich noch nicht erlebt hatte: die Treppe, die zum Bahnhof hinuntergeht, war von Menschen blockiert! Die hinauf wollten und die hinab drängten, hatten sich ineinander festgekeilt. Man hätte sie wie Koks mit der Brechstange lockern müssen. Links und rechts, an den beiden Wänden, rann ein dünner Faden von Körpern hinab und herauf. Der Mensch war zur Sache geworden. – [...]

Theo Findahl: Undergang. Berlin 1939–1945. Oslo: Aschehoug & Co 1945. Letzter Akt – Berlin 1939–1945. Deutsch von Thyra Dohrenburg. Hamburg: Hammerich & Lesser 1946. S. 82–91.

3. Februar 1945
Riesenangriff auf Berlin, der größte im bisherigen Luftkrieg. Die jungen amerikanischen Flieger kommen herangesegelt wie zur Parade. Es ist ein herrliches Wetter, milde wie im April, mit hellem Sonnenschein und leichten Wölkchen an einem frischen blauen Himmel. Die schneeweißen Kondensstreifen stehen gleich langen, flatternden Schleppen von den silbrig-schimmernden Maschinen ab, die so glatt und gleichmäßig heranbrausen wie ein Schnellzug auf Schienen. Während die braven Bürger in den Villengärten der Vorstädte diesen Anblick genießen können, müssen drinnen in der Stadt alle in die Keller und U-Bahn-Stationen eilen. Sieben schwere Bomben fallen auf die Innenstadt zwischen Potsdamer Platz und Anhalter Bahnhof. Siebenmal fahren wir drinnen im S-Bahn-Tunnel vom Luftdruck und dem Knallen der Explosionen zusammen. Das Licht geht aus. Der Tunnel ist schwarz wie die Nacht, angefüllt mit Ruß und Rauch, unheimlich wie ein Totenreich. Ab und zu äußert sich die unterdrückte Panik in einem Chorus von nervösen Stimmen, die nach den schärfsten Explosionen »Ruhe!« rufen. Frauenstimmen schreien nach einem Arzt; aber es kommt keiner, und es kommt keine Sanitätsschwester, und der Patient, wer es nun auch sein mag, muß sich helfen, so gut er kann. Ich bin auch

30 NSV-Losverkäufer nach Tagesangriff. 3. Februar 1945.

krank, habe Fieber, Schmerzen im Hals und entschließe mich, geradeswegs nach Haus zu gehen und mich ins Bett zu legen, falls man dies überleben sollte.

Draußen auf der Straße herrscht die gleiche Stimmung, wie wir sie von jedem Großangriff her so gut kennen. Aufgerissene Straßenbahnschienen, ausgebrannte Wagen. Stillstand im Verkehr. Alle müssen zu Fuß durch ein Chaos von Mauerresten und um tiefe Krater herum stapfen, die sich mit grünbraunem Wasser füllen. Rauch, Ruß, Brandgeruch. Ein starker Wind wirbelt den scharfen Staub auf, der einem in den Augen brennt. Wir sind nicht im geringsten neugierig darauf, noch mehr Ruinen und Brände zu sehen, wir sind nur müde; alles ist häßlich und ekelhaft anzusehen. Das herrliche Hotel Esplanade, eines der besten in Europa, hat einen Volltreffer bekommen und ist jetzt eine brennende Ruine. Der Volksgerichtshof daneben steht ebenfalls in heller Lohe; das ist wenigstens ein Trost.

Auch heute hat keiner von uns die Deutschen rufen hören: Nieder mit den Amerikanern! Nieder mit den Russen! oder ähnliches, was ja zu erwarten wäre nach allem, was man aus früheren Kriegen weiß. Ob nicht aber der erste Schrei: Nieder mit Hitler! gezündet haben würde wie ein Funke in trockenem Gras? Man hat so das Gefühl. Es liegt in der Luft wie der ungeborene Lenz. »Ach ja«, seufzt ein hartgesottener Kollege, »was wird aus den Völkern Europas wohl noch werden? Wir glauben nicht mehr an Wirtschaftsführer, nicht an Politiker und schon gar nicht an die Militärs. Wo ist die ›Streitbare Kirche‹? Möge sie wieder auferstehen und den Kreuzzug predigen gegen alle falschen Propheten und Volksverführer, die ihren Anhängern alle Macht der Welt versprechen, falls sie nur blind folgen wollen!« [...]

5. Februar 1945

Drinnen in den schweren Betonbunkern wie hier in der Karlstraße ruft die Geborgenheit an sich eine Art Alltagsstimmung hervor. – Leises Geschwätz und Gesumm überall; die Madams sitzen herum und reden über die Essenpreise, drei Backfische auf der Bank mir gerade gegenüber kichern und lachen, stecken die Köpfe zusammen und betrachten sich Bilder von Filmschauspielern. Soldaten, die gar nicht ungeschickt sind, sich im Gedränge zwischen Frauen und Kindern durchzuwinden, lachen und plaudern ebenfalls. Die Älteren und Mittelalterlichen unter den Menschen sind am ernsthaftesten und sehen müde und verdrossen aus. Man merkt wenig von irgendeiner Trauer oder einem tragischen Gefühl über Berlins Schicksal bei diesen kleinen Leuten – der Ladentisch und die Werkstatt, der Eßtisch und das Bett zu Hause sind das große Thema – wenn *das* nur steht, so ist alles gut, und vorläufig ist man zufrieden, weil man in den sicheren Bunker hineingeschlüpft ist. Der letzte bittere Witz! Meldung des Drahtfunks: Die Spitzen der Partei haben den Bunker erreicht! – es stimmt aufs Haar, denn unten in den allersichersten Bunkern sitzen Goebbels und seine Parteigenossen und regieren weiter unter den Ruinen.

8. Februar 1945

Frau von Soundso schwätzt und schwätzt ohne Aufhören mit ihren Freundinnen im Bunker, der hier und da bei nahen Explosionen leise zittert. Sie hat solche Prüfungen und Leiden durchmachen müssen, alle ihre Schuhe bis auf zwei Paar sind bei einem der Luftangriffe verbrannt, und sie hatte eine so großartige Schuhsammlung, blaue, rote, braune, weiße, schwarze, die meisten hatte sie aus Paris bekommen, und jetzt sind sie alle verbrannt, nur noch zwei Paar übrig, das Leben ist nicht mehr wert, gelebt zu werden ...»Wie spät ist es?« unterbricht die liebe Freundin ihren Redefluß. Frau von Soundso sieht auf ihre Armbanduhr, der Alarm hat jetzt fast eine Stunde gedauert, es wird Zeit, daß er aufhört.»Ist diese Uhr nicht reizend? Sieh mal«, und sie holt eine andere aus ihrer Handtasche, »ich habe so viele Uhren, alle meine Freunde in Paris schickten mir Uhren.« Sie ächzt: »Uff, wie langweilig sind doch diese Alarme!«...

Eine Bombe kann der Langeweile rasch ein Ende machen. Möchte wissen, ob die französischen Adelsdamen während der Revolution solchen Unsinn schwätzten und plapperten, während das Erdreich unter ihren Füßen bebte und ihre Privilegien und Besitztümer unter ihnen wegglitten, ohne daß sie etwas von dem, was geschah, verstanden?

18. März 1945, Palmsonntag

Ein schwacher grüner Schein liegt über den herrlichen alten Weiden vor dem norwegischen Ruderklub in Wilhelmshagen, unten am Wasser in den Gärten ringsum blühen Krokus und Schneeglöckchen, die Sonne scheint segnend milde, die Stunde steht nahe bevor, daß der Lenz Einzug halten soll. Eben vor der Kirchzeit beginnt der Funk eine drohende Botschaft auszusenden. Zahlreiche Formationen von Bombern – zwei ganze »Gruppen«, das heißt wohl über tausend Flieger im ganzen! – sind nach dem Osten unterwegs, auf Berlin zu. Ein amerikanischer Tagesangriff in der gegenwärtigen Phase des Krieges pflegt von großem Stil zu sein, dies wird sicher ernst. Die Frauen in der Nachbarschaft machen sich eilends bereit, in die Bunker in Rahnsdorf zu gehen, eine Stunde Wegs von hier. Die Wirtschafterin des Klubs seufzt: »Ich halte es nicht mehr aus, das Leben ist nichts mehr wert, jeden Tag in den Bunker, schlimmer kann es wohl unter den Russen auch nicht sein, wenn der Krieg nur endlich zu Ende wäre...« Im nächsten Atemzuge: »Eine Dame, die in der AEG im Büro sitzt, hat mir kürzlich erzählt, daß die neue Luftwaffe jetzt bald zum Einsatz fertig sei, am 27. März soll sie anfangen, sagte sie, sie haben irgendwelche elektrischen Maschinen erfunden, die die amerikanischen und englischen Flieger vom Himmel herunterholen können, vielleicht wird *das* das Kriegsende sein?...« Die kleine Hoffnung in der Stimme erstirbt wieder: »Ich weiß nicht, was ich glauben soll, wir haben so viele solche Geschichten gehört... Wenn der Krieg nur endlich zu Ende wäre...«

Goebbels hat wahr- und wahrhaftig seine Landsleute mit unzähligen Geschichten von neuen Zauberwaffen vollgestopft. In Berlin ist es in der letzten Zeit um solche Dinge still geworden, statt dessen sind Geschichten in Umlauf gebracht worden von neuen Offensiven, die bald im Osten und im Westen anheben sollen, da und dort, aber hier draußen in den Vorstädten gehen noch die Erzählungen von den Wunderwaffen um...

Alarm! Der norwegische Geschäftsmann, der einzige, der für ständig im Klub wohnt, nachdem die letzten Studenten außer Landes gereist sind, und ich begeben uns zu einem der Nachbarn, dem Kohlenhändler S., der sich einen kleinen privaten Bunker im Garten errichtet hat. Es ist dort immer besser als im Ruderklub, der keinen Keller hat und ungefähr die gleiche Sicherheit bietet wie ein aufgespannter Schirm. Der Kohlenhändler ist ein ruhiger und vernünftiger Mann, hundertprozentiger Antinazi; in seinem Bunker kann jeder reden, wie er will. Das ist etwas anderes als in dem kommunalen »Splittergraben«, wo vor ein paar Tagen zwei Männer von der Polizei geschnappt worden waren, weil sie unvorsichtige Reden geführt hatten. »Dergleichen macht ja die Dinge nur schlimmer«, bemerkt der Kohlenhändler, »Haß und Wut nehmen zu.« Wir plaudern von diesem und jenem, während wir im Eingang seiner kleinen Erdhöhle stehen. In diesem Krieg sind die Zivilisten an der Reihe, in die »Schützengräben« zu kriechen. Ich denke: Will es das Geschick, daß die Bombe uns hier treffen soll, würde man auf der Stelle gar hübsch begraben sein. Ein kleines Holzkreuz oben auf der Höhle hier würde zeigen können, wo wir ruhen. In einem besonderen Sinne finde ich es tröstlich – viel besser, als in einem Massengrab zusammengestaucht zu sein tief drinnen in Berlin, unter Hunderten von Tonnen Mauersteinen und zerschmetterten Leitungen für Wasser, Gas und Abwässer. Diese kleinen Erdlöcher in den Vorstadtgärten sind tatsächlich viel besser als die Keller in Berlin, sie bieten gegen alles eine Sicherheit, ausgenommen natürlich gegen einen Volltreffer. Der Kohlenhändler redet weiter: »Ich habe keine Lust mehr, der Propaganda noch länger zuzuhören«, sagt er, »über Vergewaltigungen und die russischen Grausamkeiten in den Ostprovinzen. Ich drehe den Rundfunk ab, das meiste ist Lüge, dessen bin ich sicher. Ich für meinen Teil habe nichts mehr zu erhoffen, das letzte Drittel meines Lebens werde ich in Sklaverei hinschleppen müssen...« Seine ehrlichen blauen Augen bekommen jenen fernen Ausdruck wie bei Menschen, die in ein Mysterium starren. *Wer ist schuld an dem Ganzen? Ist es dieser eine Mann?* »Die Zeit ist schuld daran«, antwortet er schnell, wie durch Gedankenübertragung, »den Menschen ist es zu gut und zu bequem ergangen, die haben immer nur gefordert, niemals gedankt, der Braten war nicht saftig genug, die Kuchen nicht süß genug, der Kaffee nicht stark genug, die Wecken nicht weiß genug, sie klagten über das Brot... Jetzt kommt Gottes Strafgericht über sie...«

Es bleibt keine Zeit zu weiterem Gedankenaustausch, denn jetzt beginnt der *Großangriff!* Von hier draußen gesehen ein Schauspiel von einer Gewalt und Kraft wie am Jüngsten Tage. In Schwärmen von zwölf tauchen die amerikanischen viermotorigen Bomber auf und sausen gleich hurtigen Schlangen auf das Herz von Berlin zu. Das Flugzeug selbst ist der kleine silberglänzende Schlangenkopf, dahinter schlängeln sich die langen schneeweißen Kondensstreifen in Bogen über das Blau des Himmels. Von Norden, Süden und Westen kommen sie herangebraust; das ganze Himmelsgewölbe ist weißgestreift. Jetzt geben sie das Signal zum Abwurf, Raketen, die riesengroße schneeweiße Wolkenbänder auslösen, welche die seltsamsten Figuren zeichnen. Die Flakartillerie dröhnt, die Bomben explodieren noch weit weg, die mächtige Orgelmusik des Großangriffs braust wilder und wilder. Es wird Zeit, sich in die Erdhöhle zurückzuziehen; wir können bis an die

Öffnung herangehen und der Reihe nach vorsichtig hinausgucken. Vornan steht ein junger Pole, der bei dem Kohlenhändler im Brot steht; er hat die scharfen Augen und Ohren der Jugend und gibt einen ausgezeichneten Bericht, zeigt und erklärt. »Sehen Sie«, ruft er erregt, »dort kommen acht deutsche Jäger vom neuen Typus – welche Geschwindigkeit! Mein Gott! Sie fliegen gerade auf die zwölf nächsten Amerikaner los, eine richtige Luftschlacht! Einer der amerikanischen Bomber ist in Brand geschossen – die andern zerstreuen sich, sehen Sie doch nur! Das brennende Flugzeug wankt und schwankt, aber noch hat der Pilot das Steuer in der Hand, mein Gott, was für Kerle! Vielleicht wollen sie versuchen, zu den Russen rüberzukommen, aber sie kriegen es nicht, sehen Sie, sehen Sie«, – und tatsächlich, jetzt stürzt die brennende Maschine gleich einer Fackel zu Boden. Wir ducken unwillkürlich die Köpfe, obwohl die Maschine viel zu weit entfernt ist, als daß ihr Sturz uns etwas anhaben könnte ...

»Die deutsche Flak scheint besser geworden zu sein«, meint der Kohlenhändler, »aber was nützt das in aller Welt?« Das Ganze ist uns jetzt viel näher auf den Leib gerückt. Hoch oben unter dem Himmelsgewölbe und unten auf der Erde dröhnen die Kanonen, ein *Furioso*, daß die Erde seufzt und bebt, sich in Schmerzen windet. Der Rauch von dem brennenden Berlin her beginnt sich gleich grauschwarzen Nebelbänken vom Horizont heranzuwälzen. Gradweise verdunkelt sich die Sonne und scheint jetzt nur noch als ein blasser Mond hinter einem dichten Schleier. Bald verschwindet sie ganz. Ein sonderbar unwirkliches, gelbgraues Licht liegt über der Erde. Es ist nichts anderes zu hören als das Dröhnen von den Explosionen. Alles Lebewesen ist ins Versteck gekrochen; die Hunde miefen, nur die törichten Hühner gehen unangefochten herum und picken am Gras. Es dauert und es dauert. Eine neue Welle von Bombern kommt herangebraust; wir können aber durch die Rauchwolken nur undeutlich einzelne Maschinen unterscheiden. Die dritte Welle – wir hören sie, sehen aber kein einziges Flugzeug mehr. Der ganze Himmel ist mit weißen und grauen Wolken bedeckt ... Über eine Stunde hat es gedauert ... Endlich wird es stiller, für diesmal ist es vorüber ... Jetzt merken wir den Wind, der immer auf die Riesenbrände folgt, es fegt mehr Asche durch die Luft, jetzt fängt es an, still und fein zu regnen; nach Großangriffen ist es immer, als vergieße der Himmel über Anti-Jerusalem Tränen.

»Ninive ist eine große Stadt, drei Tagesreisen im Umfang«, steht in der Heiligen Schrift. Von Wilhelmshagen bis ins Zentrum von Berlin sind es rund 25 Kilometer, ein Marsch von sechs bis sieben Stunden. S-Bahn und Straßenbahnen sind sicher außer Betrieb, die Autobusse haben aus Mangel an Benzin seit langem ihren Verkehr eingestellt. Glücklicherweise habe ich ein Stück dänischer Wurst in der Tasche, das muß immer eine Gelegenheit mit irgendeinem Gefährt herbeischaffen können, wenn man sich nur am Straßenrande aufstellt und damit winkt. Es trifft auch wirklich zu, und eine Stunde später stehe ich zusammen mit einer Reihe anderer Schiffbrüchiger in einem überdachten Lastfuhrwerk, das von zwei weißen Pferden gezogen wird. Wir zuckeln in einem gleichmäßigen Trab ganz bis zur Ringbahn heran. Hier aber werden die Straßen so unwegsam von Bombenkratern und herabgefallenen Mauersteinen, daß der Kutscher es ablehnt, uns noch weiter zu fahren. Wir sind drinnen im östlichen Berlin, in einem Viertel, das am schwersten mitgenommen ist. Beißender Brandrauch sticht einem in die Augen, die Feuerwehr ist mit Löscharbeiten vollauf beschäftigt, aber sie kann nicht alles schaffen. An vielen Stellen schlagen die rotgelben Flammen aus den Fensterhöhlen und Dächern, während die gegenüber Wohnenden neugierig die Gesichter zwischen Hyazinthen und Osterglocken hervorstecken, die in den Fenstern der kleinbürgerlichen Stuben blühen, oder auf den Balkons sich versammeln, um einen besseren Überblick über das Geschehene zu gewinnen. Über die Bürgersteige verstreut steht das Strandgut von den brennenden Häusern; das hübscheste Mobiliar sieht herzlich armselig und verkommen aus, wenn es so auf die Straße hinausgeschleudert wird, vom Feuer und Wasser verheert.

An der Bevölkerung sind keinerlei Anzeichen von Unruhe zu bemerken, kein Rufen oder Schreien, keine Tränen. Vollständige Apathie. Niemand hat Kraft, einen Aufruhr gegen Hitler und den totalen Staat anzuzetteln, geschweige denn gegen Krieg und Schicksal.

Im Westen ist die Luft reiner. Der Wind hat die ganze Zeit den Rauch ferngehalten. Man hat vom Angriff nicht wesentlich viel gemerkt. Ist es wirklich so schlimm gewesen? Im Westen sind die Untergrundbahn und auch Straßenbahnen im Betrieb. »Ninive ist eine große Stadt...«

Schlacht um Berlin

*Isa Vermehren: Reise durch den letzten Akt. Ein Bericht. Hamburg: Wegner 1947.
S. 132–136, 145–147.*

[...] Natürlich hatte uns kein Mensch gesagt, wohin diese Fahrt ging, aber sehr bald erkannte ich die Straße wieder – es war die gleiche Chaussee nach Berlin, auf der ich vor fast einem Jahr gekommen war. Aber wie grausam hatte sich das Straßenbild verändert in diesen langen Monaten! Vor einem Jahr noch hatte bald hinter der Ausfahrt aus Berlin die Friedlichkeit des Landes alle furchtbaren Eindrücke der teilweise schon schwer geschlagenen Stadt wieder verwischen können, und die scheinbar so unangreifbare Gesichertheit ländlichen Friedens hatte sich beruhigend und vertrauenerweckend über das verstörte Gemüt gelegt. Damals hatte man getrost noch glauben können, daß Besinnung, Beruhigung und Regeneration von dort, vom Lande, seinen Ausgang nehmen könnte. –

Heute, nach einem Jahr, sah ich dieses Land wieder und mußte erkennen, daß es zutiefst in Mitleidenschaft gezogen war von der allgemeinen Auflösung und sich vollendenden Flucht. Wohl konnte ich hier und dort einen Mann, eine Frau bei ländlicher Arbeit entdecken, aber das mutete an wie ein Anachronismus. Das die Gegenwart kennzeichnende Bild bot die Landstraße, die nicht mehr Verbindung zu sein schien von einer menschlichen Wohnstätte zur anderen, sondern selber zur Wohnung für ein ganzes Volk geworden war. Vor, um und in Eberswalde drängten sich Menschen, Tiere und Dinge zusammen, als erwarteten sie einen fürchterlichen Orkan, dessen Wucht sie alle auseinanderzureißen drohte, und die Angst davor trieb sie wie eine Herde zusammen. In endlosen Zügen standen die Planwagen an der Landstraße, die mageren kleinen Pferde ließen müde die Köpfe hängen, und die grauen, vermummten Gestalten sahen in der hohlen, dunklen Öffnung des Verdecks so aus, als würde nie wieder ein Wort, geschweige denn ein Lächeln über ihre Lippen gehen. Das war das Erschreckendste – die bodenlose Stummheit über allem, diese unaussprechliche, tödliche Verstummtheit, diese nie zuvor gesehene Licht- und Leblosigkeit über allen Gesichtern und Bildern – der letzte Akt einer furchtbaren Tragödie, in der es scheinbar keine Überlebenden geben sollte.

Daß zwischen uns und dem KZ die schweren eisernen Tore sich wieder geschlossen hatten, war ganz bedeutungslos – das Phänomen war hier wie dort das gleiche: Angst und Verzweiflung, hoffnungslose, zerstörte Menschheit. Nie wird man begreifen können, daß es Menschen sind, die einander so grausame Angst verursachen, daß Menschen so auf der Flucht sein können vor – Menschen. Der seelische Zustand dieser Flüchtlinge unterschied sich eigentlich in nichts vom seelischen Zustand der meisten Häftlinge – fast im Gegenteil: jene hatten immerhin noch die Hoffnung auf Entlassung, die Sensation einer möglichen Befreiung vor sich – diese nur noch die Landstraße, deren eintöniges Grau, deren graue Endlosigkeit den Gesichtern schon ihren müden Stempel aufgedrückt hatte. Sie wurden nicht begrüßt, wie solche, die von weit her kommen und Anrecht haben auf alle Gastlichkeit – mit ihnen kam die Angst, und man verschloß vor ihr die Türen, den Kopf tief zwischen die Schultern gezogen. Sie waren auf dem Wege in die elende Namenlosigkeit der Masse, und dieses furchtbare Schicksal erstickte mit finsterer Gewalt alle persönlichen Lebenskeime.

An den Ein- und Ausgängen jedes Dorfes und Städtchens war eine kleinere Gruppe wild kommandierender Männer damit beschäftigt, Panzersperren anzulegen, deren kleine und einfältige Konstruktion ebenso wenig vertrauenerweckend sein konnte wie das handliche Material – zarte, biedere Baumstämme, die heute wahrscheinlich längst in den Öfen verschwunden sind. Diese Baustellen der Panzersperren schienen zu der Zeit die Konzentrationspunkte aktiver Lebensenergien zu sein – es waren wenigstens die einzigen Plätze, wo die menschliche Stimme eine Rolle spielte in der Zusammensetzung des ganzen Bildes, wenn auch in häßlich schreiender, verzerrter Form. – Wirklich, treffender kann man diese letzten Wochen des Dritten Reiches kaum beschreiben, als es geschieht in diesem zufälligen, nein, gerade nicht zufälligen Nebeneinander: eine endlose Schar von Häftlingen im Hintergrund, eine endlose Schar von Flüchtlingen im Vordergrund, über allen die lastende Stummheit echter Verzweiflung, deren gedrängte Stille zerrissen wird nur durch das Schreien eines wahnsinnigen Ortsgruppenleiters, der vorne an der Rampe steht, und als hintere Kulisse erscheinen die roten Flammen einer brennenden Stadt.

Und wirklich, es brannte die Stadt, in die wir hineinfuhren – und wie sie brannte! Glut und Flammen, Rauch und Qualm – aus allen Fenstern und Türen, allen Gassen und Straßen brach das Feuer in seiner tausendfachen Gestalt – Berlin hatte einen schwersten, dreistündigen Tagesangriff hinter sich, als wir schließlich gegen fünf an die Stadtgrenze kamen, und, um es nur gleich vorwegzunehmen, es kostete weitere vier Stunden, bis wir vor unserem Ziel, der Prinz-Albrecht-Straße, zum Halten kamen. Vorsichtig tastete sich unser schwerbeladener Polizeiwagen durch die verwirrten und zerstörten Straßen der lodernden Stadt, beißender Qualm drang in unsere kleinen Zellen und heiß wurde es. Mit dem Stöhnen und Ächzen der brennenden Balken, dem Klirren zerspringender Fenster, dem Krachen zusammenbrechender Mauern vermischte sich das Schreien und Rufen zahlloser Menschen, die das Feuer aus ihren letzten Höhlen verjagt hatte, und die nun suchend durch die Straßen irrten, einen Ausgang aus dieser Hölle zu finden. [...] Weiter zögerte unser Wagen durch die brennenden Schächte dieser flammenden Unterwelt, hin und wieder sich gefährlich zur Seite neigend, wenn ein Bombentrichter die Straße vor ihm aufgerissen hatte. Wirklich, dieses war nicht mehr auf der Welt, denn das Dach der Welt ist der Himmel; dieses war wie in höllischer Unterwelt, und vom Himmel war nichts mehr zu sehen. Die Welt hatte sich gegen ihn verschlossen mit einer dicken Wand von Rauch und Qualm und Ruß, um ganz unbeobachtet zu sein bei ihren grausamen Machenschaften. [...]

Seine breiteste Vollendung fand der Eindruck des Chaotischen im Potsdamer Straßenbild, wo neben den friedlichen alten Straßenbahnen und den ländlichen Landauern und Kutschen die schweren Panzer durch die Straßen rollten. In langen Zügen schleppten sich die Trecks über die Plätze, und eine graue Masse von Soldaten, Flüchtlingen, Ausländern, Eingeborenen schob sich drängend durch die engen Gassen. Zerlumpte Gestalten neben eleganten Potsdamerinnen, verlauste Landser neben geschniegelten Offizieren, dreckige, barfüßige kleine Kinder neben blitzenden Kinderwagen, graue, alte müde Frauen neben aufgedonnerten Fräuleins, Pferde, Hunde, Kühe, Schafe, Katzen, das alles drückte sich in unabsehbarer Masse durch die Panzersperren auf der Brücke; Damen der besten Potsdamer Gesellschaft hasteten um die Wette mit armen Frauen nach den vom Lastauto fallenden Kohlen und nach dem guten Dünger der Pferdeäpfel, nach zufällig herumliegenden Kartoffeln, und Männer jeglicher Kategorie bückten sich unauffällig nach den kleinen Kippen ...: amorphe, graue Masse war der sich immer wiederholende Eindruck. Welch entsetzliche Veränderung im Ablauf eines Jahres! Nein, nun war nichts mehr zu verheimlichen – so sieht kein Volk aus, das im Begriff ist, den »Endsieg« zu erringen! Gegen diese »Optik des Alltags« war selbst die Goebbelspropaganda machtlos. Lähmendes Entsetzen war die eine Wirkung dieses Eindrucks und daneben gepeinigte Ungeduld: nur schnell, nur schnell zu Ende und Schluß mit diesem grausamen Spiel. Aber diese Masse war unfähig jeder eigenen Bewegung, nichts mehr kann sie außer dem einen: mit sich geschehen lassen. Zu allem Überfluß, zu allem Hohn und Spott trainierte während dieser Wochen im Lustgarten der Volkssturm für seine letzte Schlacht: Schulkinder im Alter von fünfzehn, sechzehn, teils aus Potsdam, teils aus den Trecks, übten sich dort an Knüppeln, die das Gewehr ersetzen mußten und Papphülsen, die als Panzerfäuste dienten. Sie trugen kein Koppel mehr, sondern Stricke jeglicher Art, keine Stiefel mehr, sondern irgendein Schuhzeug, sie parierten nicht, denn viele von ihnen konnten kein Deutsch, und die meisten fanden alles wie große Pause im Schulhof. Nicht weniger erschütternd war die Tragikomödie, die die älteren Volkssturmjahrgänge aufführten. Die Herren erschienen offenbar direkt vom Büro auf diesem improvisierten Kasernenhof. Eine Kompanie in Hut und Mantel macht keinen vertrauenerweckenden Eindruck, noch weniger dann, wenn sich Einarmige und Einbeinige darunter befinden, die in grausamer Verstümmeltheit versuchen, stramme Haltung anzunehmen, wozu dann der Deutschlandsender in frevelhafter Oberflächlichkeit das Lied spielte: »Es geht alles vorüber, es geht alles vorbei ...« – es kostet den Zuschauer nur Tränen des Entsetzens, und seine Angst vor dem Irrsinn wächst ins Ungeheure gegenüber der Angst vorm verlorenen Kriege.

Im Lustgarten war übrigens ein Dorf nach russischem Muster aufgebaut – Strohkaten, die zum Anschauungsunterricht und praktischen Versuchen dienen sollten für die Wiedereroberung der Ukraine ...

Horst Lange: Tagebücher aus dem Zweiten Weltkrieg. Hrsg. von H. D. Schäfer. Mainz: v. Hase & Koehler 1979. S. 192–193, 195–198, 206–207 (Die Mainzer Reihe 46).

3. Februar 1945
Das Fieber der Panik nimmt zu. In den Straßen werden Barrikaden und provisorische Panzersperren gebaut. Ein ganz sinnloses Unternehmen! Völlig unzureichend und ohne militärische Führung und Erfah-

rung. – Nachts werden die Männer aus ihren Wohnungen geholt und müssen sich zum Volkssturm begeben. – Mehrere Führungen nebeneinander. Eine Desorganisation, die sich sehr schwer rächen wird. – Heute der schlimmste Luftangriff, den Berlin bis jetzt gehabt hat. Eine Stunde lang flogen die Bomberformationen über uns hinweg wie zur Parade. Die Innenstadt, die ohnedies zum größten Teil aus Ruinen bestand, ist schwer mitgenommen. Ein großes, weißes Wolkengebirge. Jetzt noch glüht der Himmel von den Bränden. Mechanischer Vorgang des Angriffs: die Bomber flogen wie am Schnürchen, unbeeinflußbar, nicht abzulenken. Kondensstreifen wie Kielwasser. Und unten eine Art von mildem, verfrühtem Vorfrühling. – Immer derselbe psychische Vorgang: Lähmung, die mich in dem Augenblick ergreift, wo ich weiß, daß der Angriff Berlin gelten wird. Dann die Erwartung, bis sie kommen. Dann, wenn sie da sind, von neuem: hundertfach gespannte Erwartung, ob etwas fallen wird. Lauschen nach außen, Abwehr von innen, ständiges Auf-dem-Sprunge-Sein, das die Nervenkräfte verschleißt. Nachher ist man wie ausgewrungen und als hätte man eine schwere körperliche Arbeit geleistet. –

Unheimliches Gefühl, daß die Millionenstadt, fiebrig, gespannt, ermüdet, zerstört, voll heimlicher Opposition, unbefestigt, in Erwartung des Hungers, der Seuchen und des wirklichen Feindes, sich auf ihren Fall vorbereitet. Es wird ein maßloses Durcheinander geben und eine verheerende Anarchie.[...]

5. Februar 1945

Zum erstenmal wieder im Dienst, wenn das verschrobene und mangelnde Realitätsgefühl schon in die militärische Phase übergreift, so ist für die äußere, sozusagen taktische Entwicklung nichts mehr zu hoffen. Angesichts des Frontverlaufs auf der Lagekarte wird es jedem Laien klar, daß es keine Wunder mehr geben kann. Aber die Lüge triumphiert. Auch dort, wo kalt, klar und kühl gerechnet werden müßte. – Unterricht an der Panzerfaust und an anderen Waffen, der sich auf allgemeine Redensarten und darauf beschränkte, die neuartigen Mechanismen auseinanderzunehmen und wieder zusammenzusetzen. Ein trauriges Bild: Feldwebel und Unteroffiziere sind nicht in der Lage, ein MG oder eine MPi zu bedienen und gar zu begreifen. Zynismus statt Kaltblütigkeit: »Wenn Sie am Potsdamer Platz liegen, und um die Ecke kommen 5 T 34 gerollt...«. – Eben erfuhr ich, daß es nur dann möglich

31   Bau einer Panzersperre an der Charlottenburger Brücke. März 1945.

gewesen ist, für die beiden, die sich neulich das Leben genommen haben, Särge zu besorgen, weil 2 Päckchen Tabak als Bakschisch gegeben wurden! Außerdem durften die Toten »wegen Spinnstoffknappheit« nicht in ihren Kleidern beerdigt werden. – Auge um Auge. Zahn um Zahn! Die Judengeschichten! –

6. Februar 1945

In der Stadt: Bilder wie 1918! Lächerliche, zusammengestümperte Barrikaden und Panzersperren, von Volkssturm-Männern aus Müll und aus den Trümmern der von Bomben getroffenen Häuser zusammengescharrt. Ältere Männer (vom Schlage der Spartakisten!) mit verrosteten Gewehren, die sie, den Lauf nach unten, an Bindfäden tragen. Immerhin mit einem großen Stolz auf ihre lächerlichen Schießprügel! – Die ersten Front-Erscheinungen: verdreckte Soldaten, fantastisch mit Tarnhemden, Schals und anderem Krimskrams behängt, Verwundete mit durchgebluteten Verbänden, dreckbespritzte, verbeulte Fahrzeuge, Flüchtlinge mit Koffern und Bündeln (ein Mann mit graugrünem, übermüdetem Gesicht hatte eine Mandoline in kunstledernem Futteral bei sich – ich hätte mich nicht gewundert, wenn seine Frau ein Kanarienbauer mitgeschleppt hätte). – Das Durcheinander in der U-Bahn: verängstigte, abgehärmte, übernervöse Frauen, in Erwartung des angekündigten Luft-Angriffs (der dann nicht kam), fahrige, unbeherrschte Bewegungen, Lippen, aus denen gleich ein hysterisches Gelächter hervordringen konnte. Eine alte, strohdumme, arrogante Baltin mit einer wahren Vogelscheuche von einem Hut (lila Straußenfedern, kokett nach der Seite wippend)! – Ein Charakterkopf vom Schlage Friedrich Kayßlers (immer ist eine deutliche Spur von Borniertheit in solchen Gesichtern mit ihren ausgeprägten Schauspieler-Physiognomien, deren Schönheit nur die innere Leere verdeckt, an der sie nicht einmal leiden, weil sie sie gar nicht wahrnehmen). – Und ein diesiger, trüber, feuchter Himmel über der sterbenden Stadt. Aber die Sträucher haben schon dicke Knospen und werden sich durch nichts am Blühen verhindern lassen!

8. Februar 1945

Hermann Sch., unser früherer Hausgenosse, kam aus Düsseldorf zurück, wo er eine Woche zugebracht hatte. Erzählte von der Auflösung aller bürgerlichen Lebensformen. Kellerexistenzen unter den Trümmern der Häuser, völlige Aufhebung aller bürgerlichen Grundbegriffe von Eigentum, Moral und persönlicher Abtrennung des einzelnen von der Gesamtheit – Feste, viel Alkohol, erotische Hemmungslosigkeit, Trümmer und Zerfall nicht nur außen. Wußte nichts zu berichten von einem Wendepunkt, wo es in eine neue Ordnung hinauslaufen könnte. Politisch: Hoffnungen auf einen neuen Separatismus (Rheinbund-Renaissance!). Eine Konzeption, die zwar gewisse Reize für die Rheinländer haben muß, aber sonst nichts als pure, finsterste Reaktion ist.

Abschiedsbesuch Maria Wimmers, die aus Hamburg gekommen war, um ihre Freunde noch einmal wiederzusehen. Abschied, Abschied – es summiert sich! Man weiß nichts. Man kann nur hoffen und glauben und seine Zuversicht bewahren! Ohne Zukunft leben zu müssen, das ist für den Menschen so, als würde er aus der Luft weggenommen und in ein fremdes und giftiges Element versetzt, das seine sämtlichen Lebensäußerungen lähmt und ihn auf eine niedrigere Basis hinabdrückt, wo er nur noch zu vegetieren vermag, mit gebeugtem Rücken und verängstigter Seele, ohne sich aufrichten und entfalten zu können.

10. Februar 1945

Gang durch die verwüstete Innenstadt, von U-Bahnhof Bülowstraße bis zum Scherlhaus und wieder zurück. Unbeschreibliche Bilder der Zerstörung. Barrikaden an der Potsdamer Brücke und am Potsdamer Platz. Klaffende Trichter auf den Straßen. Ausgebrannte und zerschmetterte Straßenbahnwagen. Jetzt stirbt die Stadt und ist nicht mehr zu retten. Müde, gleichgültige Menschen. Gespräch des Pförtners am völlig vernichteten Scherlhaus mit einer weinenden Frau: »Sei doch froh, sa' ick dir, daß er ins Massengrab gekommen is. Da is er wenstens nich alleene.« – Gestürzter Engel in der Kochstraße. Mit der Friedenspalme in der Hand war er vom Gesims gefallen, lag auf den Schutt gebettet und sah blind und steinern zum Himmel hoch. – Männische Frau, die einen Trecker über den Leipziger Platz fuhr, der ein schweres Geschütz trug. – Ungarische Soldaten beim Buddeln, Bauernjungen, die noch eine Menge Disziplin im Leibe hatten, mehr als die schlaksigen deutschen Landser. –

Gestern im Wehrmachtsbericht: Kämpfe am Ortsrande von Liegnitz. Ich versuche mir vorzustellen, wie das ist, komme damit nicht zu Rande. Alles in mir widersetzt sich dem Gedanken, daß dort, wo ich groß geworden bin, die Raserei des Krieges entfesselt worden ist. Meine Phantasie sträubt sich. Ich kann es mir nicht mehr ausdenken. Pfaffendorf und Kunitz und Groß-Beckern und Jeschkendorf ... ich verstehe das nicht mehr!

8. März 1945

Gestern in Potsdam, das sich mit aller Gewalt darauf vorbereitet, daß es zerstört werden will. Mächtige Barrikaden, Löcher in den Straßen, die Minen aufnehmen sollen. Stellungen am Stadtrand, die zur Sprengung vorbereitete Nuthe-Brücke, ein Elends-Treck von Flüchtlingen aus Lebus. Und, im scharfen, hellen Märzlicht, die heile Stadt, die grünen Kuppeln, die geschäftigen Menschen, die die Vorbereitungen zum Sterben nicht bemerken wollen und mit Gewalt übersehen, weil sie das Widersinnige und Abstruse dieses Anblicks nicht begreifen wollen und von ihren Gewohnheiten nicht lassen können, ohne die sie ja völlig lebensunfähig sind.

Ich sah die schöne Silhouette der Stadt, die einen strengen und hartnäckigen Willen zur Ordnung bezeugt, und stellte mir vor, wie wenig dazu gehört, um das zu zerstören. Man nimmt es hin, man bedenkt nicht die Ursachen, man bäumt sich nicht auf und empört sich nicht dagegen. Man ist von der banalen Brutalität dieser Zeit schon angekränkelt bis ins Mark. Diese widerwärtige Gestikulation des Achselzuckens! Diese östliche Nitschewo-Haltung! Das ist wohl das Verdammenswürdigste an uns allen!

Besuch bei Hochbaum, mit dem ich mich über den Begriff des filmischen Denkens auseinandersetzte, das in Bildern und Kurzschlüssen vonstatten geht, und über die Fehler, die ich bei meinen Film-Arbeiten, die zu sehr auf der Linie des Prosa-Schreibens liegen, gemacht habe. Begegnung mit einer Schizophrenen, deren bloße Gegenwart aus mir die Geschichte von jenem jungen SS-Mann herauslockte, der im Lubliner Lazarett damals innerhalb von 14 Tagen irrsinnig wurde, weil ihn die Erinnerungen an seine Missetaten in Polen und Rußland (er gehörte einem Juden-Erschießungs-Kommando an!) dazu trieben, und weil er die Ruhe des Lazaretts nicht ertrug.

Die Katastrophe ballt sich im Osten und Westen zusammen. Es wird nicht mehr lange dauern. Das steigende Licht erleichtert einem vieles!

Jacob Kronika: Berlins Undergang. Kopenhagen: Hagerup 1945. Der Untergang Berlins. Deutsch von Margreth Bossen. Flensburg und Hamburg: Wolff 1946.
S. 50–55, 72–74.

11. März 1945

Der Bombenkrieg hat es nicht vermocht, die Kirchenglocken zum Schweigen zu bringen. Zwar sind viele Türme in den Staub gesunken; doch rufen die von den Bomben verschonten Glocken treu Sonntag um Sonntag die Menschen zum Gottesdienst. Und sie rufen nicht vergeblich. Viele der Kirchenräume sind schwer mitgenommen. Etliche sind völlig zerstört. Es ist ein seltsames Gefühl, in einer Kirche zu sitzen, in der bei »offenen« Fenstern gepredigt wird. Sämtliche Scheiben sind zertrümmert. Die Geräusche des Verkehrs vermengen sich mit den Klängen der Choräle.

Die Kirchengemeinden finden meistens Ersatz für die zerbombten Gotteshäuser. Auch in den am schwersten zerstörten Vierteln werden Räumlichkeiten ausfindig gemacht, wo der Gottesdienst abgehalten werden kann. Die verschiedenen Glaubensgemeinschaften zeigen in dieser Notzeit großzügige Toleranz und Gastfreundschaft. Der Luftkrieg hat in weitesten Kreisen einen neuen ökumenischen Geist geschaffen, der seinen Ausdruck in praktischer Hilfsbereitschaft findet.

Mein Weg führt mich durch eine der breiten Straßen, die zum westlichen Stadtrand Berlins verlaufen. Glockenklänge strömen aus einem der sehr modernen Kirchenbauten. Der schwere, viereckige Turm, aus dunkelroten Steinen gemauert, wird von drei Spitzen gekrönt – als Sinnbild des dreieinigen Gottes. Über dem Haupteingang ist ein Baldachin aus dunkelblauer Keramik angebracht; mit Figuren darauf, die nicht eigentlich »kirchlich« wirken. Der dahinter liegende Kirchenraum ist vom Luftdruck explodierter Bomben »durchgeblasen«. Es kann keine Rede davon sein, daß die Gemeinde sich hier noch versammeln kann. Der Gottesdienst wird in der seitlichen »Hochzeitskapelle« abgehalten.

Ich kenne weder die Gemeinde noch den Pastor, doch schließe ich mich den Menschen an, die der Kapelle zustreben. Einige Hundert finden hier Platz. Die Stuhlreihen sind dicht zusammengerückt. Und alle Plätze sind besetzt. In der Mehrzahl sind es Frauen, wie es nicht anders sein kann in einem Land, wo die Männer an den Fronten stehen. Doch ist man freudig überrascht, auch eine Anzahl großer Jungen und Mädel unter den Erwachsenen zu entdecken. Hier und da sieht man eine Wehrmachtuniform.

Die Lieder werden voll Kraft und Innigkeit gesungen. Etwas von einem kämpferischen Geist spürt man in diesem Singen.

Diese Schar in der Hochzeitskapelle würde bei weitem nicht ausreichen, die große, durchgeblasene Kirche zu füllen. Ist diese kleine Kapelle mit einem guten und echten Kern von Gläubigen aber nicht weit besser, als eine große Mitläuferschar in weitspannenden Kirchenräumen?

Der Pastor behandelt eine Stelle aus der Bergpredigt. Er spricht davon, daß man entweder Gott dient oder dem Mammon. Und schon nach den ersten Worten fühlt man, daß die Verkündigung im persönlichen Christusglauben wurzelt. Es ist eine furchtlose Predigt. Der Mammon wird mit den Dämonen dieser Welt verglichen, von denen die Menschenkinder besessen sind. Und die Selbstsucht wird als jener Mammontrieb gebrandmarkt, der den Frieden zerstört – nicht nur den Frieden zwischen den Menschen, sondern auch den Frieden zwischen den Nationen ...

Das Hauptthema bilden Christi Worte: Trachtet zuerst nach dem Reiche Gottes. Eindringlich spricht der Pastor von den letzten und tiefsten Dingen. Und das tut übrigens nicht nur er allein in Berlin. Die harten Prüfungen der letzten Jahre haben es mit sich gebracht, daß man in deutschen Kirchen mit großem Ernst und Nachdruck die Fragen nach dem Jenseits behandelt –

»Trachtet zuerst nach dem Reiche Gottes« ... Der Pastor fordert eine klare Entscheidung. Wir haben übergenug an Scheinchristentum gehabt, sagt er; wir haben die zerstörenden Kompromisse zwischen Gottglauben und Mammontrieb, zwischen Weltlichkeit und Frömmigkeit zur Genüge kennengelernt. Jetzt heißt es, sich entscheiden. Die Frage, die uns Christen gestellt ist, lautet heute: Wagen wir es, in dieser vom Mammon und von Machtdämonen besessenen Welt das ewige und vollkommene Leben in Gottes Reich als das Erste und Wichtigste zu bekennen?

Es wird für die Innere Mission gesammelt. Junge Mädchen reichen die Opferteller durch die Reihen. Die Spenden sind reichlich. Unterdessen spricht der Pastor über ein Berliner Krankenhaus, in dem die

Innere Mission tätig ist. Ein Patient dieses Krankenhauses fragte kürzlich die pflegende Schwester: Wie kommt es nur, daß es in diesem Hause so ist, als herrsche hier gar keine Furcht vor dem Tode? – Wenn die Todesfurcht tatsächlich besiegt wurde, dann geschah das nur deshalb, sagt der Pastor, weil die Insassen dieses Hauses zu allererst nach dem Reiche Gottes trachten!

Unweit der arg beschädigten Kirche mit den drei Spitzen auf dem Turm liegt eines der Krematorien Berlins. Ein ausgedehnter Friedhof umgibt den Bau.

Aber auch die Ruhestätte der Toten hat keinen Frieden vor den Bomben. Die Urnenhallen haben schwere Treffer erhalten. Es macht einen unheimlichen Eindruck, vor einem abgesperrten Teil einer solchen Halle zu stehen, wo die Mauern geborsten sind, und wo die Reste der »heimatlosen« Urnen zu einem traurigen Haufen auf zerrissenen Fliesen zusammengetragen wurden.

Auch der Friedhof ist getroffen. Die Grabsteine liegen umgestürzt und zerbrochen übereinander. Nackte Baumstämme ragen aus der Erde. Von der Kapelle des Friedhofes stehen nur noch die Außenmauern.

Ich lese eine ganze Reihe von Inschriften auf den Grabsteinen. Das, was über die Toten geschrieben wird, verrät manches über das Leben und über die Gedanken der Menschen. Der Friedhof ist nur wenige Jahrzehnte alt. Seine Grabsteine haben stark weltlichen Einschlag; selten findet man ein Bibelwort. Nur eine einzige Familiengrabstätte hat eine Christusfigur. Sonst ist es der Tod, der Tod allein, der hier das letzte Wort spricht. Einige poetische Zeilen versuchen tröstend und versöhnend zu wirken. Was aber vermögen Dichterverse dem Tod gegenüber? Gibt es irgend etwas anderes, das den Tod überwindet, als einzig und allein der Glaube an das ewige Leben?

Auf dem Grabstein eines bekannten deutschen Komponisten sind einige Zeilen aus seinem Werk eingemeißelt. Text und Noten auf einer weißen Marmorplatte:

»Still wie die Nacht,
Tief wie das Meer
Soll meine Liebe sein...«

Es gibt hier Grabsteine mit bekannten Namen aus deutscher Vergangenheit. Einige sind mit Adelswappen geziert. Einige der Steine tragen militärische Symbole; einen Säbel, einen Helm. Und immer wieder erinnern die Inschriften an einen Sohn, an einen Ehegatten, an einen Bruder, die in den Kriegsjahren 1914/18 an den Fronten fielen. Dazu sind nun neue Namen gekommen: die Opfer *dieses* Krieges. »Stalingrad« lese ich auf einem der Grabsteine. Opfer über Opfer! Wie lange soll der Krieg sein furchtbares Regiment noch ausüben?!

Auf dem Wege in die Stadt zurück komme ich an der Kaiser-Wilhelm-Gedächtniskirche vorüber. Sie ist wiederholt von Bomben getroffen worden. Der Turm steht. Aber das Kirchenschiff ist zerstört. Nichts ist vom Dach und von den Fenstern übriggeblieben. Verwüstet ist das Innere. Große Mauerbrocken liegen herum.

Etwas sehr Merkwürdiges hat sich hier ereignet. Ein Fresko in der Kirche ist so gut wie unbeschädigt geblieben. Konturen und Farben sind unversehrt. Man kann das Bild einfach nicht übersehen. Es befindet sich an einer Querwand, direkt hinter einem der großen Kirchenfenster – jetzt nur noch ein Riesenloch in der zerrissenen Mauer.

Das Fresko stellt die Kreuzigung auf Golgatha dar. Die Farben sind kräftig. Christus am Kreuz in der Mitte. Figuren zu Füßen des Gekreuzigten.

Dieses wohlerhaltene Golgatha-Bild in einer zerbombten Berliner Kirche spricht eine eigene Sprache. Es bietet die Versöhnung dar inmitten all des teuflischen Geschehens! [...]

26. März 1945

Fliegeralarm zwang mich, einen großen öffentlichen Schutzraum in Neukölln aufzusuchen. Die Gespräche in dieser »roten« Vorstadt waren offen und ungeniert. Mit Schwung wurde der Schwarzhandel betrieben. Für ein halbes Pfund Butter bot man vierhundert Mark. Zweihundertfünfzig Mark war der Tagespreis für ein Oberhemd.

In einer Gruppe von Frauen sprach man in erregtem Ton über das große Krematorium Baumschulenweg. Es klang fast wie eine beginnende Rebellion.

»Man beschwindelt uns mit unseren Toten«, erklärte die Gesprächigste der Frauen.

Aus ihren Worten ließ sich entnehmen, daß es in dem Krematorium nicht mit rechten Dingen zugehe. Jedenfalls hegten die Frauen Verdacht. Ein grausiges Thema!

Es wurde behauptet, daß in der Kapelle stets der gleiche Sarg bei sämtlichen Beerdigungen Anwendung finde. Im Sarge liege gar keine Leiche. Man verbrenne die Toten en gros, und zwar ohne Sarg und ohne irgendwelche Zeremonien. Die Asche werde auf einige bereit gehaltene Urnen verteilt. Die Angehörigen bekämen dann eine dieser Urnen ausgeliefert, falls sie den Wunsch äußerten.

»Wenn schon wir Lebenden keinen Wert mehr haben, warum sollten dann unsere hohen Herren mit den Toten anders verfahren?« bemerkte eine der Frauen.

»Es sterben viel zu viel Menschen! Wo soll man da die Zeit hernehmen für ordentliche Beerdigungen«, fügte eine andere hinzu.

»Es muß aber etwas geschehen«, stieß die Wortführerin hervor. »Es gibt doch wohl Grenzen. Wir müssen schließlich nicht alles schweigend hinnehmen!«

»Es wird ja nicht mal was für die Lebenden getan! Sollte man sich dann noch wegen der Toten von der Gestapo erwischen lassen?« kam die Antwort.

Diese Frauen hatten sicherlich nicht unrecht mit ihrem Verdacht. Einer meiner guten Freunde – ein Pastor – drückte vor einiger Zeit mir gegenüber das gleiche Mißtrauen aus.

»Ich fühlte oft, wenn ich bei Beerdigungen sprechen mußte, daß ich vor einem leeren Paradesarg stand«, sagte der Pastor.

Er selbst hatte es erlebt, daß eine Leiche spurlos verschwunden war; auch die Papiere waren nachher nicht aufzufinden. Erst nach längerer Zeit kam eine Mitteilung, die Urne mit der Asche des Verstorbenen könne abgeholt werden.

Auch diese Dinge gehören wohl zum Kapitel Nihilismus und Untergang!

In ihren guten Tagen fühlten die Nazis sich durch den Tod und die Toten gestört. In Berlin gab es das Dekret eines Bürgermeisters, wonach Leichentransporte nur nachts ausgeführt werden durften. Der verlogene Triumphgesang des Hitlerreiches – »Freut Euch des Lebens!« – durfte nicht von den düsteren Dissonanzen der Wirklichkeit und Wahrheit übertönt werden.

Das Ende des Wahnsinns wurde ein entsetzlicher Triumph des Todes!

19. Bericht über den »Sondereinsatz Berlin« für die Zeit vom 14. 2.–20. 2. 1945

23. Februar 1945

Allgemeines: [...] Die Hoffnung, daß es zu einem eigentlichen Kampf um Berlin nicht kommen werde, hat sich verstärkt. Im allgemeinen sind ein gewisser Fatalismus, eine gewisse Gleichgültigkeit und Dumpfheit festzustellen. »So wie es kommt, so wird es genommen: Wir können es nicht ändern!« Alles, was nach »Propaganda« aussieht oder als solche angesprochen wird, wird deutlich abgelehnt. Man will positive Tatsachen hören. Jede Meldung, auch nur von kleinen Erfolgen, wirkt sich günstig aus. Obwohl immer noch viele Leute so sprechen, als wäre der Krieg nicht mehr zu gewinnen, hegt man doch allgemein die Hoffnung auf eine Wendung zum Besseren. Man ist sich auch über die furchtbaren Folgen, die eine deutsche Niederlage nach sich ziehen müßte, im klaren. Im Vordergrund aller Gespräche stehen immer die gleichen Themen: Ostfront, Bombenterror, neue Waffen, Ernährungslage, Kohlennot und Rüstungsindustrie. Da große Werke nur noch wenige Tage in der Woche arbeiten könnten, gebe es in Wirklichkeit bereits Tausende von Arbeitslosen in der Reichshauptstadt. Und ausgerechnet am Sonntag müsse man arbeiten, wo die Verkehrsverhältnisse so ungünstig seien, während der Sonnabend Feiertag sei. [...]

Trotz der im Grunde guten Haltung der großen Masse der Berliner werden Zweifel und Bedenken im allgemeinen und von einzelnen defaitistische Äußerungen immer ungenierter ausgesprochen. Hierfür zwei Beispiele: In der Lebensmittelabteilung des Kaufhauses Karstadt am Hermannplatz unterhielten sich am 14. 2. anstehende Leute darüber, wann wohl der Krieg zu Ende gehe. Ein älterer Mann meinte: »Noch lange nicht!« Denn der Führer habe doch einen solchen Dickkopf, daß er lieber alles zugrunde gehen ließe, als auch nur den Versuch zu machen, einzulenken. Der leidtragende Teil sei die Bevölkerung, die nun sicher zu den Bombenangriffen noch Hunger leiden müsse. Jeder vernünftige Mensch müsse sich doch sagen, daß alles verfahren sei. Nur der Führer scheine noch an ein Wunder zu glauben. – Ein ausgebombter Geschäftsmann schimpfte am 13. 2. in der Kartenstelle Lenaustraße in Neukölln in Gegenwart vieler Wartender, es sei Wahnsinn, den Krieg weiterzuführen; man solle ihm doch nicht erzählen, daß die Ernährung 1917/18 schlimmer gewesen sei als heute. [...]

Einzelbeobachtungen: [...] Am 16.2. vormittags äußerte an der Straßensperre in der Dorfstraße (Wedding) ein Volkssturmmann: »Wozu wir diese Sperre bauen, weiß ich nicht. Ich denke, es werden immer so viele Panzer abgeschossen? Und nach Berlin kommen sie doch nicht, die hungern uns aus. Und dazu kommen dann die Aufstände durch den Pöbel und die Ausländer. Als Volkssturmmänner sind wir eine Viertelstunde ausgebildet; 10 Minuten Vortrag und außerdem durfte jeder einmal die Panzerfaust in die Hand nehmen. Das war alles. Seit 2 Wochen stehe ich nun hier herum. Einfach aus dem Betrieb herausgerissen. 20 von 39 Arbeitern sind weg. Wir haben Zahnräder für Panzer gedreht, aber die Betriebsführer sind völlig gleichgültig geworden. Sie sagen, wir haben keinen Strom, und außerdem weiß man doch nicht, was in nächster Zeit kommt. Kürzlich hatten wir eine Nachtübung. Da sind wir ein wenig am Wasser entlang gelaufen. Das war alles. Es klappt nichts mehr!« [...]

Am 11.2. tauchte abermals ein Gerede über eine neue deutsche Abwehrwaffe, das sogen. Roboterflugzeug auf. Es handele sich hier um 2,50 bis 3 m lange Miniatur-Flugzeuge, die in großen Mengen vorhanden seien. Antriebskraft Diesel-Rohöl, und die Maschine fliege ohne Besatzung. Die Waffe solle in nächster Zeit zum Masseneinsatz kommen und die feindlichen Luftangriffe ausschalten.

In dem Kaffee Bischoff, Berlin N, Chausseestr. 56, unterhielten sich am 15.2. nachmittags einige Frauen. Der Schwiegersohn der einen, ein Major, sei plötzlich aus Dresden gekommen. Auf die Frage, wie es nun eigentlich weitergehen solle, wo der Russe in der Nähe Berlins stehe, habe er geantwortet, daß er noch vor 14 Tagen keinen Heller mehr für Berlin gegeben habe. Aber jetzt könne man bestimmt sagen, daß der Russe nicht nach Berlin hereingelange. Wie man den Feind wieder aus dem Land bekommen wolle? Man würde sich in dieser Hinsicht wenig anstrengen, da es immer noch ein Mittel gebe, in kurzer Zeit und erfolgreich diesen Krieg zu beenden und damit das Vaterland wieder frei zu machen. Man brauche sich bestimmt keine Sorgen zu machen. [...]

In der U-Bahn erzählte am 15.2. ein Zivilist, er habe sein Eigentum in der Gegend um Sommerfeld-Sorau verloren. Nunmehr hätten die Sowjets seine Sachen, wenn nicht vorher die Deutschen alles gestohlen hätten. Geflohene hätten erzählt, daß die deutschen Truppen toll hausten. So sei es aber schon 1940 in den westlichen Grenzgebieten gewesen. Obgleich die Franzosen dort gar nicht hingekommen seien, habe es ausgesehen, als ob dort Neger gehaust hätten.

Eine Frau, die am 14.2. auf dem Postamt Neukölln vor einer Fernsprechzelle wartete, erzählte: »Mein Kind ist von Berlin nach Sorau evakuiert worden. Sorau ist heute im Wehrmachtbericht erwähnt worden, und ich habe immer noch keine Nachricht von meiner Tochter. Das Gepäck haben sie mit einem Wehrmachtauto mitgeschickt. Was kommt es darauf an? Hätten sie lieber meine neunjährige Tochter aufs Auto gesetzt. Wenn die Russen jetzt kommen und mein Kind ist nicht hier, weiß ich, was ich tue. Ich mache Schluß!« [...]

Zwei Frauen unterhielten sich am 12.2. in der S-Bahn: »Ich wollte eigentlich in Berlin bei meinem Manne bleiben, aber er hat Angst, daß unsere beiden Kleinkinder nicht genügend Ernährung bekommen. Wie man die Russen nun kennt, werden sie sicher an beiden Seiten Berlins vorbeistoßen, um es dann einfach sich selbst zu überlassen. Es ist ausgeschlossen, für 4 Millionen Menschen dann noch die Ernährung sicherzustellen. – Mein Mann hat noch ein Dienstauto, und er wird, falls es ganz brenzlig wird, mich mit meinen beiden Kindern abtransportieren. Er muß ja doch Akten in Sicherheit bringen, und bei dieser Gelegenheit können wir mit!« [...]

20. *Bericht über den »Sondereinsatz Berlin« für die Zeit vom 21.2.–27.2.1945*

3. März 1945

Einzelbeobachtungen: [...] Die Tatsache der Kurzarbeit in vielen Betrieben beherrscht die Gemüter sehr stark. Man sitze herum, habe nichts zu tun und nie geglaubt, daß man unter dem Nationalsozialismus noch einmal arbeitslos werden könne. [...]

Wenn man schon nicht voll arbeiten könne, weil Kohle und auch Rohmaterial knapp seien, warum müsse man dann die Zeit in den Be-

32 Nach dem Bau einer Panzersperre. April 1945.

33 Panzersperre. April 1945.

trieben absitzen? Aber auch bei angesetzter Akkordzeit dürfe nicht voll gearbeitet werden, um Material zu sparen.

Andererseits setze man jugendliche Kräfte in den Betrieben an. So habe das Arbeitsamt Teltow jetzt den Dr. Hell-Werken in Teltow eine 17jährige Jugendliche, die soeben unter sehr viel Entbehrung aus Posen geflüchtet sei, für eine Nachtarbeit von 21–4 Uhr, jedoch nicht umschichtig, vermittelt.

[...] Das Fehlen jeglicher Organisation konnte abermals im Hochbunker am Bhf. Zoo festgestellt werden. Bei Alarmen stauen sich denn jedesmal Tausende Menschen vor den Eingängen. Trotz solchen Andranges stand immer nur ein Polizeibeamter an der Tür des Turmes, so daß sich die Schutzsuchenden ohne jede Weisung rücksichtslos hineinquetschen. Während die Gänge verstopft sind, stehen Räume mit den Aufschriften »Friseurstuben« usw. leer. Das Flak-Bedienungspersonal muß sich mit Gewalt hindurchzwängen. Nach Aufhebung des Alarms seien überhaupt keine Ordner zu sehen.

Eine ausgesprochene Unsitte scheint sich infolge der Stromsperre eingebürgert zu haben. Es gibt neuerdings den ewigen »Bunkergänger«, zumeist weiblichen Geschlechts. Diese setzen sich sofort nach Ausschalten des Stromes in Marsch und warten dann stundenlang vor einem Bunker. So standen vor dem LS-Bunker am Hermannplatz in Neukölln am 24. 2. zwischen 19 Uhr und 20 Uhr etwa 1000 Menschen. Auf die Frage, ob Fliegeralarm in Aussicht sei, wurde von einigen geantwortet: »Das gerade nicht, aber sicher ist sicher, und der Strom ist auch ausgeschaltet!« [...]

Sehr verbittert sind viele Berliner Mütter darüber, daß sie oftmals nicht mehr in einen öffentlichen Bunker hineinkönnen, weil dieser angeblich überfüllt sei. Aber auch sonst seien sie stets im Nachteil, weil man sie ohne Rücksicht beiseitedränge, wobei die eigenen Volksgenossen manchmal noch schlimmer seien als die Ausländer. Warum werde nicht veranlaßt, daß für Mütter mit Kleinkindern bei Luftgefahr besondere Räume freizuhalten seien? [...]

Der Alexanderplatz und seine Umgebung mit seinen oftmals berüchtigten Lokalen bietet nach wie vor das gleiche Bild. Ausländer sind ständig anzutreffen und vor allem zu Zeiten, wo jeder andere arbeitet. Der Schwarze Markt blüht. Brot wird mit 50,– bis 70,– bezahlt.

Zigaretten kosten 5,– das Stück, 50 gr. Tabak bis 120,–. Es sind immer die gleichen Gesichter, die anzutreffen sind. Kombinierte Heeres-Polizeistreifen sind oft zu treffen, doch kontrollieren diese in erster Linie Soldaten. Zivilstreifen waren wenige zu beobachten. Viel zu wenig werden Frauen und Mädchen überprüft. Diese treiben nach wie vor das Geschäft offener oder heimlicher Prostitution. Diese sind es auch, die viel Geld in die Hände bekommen. So war von Soldaten zu hören, daß sie 40,– bis 50,– für den Beischlaf bezahlt haben. Diese Frauen können sich verknappte Waren aller Art besorgen. Die Dirnen haben ihre Hotels und zu jeder Zeit ein Zimmer an der Hand, während Durchreisende nicht wissen, wie sie unterkommen sollen. [...]

24. Bericht über den »Sondereinsatz Berlin« für die Zeit vom 23.3.–29.3.1945

31. März 1945

Allgemeines: Die *Stimmung* hat sich im Verhältnis zur Vorwoche wesentlich nicht geändert. Bei ziemlicher innerer Bedrücktheit verhält sich der Großteil der Berliner gelassen und abwartend. Die Leute sind schweigsamer geworden. In den Bahnen, auf den Wochenmärkten, in den Läden und Anstehschlangen kommt es weniger zu allgemeinen Gesprächen. Andererseits läßt sich in den vom Bombenterror besonders betroffenen Gebieten, vornehmlich im Osten und Norden, eine zunehmende Gereiztheit feststellen, die sich bei den geringsten Anlässen Luft macht.

Die *allgemeine Lage* wird vor allem im Hinblick auf die Ereignisse im Westen durchaus pessimistisch beurteilt. Man hofft zwar, daß es noch gelingen werde, den Feind im Westen zum Stehen zu bringen. Aber man erwartet für die nächste Zeit einen Großangriff der Sowjets auf Berlin und argumentiert vielfach so, daß die Sowjets auch Erfolg haben würden, da der Atlantikwall und Westwall die Amerikaner nicht habe aufhalten können.

Man befürchtet Luftlandeangriffe im Berliner Raum. Der Volkssturm wird nach dem, was man von ihm in Berlin gesehen habe, nicht hoch bewertet. Andererseits setzt man seine Hoffnung auf eine demnächst zu erwartende Gegenoffensive, die bald kommen müsse, wenn die für die Ernährungslage wichtigen Ostgebiete noch rechtzeitig wieder in unsere Hand kommen sollten. Im Zusammenhang hiermit fragt man viel, wo die Wlassow-Armee geblieben sei. Allgemein sieht man aber keinen Ausweg aus der gesamten Situation. Denn wenn es auch gelänge, die Anglo-Amerikaner im Westen zu stoppen bzw. die Sowjets im Osten zurückzuschlagen, würden die Feindmächte mit ihrer Überlegenheit an Menschen und Material es mit der Zeit doch schaffen. Daß Kriegsmüdigkeit oder politische Gründe den Feind zum Aufgeben zwingen könnten, hält man allgemein für ausgeschlossen. Ein Volk, das eine gut begründete Aussicht auf den Sieg habe, gebe nicht auf, wenn es auch noch große Opfer bringen müsse. Und bis Deutschland am Boden läge, würde das Bündnis der Alliierten schon halten, soviel Konfliktstoffe auch zwischen den Feindmächten vorhanden wären. Bei Beurteilung der allgemeinen Lage spielt die Luftüberlegenheit der Anglo-Amerikaner nach wie vor eine ausschlaggebende Rolle. Dazu kommen Hinweise auf die Einschränkung unserer Rüstungsproduktion, auf die Kohlennot und nicht zuletzt auf die Ernährungslage. Man sähe keinen Ausweg und keinen Lichtblick. Unsere Propaganda sei wie die Kapelle auf einem sinkenden Schiff, die immer noch eifrig spiele. Dem gekennzeichneten und immer wieder geäußerten Pessimismus gegenüber hält die Bevölkerung innerlich doch die Hoffnung auf eine Wendung zum Guten fest und zwar mit der Begründung, daß die Führung noch eine Waffe, einen Plan oder irgendein Unternehmen in Reserve halten müsse. Es sei anders gar nicht denkbar. [...]

Der Bombenterror und die abendlichen Angriffe lasten schwer auf den Gemütern. Vor allem in den Stadtgebieten, die in der letzten Zeit besonders gelitten haben und die z. T. längere Zeit ohne Wasser, Strom und Gas waren bzw. noch sind, ist die Stimmung sehr bedrückt und gereizt. Das Ansehen der deutschen Luftwaffe ist auf einem Nullpunkt angelangt, so gern man frühere Erfolge und heutige Einzelleistungen anerkenne. Im ganzen habe die Luftwaffe doch versagt. Man wundert sich immer wieder, warum die Flak bei den Abendangriffen so wenig schieße. Früher habe man auf ein Flugzeug 100 Schuß abgegeben, heute sei es umgekehrt. Der Hinweis auf unsere Nachtjäger ruft in den LS-Räumen im allgemeinen nur Gelächter hervor. Ein sehr häufiges Gesprächsthema ist es jetzt, daß es zu wenig Bunker in Berlin gäbe.

Und es werden im Zusammenhang hiermit schwere und erbitterte Vorwürfe gegen die zuständigen Stellen erhoben. Es wird vielfach geäußert, daß die Führung am Schicksal der breiten Masse doch sehr wenig interessiert sein müsse. Man habe Zeit genug gehabt, Bunker zu bauen, auch noch in späteren Jahren des Krieges. Arbeitskräfte seien genug vorhanden gewesen, zumal wenn man die Kriegsgefangenen herangenommen hätte. Es wurde mehrfach gehört, daß Angehörige ihre Toten und Verschütteten selbst aus den Trümmern bergen müßten, während Ausländer massenweise beschäftigungslos in Berlin herumliefen.

In den Gesprächen über die *Ernährungslage* ist eine große Besorgnis vor der Zukunft festzustellen. Vor allem wird immer wieder die Kartoffel- und Brotfrage erörtert. Eine weitere Kürzung werde die Versorgung unter das Existenzminimum herunterdrücken. Man bezweifele, daß der Arbeiter auch dann noch ruhig bleibt. Die Hausfrauen, besonders in Arbeiterkreisen, klagen, daß sie mit den Brotrationen einfach nicht auskommen könnten. Im Norden hört man, die Frauen wollten mit ihren Kindern bei den Kartenstellen vorstellig werden, daß sie für die Kinder kein Brot und keine Kartoffeln mehr, also nichts mehr zu essen hätten. Die Mitteilung in der Presse, daß es jetzt den Kleinverteilern überlassen sei, je nach Vorhandensein, anstelle von Butter oder Weizenmehl, Margarine bzw. Roggenmehl an den Kunden abzugeben, hat allgemein eine starke Empörung ausgelöst, da es auf der Hand liege, daß Butter und Weizenmehl nur die guten Freunde und diejenigen, die etwas anderes dafür geben könnten, bekämen. Es sei mit dieser Anordnung der Schiebung Tür und Tor geöffnet worden. Vielfach hat man auf eine Sonderzuteilung für die Osterfeiertage gehofft.

Die *Arbeitsleistung der Gefangenen* wird sehr beobachtet. Wenn man sähe, wie die vielen Gefangenen, von den Wachen begleitet, langsamen Schrittes dahingeführt würden und wie sie sich während der Arbeit an den Geräten festhielten, um nicht umzufallen, so könne das nur Empörung auslösen. Die Verkehrswege seien durch den Bombenterror versperrt, und es gäbe auch sonst Arbeit genug, aber die Gefangenen ständen herum und – traurig genug – die Wachmannschaften ständen interesselos daneben. Die Volksgenossen müßten dagegen bei der knappen Ernährung vom Morgen bis zum Abend arbeiten. Es werden bittere Vergleiche mit dem Schicksal der deutschen Gefangenen, vor allem in Rußland, gezogen.

Die Nachrichten über *Greueltaten der Bolschewisten* werden von einem

Teil der Berliner doch immer noch nicht ernst genug genommen. Es sei vieles Propaganda, um das Volk bange zu machen und bei der Stange zu halten. Jedenfalls ist man sich allgemein einig darüber, daß die Anglo-Amerikaner nicht so gefährlich seien. Und wenn der Krieg schon verlorengehen solle, dann sei zu wünschen, daß die Anglo-Amerikaner vor den Sowjets nach Berlin kämen. – Es werden wieder Gespräche darüber gehört, wie man sich im äußersten Falle das Leben nehmen könne.

Immer wieder hört man Klagen über schlechte *Postverbindungen* und besonders [über] die zur Ostfront. Kein Mensch ahne, wo die Angehörigen geblieben seien, die man an der Ostfront wisse oder die in den Räumen des Ostens eingesetzt gewesen seien und die z. T. noch irgendwie zurückgekommen sein müßten. Diese Ungewißheit sei viel schlimmer als das Wissen um einen etwa traurigen Tatbestand.

Die – wie angenommen wird – so gut wie aussichtslose Lage, die Belastung des täglichen Lebens führe dazu, daß immer häufiger und unverhohlener pessimistische, defaitistische Äußerungen und solche getan werden, die sich gegen Partei und Regierung richten. Selbstverständlich sind auch Äußerungen einer guten und zuversichtlichen Haltung in der Öffentlichkeit zu hören, aber solche der erstgenannten Art überwiegen in allen Kreisen der Bevölkerung weitaus. Es besteht aber der Eindruck, daß es sich hierbei doch mehr oder weniger um in der Erregung gesprochene Worte handelt, in denen Sorge und Kummer, Unmut, Verärgerung, Wut und Nervosität abreagiert werden. Ein Lichtblick, ein wesentlicher Erfolg würde gewiß vielen schnell wieder Auftrieb geben und das Bild wieder wandeln.

In der S-Bahn wurde die folgende, dem Sinne nach wiedergegebene Äußerung eines anscheinend gebildeten deutschsprechenden Ausländers gehört: Es ist zu bewundern, wie sich die arbeitende Bevölkerung morgens und abends in den Bahnen drängt, nicht nur um nach Hause, sondern auch um pünktlich zur Arbeitsstelle zu kommen. Auch weite Fußmärsche werden bewältigt. Die Stimmung ist nicht sehr gut, aber abwartend und im Grunde noch immer zu allem bereit!

Einzelbeobachtungen: [...] 23. 3., Markthalle Alexanderplatz, ein Markthelfer: »Mensch, weißte, für wen wir die Tanksperren bauen müssen? Nur für die Nazis, damit sie sich dahinter verteidigen können. Uns Arbeitern tut ja der Iwan nichts; aber die braunen Eierkuchen werden alle gehängt.« [...]

S-Bahnhof Ostkreuz, 20. 3., ein Arbeiter, der einen anderen um Feuer bittet und dabei sagt: »Es wird ja wohl wieder eine Sonderzuteilung geben.« Antwort: »Sonderzuteilung? Dazu haben wir für die da oben noch nicht lange genug gezittert. Die gibt es nur für die, die unter den Trümmern liegen.« [...]

In drei Fenstern des KdW [Kaufhaus des Westens], Tauentzienstraße, je ein Plakat mit dem Wortlaut: »Berlin arbeitet, kämpft und steht.« Drei einfache, sauber gekleidete Frauen machen im Weitergehen folgende Bemerkung: »Nichts als Propaganda! Berlin ›steht‹, ist geprahlt. Noch ein paar solche Angriffe [wie die] von vorgestern (18. 3.), und es stehen höchstens noch Ruinen. Viel zu arbeiten gibt es in Berlin auch nicht; sonst wären wir nicht entpflichtet. Daß Berlin kämpft, davon haben wir am Sonntag nichts gemerkt. Die Amerikaner haben ihre Bomben geworfen, wohin sie wollten. Sie sind am Himmel kreuz und quer geflogen, ohne Gegenwehr, ohne Kampf.« [...]

Am 22.3., Wartesaal III. Kl. Bhf. Gesundbrunnen. Ein etwa 70jähriger Fleischermeister berichtet, daß es seiner Nachbarin, deren 5jähriges Kind gestorben sei, nicht möglich gewesen wäre, einen Sarg zu bekommen. In einem Beerdigungsinstitut habe man ihr empfohlen, anstelle eines Sarges eine Tüte zu nehmen und die Leiche darin einzuwickeln. Der Mann bemerkte dazu: »Der Bande müßte man das Genick umdrehen.« [...]

Am 22.3., 7.30 Uhr, vor dem Tor der AEG, Osloerstr. Ein Volkssturmführer kommt mit 30 bis 40 Frauen aus der Fabrik, alle tragen Spaten, Picken usw., die Frauen unterhalten sich laut darüber, daß es in der Fabrik keine Arbeit mehr für sie gäbe. Sie wollten dann aber entlassen werden, da sie bei der schlechten Ernährung die schwere Schanzarbeit nicht leisten könnten.

19.3. Markthalle am Alex. Zwei »bessere« Frauen unterhalten sich über die Schanzarbeit. Die eine erklärt, sie habe eine Aufforderung bekommen, denke aber nicht daran, ihr Folge zu leisten. Auch habe ihr Mann verboten, hinzugehen, ganz gleich, was es für Folgen habe. [...]

25. Bericht über den »Sondereinsatz Berlin« für die Zeit vom 30.3.–7.4.1945

10. April 1945

Allgemeines: Im Mittelpunkt aller Gespräche und Unterhaltungen steht die nach allgemeiner Ansicht katastrophale Lage an den Fronten. Die *Lage* wird durchweg als aussichtslos bezeichnet. Das schnelle Vorrükken der Anglo-Amerikaner, der Fortgang der feindlichen Luftoffensive, die bevorstehende Offensive im Osten, die Annahme, daß es uns nicht mehr möglich sein werde, eine Gegenoffensive im Osten zu beginnen, die weitere Annahme, daß wir keine neuen Waffen oder Kampfmittel mehr einzusetzen haben, die immer weitere Einschränkung der Rüstungsproduktion sind bei dieser Beurteilung ausschlaggebend. Selbst Menschen, von denen man wisse, daß sie immer noch gläubig gewesen seien, hätten jetzt so gut wie jede Hoffnung aufgegeben. Es werden häufig Termine angegeben, wann der Krieg vorbei sein werde. Sehr oft wird der Wunsch ausgesprochen, daß die Anglo-Amerikaner noch vor den Sowjets nach Berlin kommen. So wird hier und da sogar Freude über die Fortschritte der Amerikaner geäußert. Und es gehen Erwägungen in der Richtung um, daß man den Kampf gegen Westen einstellen und zusammen mit den Anglo-Amerikanern gegen die Sowjets marschieren solle. Alles in allem hat man die Hoffnung auf einen irgendwie noch guten Ausgang des Krieges verloren. Und so hört man auch immer öfter, daß Schluß gemacht werden solle. Alle weiteren Opfer seien sinnlos. Besser ein Ende mit Schrecken, als ein Schrecken ohne Ende. Die wenigen Menschen, die noch zum Guten reden, werden mitleidig oder spöttisch belächelt, heftig angegriffen oder – wie es in einem Bericht heißt – »wie Wundertiere« angestarrt.

Die deutsche *Presse und Propaganda* begegnet immer stärkerem Mißtrauen. Zuviel Parolen hätten sich nicht bewahrheitet. Sehr viel wird gefragt, wo jetzt die neuen Waffen seien, bei deren Anblick sich Dr. Goebbels die Haare gesträubt hätten, wie es in einem seiner Artikel im *Reich* geheißen habe. Wo überhaupt die neuen Waffen seien? Wo die neue Luftabwehr sei? Man könne an nichts mehr glauben. Die Berichte über die Greueltaten der Sowjets, wie vor allem über die Unmenschlichkeiten und grausamen Pläne der Anglo-Amerikaner werden auch von sehr vielen Volksgenossen als »Propaganda« betrachtet, die den Zweck habe, den Widerstandswillen des Volkes zu stärken. Aber so schlimm sei das alles nicht. Die Amerikaner und besonders die Engländer sollten sich ganz anständig benehmen. Viele Gerüchte in dieser Hinsicht gehen um. – Selbst die Wehrmachtsberichte werden in letzter Zeit vielfach angezweifelt. Sie seien immer schon um mehrere Tage überholt. Demgegenüber werden Feindsender offenbar mehr und mehr abgehört. Auch die bei Terrorangriffen abgeworfenen Flugblätter finden große Beachtung, gehen von Hand zu Hand und sind ein häufiges Gesprächsthema.

Allgemein wird die *Partei* als Trägerin der Macht für die Lage verantwortlich gemacht und dementsprechend angegriffen. Vor allem in den vom Bombenterror in letzter Zeit besonders betroffenen Stadtteilen des Nordens und Ostens nimmt man in dieser Hinsicht kein Blatt mehr vor den Mund. Auf der Suche nach dem Schuldigen wird oft behauptet, daß sich die Partei zu sehr in Wehrmachtsangelegenheiten hineingemischt habe, während andererseits wieder die Offiziere als diejenigen hingestellt werden, die versagt hätten. Kritische Bemerkungen dem Führer gegenüber fallen in der Öffentlichkeit kaum. Er habe das Beste gewollt, aber seine Mitarbeiter hätten versagt bzw. ihn über viele Dinge nicht richtig ins Bild gesetzt. Freilich werden jetzt häufig Worte des Führers aus seinen Reden oder aus *Mein Kampf* in ironischer Weise zitiert. Und wo die »Kommune« ihre Zeit wieder für gekommen hält, findet man an öffentlichen Gebäuden Inschriften wie »Nieder mit Hitler!« u. a. Der Sowjetstern fehlt dabei nicht. – Das Vertrauen zur Führung insgesamt ist in weitem Maße gesunken. Aber es wird häufig der Wunsch ausgesprochen, daß jetzt der Führer einmal sprechen solle. Er habe in guten Zeiten gesprochen, jetzt in der Stunde der äußersten Not wolle man seine Stimme auch hören, vor allem wenn er etwas sagen könne, was einem wieder Mut mache. Oder Dr. Goebbels wenigstens solle zu den grundsätzlichen Fragen sprechen, er solle aber keine »Propaganda« reden. Viele Berliner sind allerdings der Ansicht, daß jetzt nicht eine Zeit des Redens, sondern nur des Handel[n]s sei, wenn überhaupt noch gehandelt werden könne.

Der *Werwolf*-Gedanke wird allgemein abgelehnt. Es wird behauptet, daß die Anglo-Amerikaner zu derartigen Repressalien greifen würden, daß nur ein weiteres sinnloses Morden dabei herauskomme. Vor allem Frauen sprechen sich in diesem Sinne aus. Und wenn wir sonst den Vormarsch der Anglo-Amerikaner nicht aufhalten oder zurückschlagen könnten, so wäre es mit dem Werwolf auch nicht zu schaffen. Allgemein wird gesagt, daß es ein Fehler gewesen sei, den Werwolf-Gedanken durch den Rundfunk öffentlich zu propagieren. Gerade dadurch habe man dem Feinde die Möglichkeit gegeben, seine Gegenmaßnahmen vor der Weltöffentlichkeit zu rechtfertigen. Eine Geheimorganisation hätte man nicht an die große Glocke hängen dürfen. Ferner habe man mit der Angabe einen Fehler begangen, daß der Werwolf-Sender eine kHz-Stärke habe, die für einen Geheimsender viel zu stark sei. Es wird allgemein vermutet, daß der Werwolf-Sender bei Königswusterhausen stehe. [...]

Bei äußerlich meist gelassener Haltung ist die *Stimmung* der Berliner doch so ziemlich auf den Nullpunkt herabgesunken. Es ist nicht die Art des Berliners, aus irgendeiner Verzagtheit heraus voreilig aufzugeben, aber man sieht im allgemeinen keinen Ausweg mehr. Und so wird häufig verstandesgemäß gefolgert, daß die Fortsetzung des Kampfes eine unnötige Verlängerung des Blutvergießens sei. Dabei macht sich auch die Kriegsmüdigkeit deutlich bemerkbar. Man fürchtet neue schwere Luftangriffe und den drohenden Angriff der Sowjets. Da man keine Hoffnung mehr auf eine Wendung zum Besseren habe, ist der Verteidigungswille gering, und man fragt sich: Wozu das alles noch? Mit einem gewissen von Galgenhumor getragenem Fatalismus, hinter dem sich schon manche innere Verzweiflung verbirgt, sieht man allem weiteren entgegen. Aus Berlin fortzugehen, habe für die Frauen auch keinen Sinn mehr. Wo solle man noch hin? Es sei überall unsicher. Und es sei alles Schicksal! Immer wieder wird gefragt, wie die Führung ihre Hoffnung auf einen guten Ausgang wohl noch begründen wolle. Daß sich die Alliierten vor der Niederwerfung Deutschlands noch entzweien würden, hält man für ganz ausgeschlossen. Hört man irgendwo eine Hoffnung äußern, so ist es eben die, daß die Anglo-Amerikaner noch vor den Sowjets nach Berlin kommen. Sicher wird der Berliner auch weiter seinen Mann stehen wie bisher, aber die allgemeine Ansicht ist die, daß der Krieg verloren ist, sofern nicht ein wirkliches Wunder geschieht.

Einzelbeobachtungen: In der S-Bahn unterhielten sich zwei Männer, anscheinend Ingenieure der Deutschen Versuchsanstalt für Luftfahrt, darüber, daß sie in ihrer Arbeit keinen Sinn mehr sähen. Man beschäftige sich mit Versuchen im Windkanal, mache Versuchsflüge und erfinde Neuerungen. Aber wozu das alles? Der Hauptbetrieb sei nach

Braunschweig, Badgastein und Hildesheim verlagert worden. Jede einzelne Abteilung mache jetzt Versuche auf eigene Faust. Eine richtige Auswertung finde nicht mehr statt, da es an dem Zusammenhalt fehle. Überdies sei die Verlagerung der beste Vorwand gewesen für einzelne Ingenieure und Oberingenieure, ihre Haut in Sicherheit zu bringen, die auch ihre Familien mit allem Gepäck hätten nachkommen lassen. Man halte den Krieg für verloren. [...]

Am 28.3. auf Bhf. Ostkreuz ein Arbeiter nach dem Alarm laut: »Nur Verrückte glauben noch an einen Sieg.«
Am gleichen Tag in einem Luftschutzkeller: »Wenn unsere Soldaten so klug wären wie 1918, dann wäre der Krieg schon zu Ende!« [...]

In der S-Bahn ein Obergefreiter, der für den Abschuß von 2 T 34 mit der Panzerfaust Urlaub erhalten hat. Er äußerte, daß in einigen Tagen im Brückenkopf Danzig-Gotenhafen ein zweites Stalingrad entstehen würde. Tausende von Verwundeten wären noch dort. Und in Danzig, das völlig zerstört sei, lägen die Zivilisten zu Tausenden tot und verwundet. Es wäre sinnlos, jetzt noch weiter zu kämpfen. Er habe seine Pflicht bis jetzt getan. Das zeigten seine Auszeichnungen. Aber was nütze der beste Soldat, wenn er 10 Panzer abschieße und 30 neue ständen da? Einmal müsse er der Übermacht erliegen. [...]

Nach dem Terrorangriff am 28.3. eine Gruppe von Männern in der S-Bahn, die laut ihrer Empörung darüber Luft machten, daß wieder einmal kaum eine deutsche Abwehr festzustellen gewesen sei. Alle am Gespräch sich Beteiligenden waren der Meinung, daß es so nicht mehr lange weitergehen könne. Warum man nicht freiwillig Schluß mache? An irgendwelche neue Waffen glaube niemand mehr. [...]

Am 29.3. gegen 19 Uhr soll sich auf dem Falkplatz ein Unglück ereignet haben, dem 25 Kinder im Alter von 4–14 Jahren zum Opfer gefallen seien. Das Unglück sei dadurch entstanden, daß mehrere Jungen eine Stabbrandbombe durch Aufschlagen zur Entzündung gebracht hätten. Eine Augenzeugin [...] berichtet darüber wie folgt: »Kurz vor 19 Uhr stand ich vor unserem Hause und sah, wie auf dem gegenüberliegenden Falkplatz inmitten einer Schar Kinder eine grelle hohe Stichflamme aufloderte. Im gleichen Augenblick erfolgte eine starke Explosion. Ich eilte sofort zu der Stelle und sah eine Anzahl Kinder mit schrecklichen Unterleibs- und Gesichtsverletzungen in ihrem Blut liegen, ein Teil schwer und leicht verletzter Kinder lief schreiend davon. Ich lief sofort zur Straße zurück, um ärztliche Hilfe zu holen. Einen gerade ankommenden Pkw hielt ich an und erklärte dem Fahrer, daß auf dem Falkplatz mehrere schwerverletzte Kinder lägen, die zur Rettungsstelle geschafft werden müßten. Der Mann erklärte, er habe nur noch Brennstoff, um nach Hause zu kommen. Auf nochmaliges Auffordern, daß doch schnellstens ärztliche Hilfe geholt werden müsse, habe der Mann erwidert, er sei selbst Arzt, und fuhr zur Unglücksstelle.»Dort war aber inzwischen ein kleiner Lieferwagen einer Fleischerei, auf den die toten und schwerverletzten Kinder geladen wurden.« Der Arzt habe sich die Kinder kurz angesehen und sei dann davongefahren. [...] Der Lieferwagen sei dann mit den Toten und Verletzten zum Horst-Wessel-Gymnasium gefahren. Dort sei eine 1. Hilfstelle der LS-Polizei stationiert. Man habe sich dort für nicht zuständig erklärt. Darauf sei der Lieferwagen zum LS-Bunker Gesundbrunnen gefahren, aber auch dort wegen Nichtzuständigkeit zum Hedwigskrankenhaus geschickt worden. Auch dort hätte man sich der Kinder nicht angenommen, sondern den Wagen zu der Kinderklinik, nach Berlin N 65, Trontheimer Str. geschickt. 4 Kinder wurden durch die Explosion sofort getötet, 6 weitere verstarben auf dem Transport bzw. später, 15 Kinder wurden z. T. schwer und leicht verletzt. [...]

Ein ähnlicher Vorfall soll sich vor kurzem in der Heidenstr. im NO Berlins abgespielt haben. Hierbei sollen 2 Kinder getötet und 2 weitere verletzt sein. [...]

Im Lokal Schultheiss-Patzenhofer in der Memhardtstr. am Alexanderplatz herrsche um 10 Uhr täglich schon Hochbetrieb. Das Lokal sei überfüllt, zum größten Teil mit Frauen. Die Gespräche über Politik und zur Lage, die dort geführt würden, könne man nur als Stimmungsmache übelster Art bezeichnen. Hinzu komme, daß man alle Augenblicke von einer Frau aufgefordert werde, mit ihr zu gehen, es wird gefragt, ob Lokale dieser Art, die es in allen Gegenden Berlins, vornehmlich aber im Zentrum, gäbe, nicht besser geschlossen würden zu einer Zeit, wo ganz Berlin sich in Verteidigungszustand setze. Das vorhandene Personal könne einer nutzbringenderen Tätigkeit zugeführt werden, außerdem spare man viel Energie ein. [...]

In ein stark überfülltes Abteil der S-Bahn drängte sich noch ein Transport von Sowjetkriegsgefangenen hinein. Als sich auf einer der nächsten Stationen das Abteil etwas leerte, belegten die Gefangenen sofort die freien Sitzplätze. Obwohl ältere Frauen standen, wurde von keinem anwesenden Volksgenossen ein Einwand erhoben. Im Gegenteil, als ein Soldat einen der Gefangenen beim Kragen nahm und eine Frau aufforderte, dessen Platz einzunehmen, lehnte diese ab und machte dem Soldaten noch Vorwürfe wie: Das sind doch auch Menschen, und wie kann man nur so roh und hart sein! Diese Einstellung wurde noch von mehreren Reisenden geteilt. Als der Soldat den Volksgenossen weiterhin einen gesunden Eichelschlaf und eine individuelle zarte Behandlung für den Fall einer russischen Besetzung wünschte, wurde erwidert, daß das schon nicht so schlimm sein werde. – Fälle, in denen Volksgenossen in ähnlicher Weise für Gefangene oder Ausländer eintraten, wurden in letzter Zeit öfter beobachtet. [...]

Ein im Hochbunker am Gesundbrunnen diensttuender politischer Leiter teilte mit, daß die oberen Stockwerke, die nicht so sicher gelten, mit Ausländern belegt werden sollen. Es sei aber unmöglich, die Ausländer, die sich zwischen den Schutzsuchenden befänden, auszusortieren, zumal seitens der Volksgenossen nichts geschehe, um diese Absicht zu verwirklichen. Es würde teilweise sogar passiver Widerstand dagegen geleistet. Im Bunker hört man oft defaitistische Äußerungen wie z. B.: Hoffentlich werde Stalin bald kommen, um dem ganzen Spuk ein Ende zu machen und die Parteimänner zu hängen. Die Täter seien im Gedränge nie zu ermitteln. [...]

Jacob Kronika: Berlins Undergang. Kopenhagen: Hagerup 1945. Der Untergang Berlins. Deutsch von Margreth Bossen. Flensburg und Hamburg: Wolff 1946. S. 98-99, 133-134.

10. April 1945

Eigentlich sollte man meinen, daß diese ganze Untergangsatmosphäre, die nun schon so lange würgend auf Berlin lastet, jede animalische Erotik der Gasse ausgelöscht habe. Das ist nicht der Fall. Die Soldaten entfalten einen unverhüllten Appetit. In den frühen Abendstunden sind die dunklen Bezirke am Zoo, am Wittenbergplatz sowie der Kurfürstendamm von erotischer Wildheit erfüllt. Triebe toben sich aus. Es ist ein Treiben, wie man es in vergangenen normalen Zeiten nicht gekannt hat.

Die Frauen sind keineswegs zurückhaltender. Der Hunger nach dem Mann macht viele von ihnen vollkommen hemmungslos. Junge Soldaten haben es nicht nötig, erst lange auf Freiersfüßen zu wandeln. Sie sind eine sehr begehrte Beute. Frauen opfern Zigaretten und eine Mahlzeit, um flüchtig ihren Begierden frönen zu können.

In den großen Luftschutzbunkern, wo Tausende von Menschen zusammenströmen, spürt man bei nächtlichen Alarmen nicht nur Müdigkeit und stumpfe Verzweiflung, sondern auch die zitternden Fäden einer grobsinnlichen Erotik.

Die ganz Jungen sind deutlich gezeichnet; viel zu früh haben sie ihren Trieben nachgegeben. Jungen und Mädchen in Uniformen sind – viel zu jung an Jahren – längst wissend und erwachsen. Niemand hält sie zurück. Das Familienleben existiert nicht mehr. Und alles Lagerleben im Krieg wirkt aufreizend. Die Ärzte in Berlin wissen von der furchtbaren Ausbreitung der Geschlechtskrankheiten zu erzählen; ferner von den Schwangerschaften minderjähriger Mädchen.

Im Untergang ist eine hektische Genußsucht ausgebrochen!

»Wir wollen das ganze mithaben, denn schon heut nacht oder morgen kann uns der Knochenmann holen!«

Dies scheint die Untergangsdevise zu sein.

22. April 1945

Hauptthema der Morgenzeitungen, so weit sie heute erschienen sind, ist die »Schlacht um Berlin«. Man traut seinen eigenen Augen nicht, aber die Gazetten erzählen allen Ernstes den Berlinern, die Schlacht um die Reichshauptstadt leite den großen Wendepunkt dieses Krieges ein! Weniger als je kümmern sich die Leute um die Wahnsinnspropaganda der Nazis.

Gestern abend sprach Dr. Goebbels über den Rundfunk. Er werde – so versicherte er – mit Frau und Kindern in Berlin bleiben, bis der Sieg errungen sei. Gleichzeitig geiferte er neue Drohungen gegen Deserteure und Defaitisten.

Den in Berlin verbliebenen Ausländern servierte er einen besonderen Sermon. Es werde ihnen schlecht ergehen, wenn sie den Versuch unternehmen sollten, die Verteidigung der Stadt zu sabotieren. Man werde jedes Haus, das eine weiße Kapitulationsfahne zeige, als »Pestbazillus« betrachten, fuhr Dr. Goebbels fort. Umgehend werde man entsprechende Maßnahmen treffen.

Sämtliche Barrikaden sind endgültig geschlossen worden. Volkssturm-Männer mit alten Gewehrmodellen stehen Wache an den engen Öffnungen, durch die sich die Passanten eben noch einzeln hindurchzwängen können.

Lange Züge von schweren deutschen Militärlastwagen passieren die Ost-West-Achse und die Tiergartenstraße. Sie sind mit Tannenzweigen getarnt. Das Tiergartenviertel mit der Bendlerstraße, dem Sitz des OKW, verwandelt sich in ein reguläres Feldlager.

Russische Maschinen fliegen Serienangriffe gegen die beiden schweren Flaktürme am Zoo. Diese Türme sind – so heißt es – Berlins kräftigste Verteidigungsposition. Die Langrohrgeschütze auf den Eckplattformen der Türme richten ihr Feuer mit ohrenbetäubendem Lärm gegen die Wellen der russischen Angreifer.

Die Menschen sind wild darauf aus, sich mit kleinen Extrareserven an Lebensmitteln zu versehen. Sonntagsruhe gibt es selbstverständlich heute nicht mehr. Lange Schlangen harren vor den Läden. Fleisch, Zucker und Konserven sollen nach einer Goebbels-Anordnung ohne Marken zu erhalten sein. Die vorhandenen Bestände aber sind äußerst gering. Die Geschäftsinhaber fürchten Unruhen und Plünderungen.

Die Nazi-Führung will die Berliner mitten im Kriegsgetümmel mit etwas Bohnenkaffee ergötzen! Dreißig Gramm pro Kopf sind versprochen worden.

Wiking Jerk: Ragnarök. Stockholm: Den svenske 1945. Deutsche Übersetzung Buenos Aires: Dürer 1947. S. 124–125, 138–139.

[...] Wir hatten von Küstrin ab bis jetzt nur Vorspiele erlebt. Nun begann der eigentliche Kampf um Berlin. Wir fanden Bereitstellungen vor, die die Zivilbevölkerung gegraben und gebaut hatte, seitdem die Bolschewisten um die Jahreswende an der Weichsel durchgebrochen waren. Bei wichtigen Einfahrten stand Sperrmaterial gegen russische Panzer bereit, um mit Traktoren oder Panzerwagen hervorgeschleppt zu werden. Es waren mit Pflastersteinen beladene Straßenbahnwagen und riesige Möbelwagen bekannter Speditionsfirmen wie »Knauer«, »Berliner Rollgesellschaft«, »Schmeling« usw.

Schützenlöcher, die es an fast jeder Straßenecke gab, waren in der Regel schon besetzt mit Volkssturmmännern, deren Bewaffnung aus einigen Panzerfäusten bestand. Überall wimmelte es von Volkssturmlern, die meisten nur mit Helm und Armbinde als Kennzeichen, unter ihnen eine Menge Buben von 12 bis 15 Jahren aus der Hitler-Jugend. Durch den schonungslos grausamen Bombenkrieg wie alte Frontsoldaten abgehärtet, zeigten sie mitten im schlimmsten Trommelfeuer Sicherheit und geistiges Gleichgewicht, die uns erschrecken ließen, wenn wir daran dachten, daß dies doch Jungens seien, die eigentlich in Spiel und Spaß auf den Schulhof gehörten.

Als der Feind erschien oder durch sein Feuer lokalisiert werden konnte, bekamen die Gesichter dieser Jungen dieselben grimmigen entschlossenen Züge der erprobten Veteranen. Zu der Kampfsicherheit dieser Kriegskinder kam außerdem eine haßerfüllte Wut und Todesverachtung, die wir Erwachsenen nicht mehr aufzubringen vermochten. Geschmeidig und pfeilschnell wie Wiesel krochen und kletterten sie in die gewagtesten Stellungen, um mit einer Panzerfaust einen russischen Panzer zu zersprengen oder mit einer Handgranate einen oder einige heranschleichende Rotarmisten zu zerfetzen. Mehrere hundert Stalinpanzer waren es, die im Kampf um Berlin von Jungen in diesem Alter unschädlich gemacht wurden.

Wir wurden ständig zurück- und wieder zurückgepreßt. Draußen in Karlshorst bei der großen Rennbahn, einer der größten der Welt, die in Friedenszeiten wie ein Magnet mehrmals pro Woche Zehntausende und Aberzehntausende von pferdeinteressierten Berlinern und Ausländern anzog, konnten wir uns festklammern. Hier entwickelte sich um die Bahn und ihre nächste Umgebung eine heftige Schlacht. Auf dem grünen Rasen inmitten der Rennbahn wurden unsere Granatwerfer zusammen mit denen der Nachbarkompanie aufgestellt. Die übrigen Kompanien wurden infanteristisch eingesetzt. [...]

Sammelplatz war U-Bahn Stadtmitte, wo der neue Gefechtsstand der Division eingerichtet werden sollte. Eine Stunde lang fuhren wir kreuz und quer durch fast unpassierbare Straßen. Auf einer Hauswand sahen wir zum ersten Male in hastig hingekritzelten Buchstaben: »SS-Verräter – Kriegsverlängerer«. Deutsche Kommunisten bei der Arbeit! So, nun begannen auch sie, den Kopf hervorzuheben.

Fing die Moral der Zivilbevölkerung, die bis jetzt in einer glänzenden Weise all die harten Proben des Bombenterrors bestanden hatte, vielleicht zu wanken an? Noch wurden wir mit »Heil Hitler« gegrüßt, als wir mal anhielten, um irgendeinen wasserholenden Zivilisten um den Weg nach Stadtmitte zu fragen. Aber es war vielleicht nur aus Angst vor den Totenkopfsoldaten, daß sie noch so grüßten. Würden wir auch einen inneren Feind zu bekämpfen bekommen?

Kaum hatte ich diese Gedanken zu Ende gebracht, als mitten auf dem Herrmannplatz von einem Dach herab ein Kugelregen über den Wagen prasselte. Da lagen deutsche Kommunisten mit roten Armbinden und beschossen uns mit MGs, die sie aus dem Vorrat des Volkssturms entwendet hatten. Leute einer anderen SS-Einheit kamen laufend und sprangen in ein anderes Gebäude jenseits des Platzes, um von dort mit ihren MGs das Dach dahinter unter Feuer zu nehmen. Andere liefen in das Bolschewistennest und steckten das obere Stockwerk an. Dann stellten sie sich in das Haustor, um abzuwarten, ob die Roten dort oben vorziehen würden, im Feuer zu verrecken oder herunterzukommen, um am nächsten Laternenpfahl aufgehängt zu werden.

Wir bemerkten auch andere Auflösungstendenzen auf unserer irrenden Fahrt bis zur Stadtmitte. Zahlreiche Landser standen waffenlos in den Haustüren herum. Wenn sie unseren Wagen erblickten, zogen sie sich in der Regel schnell ins Dunkle zurück. Wir sahen auch restlos besoffene Soldaten, die auf den Straßen umhertorkelten, ohne sich um Granaten und Fliegerbomben zu kümmern.

In einem Hauseingang gab sich ein Weib einem Landser hemmungslos hin. Gegenüber waren ein alter Mann und einige Frauen damit beschäftigt, große Stücke aus einem aufgeschwollenen Pferdekadaver zu reißen. Eine Granate heulte heran. Sie warfen sich für einen Augenblick hinter den Pferdekörper und setzten gleich danach mit blutigen Händen ihre Arbeit in dem Kadaver fort. Keinen Blick widmeten sie den beiden im Hauseingang. Was nur Kulturverputz war, begann in großen Stücken abzubröckeln. Es zeigten sich an einigen Stellen bedrohliche Anzeichen von moralischem Verfall.

Endlich erreichten wir Stadtmitte. Kein einziges unbeschädigtes Haus in der ganzen Leipziger Straße, einer der bekanntesten der Welt! Hier hatte einmal prunkende Lichtreklame in allen Nuancen der Farbenskala geglitzert und teure Luxusartikel in den Schaufenstern weltberühmter Firmen die flanierende Eleganz oder die vorbeieilenden Finanz- und Geschäftsleute umworben. Nun war alles grau in grau mit traurigen Resten rostiger Eisenkonstruktionen durchsetzt, die wie abgenagte Gerippe über rauchende Schutt- und Mörtelhaufen ragten.

Unten auf dem U-Bahnhof drängten sich Soldaten und Generäle in Gruppen. Es gelang mir, einen Untersturmführer der Division zu erwischen, der mir befahl, mit dem Wagen weiter nach Grunewald zu fahren, wo sich die Trosse befanden, und dort weitere Befehle abzuwarten. So schnell es nur ging, fuhren wir in westlicher Richtung über den total verwüsteten Potsdamer Platz – das zerfleischte Herz Berlins – Tiergartenstraße, am vielhundertjährigen Tiergarten entlang, der nun mit seinen nackten, zerrissenen und umgeworfenen Eichen das Bild eines versteinerten Waldes bot, die Promenadestraße Kurfürstendamm hinauf, deren Trottoir-Cafés mit ihrem Publikum aus allen Ländern der Welt, ihren eleganten Luxusgeschäften, Nachtlokalen und wunderschönen Frauen jetzt alle von der brutalen Faust des Krieges weggefegt waren, durch Halensee hinaus nach Hundekehle im Grunewald. Dort, im Wald rings um den See, trafen wir die Trosse an.

Margret Boveri: Tage des Überlebens. Berlin 1945. München: Piper 1968. S. 68–69, 71–72, 84–85, 89–91, 96–98.

25. April 1945

[...] Gestern mittag parkierte vor unserem Haus ein kleiner Troß Soldaten mit Feldküche; ich stellte mich dazu und redete; andere Leute kamen auch; eine Gruppe Flüchtlinge saß an der Wand der Hausruine;

der Soldatenkoch machte einen wunderbaren Grießbrei; 120 Liter. Zuerst wurde nur der Grieß gekocht und gerührt; dann kam viel viel Butter hinein, weil die Soldaten kein Brot mehr hatten und also ihre Butter mit dem Grieß aßen; zum Schluß ein halber Eimer Marmelade – und den Rest Marmelade samt Eimer bekamen die Flüchtlinge. Als die Kompanie abgefüttert war, zauberten wir Zivilisten Schüsselchen und Töpfe hervor und bekamen auch noch alle von dem Brei. Ich ließ meinen kalt werden und habe nun für drei Mal eine herrliche rosa Mehlspeise.

Da mit dem endgültig ausbleibenden Gas die Kochfrage für mich akut wurde, ging ich gestern mit Eimer und Schaufel an eine vorher ausgekundschaftete Stelle, wo in den letzten Tagen quer über die Witzlebenbrücke Barrikadenmauern gebaut worden waren, und holte mir aus einem gut verwahrten Sack einen halben Eimer Zement. Heute früh ging ich zu einer Stelle mit rostenden Eisentrümmern und löste mir in längerer Arbeit ein Stück Gitter, das ich zu einem Rost machen will. Das große Problem ist mir noch, wie ich die verschiedenen Eisenteile und Blechstücke auf die Größe reduziere, die ich für meinen Herdbau brauche. [...]

In der Nacht bin ich die einzige, die oben schläft. Die anderen finden mich verrückt. Ich sage: die Chance, daß es gerade mich trifft, ist ebenso groß wie daß ich das Große Los ziehe, und auf die habe ich noch nie etwas gegeben. Das sage ich mir auch selbst, wenn es toll rauscht und prasselt und ich im Bett Angst bekomme. Als der Krach heute nacht den Höhepunkt erreicht hatte, stand ich wieder auf; vom Balkon war das übliche Feuerwerk zu sehen: rote und gelbe Leuchtkugeln; eine zog langsam über den Park und spiegelte sich im See. Klarer Himmel und fast Vollmond. Da ich auf der Straße die Silhouetten von Panzern sah, ging ich hinunter, stolperte am untersten Treppenabsatz über eine Gestalt; andere rückten auseinander, lauter übermüdete Soldaten, die nach dem Kampf da schliefen. – Heute wäre an sich ein klarer Tag gewesen, wenn nicht durch die viele Rauchentwicklung immer wieder der Himmel sich bezöge.

Der Herdbau ist viel schwieriger als ich annahm. Ich muß immer wieder Gänge in die Trümmer machen, um mir passende Steine oder Eisenteile zu suchen. Heute kam ich aber sehr vorwärts. Nun fehlt mir noch eine Tür zur Feuerstelle. Dann kann das Mauern beginnen. Inzwischen wärmt Frau Mietusch, die einen Kohleherd hat, mir mein Essen, wenn sie einmal aus dem Keller herauf kommt. Sie ist überhaupt rührend, kauft für mich mit ein in den jetzigen Schlange-Steh-Ausverkäufen. Ergebnis gestern anderthalb Pfund Fleisch (die mir auf meine Karten noch zustanden), heute ein Pfund Margarine, frei verkauft, wofür die Ladeninhaberin nachher denunziert und von der Polizei abgeholt wurde. Andere Leute, die den ganzen Tag nichts anderes tun, sammeln sich in dieser Zeit noch Schätze.

In allen Seitenstraßen, vor allem in den baumbestandenen, stehen Panzer, Kanonen, LKWs, Pferdewagen; daneben die Soldaten kochend, schlafend, mit den Mädchen poussierend, Tauschgeschäfte machend. Über den Krieg wird nicht geredet. Daß alle ihn satt haben, ist trotzdem klar. Gestern das erste Beispiel von Werwölfen in unserem Viertel: ein Professor (Frau Mietusch kannte ihn) wollte in der Nacht seine Amtswalteruniform im Lietzensee ertränken, wurde dabei erwischt und man schnitt ihm die Gurgel durch. Um die Stelle, wo die Blutlache war, 100 Meter von unserem Haus, wurde ein Kreis gezogen und hineingeschrieben »Verräter«. [...]

30. April 1945

Ich schreibe heute früh gleich weiter, um einmal nachzukommen. Nachzutragen ist, daß am Freitagmittag [dem 27. April] eine Kompanie Pioniere vor unserm Haus lagerte. Solches freut uns an sich nicht; denn es zieht Beschuß auf uns (oder wir bilden es uns wenigstens ein). Es war aber wieder reges Leben und Gesellschaft. Ich sprach lange mit einem sehr netten Fahrer aus Kassel und dessen Kameraden, der aus Marburg war. Beide sehr bitter darüber, wie wir betrogen worden seien. Dafür habe man nun 6 Jahre gekämpft, daß hier die Russen seien und daß man nicht wisse, ob die Familie noch lebe, und wo sie sei. Sie schenkten Frau Mietusch und mir gegen Zigaretten zwei Büchsen Fleisch und sagten, sie hätten in Neukölln riesige Lebensmittellager in die Luft gesprengt. Das hört man gern. Der Fahrer sagte, sie wollten nach Westen durchbrechen, um nicht in die Hände der Russen zu fallen. Ihr Kommandeur sei gerade fortgefahren, um auszukundschaften, ob das gehe. Andere Pioniere um die Ecke in der Riehlstraße hätten die Brücken am Teltowkanal gesprengt. Da sie alle nicht aus Berlin waren, wußten sie nicht, wo sie überall gekämpft haben, konnten nur einzelne Straßen nennen, z. B. die Mecklenburgische und die Brandenburgische, woraus zu schließen war, daß in Schmargendorf schon alles vorbei war. Ein Rheinländer kam dazu, ein schwerlebiger Typ, der überzeugt war, daß die Russen (die Soldaten sagen immer Iwan) fürchterlich hausen würden. Wer sich das Schlimmste vorstelle, ahne immer noch nicht, wie schlimm es kommen werde. Alle Frauen zwischen 14 und 30 Jahren würden vergewaltigt. Ich erlaubte mir einige Zweifel. Er sagte, er habe den ganzen Krieg in Rußland mitgemacht. »Das sind ganz ›unwillkürliche‹ Menschen (bedeutet wohl primitiv – das Wort gebrauchte er immer wieder). Sie haben gar kein Schamgefühl, schlafen zu vielen zusammen usw.« Kurz darauf wurde aus einem geschlossenen Wagen gegenüber ein junges Mädchen in grauer Hose und braunem Pelzmantel heruntergehoben, sichtlich wohlig ermüdet von ihren Taten mit dem zurückgebliebenen Soldaten; und ich fand, so sehr viel Schamgefühl sei hier auch nicht aufgewendet. [...]

2. Mai 1945
[...] Ging gestern abend noch einmal zum Wasserholen an den See. Als ich zurückkam, sah ich einen Panzer an unserer Straßenecke stehen, ließ meine Eimer stehen und stellte mich dazu. Ein unrasierter rundgesichtiger Leutnant gab eben noch seine Befehle und ging ab. Die Panzerbesatzung von 5 Mann war schwarz, unrasiert, ungewaschen. Ich redete mit dem, der am intelligentesten aussah, ließ mir erzählen, wo er alles war: Frankreich (Arras), Afrika, Rußland (Sewastopol und Stalingrad), Aachener Front, Stettin. Von da an immer als letzter Panzer aus den bis zuletzt gehaltenen Stellungen raus. Nach Stettin eine längere Ruhepause in Eberswalde. Dann Müncheberg, Strausberg, Adlershof, Mahlsdorf, Grunewald, Charlottenburg. Seit drei Wochen nicht geschlafen. Ich: »Und im Panzer können Sie nicht liegen?« Er: »Im Panzer können wir nicht einmal richtig sitzen.« Ich: »Habt ihr einen Eimer?« – »Wir hatten einen, der ist kaputt geschossen.« Ich: »Ich leihe euch einen zum Wasserholen und Waschen.« Er: »Wir waschen uns nimmer bevor der Krieg zu Ende ist.« Nach einer Weile fragte ich, ob ich mir den Panzer von innen besehen könne. Er: »Eigentlich ist es verboten. Aber wenn Sie hinaufkommen, können Sie.« Ich kletterte also über die Ketten und stieg oben ein, und nachdem ich mich eine Weile umgesehen hatte, winkte ich ihn mir herauf zum Erklären. Das tat er dann ganz ausführlich, und es war sehr interessant: etwa das Fernrohr, in das man unten hineinsieht und damit um die Ecke oben

über den Rand sieht, das eine Tabelle hat, wonach dem Richtschützen gesagt wird, wie er zielen muß. Und dann die Kurbel, mit der der Turm gedreht wird, die Bedienung der Granaten usw. Wir saßen ganz gemütlich nebeneinander, er auf dem Platz des Kommandanten. Ich sagte: »Hier sitzt Ihr Leutnant!« Er sagte: »Nein, ich bin Kommandant.« Bis vor ein paar Wochen war er, als Rang Unteroffizier, Richtschütze, und der Leutnant, den ich gesehen hatte, und den er offenbar sehr gern mag, war Kommandant des Panzers. In Müncheberg hatte die Kompanie 10 Panzer. Jetzt war dieser der letzte.

[...] Immer wieder sagte er: »Ich komme durch« – es war wie eine Selbstbeschwörung. Er zeigte mir das Riesenspeckstück unter seinem Sitz, dazu 10 eiserne Rationen. Er und sein Richtschütze wollten sich zusammen durchschlagen nach dem Westen; die Schwestern seien alle im Westen ansässig, die Eltern bei der einen Schwester in Bernkastel. Ich sagte: »Da kommen die Franzosen hin.« Er sagte: »Ist alles gleich, die backen auch Brot.« Ich sagte: »Ja, aber weißes, und unser schwarzes schmeckt mir besser.« Das fand er auch. [...]

Abends waren die Straßen und Plätze bei uns ein wahres Heerlager – und wieder diese merkwürdige Stimmung: schäkernde Mädchen, erzählende Soldaten, Umarmungen im Gebüsch. – Ein Mädchen vom Hinterhaus, die im 6. Monat ist, unehelich, ergatterte sich sogar einen 22jährigen Bräutigam, der ihr schriftlich bestätigte, daß das zu erwartende Kind von ihm sei (nachträglich: er ist zurückgekehrt, sie haben geheiratet und beim Kellerplündern mitgewirkt).

In der Nacht schoß es noch, und die Brände kamen immer näher. Und dann rumpelten die schweren Gefährte an unserm Haus vorbei durch die Witzlebenbarrikade. Ich stand nicht auf, es mir zu besehen. Am anderen Morgen erzählte Frau Mietusch, von Mitternacht bis nach 3 Uhr morgens sei ununterbrochen Wehrmacht an uns vorbeigerauscht, nach Westen heraus (nachträglich: der Durchbruch ist mißlungen, es muß in den Spandauer Wäldern noch ein furchtbares Gemetzel gegeben haben). Am Morgen standen noch ein paar Soldaten auf unserer Straße. Es fielen auch noch Schüsse. Aber wir dachten nun doch, der Krieg sei für uns wohl aus. Es wurde erzählt, Hitler sei gefallen, Dönitz habe das Kommando übernommen und lasse weiter kämpfen. Keitel sei in der Postdirektion gewesen, 4 Häuser entfernt von uns. Daher wohl auch die großen Heeresansammlungen.

Bevor ich noch gefrühstückt hatte, rief Frau Mietusch: »Es gibt Haferflocken« – und ich raste mit meinem Eimer die Treppe hinunter, kam aber wie immer zu spät. Sich balgende und beschimpfende Frauen umlagerten ein Wehrmachtsauto. Frau Mietusch bekam noch den leeren Sack, aus dem sie immerhin noch ein Pfund herausholte und später mit mir teilte. Ich sah indessen an der Straßenecke eine Frau mit einem großen Stück Fleisch, fragte, woher das komme und bekam die Antwort, da vorne gebe es Pferdefleisch. Ich dachte, es werde verteilt, rannte hin und fand ein halbes, noch warmes Pferd auf dem Trottoir und drum herum Männer und Frauen mit Messern und Beilen, die sich Stücke losäbelten. Ich zog also mein großes Taschenmesser, eroberte mir einen Platz und säbelte auch. Einfach war's nicht. Ich bekam ein Viertel Lunge und ein Stück von der Keule, woran noch das Pferdefell war, und zog blutbespritzt ab. Da wir im letzten Krieg vom Metzger auch Pferdefleisch bekommen hatten und es gut fanden, war ich hochbefriedigt, wollte mit Frau Mietusch teilen – die aber wandte sich schaudernd ab. Nun begann eine scheußliche Arbeit in der Küche. Alles war voll Blut, ein außergewöhnlich hellrotes, fast rosa Blut – und ich kann mir jetzt lebhaft vorstellen, wie schwer es einem Mörder fällt, die Blutspuren zu entfernen. Irgendwo bleibt doch ein Fleck. Ich erkannte bald, daß das Fleisch erst abhängen müsse, zog durch jedes Stück eine Schnur und hing beide auf. Das Fell war abgeschnitten. Von der Lunge trieb ich doch schon die Hälfte durch und machte mit Zwiebel, Thymian und einer Einbrenne eine sehr köstliche Lungenblutwurst, womit ich nun wieder einen Brotaufstrich habe. Während diese Metzelei noch im Gang war, rief Herr Mietusch, der erste russische Wagen fahre durch unsere Straße. Dies historische Ereignis mußte ich mir entgehen lassen, denn sonst hätte ich das Blut auch in die Vorderzimmer gebracht. Außerdem hatte ich Angst, ein Russe könne mich sehen und denken, ich hätte einen seiner Kameraden umgebracht. [...]

Emilie Karoline Gerstenberg: Die Schlußphase der russischen Eroberung Berlins 1945. Ein Westender Tagebuch. München: Post Presse 1965. S. 9–18.

22. April 1945
Der Klang vieler aufgeregter Männerstimmen und die unregelmäßigen Tritte grober Männerstiefel weckten mich in aller Frühe. Russische Gefangene wurden Richtung Spandau aus der Stadt geführt. In Bündeln und Ballen schleppten sie ihre Habe mit sich. Dann war es wieder totenstill. Nichts erinnerte an die Frontnähe. Es war ein windiger, regnerischer Aprilmorgen. Unangenehme Feuchtigkeit drang durch die scheibenlosen Fenster in alle Räume. Plötzlich wachte die Stadt auf. Man hörte das dumpfe Rollen der Artilleriegeschosse im Osten. Das Rasen von Panzerwagen durch die Reichsstraße. Frau P. brachte mir eine Meldung: Die Geschäfte bleiben geöffnet und jeder muß rasch die ihm zustehenden Lebensmittel – es waren nicht viele – abholen. Bei strömendem Regen stürzte ich los. In der Reichsstraße zogen zwei große Abteilungen Volkssturmleute mit der Panzerfaust bewaffnet, langsam, alle die Augen zu Boden gerichtet, wie ein Beerdigungszug kamen sie daher. Als wie wenn plötzlich die Tore der Stadt geöffnet wären und die Durchfahrt wieder frei, so setzte der Wagenverkehr ein. Die Autos im ungewohnten, unheimlichen schnellen Tempo, zwischendurch jagten Motorradfahrer. Eine ungeheure Spannung lag über der Stadt. Vor den Geschäften standen lange Schlangen. Da keine Zeitungen gekommen waren, das Radio nach wie vor schwieg, war die Verteilungsordnung nur durch »Mundfunk« verbreitet. Einzelne Geschäftsleute geruhten dadurch vorerst nicht ihre Läden zu öffnen, da sie ihre Ware zurückhalten wollten. Sie wurden hinreichend bestraft, als die Russen mit Lastwagen kamen und die Bestände ausräumten.

16 Uhr! Draußen nur plus sieben Celsius. Im Zimmer ist es zu dunkel zum Klavierspielen. Da ich mich bei dem wütenden Artilleriefeuer, das jetzt auch im Westen beginnt, nicht konzentrieren kann, um auswendig zu spielen, habe ich meine Sommerkleider vorgenommen, um sie zu ändern. Mein Vetter Georg wollte noch seine Koffer bringen. Er war bis jetzt als Major im Luftfahrtministerium, wird aber dem Aufruf der Kommandantur haben folgen müssen, wonach alle waffenfähigen Männer in Spandau anzutreten haben. Nötigenfalls zu Fuß. Die Verkehrsmittel sind überall schon lahmgelegt. Alle Betriebe sind geschlossen. Die Arbeiter sind beim Volkssturm. Gestern am 21. 4. eine Anspra-

che von Goebbels und dem Stadtkommandanten an die Bevölkerung. Eine zwecklose Sache, weil das Radio wegen Strommangel nicht gehört werden kann. Kolportiert wird nur die Drohung: »Die Bewohner des Hauses, in dem eine weiße Fahne gezeigt wird, werden sofort erschossen und das Haus zerstört. Man muß verhindern, daß solch ein Bazillus im Stadtkörper bleibt!« Draußen rasen Feuerwehren. Sollten die Engländer versuchen, die Stadt in Brand zu schießen? Die Passanten sind alle in den Häusern verschwunden, die Straßen vollständig leer. Die Sonne scheint matt durch das regennasse Grün der Kastanienblätter.

23. April 1945
Scharen gefangener Franzosen oder Italiener, mit Spaten bewaffnet, marschieren in die Stadt. Auf der Reichsstraße ziehen lange Züge von Flüchtlingen aus dem Osten vorbei. Nur langsam kommen sie mit Kühen und bespannten Wägelchen vorwärts. Hausrat und Lebensmittel liegen darauf. Aus einem Sack guckt der Kopf einer Gans verwundert in das Getriebe der vorbeirasenden Panzer und Militärwagen. Überall ist das Gerücht verbreitet, mit den Westmächten wäre ein Waffenstillstand geschlossen. Um 12 Uhr wollte der Führer sprechen. Da aber das Radio schon seit Tagen schweigt, müßte eigentlich auch der Gläubigste die Unmöglichkeit der Gerüchte sofort erkennen. Doch die meisten sind überzeugt in ihrem naiven kindlichen Glauben an den Führer und haben das schon lange erwartet. In einzelnen Häusern, in denen Volkssturm liegt, gehen noch Lautsprecher, doch sagen sie nichts von Waffenstillstand oder Führerrede. Die russische Artillerie tastet fast alle Stadtgebiete ab. Lebensmittel sollen nicht mehr herankommen. Das ist mir weit einleuchtender als ein Waffenstillstand. Wer über einen Stahlhelm verfügt, läuft auf der Straße damit herum. Ich war im Garten und habe alle Geräte in den Schuppen getragen. Warum habe ich das getan? Bei einem Einmarsch würde mein Garten und meine Laube überrannt. Kirschen und Birnen blühen. Die Erdbeeren stehen noch vor der Blüte. Sie zeigen einen ungewöhnlich reichen Fruchtansatz. Bei dem strömenden Regen wächst alles zusehends. Stare laufen futtersuchend über die Beete. Wann wird der stille Frühling hier zerstört werden? Mit kurzen Unterbrechungen hört man das Donnern der Geschütze aller Kaliber.

26. April 1945

In der Frontstadt Berlin klingt wie Meeresbrandung der unaufhörliche Donner der Geschütze. Überfliegende russische Bomber veranlassen das Aufbrausen des Flaklärms. Das Volk hat sich schnell an alles gewöhnt. Die Schlangen vor den Geschäften rühren sich nicht von der Stelle. Wie könnte man auch seinen Platz aufgeben, den man 5–10 Stunden schon behauptet hat? In den Lagerhallen sollen große Mengen Lebensmittel sein. Die Keller der Geschäftsleute sind leer. Warum, so klagen die Käufer, ist die Ware nicht früher ausgegeben? Jetzt fehlen die Autos und die Stadt liegt unter Beschuß, was ein Heranbringen unmöglich macht. Auf den Straßen sausen Militär und Panzerwagen, Volkssturm und Soldatentrupps marschieren. Verwundete mit notdürftigen Verbänden werden auf Lastwagen vorbeigefahren. Ein Lastwagen hält. Die begleitenden Soldaten bitten um Wasser. Die Nächstwohnenden bringen eilend Wasser und Erfrischungen. Aber es muß schnell gehen. Es ist kein Platz für haltende Wagen. In immer größeren Scharen ziehen Flüchtlinge westwärts.

Nachmittags stehen unsere Soldaten, das heißt die Hitlerjugend, schon am Scholtzplatz auf der Heerstraße nach Spandau zu gelegen. Gegen Abend kommt ein Hauptmann und bittet um heißen Kaffee. Vergebens flehe ich die Hausbewohner an, Kaffee zu kochen. Ich selbst habe keinen Feuerherd, nur einen Gasherd und Gas gibt es schon lange nicht mehr. Endlich ist Frau P. dazu bereit. Ich laufe treppauf und treppab und bringe 50 Liter zusammen. Abends kommen die Soldaten nochmals, bringen Zigaretten und Schokolade. Natürlich gehe ich leer aus, denn Frau M. hat ihnen alles abgenommen und denkt nicht daran, zu verteilen. Eigentlich kann man doch auch die Schokolade der im Feuer stehenden Hitlerjugend gar nicht essen. Einige Mieter zeigen ihre aufrichtige Freude über den gelungenen Durchbruch der Russen. Auch Frau M. lehnte selbstverständlich das Kaffeekochen ab, Mitleid mit den Hitlerjungen schien ihr überhaupt nicht in den Sinn zu kommen.

28. April 1945

Ohrenbetäubendes Artilleriefeuer riß mich morgens um ½ 6 Uhr aus tiefstem Schlaf. Da man schon lange in Kleid und Mantel schläft, war ich im Nu im Keller. Nachts hatten alle in den Wohnungen im Parterre und im ersten Stock geschlafen. Durch das Plätschern der strömenden

Regengüsse, die wegen der fehlenden Wasserrinnen vom Dach herunterstürzten, tönt unaufhörlich das Geknatter der Maschinengewehre. Die Scherben der Fensterscheiben, die durch die Erschütterungen immer weiter herausfallen, wurden zusammengekehrt und in die Rahmen immer mehr Pappe genagelt. Gestern sind in den Geschäften alle vorhandenen Waren verkauft. Natürlich ist es nur einzelnen zu gute gekommen. Warum die Polizei dies veranlaßt hat, ist uns unverständlich. Dadurch ist die Kartenverteilung der noch vorhandenen Lebensmittel sabotiert. Ich hatte noch die zugeteilte Dose Erbsen mit Kartoffelstückchen und kleingeschnittenem Schweinefleisch. Eine Dame, die mir Fleisch gegen Brot, daß sie gleich mitnahm, geben wollte, kam nicht wieder. Ich war so erbost, daß ich sie am anderen Morgen um ½8 Uhr aus dem Bett holen ließ. In der jetzigen Zeit ist es wohl selbstverständlich, daß sie mir zu wenig gab.

Nach der Tischzeit sauste eine Granate durch den blühenden Birnbaum in den Hof. Das dröhnende Getöse verscheuchte alle Müdigkeit der Hausgemeinschaft und den Gedanken, in der Wohnung eine Ruhepause zu machen. Kurz darauf wurde eine Kuh gebracht. Herr G. hatte sie für die Hausgemeinschaft erworben. Bei uns herrscht, trotz der gelegentlichen kleinen Zusammenstöße der verschiedenen Parteien, die oft gerühmte »vorbildliche Haltung der Bevölkerung.« General Sch. soll den Oberbefehl übernommen haben. Das Kampfgetöse scheint sich weiter zu entfernen.

Zum erstenmal habe ich mich auch am Kampf um Lebensmittel beteiligt. Beim Kaufmann sollte es Butter, Zucker und Marmelade geben. Die kauflustige Schlange vor der Ladentür wuchs rasend schnell. Immer 10 Personen wurden in den Laden gelassen. Obwohl ein Volkssturmmann die Tür bewachte, kam es fast zu Tätlichkeiten. Ich war mit den mühsam erkämpften Schätzen gerade im Hause, als Helene im rasenden Lauf erschien. Wieder war einem russischen Panzer der Durchbruch über die Stößenseebrücke gelungen. Der Ruf der Haus bei Haus stehenden Volkssturmleute: »Die Straße frei!« hatte alle Kauflustigen verjagt.

Die russische Mannschaft des von den Volkssturmleuten mit Panzerfaust zerstörten Wagens hatte sich in ein Haus an der Stormstraße gerettet. Eine wütende Schießerei drang von daher. Nach kurzer Zeit wurde die Straße wieder freigegeben.

Abends fand die Verteilung der geschlachteten Kuh statt. Das heißt, ein Viertel wurde den Mietern überlassen. Das beste Fleisch behielten die Bunkerleute, die ja aber auch unter Beschuß die Kuh organisiert und hergeführt hatten. Zur festgesetzten Stunde kamen wir alle mit Schüsseln oder Töpfen in den Hof, sehr erwartungsvoll. Die Verteilung hatte Herr G., der die Kuh beschafft hatte, und Herr I. übernommen. Auf Mrs. Ms. Balkon stand der Tisch mit den Fleischstücken. Rechtsanwalt I. rief mich zuerst an den Tisch. Mit lauter Stimme erklärte er: »Da wir alle von Fräulein G. Dolmetscher-Hilfe erwarten, wenn die Russen erst hier sind, ist es sicher allen recht, wenn sie die doppelte Portion bekommt!« Da die Verteilung sozusagen unter notarieller Aufsicht stattfand, denn Herr I. ist Rechtsanwalt, widersprach natürlich niemand. Seit Wochen habe ich mich nicht so gefreut. Nach frohem Dank brachte ich das Fleisch rasch in meine kalte Wohnung. Die Temperatur ist so niedrig, man kann es unbedenklich tagelang aufheben. Jetzt sind wir am Tage ständig unter Beschuß. Ob man über den Hof in den Luftschutzkeller läuft oder versucht, Lebensmittel zu holen, immer hört man das pfeifende Geräusch der durch die Straßen schwirrenden Geschosse, das Tackern der Maschinengewehre usw. Wenn das unaufhörliche Geknatter mal für einen Augenblick verstummt, bin ich fast erschrocken und erwarte das Auftauchen der Russen. Die Einschläge der schweren Geschütze, deren dumpfen Baß man auch ständig hört, kommen noch nicht in unsere Straßen. Ruhleben ist schon besetzt. Eine Dame hier hat ein altes Ehepaar, die Schwiegertochter und zwei kleine Enkel aufgenommen. Sie haben furchtbare Erlebnisse hinter sich. Vier Russen kamen in den Luftschutzkeller. Sie trieben mit vorgehaltenem Revolver die jungen Frauen aus dem Keller und alle vier Kerle vergewaltigten sie. Die Russen waren in einem derartigen Rausch, daß sie das Gesicht der Schwiegertochter ganz zerbissen haben. Die Unglückliche ist seelisch vollständig verwirrt.

Als der Kreis der Feinde sich immer enger um die Stadt schloß, hörten die Fliegerangriffe auf. Das fürchterliche Artilleriebombardement begann. Ganz pünktlich verstummte es sonst um Mitternacht, um morgens um 6 wieder zu beginnen. Jetzt ging es Tag und Nacht pausenlos. Die Russen waren im Osten schon bis Charlottenburg vorgerückt. Im Süden standen sie an der Avus. Im Norden war die Gegend bei Siemens bis Spandau und Charlottenburger Schloß besetzt. So war die »Rote Armee« um die Stadt herum bis Westend gelangt. Hier stand sie nur dem Volkssturm und der Flak gegenüber, die aus »Hitler-Jugend« bestand. Diese war auch als Verteidigung entlang der Bahnlinie von Spandau nach Charlottenburg eingesetzt. Bis zum letzten Mann sollte gekämpft werden. Deshalb wurde Westend noch durch Barrikaden »gesichert«. Wo noch nicht geschehen, wurden immer 6 der großen, schönen, alten, einander gegenüberstehenden Bäume gefällt und quer über die Straße gelegt. Dahinter im Graben standen schußbereite Maschinengewehre. Wagenverkehr gab es überhaupt nicht mehr. An einer Seite war ein schmaler Personendurchgang. Diese »imposanten« Hindernisse sollen durch Volkssturm mit Panzerfaust verteidigt werden. Ältere Herren schütteln die Köpfe über diese Verteidigungsanlagen. Jeder Panzer würde im Augenblick darüber wegkommen. Vor ein paar hundert Jahren wären solche Barrikaden vielleicht zweckmäßig gewesen. Aber jetzt? Ein bisher nicht gehörtes dumpfes Grollen fällt auf. Was kann das sein? Vielleicht die »Stalin-Orgel«, von der schon so viel gesprochen wird?

Unter russischer Besatzung

Katharina Heinroth: Mit Faltern begann's. Mein Leben mit Tieren in Breslau, München und Berlin. München: Kindler 1979. 139–143.

[...] Immer wieder schleppten sich verwundete und erschöpfte deutsche Soldaten herein. Den vordersten Teil des Bunkers richteten wir als Lazarett ein. Oskar, der einzige Arzt unter uns, gab mir von seinem Krankenlager aus Anweisungen, wie ich Verbände bei Streifschüssen anzulegen, wie zerschossene Beine abzubinden, wann ich Verbände wieder zu lockern hätte. Unermüdlich halfen mir Fräulein Dr. von Dehn, Fräulein Elisabeth Schwarz, die Vogelpflegerin und spätere Frau Johst, und die Sekretärin Fräulein Otto. Die anderen Frauen entsetzten sich vor den Wunden und konnten nicht helfen. Die Stimmung dieser untätigen und um ihre Männer draußen im Beschuß bangenden Frauen war explosiv. Alte Feindschaften traten unter Streitereien zutage; schließlich wollten sie mich auch noch zum Schlichten ihres Zankes herbeirufen. Wir aber hatten alle Hände voll zu tun mit den Verwundeten, nur wenig Zeit blieb zum Trösten der Sterbenden, die einen nicht von der Seite lassen wollten und immer wieder flüsterten: »Schwester, Ihre Hand!« Sie riefen nach der Mutter und lächelten glücklich, wenn man ihnen über die Stirn strich. Voller Entsetzen wurde ich gewahr, daß es sich bei diesen jungen Menschen um ein anderes Sterben handelte als ich es beim Tod meiner Großmutter erlebt hatte. Sie hatte lediglich zu mir gesagt: »Laß mich noch ein bißchen schlafen, bring mir das Frühstück später« und schloß die Augen.

Als die Russen im Anmarsch auf den Zoo waren, verabschiedete sich Lutz Heck von mir. Er müsse weg, und legte mir die Frauen und Kinder der Zooleute ans Herz. Kurze Zeit darauf stürmte sein Prokurist Pfeifer herein, auch er müsse »die Kurve kratzen«. Ich befestigte ein Tuch mit einem großen roten Kreuz an der Außenseite der Bunkertür, um Kampfhandlungen von uns abzuhalten. Bange Stunden warteten wir auf die Russen, aber es geschah nichts. Plötzlich vernahm ich Geräusche an der Bunkertür, eine ganze Weile, aber niemand kam herein. Ich faßte mir ein Herz und ging nachsehen. Ein SS-Offizier hatte sich im Eingang mit mehreren Handgranaten verschanzt. Ich bat ihn, doch weiterzuziehen, denn nur Verwundete und Zivilbevölkerung sei im Bunker, die er nicht unnötigen Gefahren aussetzen sollte. Er fauchte mich an, ich wisse wohl nicht, daß Krieg sei. Das alles schreibt sich jetzt so ruhig nieder, aber damals zitterte ich vor Aufregung am ganzen Körper. Ich schrie ihn an, ich würde draußen laut brüllen, damit alle auf ihn aufmerksam werden würden, wenn er sich nicht sofort entferne. Voller Wut packte er mich am Arm, schüttelte mich und drohte mir mit dem Kriegsgericht. Ich zerrte ihn buchstäblich von der Bunkertür weg. Er rannte weiter, die Gefahr war vorbei. Noch einen ganzen Tag lang banges Warten auf die Russen. Dann drangen sie herein, brachten verwundete Kameraden mit, setzten unsere Verwundeten hinaus vor die Bunkertür und legten dafür die ihrigen hin. Ich wollte ihnen beim Verbinden behilflich sein, doch sie stießen mich beiseite und rissen mir das Verbandszeug aus der Hand. Sie verlangten Wasser, ich zeigte ihnen unsere Flaschenbatterie. Sie öffneten eine Flasche, drückten sie mir dann aber wieder in die Hand. Es dauerte eine ganze Weile, bis ich begriff, daß ich davon trinken sollte, zum Beweis, daß kein Gift in den Flaschen war. Der Krieg hatte jedes Vertrauen ausgelöscht; das bedeutet das Ende jeder Zivilisation, grauenhaft! Als ich zu Oskar trat, verlangte er von mir die Giftkapseln, die von seiner Südseereise her noch tief in einem seiner Schreibtischfächer ruhten; er wolle sich das Leben nehmen. Ich konnte nicht mehr zu ihnen gelangen, er war tief enttäuscht.Ich versuchte ihn zu trösten: Wir würden das schon durchstehen und wieder bessere Zeiten erleben; die Hitlerei war ja zu Ende.

Die Russen sonderten Männer und Frauen in verschiedene Räume des Bunkers, Oskar ließen sie bei uns Frauen liegen. Allen nahmen sie die Armband- und die Taschenuhren ab. Die Männer mußten an uns vorbei, den Bunker verlassen. Wohin sie geführt wurden, ahnten wir nicht. Im Vorbeigehen drückte mir ein zu uns geflüchteter Zivilist seine beiden Töchterchen von etwa fünf und acht Jahren in die Hand; wenn er am Leben bliebe, würde er mich zu finden wissen und sie wieder abholen. Den Wärtern hatte ich vorher geraten, ihre Wärteruniform mit Zivilsachen zu vertauschen, um nicht mit Militär verwechselt zu werden. Bis auf einen taten sie es; unser Seewasserwärter Schmidt war zu stolz auf seine Uniform, die er nun schon zwanzig Jahre trug. Wir sahen ihn nie mehr wieder.

Noch eine Nacht, die bangste meines Lebens, verbrachten wir Frauen mit Oskar und den Kindern zusammengepfercht in dem kleinsten Bunkerraum. Was stand uns bevor? Wo waren die Männer? Am nächsten Morgen wurden wir aus dem Bunker getrieben, auf das Schlachtfeld hinaus. Um uns schlugen noch Geschosse ein; wir stoben auseinander. Ich hatte meinen gelähmten Mann halb im Arm, halb über die Schulter gelehnt, an der anderen Hand das kleinste Mädchen, das andere sollte die Hand der Kleinen nicht loslassen. Beide waren so lieb und gehorsam, daß ich keinen Augenblick Schwierigkeiten mit ihnen hatte. Wir flüchteten zunächst in den Aquariumskeller; ich legte Oskar nieder, holte noch einen Rucksack aus dem Bunker und wollte einen am Eingang liegenden deutschen Verwundeten mit mir nehmen. Aber ich wurde, wie auch meine Freundin von Dehn, verscheucht. Sie flüchtete aus dem Zoo und wurde weiter verfolgt; ich hörte erst viel später wieder von ihr. Auch mir war ein Soldat nachgegangen und stellte mich im Kesselraum des Aquariums an die Wand.»Du Spion«, rief er und griff nach seinem Revolver. In diesem Augenblick kam ein russischer Offizier durch den Keller, und der Soldat flüchtete. Er fragte mich auf englisch, wer ich sei; ich erklärte es ihm und führte ihn zu Oskar und den beiden Mädchen. Er wies uns das Heizerstübchen als Unterkunft an, brachte uns eine Flasche Wein aus unserem Weinkeller und ein Glas mit unseren eingeweckten Tauben. Leider dauerte diese Erleichterung nur ein paar Stunden. Der Oberst verabschiedete sich, er mußte mit seinen Soldaten weiter, eine andere Soldatenwelle besetzte gegen Abend das Aquarium. Wir mußten wieder flüchten, ich legte Oskar im ersten Stockwerk des Aquariums nieder, aber auch dort spürte man uns auf. Nach zwei Vergewaltigungen wollte ich keine Stunde mehr dort bleiben. Im Morgengrauen nahm ich die beiden Mädchen an die Hand und rannte mit ihnen durch das Eden-Hotel die Kurfürstenstraße entlang. Aus allen Kellern, in die wir hineinschauten, wurden wir hinausgewiesen, sie waren voll von Menschen. Schließlich fanden wir in der Keithstraße in einem furchtbar heißen Keller, über dem noch die Ruinen des Wohnhauses schwelten, ein unbesetztes Plätzchen. Ich, wieder zum Aquarium, packte Oskar in eine Schubkarre und fuhr ihn fort. Doch schon an der nächsten Ecke kippte ein russischer Soldat Oskar aus der Karre und nahm sie fort. Ich schleppte ihn nun, über meiner Schulter hängend, über Schutt und Leichen beim Beschuß in den Keller, wo er endlich ruhig am Boden liegenbleiben konnte, in Staub, Hitze und Dunkelheit.

Doch auch hier war die Hölle los: ein stetes Kommen und Gehen, Schüsse betrunkener Soldaten, Patrouillen, die sich eine Frau nach der anderen holten. Die Männer mußten mit ihnen trinken; einen, der sich ihnen anbiederte, erschossen sie. Nach einigen Tagen fand uns der

Vater der beiden Mädchen und nahm sie hochbeglückt mit sich. Er brachte die Nachricht, daß unsere Zooleute nach einer Personalkontrolle und sechsunddreißigstündiger Gefangenschaft entlassen worden seien und nach dem Zoo zurückkehrten. Von unserem Elektromeister Otto Bliesenick, der unseren Keller nach seiner Mutter durchsuchte, erfuhren wir, daß unser Wohnhaus und das Aquarium von russischen Offizieren und Soldaten besetzt seien und ich mit meinem Mann nicht zurückkehren könne. Er versprach, irgendeine Unterkunft für uns auszukundschaften. Kurze Zeit darauf erschien Fräulein Otto und führte uns in die angebombte Wohnung von Bekannten, die aus Berlin geflüchtet waren, in ein Haus am Wittenbergplatz. Dort konnte Oskar endlich wieder auf einem Bett liegen.

Zu essen hatten wir fast nichts. Am Ende der Keithstraße sah ich ein totes Pferd liegen; ich schnitt wie auch andere Leute einige Stücke heraus, die ich schabte und kochte. Nach zwei Tagen war das Pferd verschwunden. Holz zum Kochen gab es genügend von zerbombten und zersplitterten Türen und Fensterrahmen, Wasser holten wir nach stundenlangem Schlangestehen an einer Pumpe auf dem Wittenbergplatz. An einem Schutthaufen auf der Straße fand ich einen Beutel mit Reis, er reichte für ein paar Tage. Wir magerten zusehends ab. Während das meiner Beweglichkeit keinen Abbruch tat, wurde Oskar so schwach, daß er kaum mehr die Hand heben konnte. Vergeblich versuchte ich mehrmals, ins Aquarium einzudringen. Ich hatte dort im oberen Stockwerk im Schutt vorsorglich eine große Blechbüchse mit Zwieback vergraben, doch Aquarium und Umgebung waren ein einziges russisches Heerlager, die türenlosen Eingänge wurden ständig bewacht. Vor unserem Wohnhaus stand eine Feldküche, in der unsere Möbel verheizt wurden, gerade waren unsere Eichenstühle an der Reihe. Mein größter Kummer war, daß ich meinen Mann so viel alleinlassen mußte. Auf der Straße wurde man von russischen Soldaten aufgehalten und mußte erst ein paar Stunden Schutt wegräumen helfen, ehe man weitergehen durfte. Oskar fieberte. Nach stundenlangem Anstehen an der Apotheke (die Menschenschlange zog sich bis zum nächsten Stadtviertel hin) bekam ich endlich ein Sulfonamid, das ihm zunächst ganz gut half.

Nach drei Wochen zogen endlich die Soldaten aus Zoo und Aquarium ab. Ich beeilte mich, ein Zimmer unserer Wohnung bewohnbar zu machen. Grauenhaft sah es dort aus! Löschsand war über Teppiche und Bodenbeläge verstreut, alle Schubladeninhalte waren darübergeschüttet. Aus Schrankbrettern waren Gewehrständer in die Türfüllungen hineingezimmert; überall standen fremde Liegen, auch provisorische, aus unseren Stühlen fabriziert, denen man die Lehnen abgeschlagen und Bretter darübergelegt hatte, mit Matratzen, weiß Gott von wem, belegt. Oskars Glaslichtbilder waren aus den Schränken in die Badewanne gekippt und mit Sand und Wasser übergossen. Das Sofa des Wohnzimmers war aufgeschlitzt, ebenso einige Matratzen. Sonderdrucke und Fotoabzüge lagen überall verstreut bis hinaus in die Aquariumsgänge und sogar bis auf die Straße. Die Toilettenbecken waren bis obenhin und auch nebenan mit Kot gefüllt; ein Chaos!

Schlimmer aber und entmutigender war, daß in der Nacht, während ich bei Oskar war, plünderndes Gesindel durch die türenlose Wohnung streifte und wieder Unordnung machte, mir sogar einen Zettel auf den Schreibtisch legte: »Hurra, der Wirbelwind war wieder da!« Ich versuchte, die Türöffnungen mit Möbeln zu verrammeln, aber es nützte wenig. Die Menschen waren außer Rand und Band, jeder Begriff von Mein und Dein war erloschen. Bei allen Kriegsgreueln war dies das Schrecklichste! Seitdem fürchte ich nichts auf der Welt mehr als die Bestie im böswilligen Menschen; kein Tier würde sich so verhalten. [...]

Karla Höcker: Die letzten und die ersten Tage. Berliner Aufzeichnungen 1945. Berlin: Hessling 1966. S. 22–32.

1. Mai 1945

Ich hechte von Kellerhals zu Kellerhals bis zur Lindenallee 38. Dort soll ein Akku-Radio sein. Alles ist voller Schutt und Staub, Möbel beschädigt, Decken und Wände hängend wie alte Handschuhe. Im Obergeschoß Artillerietreffer. F.s haben sich deshalb mit dem Hauswart im Souterrain eingerichtet. Dort läuft tatsächlich ein Radioapparat.

Und plötzlich spricht Lindley Frazer vom BBC und berichtet über die Situation der russischen Truppen am Alexanderplatz!

Nachmittags liegt die Lindenallee unter unmittelbarem Beschuß. Gegen Abend entfernt er sich. Nachts hören wir rollende Wagen, Tanks, marschierende Soldaten. Ist es der berühmte Entsatz der Armee Wenck, die angeblich seit einer Woche im Anmarsch auf Berlin sein soll? Sind es flüchtende Truppen? Wir stehen im Kellereingang, sehen den schattenhaften Zug, Mann und Roß und Wagen, deren jeder an der engen Kurve der Hölderlinstraße zur Lindenallee scharf bremsen muß. Alles ist unbeleuchtet, es ist eine sehr dunkle Nacht, das steigert das Gespenstische des Vorgangs. Wir sprechen ein paarmal Soldaten an. Die Auskünfte sind widerspruchsvoll: sie kämen aus der Innenstadt. Nein, vom Zoo. Nein, aus Wannsee. Die Innenstadt brenne lichterloh! Sie gingen in den Einsatz. Einer taumelt direkt vor unserer Garageneinfahrt und stützt sich schwer auf den kleinen Mauerpfeiler; aber er ist nicht betrunken, nur vollkommen erschöpft, man sieht es seinem Gesicht an, das einen Augenblick lang scharf aufleuchtet im Schein eines Streichholzes, während er die ersten gierigen Züge aus einer Zigarette nimmt.

Es ist fast drei Uhr, als wir endlich im Keller zur Ruhe kommen. Aber schon eine halbe Stunde später, als alle vor Erschöpfung fest eingeschlafen sind, geht jemand laut sprechend hindurch. Unwilliges Gemurmel, Köpfe heben sich, Protest. Eine Frau sagt empört: »Schsch! Sie da, sein Se doch leise, Mann. Hier schlafen Leute!«

Es ist ein kleiner Mensch in schwarzem Ledermantel, dicker Nazi, Blockwalter oder sowas. Unbeliebt. Seine Frau soll ihn betrügen, heißt es. Geht mit einer Taschenlampe durch den ganzen Keller, unberührt von dem Aufruhr, den er hervorruft. In phantastischer Rembrandtbeleuchtung bleibt er schließlich an der Tür stehn und sagt mit merkwürdig kalter Stimme, vollständig teilnahmslos: »Der Führer soll tot sein.« Die Frau, die sich vorher so sehr über diese Störung erbost hatte, murmelt befriedigt vor sich hin: »Na, denn is ja jut ...« Dünnes Gelächter. Wir können nicht mehr schlafen, gehen hinauf. Das Ungeheuerliche steigt vor uns auf: daß dieser Mensch endlich tot ist. Ermordet, gefallen, durch Selbstmord geendet? Noch sind die Gerüchte unsicher und verschwommen wie das Morgengrauen, das zwischen den Bäumen hängt. Noch schießt es. Noch stolpern erschöpfte Soldaten vorüber, die um Zigaretten bitten. Nur wenige wissen von dem Gerücht, daß Berlin endlich zur »Freien Stadt« erklärt werden soll. Unaufhaltsam rollt der Zug der Gespanne, Tanks, Geschütze in Richtung Spandau.

Wir sitzen in der Portierloge, eine Kerze brennt, wir trinken den letzten Schluck Wein, den wir besitzen und werden plötzlich von einer ungeheuren Ermattung befallen. Wie Schauspieler, deren Rollen zu Ende sind. Abgeschminkt sitzen wir da und starren in den Spiegel, sehen unser eigenes Gesicht leer, grau – über unsere Schultern grinst der Tod.

2. Mai 1945

Wir ziehen wieder nach oben. Ich vernagle Fenster, die beim Einschlag der Stalinorgel draufgingen. Plötzlich heißt es, bei Rollenhagen würden Lebensmittel verteilt! Geri und ich hin, finden die Ladentür offen, einen russischen Soldaten davor, neben ihm ein Zivilist mit blaurotweißem Abzeichen. Lebensmittel? Nitschewo! Aber dasselbe soll jetzt bei Scholz steigen. Durch zerbrochene Ladenfenster drängen Leute hinein; kein Russe verteilt hier etwas. Während wir noch unentschlossen dabei stehn, geschieht Widerliches. Der Pöbel – aber es ist der Pöbel unserer Gegend – stürzt sich auf das Mehl, den Grieß, auf Margarine und Nährmittel, Schubladen werden aufgerissen und umgestürzt; Hände wühlen darin herum, raffen gierig Zucker zusammen, um ihn in mitgebrachte Behälter zu stopfen. Pfundweise geht er verloren, fällt auf den Boden, schmutzige Stiefel trampeln darüber. Andere Leute drängen zum Keller; dort werden Kisten mit Tomatenmark und anderen guten Dingen entdeckt. Ein Rausch der Besitzgier hat die Leute erfaßt, der Spießer wird hemmungslos.

Auf der Lindenallee russische Soldaten. Einige haben Fahrräder requiriert, sie machen erste Versuche, tapsig wie Urwaldmenschen. Aber es macht ihnen anscheinend großen Spaß. In der Nußbaumallee ein Riesentrichter im Garten, Einschlag einer Granate; die Garage erbrochen. Viele Häuser in dieser Gegend haben neue Beschädigungen und Einschüsse; abgebrochene Äste liegen über dem Fahrdamm, der mit Granatsplittern, Patronen, Uniformteilen besät ist. An der Ecke Nußbaum-/Kastanienallee ein toter Rotarmist. Das Gesicht, blutbeschmiert, wirkt wie geschminkt. Merkwürdig: vieles ist zu dick aufgetragen in der Wirklichkeit.

Nachmittags

Auf dem Rückweg durch die Lindenallee fällt zweimal eine Garnrolle direkt vor meine Füße, schwarzes und weißes Nähgarn. Ich hebe es zögernd auf, gehe weiter. Wieder eine ... Schließlich entdecke ich ganz oben in einer Lindenkrone einen russischen Scharfschützen, jungenhaft grinsend. Man kennt die verschiedenen Typen jetzt schon etwas: den verschlagenen mongolischen mit schrägen Augen und unbewegtem Ausdruck, in dem eine Art schläfrige Wachsamkeit vorherrscht. Dann den mageren, dunklen, fanatischen, der kindlich wirken kann, sobald er sich entspannt. Es gibt auch große, gutmütige blonde Leute,

34   Sowjetischer Soldat mit Fahrrad. Mai 1945.

die gerne lachen und scherzen und überraschend großzügige Geschenke machen. Aber alles in allem entsetzlich fremd. Abends stehen zwei schwerbewaffnete Sowjets vor unserem Haus; Geri spricht mit ihnen russisch. Sie werden aber nicht zutraulich. Einer meint bloß: »Warum habt Ihr euch noch so gewehrt in Berlin? Es hat uns leid getan, daß wir alles zusammenschießen mußten!«

Nach diesem erschöpfenden, ins Nichts absinkenden Tage sitzen Geri und ich noch kurz bei Gründgens. (Er liegt im Trainingsanzug, mit Käppchen, im Bett und liest Maugham.) Er freut sich, daß wir kommen, es weht plötzlich wieder ein Fünkchen Hoffnung auf, ein Lichtschimmer aus der grauen Asche der letzten Tage. Gründgens spricht wie immer, über Theater. Daß er es als Beleidigung auffaßt, wenn man ihm nachsagt, er habe »so natürlich« gespielt. L'art pour l'art sei doch eigentlich das Richtige für unsereinen – die einzige Wirklichkeit, die man anerkennen müsse. Ich begreife, was er damit meint: daß Wirklichkeit erst da beginnt, wo man sie gestaltet, wo sie gewissermaßen aus uns heraustritt, um in sich zu ruhen.

3. Mai 1945

Von meinem Schreibtisch sehe ich nun in lauter grüne Lindenkronen. Darunter augenblicklich Ruhe. Weder deutsche noch russische Soldaten, keine Panzer, keine Flüchtlinge, keine plündernden Hausfrauen, nur hin und wieder ein paar vereinzelte Rotarmisten. (Sie gehen stets zu zweit, meist direkt am Rand des Bürgersteigs.) In der Ferne immer noch Geschützdonner. Unsere Hauptsorgen: Erhaltung der Wohnung, Wasser, Licht, Verpflegung. Mit der steht es etwas besser, da wir eine Portion Trockenkartoffeln erwischt haben und zwei Gemüsedosen. Brot geht zu Ende, vielleicht kann man noch einmal backen. Wir haben den größten Teil unserer Briketts aus der Garage geholt. Und Holz gibt es überall in den Ruinen, man muß es nur zerkleinern. *Wenn* wir also in der Wohnung bleiben können ...

Sachlich gesehen wissen wir immer noch nicht, was los ist. Wo ist Goebbels geblieben, wo Göring? Von wo aus »befiehlt« Dönitz? Wer hat eigentlich für Berlin kapituliert? Wir erfahren gar nichts.

Abends Rotarmisten bei uns, beschlagnahmen mein Zimmer. Erst heißt's, 8 Mann sollen über Nacht bleiben, schließlich werden es 12 und mehr. Leider haben sie Alkohol bei sich. Lina muß Tee kochen, Brote schneiden, Heringe ausnehmen. Ich – die »artista« – solle ruhig bei ihnen auf der Kautsch schlafen, sagt einer lachend. Es entwickelt sich ein gespenstisches Lagerleben, alles in Rembrandtschem Helldunkel, da wir die Szenerie nur mit zwei Kerzen beleuchten können, die dauernd hin und her gereicht werden. Die Soldaten verlangen sich zu waschen. Ziehen Mäntel, Mützen, Jacken, Stiefel aus. Gewehre lehnen an der Wand. Im Kerzenschein sitzen diese grenzenlos fremden Menschen um Vaters Schreibtisch und tafeln; Geri und Edith, russisch sprechend, mit ihnen. Es riecht nach Soldaten, Schweiß, Leder, Zigarettenrauch, Schnaps und Heringen. Es riecht so heimatlos.

Später Edith, Mutter und Frau Jentsch, die sich zu uns geflüchtet hat, sitzen in Geris Zimmer, da tauchen erst zwei, dann drei der Soldaten auf und verlangen, daß wir mitkommen. Alle Ausflüchte nützen nichts, auch nicht der Hinweis auf Mutters Alter. Einer sagt in gebrochenem Deutsch:

»Stara matka, du mitkommen, mittrinken, auf grosses Sieg, auf grosses russisches Volk!«

Wir sitzen also zwischen ihnen, essen fetttriefende Sardinen, nasses Brot und trinken ein gräßliches Gemisch von Sekt, Wermuth und Rheinwein. Sie gießen es in die gerillten Füße unserer grünen Römer. Sergei aus Kiew, Adjutant des Offiziers, singt ukrainische Lieder.

Unaufhörlich gießen sie nach, trinken uns zu, klopfen uns auf die Schultern, bekommen feuchte, begehrliche Augen – rücken näher. Verlangen, daß nun *wir* musizieren. Ich stolpre ins dunkle Wohnzimmer, eskortiert von einem riesenhaften Iwan, der stumm leuchtet, während ich die Geige hole, stimme, Noten suche. Aber ich finde nur Schubertlieder. Zwei Soldaten, rechts und links vom Klavier, leuchten Geri mit unsern Kerzenstümpfchen. Sergei und der Offizier lauschen im Hintergrund, die anderen an der Tür. Wir spielen »Du holde Kunst« und »Die linden Lüfte sind erwacht«. Unter so merkwürdigen Voraussetzungen sind diese Lieder bestimmt noch niemals erklungen!

Später geht das Gelage ohne uns Frauen weiter. Ich liege auf einer Matratze vor Mutters Bett. Immerzu gehen Türen, Schritte nähern oder entfernen sich; wir durften nirgends abschließen. Um drei Uhr schrecke ich auf, als eine Taschenlampe mir ins Gesicht leuchtet: »Du mitkommen! Befehl! Zum Offizier!«

Ich frage nach Geri: keine Antwort. Ich rufe »Geri«! Keine Antwort.

Durch den Flur, die Treppe hinauf – immer gefolgt von dem schweigsamen Hünen mit Maschinenpistole.

Dort oben sieht alles viel harmloser aus. Der Offizier sitzt auf Linas Bett und lächelt höflich, als ich komme. Er versucht gerade, aus einem Stück Zeitungspapier eine Zigarette zu drehen. Ich greife diese Ablenkung erleichtert auf: »Papyrossi?« frage ich, darf hinunterlaufen und welche holen. Nun rauchen wir zu dritt; der merkwürdige Soldat bleibt dabei. Nach einer Weile erhebt er sich, geht aus der Tür, schließt sie, und ich höre, wie der Schlüssel von außen herumgedreht wird. Gefangen! Der Offizier lächelt.

»Warum schweigen? Warum nichts trinken? Angst? Warum du Angst?« Er kann also Deutsch. Was soll ich ihm antworten? Ich bin doch nicht achtzehn Jahre alt. Dann fragt er, wie ich heiße. »Du artista? Violine?« Ich zeige auf die Tür: warum abgeschlossen? Er lächelt wieder. Ganz hübsch ist dieses Lächeln mit weißen gesunden Zähnen in dem unfertigen Gesicht. Aber die Augen haben etwas gefährlich Verschwommenes, sie irren umher, glitzern. Sie sind wie Tiere hinter Gittern, die jeden Augenblick ausbrechen können.

Er spielt mit der Zigarette, macht Konversation; es ist, als suche er einen europäischen Spielfilm zu imitieren ... Es ist so kitschig! Und plötzlich muß ich weinen. »Warum Angst?« fragt er wieder, und jetzt hat seine Stimme etwas Trauriges, Ratloses. Ich spreche von Mutter, ihrer schweren Krankheit, meiner Sorge um sie – und da geschieht das Unbegreifliche: er läßt mich gehn, läßt mich aus dem Zimmer, in dem ich noch eben gefangen war. Ein kurzes Kommando, der Schlüssel wird von außen herumgedreht, die Tür geöffnet. Der Soldat hält den Revolver sinnlos auf mich gerichtet. Mit glühendem Kopf und eiskalten Händen lande ich unten. Zusammengekauert auf Ediths Kautsch verbringen wir Frauen den Rest der Nacht. Aus meinem Zimmer kommt Geschrei, Grölen, Gelächter. Im Flur schnarcht ein Soldat auf der alten Truhe. Ein anderer steht düster, die Maschinenpistole in der Hand, daneben. Ich möchte diese Bilder auslöschen, mich leer machen, zur Ruhe kommen. Aber der gespenstische Zug der Eindrücke geistert unaufhörlich durch das Gehirn. Gegen Morgen herrscht eine merkwürdig schlaffe Stille in der Wohnung. Ich traue mich nach vorn: nur noch zwei Soldaten rüsten sich in meinem Zimmer zum Aufbruch. Der eine, als er mich sieht, ergreift meine Hand, drückt sie, stammelt etwas wie: wir sollten vergessen, was sie uns angetan. Angetan –? Die andern sind bereits auf der Straße und besteigen gerade einen großen Lastwagen. Der Anblick meines Zimmers ist chaotisch: der Teppich mit Wein und Ölsardinen befleckt, die Kautsch auseinandergenommen, Asche, Gläser, Scherben, leere Sardinenbüchsen, Brotreste, dreckige Socken überall verstreut. Das Fenster klappert im kühlen Morgenwind. Es riecht wie in einer Kneipe. So beginnt der

4. Mai 1945
Ich habe nur einen Wunsch: Kaffee! Da wir kein heißes Wasser haben, gehe ich zu Gründgens und schildre ihm unsern nächtlichen Besuch. Als ich verwundert feststelle, daß ich eigentlich gar nicht müde bin, sagt er leise, mit unnachahmlichem Ausdruck: »99 von 100 Menschen würden jetzt sagen: es kommt nach!« – worüber ich mich grenzenlos amüsiere. Wir beschließen, den Gang in Richtung Grunewald zu wagen; er will Marianne Hoppe aufsuchen, ich meine Schwester mit ihrer Familie. Ein merkwürdiger Weg, grausig und schön. Grausig sind die wüsten Spuren des Kampfes, die Trümmer um Messehallen und Eisenbahnbrücke – die Toten. Schön ist der Wind, und daß wir überhaupt gehen können, das Leichte, Flüchtige dieser Bewegung. Gründgens übrigens in steifem Hut, Überzieher und weißen Wildlederhandschuhen, ganz Bonvivant. Als ich erstaunt frage, ob er wirklich so gehen wolle, sagt er nur: »Alles andere wäre unwürdig!«

Hubertusallee, Humboldt-, Kaspar-Theyß-Straße. Fast alle Häuser tragen Spuren heftiger Kämpfe. Fensterläden schlagen hin und her, und aus einem Zimmer hängen aufgeschlitzte rote Betten. Ein stummes, seines Wesens beraubtes Haus, das nichts mehr verrät. Schließlich ruft mich eine fremde Frau aus dem Nachbarhaus an; ich erfahre, daß die Wohnung von Hammetters einige Tage lang von einem russischen Kommando beschlagnahmt war; sie seien in die Herbertstraße gezogen. Dort finde ich sie auf der Terrasse, mit der Pflege von Friedel und Paul Weiglin beschäftigt, die einen Selbstmordversuch gemacht hatten. Dazu die Schilderungen des Erlebten, Erlittenen ... Und doch müssen wir dankbar sein, daß wir leben, heil sind, ein Dach über dem Kopf haben. Ist es nicht wie ein Wunder? Auch Gründgens hat Marianne gefunden; nun versuchen wir, durch Kolonnen russischer Truppen wieder zurück zu gelangen. Pferde, Fourage, ganze Kuhherden, Tanks. Auf den Straßen zerfetzte Hakenkreuzfahnen, Granatsplitter, darüber Sonne. Groß, grell, phantastisch. Ein braunes Pferd liegt steif, mit gespreizten Beinen und aufgequollenem Leib am Straßenrand. All die unbeerdigten Toten sind nur noch Materie, puppenhaft, wachsfigurenähnlich. Das Geheimnisvolle des Todes ist ihnen genommen.

Bilder: auf einem Lastwagen flegeln sich drei Soldaten, sie haben Schnaps getrunken, sind zufrieden und gefühlsselig. Das drückt sich in einem merkwürdig steppenhaft psalmodierenden Gesang aus. Am Zaun neben dem Wagen haben sie einen aufgespannten schwarzen Regenschirm gegen die Sonne befestigt: Ausdruck unbekümmerter Seligkeit.

7. Mai 1945

Der Krieg ist beendet! Mit merkwürdigen Gefühlen nimmt man diese Nachricht auf, die man so brennend herbeigewünscht hat. Jahrelang haben wir in der täglichen Angst vor bekannten und unbekannten Drohungen gelebt, vor neuen Maßnahmen, vor dem Blockwalter, den Erfassungen, den Alarmen. Haben Abend für Abend den Himmel beobachtet und unsere Schlüsse daraus gezogen oder gehorcht, ob irgendwo im Hause schon der Flaksender ging, ob man koffertragende Menschen auf der Straße sah. Und jetzt?

Während ich dies niederschreibe, klirrt das Glas der Eingangstür unten. Soldaten trampeln herauf, Holz splittert. Gründgens wird gesucht! Vom Fenster aus, im dunklen Zimmer, sehen wir schattenhaft, wie ein Motorrad angekurbelt wird, wie jemand aus dem Hause kommt. Sehen hin- und herlaufende Gestalten, glauben Gründgens zu erkennen ... Dann blenden Scheinwerfer auf, Wagen und Motorrad brausen davon, ins Dunkle hinein. Nur der Schreck zittert in uns nach. Gründgens hat mir vor einigen Tagen den neuen Hemingway geliehen *Wem die Stunde schlägt.* Da lese ich gerade auf Seite 239 folgende Sätze: »Das Morden ist nötig, ich weiß es, aber trotzdem bekommt es den Menschen sehr schlecht, und ich glaube, wenn alles vorbei ist und wir den Krieg gewonnen haben, muß irgendeine Buße veranstaltet werden, damit wir uns alle reinwaschen können.«

Abends wildes Geschieße: die Russen feiern den Sieg über Berlin. Beim abendlichen Wasserholen am Funkhaus begegnen wir den Siegern, die in seliger Stimmung umhertorkeln, wie auf einer Opernbühne. Gerüchte: die Russen zögen ab, in fünf Tagen kämen die Amerikaner. Der Krieg soll in ganz Deutschland beendet sein. Es soll Ende der Woche bereits Strom für Radio und U-Bahn geben. Wasser am

Funkhaus: dort stehen Hunderte von Menschen Schlange, darunter viele mit Handwagen und großen Bottichen aus Lazaretten und Krankenhäusern. Alle stehen geduldig, rücken nur Schrittchen für Schrittchen vorwärts. Der Augenblick, in dem man den Schlauch erreicht und das klare Wasser sich sprudelnd in die Eimer ergießt – man wird immer ein bißchen getauft dabei –, dieser Augenblick ist jedesmal herrlich. Geduldig dann wieder zurück mit den hin- und herschwappenden Gefäßen: über Geröll, Schutt, Steine, über den Kaiserdamm, vorbei an dem toten Soldaten...

11. Mai 1945

Seit Tagen machen wir vergebliche Versuche, die Lebensmittelmarken zu erhalten. Hunderte, Tausende von Menschen stehen in der Reichsstraße Schlange. Inzwischen hat sich eine Art »Lagerleben« entwickelt. Drei Viertel der Wartenden sitzt auf mitgebrachten Stühlen; viele Frauen stricken oder stopfen Strümpfe. Kaffeetöpfe gehen reihum, manche lesen, wie ich. Ein noch bunterer Zug zieht an uns vorüber: Polen, die in ihre Heimat zurücktrecken. Kleine, ärmliche Wägelchen, an denen manchmal wiederum Rollwagen hängen, hohe, altmodische Droschken, alle mit weiß-roten Fähnchen geschmückt. Darauf Koffer und Säcke und bunte Stoffbündel, Frauen mit weißen Kopftüchern, viele Kinder, und, hängend an den Wagenrändern, Kleinigkeiten, wie der Mensch sie braucht: Teekannen, zusammengeknüpfte Schuhe, Hüte, eine Babypuppe, die in der Haltung eines Barockengels neben dem verwitterten Gesicht eines alten polnischen Arbeiters schwebt. Dazwischen rasen Sowjetautos vorüber, russische Garde marschiert, Soldaten singen, deutsche Flüchtlinge ziehen vorbei, stumm, die letzte Habe zusammengeschnürt auf Handwagen oder Fahrrädern.

Der Himmel ist tiefblau; manchmal weht ein warmer Luftzug den Hauch von Linden oder duftenden Sträuchern herüber. – Am Branitzer Platz eine Idylle: dort sind Krankenschwestern und Frauen in weißen Schürzen mit großen Blechwannen und Waschbrettern aufgezogen und waschen Krankenhauswäche am Löschteich. An derselben Stelle, an der noch vor 4 Tagen wilde Kämpfe tobten, Panzer schossen und Sterbende lagen. Nun flattert über dem Grasplatz das sauber gewaschene Leinen.

13. Mai 1945

Gestern abend sahen wir etwas Außerordentliches: ein Haus in der Ebereschenallee, offenbar Dienststelle der Russen, erstrahlte im vollen Glanz sämtlicher elektrischer Beleuchtungskörper! Sie hatten einen Dynamo angestellt. Nach den langen dunklen Wochen wirkte der Anblick märchenhaft; alles pilgerte in Scharen zu diesem Haus und berauschte sich an dem Licht der andern. [...]

Karl Friedrich Borée: Frühling 45. Chronik einer Berliner Familie. Darmstadt: Schneekluth 1954. S. 202–204.

Die Außenwelt war magisch verändert, obwohl in unserer Nachbarschaft alles noch an seinem alten Platze stand. Die Straßen, die man nur fünf Tage lang nicht betreten hatte, man sah sie in einer völlig neuen Schau. Sie waren verbotenes, feindliches Terrain gewesen, und das haftete ihnen noch an. Wie auf Glas ging ich, wie in Trance; wie als wenn ich selbst ein Abgeschiedener wäre, der zurückkehrte.

Aber je näher ich dem Bahnhof kam, um so mehr Menschen waren unterwegs, waren um mich her, und der Boden befestigte sich. Alle Frauen hatten Tücher um, alle Männer – die sehr wenigen Männer – hatten flache Mützen auf, wie die Arbeiter sie tragen: ich fragte mich, woher sie sie so schnell hätten. Jedenfalls hatten sie sich alle heruntergeklassiert. Viele Leute hatten sich Taschentücher oder weiße Lappen um den linken Arm gebunden. (Vielleicht schätzten sie die Primitivität der Russen richtiger ein als ich.)

Ich zog mit meinem Wagen nur bis zu dem mir von Friederike bezeichneten Hof, dem Hof eines halbzerschossenen, noch brennenden Hauses. In einem Schuppen fand ich das Gedränge und das Kohlenlager. Ich warf auf meinen Wagen, was ich packen konnte; ein Mann, der seinen Sack schon gefüllt hatte, lieh mir seine Schaufel. Dann fuhr ich stracks zurück und, da ich zu Haus alles unversehrt fand, ging ich sofort zum zweitenmal los, ohne den Wagen, und plötzlich fühlte ich, wie ein großes Gefühl der Befreiung in mich einzog. Ich erblickte die grüngoldenen Ahornbäume auf der Allee, und sie begrüßten mich.

Am Rondell vor dem Bahnhof stand ein einzelner russischer Posten. Aber über die Brücke, die den Bahneinschnitt überquert, ergoß sich ein zusammenhängender Strom von Truppen, von Kraftfahrzeugen und Bauernwagen, nahm seinen Weg rechts um das Rondell herum und lenkte dann in eine Allee ein, die von dort nach Westen ausstrahlt. Ich begriff, warum es bei uns so still geblieben war: wir lagen abseits von dieser neuen Verkehrsader. Die Russen mußten sich eine Straße durch die Wälder gebahnt haben. Es war alles wie auf einer Drehplatte verschoben, unser Ort hatte eine andere Orientierung erhalten: er lag nicht mehr an einer Ausfallstraße in den Norden, sondern an einer Durchgangsstraße von Ost nach West.

Am Eingang des Platzes, der Brücke gegenüber, stand ein Pfahl mit vielen großen Tafeln. Auf denen waren in russischer Schrift Ortsnamen aufgemalt, die offenbar die Ziele bezeichneten. Ich wagte nicht lange stehen zu bleiben, ich entzifferte hastig die Worte Bötzow, Wilsnack, Jäserich, Genthin. Es las sich alles sehr absurd, denn es war phonetisch geschrieben. – Wie weit waren sie schon gekommen! Bis in die Provinz Sachsen hinein! Es war ein Heeresbericht, der erste seit sechs Tagen. Wir lagen schon tief in der Etappe. Wo waren die Engländer und Amerikaner?

Die Gebäude rechts und links, vor und hinter der Brücke waren alle zerstört; nur der Bahnhof schien wenig gelitten zu haben.

»Das haben wir alles der verrückten Ziege zu verdanken«, vertraute mir eine Frau, die ihre Erregung nicht bei sich behalten konnte, »der Arztfrau. Die hat noch beim Einmarsch auf die Russen geschossen. Die war ja so. Die wohnte doch da oben.«

Ich sagte nichts. Ich dachte, unsere Artillerie würde Grund genug gehabt haben, den Bahnübergang zu beschießen. Aber der einfache Mensch braucht zu einem Schaden einen Schuldigen.

Vom Bäcker- und Fleischerladen war nichts als Mauerwerk übriggeblieben. Ich drang in eine Drogerie ein. Schaufenster und Tür waren zerbrochen. Es war nichts mehr zu finden, was mitzunehmen sich lohnte: nichts als Gips, Farben, Parfümerien. Alles war schon aufgebrochen und durchwühlt. Nicht ein Stück Seife, nicht eine Kerze waren vorhanden. Wenn unsere Leute das verübt hatten, so hatten sie das Plündern schnell gelernt. Von dem Besitzer war nichts zu sehen. Ich ging durch die Küche. Dasselbe Bild. Ich fand einen kleinen Topf aus Aluminium, den ich mitnahm. Mein Anstandsgefühl revoltierte, aber die Lust, irgend etwas Brauchbares zu erwerben, war stärker. Auf dem Hof lag ein aufgeplatzter und plattgetrampelter Sack mit Salz. Daraus füllte ich mein Töpfchen und machte mich mit dem frohen Bewußtsein auf den Rückweg, daß ich etwas Notwendiges heimbrächte.

Theo Findahl: Undergang. Berlin 1939–1945. Oslo: Aschehoug & Co. 1945. Letzter Akt – Berlin 1939–1945. Deutsch von Thyra Dohrenburg. Hamburg: Hammerich & Lesser 1946. S. 176–184, 190–195.

29. April 1945

Die Stalinorgel und die Kanonen heben gegen sechs Uhr am Morgen einen neuen Höllenlärm an, das ganze Haus zittert und bebt, und jetzt donnert abermals eine Schar russischer Soldaten gegen die Eingangstür. Sie wollen Wasser für ihre Pferde haben. Wasser können wir nicht leicht entbehren, unsere Vorräte sind nicht für Kavallerie berechnet, aber die Soldaten finden die Tonne unter der Dachrinne und leeren den ganzen Inhalt in einem Nu. Einen Bottich Regenwasser unten aus dem Garten sichere ich mir eiligst für die Küche. Die Soldaten sind umgänglichen und zutunlich, wir haben allmählich eine einfache, aber wirksame Taktik ausgearbeitet, ihnen entgegenzutreten. Erst erklären wir ihnen in einem primitiven Russisch, daß wir Bürger von Finnland und Norwegen sind und mit den Russen verbündet, dann zeigen wir auf das Schild an der Haustür, daß das Haus unter dem Schutz der schwedischen Gesandtschaft stehe, und endlich zeigen wir auf die Nachbarvilla und sagen, daß dort Offiziere der Roten Armee wohnen, die uns kennen und uns beschützen. Im Laufe des Tages kommen beständig Gruppen von zwei oder drei Mann, um zu inspizieren, sie sind mehr oder weniger leicht zu behandeln. Einzelne sind ermüdend, und wir lernen, daß es vernünftig ist, die Initiative in den Gesprächen selbst in die Hand zu nehmen und Fragen aller möglichen Art zu stellen, wenn wir sie nur einigermaßen verständlich formulieren können. Ist Marschall Sjukow in Berlin? Ist Hitler tot? Ist der Krieg bald zu Ende? Und was immer wir nun erfinden können, um die Gedanken von Trinkwaren abzulenken. Zu allem Glück wurde der letzte Tropfen Alkohol in der Nacht zum 26. April getrunken. Wir haben die leeren Flaschen so dramatisch wie möglich aufgestellt, um zu zeigen, daß die Trockenheit im Weinkeller groß und umfassend ist. Mit weiblichem Instinkt hat Frau Norna eine Methode herausgefunden, die sich als äußerst wirkungsvoll erwiesen hat. Sie ergreift den Stier bei den Hörnern. Zigaretten? Zündhölzer? Brot? Fleisch? bittet sie sanft. Die Russen geben ihr mit lächelndem Gesicht, was sie im Augenblick besitzen. Die Methode ist selbstverständlich psychologisch richtig, man bittet ja nur seine Freunde und niemals seine Feinde um einen Dienst. Sonderbar ist es, die russischen Steppenpferde in Dahlems Villengärten weiden zu sehen; sie rupfen an den Flieder- und Forsythienbüschen, nagen an der Rinde der Obstbäume. Aber noch seltsamer mutet eine Schar Kamele an, die zu einer Gartenpforte in einer Nebenstraße hineinschaukeln – sie kommen wohl aus Turkestan oder einem anderen fernen, asiatischen Lande –, so unermeßlich groß ist der Krieg an Umfang. Drinnen in den Gärten gehen russische Soldaten herum und stechen mit den Säbeln eifrig in den Erdboden. Sie suchen vielleicht nach Landminen, aber wahrscheinlicher ist es, daß sie nach vergrabenen Schätzen fahnden. Die Aussichten, von allem ein wenig zu finden, sind in diesem reichen Bürgerviertel gut. In der Lentzeallee 5 haben sie in einem Garten einen ziemlich großen Schrein voll Gold und Edelsteine gefunden.

Gegen Nachmittag kommen zwei Soldaten mit einer Flasche Rotwein an, die sie mit uns leeren wollen, aber lieber noch gegen Branntwein tauschen. »Vojna nix gutt«, sagt einer von ihnen mit Nachdruck und scheint nicht übel Lust zu verspüren, sich für ein paar Stunden bei uns in einem Sessel auszustrecken und Schnaps zu trinken. Ada Norna dreht sich eine Zigarette und packt sie in ein Stück gummiertes Papier. »Zivilisation!« stellt der rote Krieger mit großer Sachlichkeit fest und spuckt aus ganzer Kraft auf das Zeitungspapier, das er um seinen eigenen Tabak legt. Sie haben gar keine Lust zu gehen, aber zum Glück kommen einige Offiziere herein, und die Soldaten werden etwas zager. Es ist interessant, den Ton zwischen Offizieren und Mannschaften in der Roten Armee zu beobachten. Die Disziplin ist zweifellos sehr gut, aber man hört nichts von dem scharfen deutschen Kommandoton. Die Offiziere erklären, daß es unklug von den Leuten sei, zu uns hineinzugehen, die wir ausländische Journalisten seien und in einem Haus wohnen, das unter der Protektion des schwedischen Staates steht. Diese Darlegung verfehlt ihre Wirkung nicht, die Soldaten grüßen und gehen langsam hinaus.

Keine Abendpatrouille, aber etwas anderes: fünf Jugendliche, die

Einquartierung fordern und forsch zwei Pferde in der offenen Garage gleich neben der Eingangstür anbinden. Es sind nette junge Burschen, die sich ordentlich benehmen. Der erste von ihnen, ein einundzwanzigjähriger Leutnant, tritt sehr entschieden auf; sie wollen alle miteinander bei uns schlafen und essen, sich aber das Essen selbst heranschaffen und sich mit dem Fußboden als Schlafplatz begnügen, nur für eine Nacht. Bevor wir noch Luft holen können, sitzen sie im Eßzimmer und holen die Beute des Tages heran: Eier, eine Flasche Wein, mit dem Zeichen »Adlon«, ein Glas Eingemachtes von den besten Vorräten des deutschen Bürgertums, außer ihren Vorräten an amerikanischen Fleischkonserven und frischem russischen Brot. Es wird eine gemütliche Gesellschaft; einer von ihnen spielt die Mundharmonika, und ein anderer löst ihn mit der Ziehharmonika ab. Sie sollen zu einer Front ziehen, die fünf Kilometer entfernt ist, erzählen sie, und müssen am nächsten Morgen früh aufbrechen. Dann zeigen sie uns mit Stolz ihre Schätze: Armbanduhren, Ringe; am feinsten ist eine goldene Uhr französischen Fabrikats. Sie sind von diesen kleinen Dingen vollständig in Anspruch genommen und scheinen der morgigen Schlacht nicht einen Gedanken zu widmen, so wenig wie dem Tode, der auf sie lauert; sie plaudern und lachen sorglos wie die Schulkinder. Sie nennen uns »Väterchen« und »Mütterchen«, wollen uns durchaus von allem die besten Stücke zuschieben und füllen unsere Teller bis an den Rand. Als wir mit dem Essen fertig sind, legen sie sich hübsch auf den bloßen Fußboden nieder, während die Pferde draußen in der Garage stehenbleiben. Wir löschen alle Lichter, und ein seltsames Gefühl von Geborgenheit senkt sich auf die sturmumbrauste Villa.

30. April 1945

Es ist meine erste ruhige Nacht gewesen, seit die Schlacht um Dahlem begann. Die Pferde in der offenen Garage sind das offenkundige Zeichen dafür gewesen, daß die Villa besetzt ist und für niemand anders Platz hat. Die Jungens sind gegangen, bevor ich in das Erdgeschoß hinunterkomme, und haben alles in bester Ordnung zurückgelassen; das einzige, was an unseren flüchtigen Gästen auszusetzen war, ist, daß sie die Toiletten schlimm eingeschmutzt haben. Es ist unangenehmer, als es sich anhört, da es in den Leitungen kein Wasser gibt. Wasser ist jetzt nachgerade ein Problem geworden. Wir pflegen über die kleinen Waschwasserbütten zu lachen, die den Touristen in alten Schlössern gezeigt werden, aber jetzt erfahre ich, daß man tatsächlich im Gesicht sauber werden kann, auch wenn man nur so kleine Tassen voll Wasser hat; zum Rasieren braucht man nur die Neige in der Schüssel. Wenn man an die Wassermengen denkt, die ein Mann im Brennpunkt der Zivilisation wie z. B. New York tagsüber braucht, kommt es einem wie unerhörte Verschwendung vor. Glücklicherweise haben wir Holz und Koks genug, um so viel Wasser abkochen zu können, wie wir brauchen. Im Nebengarten haben die Russen eine Feldküche aufgestellt; sie kochen unentwegt Schaffleisch, backen duftende, kräftige Roggenbrote und sind nicht faul, mit Leuten zu teilen, die um Essen bitten.

1. Mai 1945
Noch wissen wir ja nichts von dem, was draußen in der Welt vor sich geht, bilden uns aber ein, daß der 1. Mai, der Festtag des Proletariats, der Tag ist, an dem Stalin den Sieg über Berlin und über den Nazismus ausrufen wird. Viele hatten davon phantasiert, daß der Tag als ein großartiges Verbrüderungsfest zwischen deutschen und russischen Kommunisten gefeiert werden sollte, mit klingenden Freundschaftserklärungen: Proletarier aller Länder, vereinigt euch! Das rote Berlin! Sowjet-Deutschland! – eine wichtige Etappe zu dem roten Europa, zur Weltrevolution – nun, was weiß ich? Wir sehen nur, was vor unseren Fenstern auf der Podbielskiallee und auf den kurzen Strecken der Villenstraßen hier in der Nähe geschieht – weit weg getrauen wir uns noch nicht –, aber in diesen Stadtteilen sind vorläufig noch keine Anzeichen für eine deutsch-russische Verbrüderung zu spüren. Gerade eben geht ein Deutscher mit einer großen roten Blume im Knopfloch vorbei; es kann wie eine Demonstration kommunistischer Gesinnung aussehen. Falls *das* die Absicht ist, so ist es vergebliche Liebesmüh, denn die Russen beachten ihn nicht einmal. Die meisten Deutschen gehen mit weißer Binde um den Arm durch die Straßen; das ist ihnen nicht etwa von den Russen auferlegt, sondern bedeutet eine Art kleiner, individueller Kapitulationsflagge, freiwillige Zeichen dafür, daß sie Nicht-Nazisten und friedlich gesonnen sind.

Es ist überhaupt auffallend, daß die russischen Militärs, mit denen wir bisher zu tun hatten, nicht ein einziges Mal nach der politischen Partei gefragt haben, Kommunist oder Nazist, sondern nur, ob deutsch oder nicht deutsch, »nix gutt« oder »gutt«. Die beiden Soldaten, die mich gestern auf den Hofplatz der Nebenvilla einluden, um eine Flasche Rheinwein mit mir zu leeren, die sie erwischt hatten, erklärten allerdings mit entschiedenem Nachdruck, daß sie Kommunisten seien und daß das gut und richtig sei; aber ein dritter Soldat, die Wache, älter und vernünftiger als die beiden anderen, gebot ihnen nur Schweigen und schien sagen zu wollen, daß dergleichen nicht erwähnt werden dürfe, der Krieg gelte auch anderen Fragen. Ich habe überhaupt ein sonderbares Gefühl, so als seien die Russen nicht sonderlich interessiert an einem kommunistischen Deutschland; es könnte wohl auch ein beschwerliches und gefährliches Element innerhalb der Sowjetunion werden. Der einzige Russe, der uns bisher etwas von politischem Belang gesagt hat, ist ein Offizier, der heute bei uns war und erklärte, Deutschland solle eine demokratische Republik und nicht eine kommunistische Gemeinschaft werden.

Im großen und ganzen ist der Tag ruhig gewesen. Verhältnismäßig wenig Schießen; nur ein paar leichtere Luftangriffe; aber noch scheint die Schlacht um Berlin nicht zu Ende zu sein. Ohne Aufhören wallt der Rauch von der brennenden Stadt über unsere Gegend. Aus der Nachbarvilla sind die Pferde und die Soldaten plötzlich verschwunden, und neue Leute sind eingerückt. So ist es die ganze Zeit gewesen; kaum sind wir mit einer Besatzung vertraut geworden, als sie auch schon versetzt wird und wir uns von neuem den anderen Truppen gegenüber ausweisen müssen. Die Patrouillen sind heute leicht gewesen. Ich hatte nur den Ärger, daß ein junger Soldat mir mein Rasiermesser gerade vor meinen Augen wegschnappte. Mit gutem Willen kann man die Erklärung gelten lassen, daß ein solches in eines Zivilisten Hand als eine gefährliche Waffe anzusehen ist.

Abends schlendern junge Soldaten in einem Gemisch von Sieges- und Alkoholrausch durch die Podbielskiallee und suchen mit lauter Stimme nach »jungen Frauen«. Auf großen Plakaten, die heute ringsum in der Gegend angeschlagen sind, unterzeichnet vom Stabschef der Besatzung, Generalmajor Kuschtschow, steht ausdrücklich sowohl auf deutsch wie auf russisch, daß es Mitgliedern der Roten Armee verboten ist, zivile Personen aus den Häusern zu vertreiben, Waren oder Wertgegenstände mitzuführen und auf eigene Faust Haussuchungen vorzunehmen ohne die »Zulassung durch militärische Kommandanten«. Wer aber vermag zu sagen, ob die Soldaten diese

Zulassung haben oder nicht? Und was soll man denn tun, wenn die Soldaten an die Tür donnern und mit einem Revolver oder Messer drohen? Goebbels' Schreckenspropaganda hat Panik verursacht, besonders unter den Frauen, und das macht die Sache noch schlimmer, denn alle Rußlandkenner, mit denen ich rede, sind sich darüber einig, daß das erste Gebot im Verkehr mit Soldaten der Roten Armee das ist, niemals furchtsam oder erschrocken aufzutreten. Man soll sich ruhig und fest zeigen, wie gegen Kinder.

Von theoretischem Interesse sind die Paragraphen in Generalmajor Kuschtschows Armeebefehl, die davon handeln, daß Kinos, Varietés, Theater, das Stadion und die Gottesdienste in den Kirchen bis um 21 Uhr abends zugelassen sind. Wichtiger ist die Erklärung, daß bei Attentaten auf Mitglieder der Roten Armee nur der Täter gestraft wird – es steht nicht ein Wort von Repressalien gegen zivile Personen dabei – ein Umstand, den man sich wohl merken muß. Schließlich ist es ein Trost für viele aus dem Bürgertum, daß der Aufruf nicht allein von der Roten Armee spricht, sondern auch viel von »alliierten Truppen«; das gilt für viele als Beweis dafür, daß die Amerikaner und Engländer wohl doch noch hierher kommen.

Etwas Großes muß sich ereignet haben. Die Schlacht um Berlin muß zu Ende sein! Man hört fast kein Schießen mehr, nur unendliche Massen von Rauch von den Bränden drinnen in der Stadt sind zu sehen. Über den Straßen in Dahlem liegt eine ganz andere Stimmung als gestern. Leute fangen an, sich zu regen, aus ihren Schlupflöchern in Kellern und Ruinen heraufzusteigen. Um Neuigkeiten zu hören, müssen wir buchstäblich zu den »Frauen am Brunnen« gehen. In den langen Reihen vor den Wasserpumpen wissen die Leute über die sonderbarsten Dinge Bescheid. Goebbels kapitulierte gestern, sagt jemand – es stimmt also, daß die Schlacht um Berlin zu Ende ist? Admiral Dönitz führt im Namen des Deutschen Reiches Friedensverhandlungen. Noch kämpfen vereinzelte Gruppen in Norddeutschland und vor Prag. Aber heute soll der Waffenstillstandsvertrag unterschrieben werden, sagt eine Frau mit Autorität. Einzelne scheinen Mitleid mit dem »Führer« zu haben, aber im großen und ganzen herrscht in der Schlange *eine* Meinung, daß die Nazibonzen ohne Ausnahme einen zehnfachen Tod verdient haben für das viele Unglück, das sie über die Welt gebracht.

Am Abend wird uns ein neuer großer Schrecken zugefügt. Die Russen haben die Überreste einer Villa in der Nähe angesteckt, in der Cäcilienallee gegenüber der thailändischen Gesandtschaft – es heißt, um den Truppen von der Innenstadt auf ihrem Marsch gen Westen den Weg zu weisen. Wie eine mächtige, schimmernde, rote Fastnachtsrute ragen die Flammen zum Himmel hinan, und wir rechnen jeden Augenblick damit, daß die Funken auf unser Dach überspringen und auch hier die Villa in Brand stecken würden. Wasser zum Löschen ist nicht da, und wir wagen nicht zu schlafen, solange das Feuer lodert. Glücklicherweise weht der Wind in entgegengesetzter Richtung, und ein Unglück wird verhütet. Gegen ein Uhr lege ich mich schlafen, wie in der ganzen letzten Woche voll angekleidet, Zündhölzer, Licht und Schlüssel gleich bei der Hand, bereit, in aller Eile aus dem Bett zu springen, sobald eine Patrouille an die Tür hämmert.

9. Mai 1945

Goldgelber, reicher Sonnenschein strömt über Dahlem hin. In den Gärten röten sich die Apfelblüten, die Tulpen flammen, der Flieder duftet, Vögel zwitschern, es ist, als ströme die Natur über von Jubel über die Erlösung des Frühlings. Der Wind hat sich gedreht. Der Rauch von den brennenden Ruinen der Millionenstadt ist weggeweht, es ist, als sollte Anti-Jerusalem ganz ausgebrannt, erschlagen sein. Es gibt kein Berlin, es gibt kein Deutsches Reich mehr. Es gibt nur noch Millionen von staatenlosen Deutschen, die die Sklavenketten schleppen müssen, die Hitler ihnen geschmiedet hat. Es befällt uns der Gedanke, daß die deutschen Soldaten, die jetzt in Norwegen, Dänemark und den Niederlanden kapituliert haben, sich glücklich preisen müßten, falls sie dort bleiben dürften, um aufzubauen, was sie zerstört haben, anstatt in ihr altes Vaterland zurückzukehren, in dem sie nichts zu sagen haben, das sie als eine ausgebrannte Wüste, ein zerschmettertes Reich wiederfinden. Zwölf Jahre Hitler-Regiment hat genügt, um eine Großmacht ins Verderben zu stürzen; es ist so überwältigend, daß es gar nicht zu fassen ist.

Es sieht auch nicht so aus, als könnten die Bürger von Dahlem dies fassen. Vorläufig haben sie gar keine Zeit, an Staat und Reich zu denken, der Tag hat genug an seinen eigenen Sorgen: Woher soll ich Essen und Trinken bekommen? Wie soll ich mir in Zukunft das Leben erhalten? Den Arbeitern geht es nicht anders als den Bürgern. Die meisten Fabriken sind zerstört, einzelne stehen noch und haben Rohmaterial, wie gesagt wird, aber die Arbeiter wagen sich nicht dorthin, sie müssen zu Haus bleiben und ihre Frauen beschützen.

»Nicht arbeiten heute«, sagt der russische Soldat, der an unserem Haus vorübergeht, als wir gerade im Begriff sind, den Bürgersteig von den letzten Abfallresten und welkem Laube zu reinigen. Heute ist Feiertag, der Krieg im Westen ist zu Ende! Er sagt, daß Jodl, einer von Hitlers Lieblingen, heute nacht die Erklärung von Deutschlands bedingungsloser Kapitulation unterzeichnet habe. Er erzählt dies alles in einem ruhigen sachlichen Ton. »Krieg nix gutt«, sagt er, »wir wollten keinen Krieg haben, und jetzt ist er zu Ende.« Ich bin überglücklich bei dem Gedanken, daß der letzte Akt des Krieges aller Wahrscheinlichkeit nach in Norwegen und in Dänemark sehr viel leichter abgewickelt wird, als wir zu glauben gewagt haben. Nach meiner Kenntnis von der norwegischen NS-Partei aus Berlin ist die Partei viel zu schwach und zu zersplittert, um auch nur so etwas Ähnliches wie einen Guerilla- oder Bürgerkrieg zu organisieren.

Für die Russen ist der Tag ein Fest- und Siegestag ohnegleichen, der größte in der Geschichte des Landes. Ein Stück von der Lentzeallee ist abgesperrt, dort üben sie den Paradenmarsch, die letzten Gerüchte wollen wissen, daß die Alliierten am 15. Mai einen gemeinsamen Siegeseinzug in Berlin abhalten wollen. Den ganzen Tag über singen die Russen patriotische Lieder vom großen Rußland, der Gesang wird immer stärker, je mehr sich der Tag seinem Ende zuneigt. Die Soldaten erhalten Extrazuteilungen von Branntwein, und die Begierde nach Frauen beginnt in dem heißen jungen Blut zu brennen. Die Deutschen kriechen in Kellern und auf Böden zusammen, um ihre Frauen zu beschützen. Gegen halb neun Uhr am Abend feuern die Russen große Böllerschüsse ab. Zum blaßgrauen Abendhimmel steigen sausende Raketen hinan, die ein Geriesel von roten, blauen und gelben Feuerblumen auf Berlins Ruinen niederfallen lassen. Es sind die gefürchteten »Tannenbäume« des Luftkrieges, die jetzt als ein Freudenfeuerwerk aufflammen. Die Flakartillerie dröhnt, Kriegsflugzeuge brausen durch die Luft, noch einmal wird des Krieges wohlbekannte und fürchterliche Melodie aufgespielt, diesmal als ein brausender Siegesmarsch für die Rote Armee. Mit fortschreitender Nacht steigt die Brunst der jungen Soldaten, die Jagd nach Frauen wird hitziger. Ein paar jugendliche Burschen klopfen an die Nachbarvilla, von unserem Balkon aus hören wir, wie sie mit den Leuten drinnen, dem Hauswart und seiner Frau, reden. »Du deutscher Mann«, sagt einer der Soldaten, »bleib hier, du deutsche Frau, folge mir!« »Nein, nein«, sagt die Frau, »wir bleiben alle hier, wir wollen nichts Böses, wir wollen nur arbeiten.« »Du gehst mit mir«, hört man die Stimme des Soldaten ... Es wird still ... Einen Augenblick später steht der Hauswart unten auf der Straße und ruft nach der Polizei, und wenige Minuten später braust ein großes russisches Polizeiauto vor die Gartenpforte. Große Lichtbündel von einem Scheinwerfer gleiten über die Hauswände. Die Hauswartsfrau kommt heraus, die Soldaten sind verschwunden, sie haben offensichtlich Respekt vor ihrer eigenen Polizei.

Gut, daß man nichts Schlimmeres zu berichten hat als diesen kleinen Zwischenfall aus der Podbielskiallee 2 über die vielbesprochenen Vergewaltigungen in Berlin. Wir sprechen bei einem Kollegen in Dahlem von der Angelegenheit. »Das Ganze ist ein uralter orientalischer Kriegerbrauch«, sagt er. »Es läßt sich auch vermuten«, fügt er hinzu, »daß es nicht nur die Antwort auf die deutschen Taten in Rußland, sondern daß es auf die arrogante *Rassenpolitik* zurückzuführen ist, auf die zoologisch-brutalen Pläne von der *Germanisierung* der Rassen, der ›Aufnordung der Rasse‹. Vielleicht soll die *Rasse* selber hier jetzt gedemütigt werden und die Niederlage bis auf den Grund zu spüren bekommen.«

11. Mai 1945

An fast allen bewohnbaren Häusern in Berlin steckt jetzt eine weiße oder rote Flagge aus den Fenstern heraus. Die weißen Flaggen bedeuten, daß hier nichtnazistische Deutsche wohnen, die roten sind das Zeichen dafür, daß Kommunisten eingerückt sind – in die schönsten Wohnungen, die früher von Nazis bewohnt waren. Die deutschen Kommunisten sind in vollem Gange, sich zu organisieren, alles deutet darauf hin, daß die zivile Verwaltung in Deutschland zunächst einmal kommunistisch werden wird. Die »roten« Deutschen gehen in ganz der gleichen Weise vor wie die »braunen«, sie organisieren »Zellen« in jedem Haus, verschaffen sich im kleinen überall Kontrolle. Die Veränderung ist allerdings nicht revolutionär. Das ist vielleicht der Grund, weshalb sie so still vor sich geht. Die deutschen Kommunisten machen nicht den Eindruck, als seien sie überströmend glücklich oder trügen den Kopf sehr hoch. Die Sache ist die, daß die deutschen Kommunisten ihre russischen Gesinnungsgenossen enttäuscht haben, weil sie nicht zur rechten Zeit scharf genug gegen Hitler eingeschritten sind. Die Umkehr jetzt in letzter Stunde wird nicht anerkannt. Die Russen wissen gut Bescheid und sagen gerade heraus, daß der Widerstand gegen das Hitlertum in Deutschland nicht von den Arbeitern und Kleinbürgern ausgegangen ist, sondern vielmehr aus den Kreisen des deutschen Adels, der katholischen Kirche und der Bekenntniskirche kam! Den deutschen Kommunisten wird daher von den Russen nicht besonders gehuldigt, und ich kann mich von dem Gedanken nicht losmachen, daß sie eine ähnliche Rolle spielen, wie nichtdeutsche Nazisten in deutschbesetzten Ländern es den deutschen Okkupanten gegenüber getan haben, und daß sie mit brennendem Schmerz fühlen, wie der Traum, in einem Sowjet-Deutschland die erste Rolle zu spielen, Herren in ihrem eigenen Haus zu sein, nicht in Erfüllung gehen wird.

Die Frauen am Brunnen, die an allem stärksten Anteil nehmen, interessieren sich nicht so sehr für die politische Seite der Sache wie für die Plünderungen und Vergewaltigungen, von denen die ganze Stadt redet. Kaum sind die Russen aus einem Hause weggezogen, als auch schon die Deutschen zur Stelle sind, um alles an sich zu raffen, was sie erwischen können, vom Inhalt in den eigenen kleinen Koffern bis zu den Kunstschätzen in der Reichskanzlei. Frau Müller in der Lentzeallee weiß genau, wer den blauen Teppich und die grünen Sessel aus Frau von Ribbentrops Haus an sich genommen hat, und wie viele Male die Frauen in der Nachbarschaft vergewaltigt worden sind. Frau Schultze dreimal und – ja, wer will das wohl glauben? – das alte Fräulein Schmidt fünfmal! Von neuem muß man die unsterbliche Fähigkeit des Kleinbürgertums feststellen, alle Dinge ihrer tragischen Größe zu entkleiden und sie in Komik und Karikatur umzuwandeln. Statt über das bittere Unglück der Frauen zu weinen, ist man versucht zu lachen, der Fall Fräulein Schmidt ist wirklich zu lächerlich.

Alle plündern alle. Krieg ist Raub – eine Wahrheit, die die Historiker in den Ländern der Siegesherren nie müde werden immer wieder wegzuleugnen. Die Polen haben ihre Gier besonders auf Pferde geworfen, in Großkreutz haben polnische Landarbeiter 47 von den 50 Pferden des Gutes weggetrieben. Es sieht böse aus für die Heu- und Kornernte in Deutschland, es wird wohl damit enden, daß die Deutschen selbst die Mähmaschine und die Heuwagen ziehen müssen. Endlose Kolonnen von Lastautos sausen gen Osten von dannen, bis an den Rand mit allen möglichen Waren, nicht zuletzt Maschinen, angefüllt, der Ausstattung ganzer Fabriken. Es ist kein Anlaß zur Verwunderung vorhanden. Das ist der »Dank für das letztemal«, die Vergeltung für all die Maschinen, die die Deutschen aus Sowjetrußland geraubt haben. Krieg *ist* Raub. Das ist eine Wahrheit, an die nur die Geschlagenen denken.

Konstantin Simonow: Raznye dni vojny. Moskau: Isdatelstwo Molodaja Gwardija 1977. Kriegstagebücher. Zweiter Band 1942–1945. Deutsch von Günter Löffler. Berlin: Volk und Welt 1979. S. 686–690.

[...] Kurz vor Abend. Wir nähern uns der halbzerstörten Mauer des Zoos. Eine Überführung der Stadtbahn. Bei der Überführung viele Leichen. Sie liegen reihenweise hingestreckt, einige auf dem Rücken, andere mit dem Gesicht nach unten. Auf dem Pflaster klebriges, noch helles Blut. Es hat sich soeben erst abgespielt. Ein kleiner SS-Trupp hat hier gekämpft. Bei der Überführung liegen zwei zerstörte MG und anderthalb Dutzend Leichen, unter ihnen zwei tote Frauen in SS-Uniform. Wie immer, wenn ich im Krieg getötete Frauen sah, packte mich ein Schauder, und sie tun mir leid, auch wenn sie SS-Uniform tragen.

Wir klettern über Bruchstücke der Zoomauer und gehen zum Elefantenhaus. Ein großer Teil ist durch Bomben zerstört. In dem einzigen nicht zerstörten Teil wandert ein verzagter, hungriger Elefant umher. Daß er Hunger hat, erfahre ich von dem Wärter, einem alten Mann. Er hat mit seiner Frau bis zum Schluß hier ausgeharrt, und als ich ihn in meinem gebrochenen Deutsch anspreche, bittet er mich um Futter für seine Tiere.

Dann schlägt er mir eine Zoobesichtigung vor. »Allerdings ist nicht mehr viel davon übrig.«

Der Alte geht voraus, wir folgen ihm. Er zeigt uns seine Wirkungsstätte, ruhig, sachkundig, als sei nichts geschehen.

Auf den Wegen liegen tote Deutsche.

Auf einer Bank ein toter sowjetischer Soldat. Sein Kopf ist mit einem Mantel verhüllt. Sie haben ihn auf die Bank gelegt, weil zum Begraben die Zeit fehlte.

Der Wärter beachtet die Leiche nicht. Er spricht die ganze Zeit von seinen Tieren, während er uns führt, und das wird immer unangenehmer.

35 Während der Schlacht um Berlin. April 1945.

36 Befreite Fremdarbeiter aus Frankreich. Mai 1945.

Schließlich kommen wir zum Flußpferdbecken, hinter dem ein schroffer Felsen aufragt. Ein Flußpferd liegt auf diesem Felsen und atmet schwer. Das andere treibt tot im Wasser. Aus seinem Körper ragt der Stabilisator einer Granate heraus. Die Granate hat es getötet und ist, ohne zu detonieren am Stabilisator steckengeblieben. Ich betrachte diesen Stabilisator, der aus dem Tierkörper herausschaut, und denke, wenn ich das jemandem erzähle, der glaubt mir nicht. Das andere Flußpferd gleitet ins Wasser und schwimmt, ohne dem Kadaver zu nahe zu kommen, als ob es die Gefahr witterte.

Das Affenhaus. Einige unserer Soldaten stehen vor einer großen Grube, in der sich kleine Affen tummeln. Die Soldaten sehen müde aus. Sie riechen nach Rauch, sind schmutzbedeckt und sehen den Affen dennoch interessiert zu. Dann klettert einer über das Geländer in die Grube und fängt erstaunlich flink ein Äffchen ein. Es beißt ihn, und ich denke, gleich wird er es töten. Das tut er jedoch nicht, sondern sagt lachend: »Er ist bissig!« Er sagt es erstaunt und zufrieden, als habe ihn das Lebewesen daran erinnert, daß es auch etwas Angenehmes, etwas fernab vom Krieg gibt. Dann schleuderte er das Äffchen fort. Die Sache hat ihren Reiz verloren. Er kommt über das Geländer zurück, schlendert müde die Allee entlang und legt sich zum Schlafen auf eine Bank, zwei oder drei von der mit dem Toten entfernt.

Wir folgen dem alten Deutschen zu einem Backsteinhaus. Er öffnet die Tür, sagt, ohne stehenzubleiben, daß hier gleichfalls Affen untergebracht sind, der größte Gorilla Europas und der größte Schimpanse Europas. Nach ihm treten wir ein. Ein Gitter teilt den Raum in zwei Hälften. Hinter den Stäben erhebt sich ein meterhoher Betonsockel mit einer Art Rost. Auf dem Rost liegen, durch ein Quergitter voneinander getrennt, ein riesiger Gorilla und ein sehr großer Schimpanse. Vor dem Betonsockel, bei dem das Gitter beginnt, liegen zwei tote SS-Leute. Ein dritter, ebenfalls tot, sitzt mit dem Rücken gegen den Sockel, eine Maschinenpistole auf den Knien. Offenbar haben sie sich alle drei hierher geflüchtet und wurden vielleicht mit einem einzigen Feuerstoß von der Tür aus getötet. Und hinter den toten SS-Leuten, einen Meter über ihnen, liegen in ihren Käfigen der Schimpanse und der Gorilla, ebenfalls tot, wie ich jetzt sehe. Zwei schon dunkel gewordene Blutlachen haben sich unter ihnen auf dem Beton gebildet. Der Wärter steht bei uns an der Tür. Ich glaube, die Affen tun ihm sehr leid. Er steht da und schüttelt stumm, greisenhaft den Kopf.

Das alles gräbt sich ungewöhnlich scharf ins Gedächtnis ein, nicht nur seiner Symbolhaftigkeit wegen, das Ende einer Hetzjagd: die toten Affen, die toten SS-Leute, dieses fensterlose Häuschen, der Käfig, die Eisenstäbe ...

Wir gehen in einen der Betonbunker. Ein gewaltiges Bauwerk, das sich wie ein Getreidespeicher erhebt. In den oberen Stockwerken sind Fenster, von mächtigen Metalläden verschlossen. Unten eine Eisentür. Oben statt eines Dachs eine wuchtige dicke Betonplatte. Auf dieser Platte soll Flak stehen oder gestanden haben.

In dem Bunker sollen die Stäbe einer Flak- und einer SS-Einheit untergebracht gewesen sein.

Wir gehen durch die Eisentür, uns entgegen werden Gefangene gebracht. Ein Unterleutnant, der sie begleitet, erzählt, im dritten Stock hätten sie einen toten deutschen General gefunden, der sich soeben erschossen habe. Beim Durchsuchen des Gebäudes seien sie auf eine versperrte Tür gestoßen und hätten sie eingeschlagen. Währenddessen habe er sich erschossen.

Wir steigen in den dritten Stock. Das Kraftwerk ist entweder gesprengt oder aus anderen Gründen ausgefallen. Wir laufen mit Taschenlampen durch den Korridor, von dem nach links und nach rechts kleine Zimmer abgehen. Dort haben zu zweit oder zu dritt verschiedene Chargen der Flak und der SS kaserniert gelegen. Durch eine Schiebetür betreten wir den Raum, in dem sich der General erschossen hat. Weiß der Teufel, warum sie sie aufgebrochen und nicht wie sonst üblich mit Handgranaten aufgesprengt haben. Vermutlich wollten sie die Leute lebend fangen.

Ein Tisch, der von einer Wand bis zu einem Feldbett reicht, vor dem Tisch ein Stuhl. Auf dem Stuhl ein Waffenrock mit Dienstgradabzeichen der SS. Auf dem Bett, das Gesicht der Tür zugewandt, mit offenen Augen der tote General, ein großer, fünfundvierzigjähriger Mann, kurzgeschorenes Haar, ein schönes, ruhiges Gesicht. Seine rechte Hand umklammert noch die Parabellum an seiner Seite. Sein linker Arm ist um die Schultern einer jungen Frau gelegt, die zwischen ihm und der Wand liegt. Die Frau hat die Augen geschlossen. Sie sieht hübsch aus in ihrer kurzärmligen weißen Bluse und dem Rock. Der General trägt ein sauberes Hemd, eine auf der Brust geöffnete Jacke und Stiefel. Zwischen den Beinen des Generals steckt eine nicht restlos geleerte Flasche Sekt.

Da der General seine Jacke angezogen hat, muß die über den Stuhl gehängte der toten Frau gehören. Wieder empfinde ich das Gefühl einer erreichten Grenze, einer Sackgasse – ein Gefühl, das mich während meines ganzen Aufenthaltes in Berlin keine Minute mehr verläßt. Der Reichstag. Das ist schon fast eine Wallfahrtsstätte. Menschen kommen in Scharen. Doch jenseits des Flusses, hundertfünfzig Meter von hier, schießen Deutsche noch mit MG, und eine sowjetische Selbstfahrlafette feuert jede Minute methodisch im direkten Richten einen Schuß gegen das Haus ab.

Die Siegesallee. Tote, verbogene Fliegerabwehrkanonen. Zerstörte, beschädigte Flak, mehr als irgendwo anders. Umgekippte deutsche Lastwagen, vernichtete Panzer – deutsche und sowjetische.

Dann die Reichskanzlei, ein besonderes Schauspiel. Der tote Goebbels wird gesucht. Sie hatten seinen Leichnam schon gefunden, dann waren ihnen Zweifel gekommen, ob er es wirklich sei, und jetzt suchen sie ihn wieder. Gesucht wird auch Hitlers Leiche. Das Gebäude ist gewaltig mit architektonischen Proportionen, von denen etwas Bedrückendes ausgeht. Ungeheure Dimensionen, Leere, eine maßlose Länge der Zimmerflucht, die die Aufmerksamkeit auf einen durch die gewaltige Tür am Ende tretenden Menschen konzentrieren soll.

Hitlers Arbeitszimmer wurde von einer Bombe getroffen und ist mit Trümmern übersät. Einer der angrenzenden Räume ist unversehrt. Jemand sagt mir, daß dies Bormanns Arbeitszimmer sei. Vielleicht stimmt es.

Das Zimmer ist unversehrt, doch das Unterste zuoberst gekehrt. Quadratische Zettel liegen auf dem Fußboden verstreut. Ich hebe einen auf, drehe ihn in der Hand, ein Exlibris aus der Bibliothek Hitlers. Ein großes Schreibpult mit beweglichem Holzdeckel, weit geöffnet, mit ungeordneten Papieren gefüllt.

Unter diesen Papieren finde ich zwei alte Zeichnungen. Auf einer ist ein in einen Hügel gegrabener Unterstand abgebildet, und dort steht: Le Grett, Anfang Dezember 1917. Brigadebefehlsstand. Auf dem anderen ist eine zerstörte Kirche zu sehen, und die Notiz lautet: Comines, 9. Mai 1918. Der Gedanke kommt mir, daß Hitler diese Zeichnungen selbst angefertigt hat. Unwahrscheinlich, aber möglich ist es, denn zeichnerisch hat er sich damals an der Front in Frankreich betätigt.

Ich stecke die Zeichnungen in die Feldtasche, nehme noch ein Photo, auf dem »Kämpfe mit den Spartakisten, München, Mai 1919«

steht und einige auf einem Fuhrwerk sitzende Militärpersonen mit Tusche numeriert sind, unter Nummer eins Rudolf Heß. Außer den Exlibris bedecken Postkarten den Fußboden. Vier hebe ich auf und stecke sie ebenfalls in die Tasche. Warum liegen sie hier? Vielleicht wurden sie, mit Autogramm versehen, zur Erinnerung vergeben? Drei zeigen den lachenden Hitler im Kreise kleiner Mädchen, das vierte Compiègne, einen Eisenbahnwaggon, das quadratische Gesicht Keitels, der einem hageren französischen General ein Schriftstück über den Tisch reicht, die Waffenstillstandsbedingungen.

Ich gehe durch die Zimmer. In einigen der weiter ab liegenden Zimmer sind Orden und Medaillen verstreut. Kästen, Schachteln, blaue Päckchen. Bis zu den Knöcheln watet man hier durch eine Flut von Orden und Ehrenzeichen, Eisernen Kreuzen, Medaillen, die für das Löschen eines Feuers verliehen wurden, und eine Unzahl anderer, aber in solcher Masse, daß ich mich beinah aus der Reichskanzlei in das Lager einer großen Ordenfabrik versetzt glaube.

Durch ein Loch in der Wand krieche ich auf den Hof. Dort liegen die Leichen der letzten SS-Leute, die sich hier verteidigt haben. Sanitäter, die sich vor Eifer gegenseitig anrempeln, bringen aus einem Raum unter der Erde Verwundete hoch. Auf dem Innenhof, der durch Trichter zerklüftet ist, inmitten eines Wustes von entwurzelten Bäumen, Trümmern, Scherben: ein Betontürmchen und der Abstieg zu Hitlers unterirdischem Bunker.

Ich sehe mir das alles an und denke, daß irgendwann zu späterer Zeit die Geschichtsschreibung dem vielleicht einen Anstrich der Größe geben wird, gegenwärtig aber macht es auf mich den Eindruck nicht mal einer Stätte des Kampfes, sondern eines Grabes von Menschen, die völlig verwirrt waren, sich verzweifelt ans Leben klammerten und bis zum Schluß nicht verstanden, was mit ihnen passierte. [...]

Anhang

Anmerkungsverzeichnis

In Klammern *kursiv* gesetzte Quellen verweisen auf S. 82 bis 361 abgedruckte Berichte.

Abkürzungen im Aufsatz: DAZ = Deutsche Allgemeine Zeitung, DB = Deutschland-Berichte der Sozialdemokratischen Partei, MR = Meldungen aus dem Reich, SB = Berichte über den Sondereinsatz Berlin; vollständige Quellenangaben S. 385 bis 386. Abkürzungen in den Anmerkungen: BA = Bundesarchiv Koblenz, BA-MA = Bundesarchiv-Militärarchiv Freiburg.

1 Grundsätzlich Richard Sennett: Verfall und Ende des öffentlichen Lebens. Die Tyrannei der Intimität. [The Fall of Public Man, 1977]. Frankfurt a. M. 1983.
2 Benny Härlin / Michael Sontheimer: Potsdamer Straße. Sittenbilder und Geschichten. Berlin 1983, S. 26.
3 Wolfdietrich Schnurre in Janos Frecot / Helmut Geisert (Hrsg.): Berlin im Abriß. Beispiel Potsdamer Platz. Berlin u. a. 1982, S. 41.
4 Hardy Worm in Härlin / Sontheimer (Anm. 2), S. 17.
5 Frecot / Geisert (Anm. 3), Abb. S. 125.
6 Härlin / Sontheimer (Anm. 2), S. 26–27.
7 Karl Rodemann: Das Berliner Schloß und sein Untergang. Ein Bildbericht über die Zerstörung Berliner Kulturdenkmäler. Berlin 1951.
8 Sennett (Anm. 1), S. 26.
9 Ebd., S. 27.
10 Goerd Peschken in Frecot / Geisert (Anm. 3), S. 220; vgl. schon früh Wolf Jobst Siedler, Elisabeth Niggemeyer, Gina Angreß: Die gemordete Stadt. Abgesang auf Putte und Straße, Platz und Baum. Berlin ²1964.
11 Albert Speer: Spandauer Tagebücher. Frankfurt a. M. u. a. 1975, S. 309.
12 Berlin und seine Umgebung. Kleine Ausgabe mit Angaben für Autofahrer. Berlin 1939, S. 13 (Grieben Reiseführer Bd. 25).
13 Frecot / Geisert (Anm. 3), Abb. S. 134 und 135; einen guten Eindruck der vernichteten Architektur geben die Tafeln in Friedrich Hitzig: Wohngebäude der Victoria-Straße in Berlin. Berlin 1860, 3. verm. Auflage 1865.
14 Hans-Georg von Studnitz: Als Berlin brannte. Diarium der Jahre 1943–1945. Stuttgart 1963, S. 21–22 (12. 2. 1943).
15 Albert Speer: Erinnerungen. Frankfurt a. M. u. a. 1969, S. 149.
16 Ebd., S. 152.
17 Klaus Herding / Hans-Ernst Mittig. Kunst und Alltag im NS-System. Albert Speers Berliner Straßenlaternen. Gießen 1975, S. 26.
18 Ebd., S. 46.
19 Angela Schönberger. Die neue Reichskanzlei von Albert Speer. Zum Zusammenhang von nationalsozialistischer Ideologie und Architektur. Berlin 1981, S. 114.
20 Aldous Huxley: Dreißig Jahre danach oder Wiedersehen mit der Schönen Neuen Welt. In: ders., Schöne Neue Welt. Ein Roman der Zukunft. [Brave New World, 1932 und 1959]. München u. a. 1976, S. 223, 247–252.
21 Hans Dieter Schäfer: Das gespaltene Bewußtsein. Über deutsche Kultur und Lebenswirklichkeit 1933–1945. München u. a. 1981, S. 117–118, Abb. 13 und 15; Coca-Cola. Fünfzig Jahre in Deutschland. [Festschrift]. Essen 1979, S. 13: »1942 trat das Erwartete ein: Die Herstellung von Coca-Cola mußte in Deutschland eingestellt werden. Jetzt zeigte sich der volle Wert der vorausschauenden Einführung von

Fanta: Wenn auch das Hauptprodukt ausfiel, so konnten doch alle Konzessionäre in Deutschland ihr Geschäft zunächst in vollem Umfang mit Fanta fortführen;« ferner Der Spiegel (13. Juli 1950) S. 28: »Als während des Krieges der Kaffee kontingentiert wurde, stieg die Nachfrage nach Coca-Cola schlagartig an. [...] [1942] machte die Zuckerrationierung der Coca-Herrlichkeit in Deutschland ein Ende. Süßstoff zu verwenden, erlaubte das amerikanische Markenrezept nicht. Als die letzte braune Flasche das Lager verließ, hatten findige Coca-Cola-Fabrikanten bereits ein neues Wasser auf den Markt gebracht. Sie nannten es ›Fanta‹, ein Ausweichgetränk: Die harmlose Brauselimonade hielt den Betrieb durch Kriegs-, Nachkriegs- und Währungsreformzeiten am Leben.«

22 Hans Dieter Schäfer: Bücherverbrennung, staatsfreie Sphäre und Scheinkultur. In: Horst Denkler / Eberhard Lämmert (Hrsg.), Literaturpolitik im Dritten Reich. Colloquium der Freien Universität und der Akademie der Künste zum 50. Jahrestag der Bücherverbrennung. Berlin 1985, S. 115f.
23 Huxley (Anm. 20), S. 252.
24 Der Begriff bei Wilhelm Sauer: Recht und Volksmoral im Führerstaat. In: Archiv für Rechts- und Sozialphilosophie 28 (1934/35) S. 270; Schäfer Bewußtsein (Anm. 21), S. 114ff.
25 Howard K. Smith: Feind schreibt mit. Ein amerikanischer Korrespondent erlebt Nazi-Deutschland. [Last Train from Berlin, 1942]. Berlin 1982, S. 14.
26 Hermann Stresau: Von Jahr zu Jahr. Berlin 1948, S. 190 (31.8.1939).
27 Ebd., S. 194 (15.9.1939); Konrad Kettig: Berlin im 19. und 20. Jahrhundert. In: Heimatchronik Berlin. Köln 1962, S. 429: »Als auf dem Höhepunkt der Tschechenkrise, am Abend des 27. September 1938, eine motorisierte Division durch die Wilhelmstraße zog, nahm die Bevölkerung dieses Schauspiel ernst und bedrückt, ja geradezu mit Bestürzung hin.«
28 Smith (Anm. 25), S. 40.
29 Joel König. Den Netzen entronnen. Göttingen 1967, S. 122.
30 O. E. Kiesel: Die unverzagte Stadt. Hamburg 1957, S. 33: »Unter dem Eindruck der Siegesmeldungen aus Polen hebt sich die Stimmung. Kann alles nicht so schlimm sein« (aus Hamburg).
31 Ruth Andreas-Friedrich: Der Schattenmann. Tagebuchaufzeichnungen 1938–1945. Berlin 1947, S. 67 (30.9.1939).
32 Heinrich Goertz: Lachen und Heulen. München 1982, S. 247.
33 Aldous Huxley nach Roland Huntfort: Wohlfahrtsdiktatur. Das schwedische Modell. [The New Totalitarians, 1971]. Berlin u. a. 1973, S. 262.
34 Willi A. Bölcke (Hrsg.): »Wollt Ihr den totalen Krieg?« Die geheimen Goebbels-Konferenzen 1939–1943. Stuttgart 1967, S. 42.
35 Die Äußerung eines »radikalen Parteigenossen« bei Konrad Warner: Schicksalswende Europas? Ich sprach mit dem deutschen Volk... Ein Tatsachenbericht. Rheinfelden 1944, S. 99: »Früher habe der Nationalsozialismus die Magazine mit den Nacktfotos verurteilt, heute bringe er sie selbst heraus. [...] Man habe die Negermusik verurteilt, und heute spiele man nichts anderes als den scheußlichen Jazz«; über die Swing-Bewegung im Dritten Reich Schäfer Bewußtsein (Anm. 21), S. 132–137.
36 Smith (Anm. 25), S. 48.
37 Stresau (Anm. 26), S. 217 (20.5.1940); Smith (Anm. 25) S. 48–49: »Der Krieg war doch nichts Schlimmes. Er war kein Kampf auf Leben und Tod. Er war zum Nationalsport geworden, wie Cricket in England oder Baseball in den USA.«
38 Smith (Anm. 25), S. 45.
39 Schäfer Bewußtsein (Anm. 21), S. 129.

40 Bölcke (Anm. 34), S. 132, auch S. 38 und 45; als letzter amerikanischer Film wurde von der Presse am 23. Juli 1940 für einige Vorstadt-Kinos »Irrwege der Liebe« (»Broadway-Serenade«, Uraufführung für das Deutsche Reich Berlin, Marmorhaus 17. 4. 1940) angekündigt; es ist anzunehmen, daß US-Filme in Berlin – ohne Pressewerbung – bis Anfang 1941 zu sehen waren; ob es auch noch später Aufführungen gab, ist nicht geklärt, Heinz Müller erinnert sich, daß Sommer 1942 »in Königsberg der Film ›Vom Winde verweht‹ lief« (Brief an den Verf. 10. 12. 1981).
41 »Laut Reiseabkommen zwischen Deutschland und der UdSSR sind Reisende mit ständigem Wohnsitz in Deutschland berechtigt, ohne besondere Devisengenehmigung für drei Kalendermonate eines Jahres RM 500,– pro Monat in Form von Reisekreditbriefen und Hotelgutscheinen nach der UdSSR mitzunehmen.« Intourist-Prospekt 1937, Akademie der Künste Berlin.
42 BA R 55/615.
43 Camille Rougeron: Das Bombenflugwesen. Berlin 1938, S. 482.
44 Wolfgang Franz Werner: »Bleib übrig!« Deutsche Arbeiter in der nationalsozialistischen Kriegswirtschaft. Düsseldorf 1983, S. 44.
45 Ebd., S. 33.
46 Ebd., S. 113.
47 Ebd., S. 98.
48 Lagebericht Rüstungsinspektion III, 28. 3. 1940, BA-MA RW 20-3/13.
49 Werner (Anm. 44), S. 89.
50 Ebd., S. 90.
51 Werner (Anm. 44), S. 171.
52 Die »Meldungen aus dem Reich«, hrsg. von Heinz Boberach. Bd. 4. Herrsching 1984, S. 1304 sprechen von einer »unter dem Eindruck der großen politischen Ereignisse und im Banne der militärischen Erfolge [...] bisher noch nicht erreichten innere[n] Geschlossenheit« (24. 6. 1940).
53 Werner (Anm. 44), S. 81.
54 Ebd., S. 100.
55 Lagebericht Rüstungsinspektion III, 15. 11. 1941, BA-MA RW 20-3/15.
56 Ebd., 9. 11. 1939, BA-MA RW 20-3/12.
57 Ebd., 28. 3. 1940, BA-MA RW 20-3/13.
58 Ebd., 23. 11. 1939, BA-MA RW 20-3/12.
59 Ebd., 26. 10. 1939, BA-MA RW 20-3/12.
60 Werner (Anm. 44), S. 312.
61 Ebd., S. 319.
62 Ebd., S. 320.
63 Anordnung Nr. 13 des Generalbevollmächtigten für den Arbeitseinsatz zur Sicherung der Ordnung in den Betrieben, 1. 11. 1943, BA R 58/473.
64 Huxley (Anm. 20), S. 222–223.
65 Lagebericht Rüstungsinspektion III, 15. 9, 1941, BA-MA RW 20-3/15.
66 Kriegstagebuch Rüstungsinspektion III, 17. 4. 1943, BA-MA RW 20-3/4.
67 Werner (Anm. 44), S. 145.
68 Abwesenheitsrate im Lagebericht Rüstungsinspektion III, 23. 3. 1940, BA-MA RW 20-3/13; Unveränderlichkeit in der Disziplin Tätigkeitsbericht des Wehrwirtschaftsoffiziers Wehrkreiskommando III, Oktober 1943, BA-MA RW 46/416.
69 Lagebericht Rüstungsinspektion III, 25. 1. 1940, BA-MA RW 20-3/13.
70 Ebd., 22. 2. 1940.
71 Bölcke (Anm. 34), S. 33.
72 Arbeitsgruppe Pädagogisches Museum (Hrsg.): Heil Hitler, Herr Lehrer! Volks-

schule 1933-1945. Das Beispiel Berlin. Reinbek 1984, S. 193.
73 Lagebericht Rüstungsinspektion III, 28.3.1940, BA-MA RW 20-3/13.
74 Smith (Anm. 25), S. 107-108.
75 Lagebericht Rüstungsinspektion III, 11.1.1940, BA-MA RW 20-3/12.
76 Lagebericht Rüstungsinspektion III, 7.3.1940, BA-MA RW 20-3/13; Smith (Anm. 25), S. 108.
77 Werner (Anm. 44), S. 55.
78 Ebd., S. 136.
79 Smith (Anm. 25), S. 103, 102.
80 Wohin in Paris? Paris: Wegeleiter-Verlag 1944, S. 1, 28-42.
81 Smith (Anm. 25), S. 69.
82 Kiesel (Anm. 30), S. 56 (aus Hamburg).
83 König (Anm. 29), S. 164.
84 Werner (Anm. 44), S. 195.
85 Ebd., S. 203.
86 Andreas-Friedrich (Anm. 31), S. 67 (10.10.1939); Christabel Bielenberg: Als ich Deutsche war 1934-1945. Eine Engländerin erzählt. München 1979, S. 70-73.
87 Vgl. auch Schreiben des Reichspropaganda-Amts Hamburg 16. 10. 1942 in Hans Brunswig: Feuersturm über Hamburg. Stuttgart ³1979, S. 149.
88 Warner (Anm. 35), S. 20.
89 Andreas-Friedrich (Anm. 31), S. 86 (29.6.1941); Stresau (Anm. 26), S. 255 (4.7.1941).
90 Bielenberg (Anm. 86), S. 102.
91 Stresau (Anm. 26), S. 263 (11.8.1941).
92 Wilhelm Keil: Erlebnisse eines Sozialdemokraten, Bd. 2. Stuttgart 1948, S. 577.
93 Smith (Anm. 25), S. 135.
94 Heinz Bollert/Richard Mönnig (Hrsg.): Die Heimat hilft mit. Berlin 1943, S. 147 bis 148.
95 Karl Wahl: »... es ist das deutsche Herz.« Erlebnisse und Bekenntnisse eines ehemaligen Gauleiters. Augsburg 1954, S. 289.
96 Hildegard Henschel: Aus der Arbeit der jüdischen Gemeinde Berlin während der Jahre 1941-1943. Gemeindearbeit und Evakuierung von Berlin 16. Oktober 1941 bis 16. Juni 1943. In: Zeitschrift für die Geschichte der Juden 9 (1972) Nr. 1/2, S. 37.
97 Andreas-Friedrich (Anm. 31), S. 109 (7.3.1943); Jacob Ball-Kaduri: Berlin wird judenfrei. In: Jahrbuch für die Geschichte Mittel- und Ostdeutschlands 12 (1973) S. 213f.; die Demonstration führte dazu, daß rund 5000 »arisch versippte« Sternträger die Vernichtung in Berlin überleben konnten, eine geplante Deportation nach Theresienstadt kam Anfang 1945 nicht mehr zustande, »obwohl die Lastwagen schon bereitstanden«. Ebd., S. 231.
98 H. G. Sellenthin: Geschichte der Juden in Berlin und des Gebäudes Fasanenstraße 79/80. [Festschrift]. Berlin 1959, S. 83: »Von den 82 457 Juden im Sinne Hitlerscher Gesetze, die am 17. Mai 1939 in Berlin lebten, waren am 1.4.1945 noch etwa 5100 registriert. 10 351 waren auf dem Jüdischen Friedhof beigesetzt. 50 353 hatte die Gestapo verschleppt«; Deportationslisten. S. 84-85.
99 Henschel (Anm. 96), S. 52.
100 Bruno Blau: Das Ausnahmerecht für die Juden in Deutschland 1933-1945. Düsseldorf ²1954, S. 104-113.
101 Richard Grunberger: Das Zwölfjährige Reich. Der Deutschen Alltag unter Hitler. [A Social History of the Third Reich, 1971]. Wien u. a. 1972, S. 479.
102 Blau (Anm. 100), Nr. 377 und Nr. 383.

103 Ebd., Nr. 400.
104 Wolfgang Scheffler: Judenverfolgung im Dritten Reich. 1933–1945. Frankfurt a. M. 1962, S. 66f.
105 König (Anm. 29), S. 268.
106 Mathilde Wolff-Mönckeberg: Briefe, die sich nicht erreichten. Briefe einer Mutter an ihre fernen Kinder in den Jahren 1940–1946. Hamburg 1980, S. 38: »Wie Räuber und Aasgeier ist man über ihr Eigentum hergefallen« (12.1.1941, aus Hamburg).
107 Geschichte der Rüstungsinspektion III, 1.10.1940–31.12.1941, S. 15–16, BA-MA RW 20-3/10.
108 Inge Deutschkron: Ich trug den gelben Stern. Köln 1978, S. 73.
109 Bölcke (Anm. 34), S. 243.
110 Jizak Schwersenz und Edith Wolf: Jüdische Jugend im Untergrund. Eine zionistische Gruppe in Deutschland während des Zweiten Weltkrieges. In: Bulletin des Leo Baeck Instituts 12 (1969) S. 55; Henschel (Anm. 96), S. 38.
111 Ball-Kaduri (Anm. 97), S. 206.
112 Henschel (Anm. 96), S. 39.
113 Ebd., S. 44.
114 König (Anm. 29), S. 265.
115 Henschel (Anm. 96), S. 47; Andreas-Friedrich (Anm. 31), S. 108 (28.2.1943).
116 Bölcke (Anm. 34), S. 298, dort auch die Äußerung von Goebbels über einen angeblichen Verrat der Aktion, »so daß uns eine ganze Menge von Juden durch die Hände gewischt sind« (2.3.1943).
117 Ball-Kaduri (Anm. 97), S. 237.
118 Sellenthin (Anm. 98), S. 85.
119 Siegmund Weltlinger: Hast Du schon vergessen? Berlin 1954, S. 7 nach Ball-Kaduri (Anm. 97), S. 237.
120 Andreas-Friedrich (Anm. 31), S. 102 (2.12.1942).
121 Schwersenz/Wolf (Anm. 110), S. 54.
122 Henschel (Anm. 96), S. 47.
123 Deutschkron (Anm. 108), S. 237.
124 Schwersenz/Wolf (Anm. 110), S. 72.
125 Ebd., S. 70–71.
126 König (Anm. 29), S. 292f.
127 Ball-Kaduri (Anm. 97), S. 234f.
128 Grunberger (Anm. 101), S. 482.
129 Rolf Schörken: Luftwaffenhelfer und Drittes Reich. Die Entstehung eines politischen Bewußtseins. Stuttgart 1984, S. 127.
130 Rocco Morretta: Wie sieht der Krieg von morgen aus? Berlin 1934, S. 76.
131 Stresau (Anm. 26), S. 152 (26.9.1937).
132 Morretta (Anm. 130), S. 111.
133 Stresau (Anm. 26), S. 151 (26.9.1937).
134 Gertrud Biermann: Die verflixte Giftgasbombe – und wir Frauen. In: Die Sirene 5 (1938), S. 123.
135 Die Sirene 5 (1938) Nr. 6, S. 148–149.
136 Ebd., 4 (1937) Nr. 17, Titel.
137 Ebd., 5 (1938) Nr. 4, S. 87–89.
138 Deutschkron (Anm. 108), S. 58.
139 D. H. Sarnetzki: Die verdunkelte Stadt. In: Kölnische Zeitung Nr. 228/6.5.1941.
140 Ullstein-Bilderdienst.
141 Kiesel (Anm. 30), S. 33 (aus Hamburg).

142 Sigismund von Radecki: Die Leuchtscheibe. In: ders., Wie kommt das zu dem? Stuttgart 1942, S. 188–189.
143 Jürgen Schüddekopf: Berlin im Herbst 1941. In: Das Reich Nr. 43/26. 10. 1941.
144 Hedwig Rohde: Dunkle U-Bahn. In: Kölnische Zeitung Nr. 41/23. 11. 1940.
145 Tami Oelfken: Fahrt durch das Chaos. Logbuch von Mai 1939 bis Mai 1945. Überlingen 1946, S. 147.
146 Wolff-Mönckeberg (Anm. 106), S. 47 (19. 5. 1941, aus Hamburg), vgl. auch S. 44; Kiesel (Anm. 30), S. 38; über »lustige und fidele« Luftschutzkeller während der Angriffe Tagebuch Erika S. 27. 3. 1943. In: Heinrich Breloer (Hrsg.), Mein Tagebuch. Geschichten vom Überleben 1939–1947. Köln 1984, S. 157.
147 Hans Brunswig: Feuersturm über Hamburg. Stuttgart ³1979, S. 15f; Richard Lehmann in Eugen Lux: Die Luftangriffe auf Offenbach am Main 1939–1945. Eine Dokumentation. Offenbach 1971, S. 210.
148 Erich Hampe: Der zivile Luftschutz im Zweiten Weltkrieg. Dokumentation und Erfahrungsbericht über Einsatz und Aufbau. Frankfurt a. M. 1963, S. 587.
149 Laurenz Demps: Die Luftangriffe auf Berlin. Ein dokumentarischer Bericht. [I]. In: Jahrbuch des Märkischen Museums 5 (1979) S. 38.
150 Reichspropaganda-Amt. Besprechung 1. 3. 1945, BA R 55.
151 Eine Frau in Berlin. Zürich 1953, S. 189 (10. 5. 1945).
152 Rudolf Prescher: Der rote Hahn über Braunschweig. Braunschweig 1955, S. 34.
153 Smith (Anm. 25). 137; Martin Raschke: Im Schatten der Front. In: Dieter Hoffmann (Hrsg.), Hinweis auf Martin Raschke. Heidelberg 1963, S. 64 (2. 9. 1941); Ursula von Kardorff. Berliner Aufzeichnungen aus den Jahren 1942 bis 1945. München 1962, S. 158 (16. 6. 1944).
154 Hans Carossa in Eva Berthold/Norbert Matern (Hrsg.): München im Bombenkrieg. München 1983, S. 46.
155 Smith (Anm. 25), S. 137.
156 Wolff-Mönckeberg (Anm. 106), S. 85 (14. 8. 1943, aus Hamburg).
157 Speer Tagebücher (Anm. 11), S. 514.
158 Generalfeldmarschall Milch in Brunswig (Anm. 147), S. 393.
159 Ebd., S. 396.
160 Schörken (Anm. 129), S. 122.
161 Adolf Galland: Die Ersten und die Letzten. Die Jagdflieger im Zweiten Weltkrieg. München 1970, S. 205–206.
162 Prescher (Anm. 152), S. 54.
163 Vgl. Fritz Wirth/Otto Muntsch: Die Gefahren der Luft und ihre Bekämpfung im täglichen Leben, in der Technik und im Krieg. Berlin ³1940, S. 110: »Die Brandgefahr bedroht vorzugsweise Sachwerte, ein Ausweichen von Menschen ist in der Regel möglich.«
164 Prescher (Anm. 152), S. 15.
165 Brunswig (Anm. 147), S. 35.
166 Oberst P. Vauthier: Die Kriegslehre des Generals Douhet. Vorwort von Marschall Pétain. Berlin 1935, S. 46.
167 Bölcke (Anm. 34), S. 116.
168 DAZ 6. 12. 1940; 11. 12. 1940.
169 Deutschkron (Anm. 108), S. 67.
170 Hubert Bläsi: Stadt im Inferno. Bruchsal im Luftkrieg. 1939–1945. Bruchsal 1968, S. 9.
171 Olaf Groehler: Bomber über Berlin (1939–1941). [I]. In: Deutscher Fliegerkalender (1970), S. 113.

172 Demps I (Anm. 149), S. 50; Groehler I (Anm. 171), S. 114 spricht von 111 Flugzeugen.
173 Smith (Anm. 25), S. 55; ein Verbot erfolgte am 25. 10. 1940 vgl. Bölcke (Anm. 34), S. 116.
174 Irmgard von zur Mühlen: Bomben auf Berlin. 1. Deutsches Fernsehen 13. 1. 1984; Andreas-Friedrich (Anm. 31), S. 78: »Nach jedem Angriff pilgert die Bevölkerung neugierig und sensationslüstern zu den sogenannten ›Schadenstellen‹« (25. 10. 1940); Deutschkron (Anm. 108), S. 63.
175 Werner Girbig: ... im Anflug auf die Reichshauptstadt. Stuttgart ^{6}1977, S. 40.
176 Werner (Anm. 44), S. 159.
177 Dokumentation deutscher Kriegsschäden. 2. Beiheft. Der Luftkrieg im Spiegel der neutralen Presse. Bonn 1962, S. 53.
178 Groehler I (Anm. 171), S. 116.
179 Ebd., S. 122.
180 U[rs] S[chwarz]: Berliner Stimmungsbild. In: Neue Zürcher Zeitung vom 29. 5. 1941.
181 Groehler I (Anm. 171), S. 120–121; Demps I (Anm. 149), S. 40.
182 Smith (Anm. 25), S. 56.
183 Hampe (Anm. 148), S. 589.
184 Brunswig (Anm. 147), S. 109.
185 Churchill im Unterhaus nach Bläsi (Anm. 170), S. 12.
186 Demps I (Anm. 149), S. 40; Anthony Verrier: Bomberoffensive gegen Deutschland 1939–1945. [The Bomber Offensive, 1969]. Frankfurt 1970, S. 152: »Die Alternative zu einem Befreiungsfeldzug [...] bestand darin, deutsche und japanische Städte in Schutt und Asche zu legen.«
187 Arthur Harris in Walter Weidauer: Inferno Dresden. Über Lügen und Legenden um die Aktion »Donnerschlag«. Berlin (Ost) ^{2}1966, S. 142.
188 Olaf Groehler: Bomber über Berlin (1943–1944). [II]. In: Deutscher Fliegerkalender (1971), S. 45.
189 Brunswig (Anm. 147), S. 193.
190 Bläsi (Anm. 170), S. 12.
191 Laurenz Demps: Die Luftangriffe auf Berlin. Ein dokumentarischer Bericht. Teil II. In: Jahrbuch des Märkischen Museums 8 (1982) S. 22; die nach allen verfügbaren Unterlagen über Personen- und Sachschäden sorgfältig recherchierten Tabellen S. 22–42 korrigieren die Angaben von Groehler (Anm. 171, 188, 297) sowie Girbig (Anm. 175) erheblich.
192 Warner (Anm. 35), S. 147.
193 Dokumente Kriegsschäden (Anm. 177), S. 143 nach Aftonbladet 2. 3. 1943.
194 Warner (Anm. 35), S. 146.
195 Dokumente Kriegsschäden (Anm. 177), S. 161 nach Nya Dadligt Allehanda 30. 3. 1943.
196 Vgl. DAZ 19. 9. 1943: »Trotz aller Mahnungen [...] gibt es leider immer noch Menschen, die aus reiner Neugier auf den Straßen und vor den Hausfluren herumstehen, um sich ja nichts von dem nächtlichen Schauspiel am Himmel entgehen zu lassen.«
197 Bruno E. Werner: Die Galeere. Frankfurt a. M. 1949, S. 335.
198 Flugblatt bei Girbig (Anm. 175), S. 69–70.
199 Matthias Menzel: Die Stadt ohne Tod. Berliner Tagebuch 1943/45. Berlin 1946, S. 10 (1. 8. 1943).
200 von Studnitz (Anm. 14), S. 96 (3. 8. 1943).
201 Meldungen (Anm. 52) Bd. 14, 5. 8. 1943, S. 5569; nach von Studnitz (Anm. 14), S. 96

sagten Gerüchte »den Angriff für den 8. August voraus, weil sich an diesem Tage der Beginn unseres Luftkrieges gegen London zum zweiten Mal jährt.«
202 Horst Lange: Tagebücher aus dem Zweiten Weltkrieg. Hrsg. von H. D. Schäfer. Mainz 1979, S. 117 (3.8.1943).
203 DAZ 4.4.1943: »Niemand wird Zwang auferlegt. Jeder muß davon ausgehen, seine persönliche Entscheidung [...] so zu treffen, wie er es seinen Kindern gegenüber verantworten muß.«
204 Groehler II (Anm. 188), S. 46; Rudolf Dörrier: Pankow. Kleine Chronik eines Berliner Bezirks. Berlin (Ost) 1949, S. 30 nennt für die Zeit vom 2.8. bis 16.10.1943 die vermutlich zu hohe Zahl von 710000, so auch Gerhard Kriesch u. a.: Berliner Alltag im Dritten Reich. Düsseldorf 1981, S. 133.
205 Dörrier (Anm. 204), S. 30.
206 Dokumente Kriegsschäden (Anm. 177), S. 269 nach Neue Zürcher Zeitung 27.8.1943.
207 Demps I (Anm. 149), S. 42.
208 Brunswig (Anm. 147), S. 340.
209 Warner (Anm. 35), S. 148.
210 Ebd.
211 Werner Galeere (Anm. 197), S. 375.
212 Groehler II (Anm. 188), S. 49; Brunswig (Anm. 147), S. 306.
213 Groehler II (Anm. 188), S. 50; Demps II (Anm. 191), S. 23 nennt 123 Tote und 7326 Obdachlose und verbessert die Übertreibungen von Girbig (Anm. 175), S. 100.
214 Lutz Heck: Tiere – mein Abenteuer. Erlebnisse in Wildnis und Zoo. Wien 1952, S. 145; Wolfgang Ebert: Das Porzellan war so nervös. Memoiren eines verwöhnten Kindes. München 1975, S. 260.
215 Janusz Piekalkiewicz: Luftkrieg 1939–1945. München 1978, S. 278.
216 Groehler II (Anm. 188), S. 53.
217 Ebd., S. 55 gibt die Angriffsbomber, die Zahl liegt unter den eingesetzten (764) bzw. den an die Luftverteidigung vorausgemeldeten (knapp 1000).
218 Dokumente Kriegsschäden (Anm. 177), S. 303 nach Neue Zürcher Zeitung 24.11.1943.
219 Ebd., S. 296 nach Neue Zürcher Zeitung 23.11.1943.
220 Ebd., S. 298. Bericht Graf Folke Bernadotte nach Stockholms-Tidningen 24.11.1943.
221 Brunswig (Anm. 147), S. 229.
222 Girbig (Anm. 175), S. 105, Abb. S. 18.
223 Dokumente Kriegsschäden (Anm. 177), S. 296 nach Neue Zürcher Zeitung 23.11.1943.
224 Groehler II (Anm. 188), S. 53.
225 Dokumente Kriegsschäden (Anm. 177), S. 306 nach Neue Zürcher Zeitung 24.11.1943.
226 Hans Rumpf: Warum Berlin nicht brannte? In: Brandschutz 10 (1956) Nr. 6, S. 119.
227 Groehler II (Anm. 188), S. 53.
228 Dokumente Kriegsschäden (Anm. 177), S. 314 nach Neue Zürcher Zeitung 25.11.1943.
229 Ebd., S. 315 nach Dagens Nyheter 26.11.1943.
230 Heck (Anm. 214), S. 151.
231 Ebd., S. 155.
232 Menzel (Anm. 199), S. 30 (30.11.1943).
233 von Kardorff (Anm. 153), S. 91 (27.11.1943).

234 Alfons Paquet: Die Katastrophe. In: Die Gegenwart 1 (24.4.1946) Nr. 8/9, S. 35 (aus Frankfurt).
235 Demps II (Anm. 191), S. 23; Demps I (Anm. 149), S. 55–56.
236 Kriegstagebuch Rüstungsinspektion III, 1.1.–31.3.1944, S. 39, BA-MA RW 20-3/7.
237 Ebd., 1.10.1943–31.12.1943, BA-MA RW 20-3/6; ebd. die Beobachtung, »daß im großen und ganzen [...] durch die Zerstörungen nur ein geringer Fertigungsausfall in Rüstungsbetrieben eintrat« (S. 29–30).
238 Ebd., S. 51, BA-MA RW 20-3/5.
239 Louis P. Lochner (Hrsg.): Goebbels Tagebücher aus den Jahren 1942–1943. Zürich 1948, S. 502 (29.11.1943).
240 Dokumente Kriegsschäden (Anm. 177), S. 314 nach Neue Zürcher Zeitung 25.11.1943.
241 Werner (Anm. 44), S. 262.
242 Goebbels (Anm. 239), S. 502 (29.11.1943).
243 Udo Walter: Das Haus Nummer sechzehn. In: Das Reich 9/27.2.1944.
244 von zur Mühlen (Anm. 174).
245 Schörken (Anm. 129), S. 137.
246 Bis zum 1.9.1944 versuchte das Regime, eine »friedensmäßige Unterhaltung« aufrechtzuerhalten. Am 5.8.1944 startete die »Scala« in einem Ausweichsaal ihre Revue »Utopia« mit den Scala-Modellen, Peppy und Elio, Mori Totti und Wilhelm Bendow als Nero (DAZ 17.8.1944). Als Tagesangriffe schon üblich waren, »wurden noch Fußballspiele im Reichssportfeld mit 100 000 Zuschauern« erlaubt (Hampe – Anm. 148 – S. 592); die letzten Spiele um die Berliner Meisterschaft mit u. a. Hertha BSC – Potsdam 63, Lufthansa Viktoria – BSV 92, Minerva Spandau – Tennis-Borussia am 28.1.1945 (DAZ 29.1.1945). Die »Sommerblumenschau« 1944 lockte mit mehr als 500 000 Tulpen die Berliner wie jedes Jahr unter den Funkturm (ebd. 7.5.1944), selbst der stark zerstörte Zoo öffnete noch einmal seine Tore (ebd. 1.8.1944).
247 Goebbels (Anm. 239), S. 498 (27.11.1943).
248 Kriegstagebuch Rüstungsinspektion III, 1.10.1943–31.12.1943, S. 30–31, BA-MA RW 20-3/6.
249 von Studnitz (Anm. 14), S. 148 (30.11.1943).
250 Dokumente Kriegsschäden (Anm. 177), S. 322 nach Aftonbladet 29.11.1943.
251 Hans Erich Nossack: Der Untergang [1943]. Frankfurt a. M. 1976, S. 40.
252 Reichssicherheitshauptamt. Meldung wichtiger staatspolitischer Ereignisse, 20.8.1941, BA R 58/195.
253 Luise Kraushaar: Berliner Kommunisten im Kampf gegen den Faschismus 1936 bis 1952. Robert Uhrig und Genossen. Berlin (Ost) 1981, S. 222; zur Flugblattpropaganda vgl. auch Margot Pikarski/Günter Übel: Der antifaschistische Widerstand der KPD im Spiegel des Flugblatts 1933–1945. Frankfurt a. M. 1978.
254 Margot Pikarski: Jugend im Berliner Widerstand. Herbert Baum und seine Kampfgefährten. Berlin (Ost) 1978, S. 199f, 206–211.
255 Ebd., S. 116–118.
256 Bölcke (Anm. 34), S. 241.
257 Kraushaar (Anm. 253), S. 288.
258 Pikarski (Anm. 254), S. 123–125; als Vergeltung für die elf leicht verletzten Besucher nahm Goebbels 500 Juden als Geiseln, von denen er 258 sofort erschießen ließ (Bölcke – Anm. 34 – S. 243).
259 Eine zweite Bombe explodierte am 13.2.1943 auf dem S-Bahnhof Friedrichstraße in

einem neben eine Windschutzbank gestellten blau-schwarzen Kunstlederkoffer, Fotos BA R 58/755.
260 Reichssicherheitshauptamt. Meldung wichtiger staatspolitischer Ereignisse, 26.3.1943, BA R 58/209; 22.4.1943, BA R 58/210.
261 Lagebericht des Generalstaatsanwalts beim Kammergericht Berlin, 27.1.1944, BA R 22/3356.
262 Bölcke (Anm. 34), S. 109; Meldungen (Anm. 52), Bd. 5, 30.9.1940, S. 1622.
263 Bölcke (Anm. 34), S. 299.
264 Werner (Anm. 44), S. 272.
265 Versuche der Eltern, den Schulunterricht zu reaktivieren, sind noch November 1944 überliefert. Berichte über den Sondereinsatz Berlin, 21.11.1944, BA-MA RW 4/vorl. 266.
266 Pädagogisches Museum (Anm. 72), S. 207.
267 Ebd., S. 208; Berliner Morgenpost 7/8.1.1944: »Die Jugend ist die Trägerin der deutschen Zukunft! Schützt sie vor dem feindlichen Luftterror!«; »Nicht leichtsinnig werden! Denkt an Gesundheit und Sicherheit Eurer Kinder!«
268 Der Sondereinsatz (Anm. 265) beobachtete am 3.3.1945, daß sich »in neuerer Zeit auffallend viel Jungen und Mädel im Alter von 14–17 Jahren auf den Straßen Berlins« herumtreiben.
269 Wolff-Mönkeberg (Anm. 106), S. 106 (20.1.1944) aus Hamburg; Warner (Anm. 35), S. 30 aus Berlin: »Der Junge mit dem Papierflugzeug in der Hand rannte im Kreise, er ahmte mit seinem Brummen das Motorengeräusch der Bomber nach. Durch helle Schreie zeigte er das Ausklinken der Bomben an, und dann markierte das gemeinsame Geschrei aller die Einschläge im Stadtgebiet. Ein anderer setzte sich als Nachtjäger in Bewegung und beschoß seinen Kameraden mit dem Maschinengewehr, das er mit dem ›täk-täk-täk‹ seiner kindlichen Stimme imitierte. Ein dritter bildete den Löschtrupp, ein nächster das Bergungskommando, andere fühlten sich als Flakposten und schossen an den nächtlichen Himmel hinauf«; Paquet (Anm. 234), S. 36 (30.1.1944) aus Frankfurt a. M.: »Buben machen ihre Scherze. Diese zielen merkwürdigerweise immer auf Zerstörung. [...] Eine Gruppe Knaben ist eifrig daran, mit Hilfe von Stöcken, die sie wie Stemmeisen gebrauchen, einen Stapel sorgfältig aufgeschichteter Backsteine an verschiedenen Stellen zum Einsturz zu bringen. Man sieht sechs- bis siebenjährige Kinder, ganz verwahrlost, mit erschreckend frechem Ausdruck, echte Besprisornj.«
270 Werner (Anm. 44), S. 270–274.
271 Schörken (Anm. 129), S. 143.
272 Hans Ring in Jeffrey Ethell/Alfred Price: Angriffsziel Berlin. Stuttgart 1982, S. 190.
273 Jean-Paul Sartre: Paris unter der Besatzung. Artikel, Reportagen, Aufsätze. 1944 bis 1945. Reinbek 1980, S. 41 (rororo 4593).
274 BA R 55/621.
275 Theo Findahl: Letzter Akt – Berlin 1939–1945. [Undergang. Berlin 1939–1945, 1945]. Hamburg 1946, S. 66.
276 Erich Fromm: Anatomie der menschlichen Destruktivität. Reinbek 1977, S. 465 (rororo 7052).
277 Geschichte der Rüstungsinspektion III, 1.1.1942–31.5.1942, S. 5–6, 14–15, BA-MA RW 20-3/11.
278 Werner (Anm. 44), S. 293.
279 Kraushaar (Anm. 253), S. 200.
280 Kriegstagebuch Rüstungsinspektion III, 1.7.1944–30.9.1944, S. 36, BA-MA RW 20-3/8a.

281 Schörken (Anm. 129), S. 145.
282 Lagebericht Rüstungsinspektion III, 1.1.1942–31.5.1942, S. 5–6, BA-MA RW 20-3/11.
283 OKH-Bericht, 13.7.1943, BA R 55/1483.
284 Bericht Rittmeister von Richthofen, 15.7.1943, BA R 55/1295; Prozeß gegen die Hauptkriegsverbrecher vor dem internationalen Militärgerichtshof Nürnberg. 14.11.1945–1.10.1946. Bd. 3. Nürnberg 1947, S. 474, 479 u. a.
285 Sauckel an Rosenberg in Prozeß (Anm. 284), Bd. 2, S. 165.
286 Kriegstagebuch Rüstungsinspektion III, 1.1.1943–31.3.1943, S. 47–48, BA-MA RW 20-3/3.
287 Ostarbeiter-Zeichen DAZ 4.5.1944, Brief Wimmer 5.5.1944, BA R 55/1295; Lagerzeitungen-Prospekt des Fremdsprachenverlags Mylau 1944, BA R 55/810.
288 Cornelius Ryan: Der letzte Kampf. [The Last Battle, 1966]. München u. a. 1966, S. 45.
289 Kriegstagebuch Rüstungsinspektion III, 1.4.1944–30.6.1944, S. 40, BA-MA RW 20-3/8.
290 Hans Pfahlmann: Fremdarbeiter und Kriegsgefangene in der deutschen Kriegswirtschaft 1939–1945. Düsseldorf 1968, S. 12 schätzt die bis Ausbruch des Zweiten Weltkriegs in Deutschland tätigen Fremdarbeiter auf mehr als eine halbe Million; über den »Einsatz« ausländischer Arbeitskräfte nach dem Sieg vgl. Reichsarbeitsblatt Teil V (1941) S. 45, dort schon der Begriff »Gastarbeiter«.
291 Kriegstagebuch Rüstungsinspektion III, 1.1.1943–30.3.1943, S. 48, BA-MA RW 20-4.
292 Ebd. 1.10.1943–31.12.1943, S. 28, BA-MA RW 20-3/6.
293 Die Anzahl der in Berlin seit März 1943 lebenden Ausländer ließ sich nicht ermitteln, sie dürfte jedoch Ende 1944 erheblich über 250000 liegen. Erich Kuby: Die Russen in Berlin 1945. München u. a. 1965, S. 66 schätzt – vermutlich zu hoch –, daß bei Kriegsende »800000 Fremdarbeiter [...] in der Industrie in und um Berlin konzentriert gewesen waren«.
294 Briefe Sondermann 13.6.1944 und 28.7.1944, BA R 55/815 und 618.
295 Kriegstagebuch Rüstungsinspektion III, 1.7.1944–30.9.1944, S. 12, 36, BA-MA RW 20-3/8a; Meldungen (Anm. 52), Bd. 16, 24.1.1944, S. 6280 Prozentzahlen aus dem Reich.
296 Meldungen (Anm. 52), Bd. 8, 21.8.1941, S. 2681f, Bd. 10. 28.5.1942, S. 3762; Werner (Anm. 44), S. 294.
297 Olaf Groehler: Bomber über Berlin (1944–1945). [III]. In: Deutscher Fliegerkalender (1972) S. 55.
298 Kriegstagebuch Rüstungsinspektion III, 1.4.1944–10.6.1944, S. 40: »Im allgemeinen sind die Rüstungsfirmen nicht wesentlich betroffen worden, so daß im April [1944] zusätzlich kein nennenswerter Fertigungsausfall eingetreten ist.« BA-MA RW 20-3/8.
299 Olaf Groehler: Geschichte des Luftkriegs 1910 bis 1980. Berlin (Ost) 1981, S. 416: »Die Produktion von Jagdflugzeugen wurde [...] von 1638 Flugzeugen im März 1944 auf 3375 im September 1944 heraufgetrieben.«
300 Heinz Bardua: Stuttgart im Luftkrieg 1939–1945. Stuttgart [1967], Abb. 8.
301 Galland (Anm. 161), S. 281.
302 Hans Kogler in Ethell/Price (Anm. 272), S. 218.
303 Groehler Geschichte (Anm. 299), S. 439.
304 Keil (Anm. 92), S. 601.
305 Demps I (Anm. 149), S. 58; nach Demps II (Anm. 191), S. 23 forderte das Bombar-

dement 335 Tote und 13 760 Obdachlose; ähnlich hoch waren die Menschenopfer bei einem Tagesangriff auf Siemensstadt, Pankow, Weißensee, Spandau und Neukölln (Demps I, S. 62 und Demps II, S. 24).
306 Demps II (Anm. 191), S. 23.
307 Groehler III (Anm. 297), S. 66 und Demps II (Anm. 191), S. 24 rücken mit 2541 Toten, 741 Vermißten, 1688 Verwundeten und 119057 Obdachlosen die Übertreibungen von Girbig (Anm. 175), S. 200 und Verrier (Anm. 186), S. 280 zurecht, die 20 000 bis 25 000 Todesopfer nennen.
308 Verrier (Anm. 186), S. 270–271, 279–280; nach Groehler III (Anm. 297), S. 65f. sollten »pünktlich einen Tag vor der Eröffnung der historischen Krimkonferenz« vor allem die Sowjetunion eingeschüchtert werden; daß die USA an eine Eroberung aus der Luft gedacht hatten, um »in den Trümmern der faschistischen Hauptstadt die sowjetischen Truppen zu ›empfangen‹«, ist wenig wahrscheinlich (Demps I – Anm. 149 – S. 46).
309 Groehler III (Anm. 297), S. 66.
310 Girbig (Anm. 175), S. 193–199.
311 Dokumente Kriegsschäden (Anm. 177), S. 453 nach Sydsvenska Dagbladet 4. 2. 1945.
312 Fritz Lehmann in Jochen Köhler: Klettern in der Großstadt. Volkstümliche Geschichten vom Überleben in Berlin 1933–1945. Berlin 1979, S. 220; Josef Orlopp: Zusammenbruch und Aufbau Berlins 1945/46. Berlin 1947, S. 7.
313 Wolff-Mönckeberg (Anm. 106), S. 111 (25. 3. 1944) aus Hamburg.
314 von Studnitz (Anm. 14), S. 179 (17. 4. 1944).
315 Werner Galeere (Anm. 197), S. 430.
316 von Kardorff (Anm. 153), S. 132 (4. 3. 1944); von Studnitz (Anm. 14), S. 255–256 (28. 2. 1945).
317 von Kardorff (Anm. 153), S. 241 (3. 2. 1945).
318 Prescher (Anm. 152), S. 88.
319 Rudolf Häfner in Bläsi (Anm. 170), S. 96.
320 Stresau (Anm. 26), S. 385 (24. 11. 1944).
321 Gerhard Hundsdorfer in Berthold/Matern (Anm. 154), S. 60.
322 Friedrich Panse: Angst und Schreck in klinisch-psychologischer und sozialmedizinischer Sicht. Dargestellt an Hand von Erlebnisberichten aus dem Luftkrieg. Stuttgart 1952, S. 146–148.
323 Eine Frau (Anm. 151), S. 15–16 (20. 4. 1945).
324 Margret Boveri: Tage des Überlebens. Berlin 1945. München 1968, S. 46; Panse (Anm. 322), S. 31; Eine Frau (Anm. 151), S. 19 (21. 4. 1945).
325 Panse nach Wandruszka (Anm. 322), S. 70; eine Frau (Anm. 151), S. 19: »Zuerst Schweiß in den Handflächen. Dann ein Schweißkranz ums Haar, Bohren im Rückenmark, im Hals sticht es, der Gaumen dörrt aus, und das Herz klopft Synkopen« (21. 4. 1945).
326 Panse (Anm. 322), S. 102–107, 107–108, 110.
327 Ebd., S. 14.
328 Ebd., S. 8–9, 90–96.
329 Ebd., S. 91, 93.
330 von Kardorff (Anm. 153), S. 100 (17. 12. 1943); Panse (Anm. 322), S. 24, 31.
331 Panse (Anm. 322), S. 16.
332 »Härtester Kampf um den Sieg.« In: DAZ 9. 11. 1943; Speer Tagebücher (Anm. 11), S. 309f.
333 Goertz (Anm. 32), S. 364f.

334 von Studnitz (Anm. 14), S. 253 (22.2.1945).
335 Werner (Anm. 44), S. 433, Anmerkung 33: »Wurden 1943 in Hamburg noch 2,50–10 RM verlangt, so waren es im Februar/März [1945] in Berlin bis zu 50 RM.«
336 Richard Waldegg. Sittengeschichte des Zweiten Weltkriegs. Erlebnisse und Betrachtungen. Wien 1950, S. 25.
337 Über die Häufung von Ehebrüchen in Berlin Lagebericht (Anm. 261), 31.5.1944.
338 Tagebuch Erich W. 30.5.1944 und 1.4.1945. In: Heinrich Breloer (Hrsg.), Mein Tagebuch. Geschichten vom Überleben 1939–1947. Köln 1984, S. 71 und 76; Helmut Altner: Totentanz Berlin. Tagebuchblätter eines Achtzehnjährigen. Offenbach a. M. 1947, S. 32 (7.4.1945).
339 Tagebuch Hannelore S. 10.10.1943 in Breloer (Anm. 338), S. 493.
340 Kriminalität und Gefährdung der Jugend. Lagebericht bis zum Stande vom 1. Januar 1941. Hrsg. vom Jugendführer des Deutschen Reichs. Bearbeitet vom Bannführer W. Knopp. [Berlin] 1941. Neudruck hrsg. von A. Klönne unter dem Titel »Jugendkriminalität und Jugendopposition«. Münster 1981, S. 137.
341 Ebd., S. 170 aus Hamburg; Meldungen (Anm. 52), Bd. 2, 3.11.1939, S. 416 aus Köln.
342 Lagebericht (Anm. 261), 2.12.1941, 30.11.1942.
343 Knut Hickethier: Mord in der S-Bahn. Symptom einer Zeit. In: Die Berliner S-Bahn. Katalog zur Ausstellung der Neuen Gesellschaft für Bildende Kunst 28.11.1982 – 12.1.1983. Berlin 1982, S. 151–155, noch im Dritten Reich konnte Axel Alt den für die Zeit nicht charakteristischen Mord in seinem populären Kriminalroman »Der Tod fuhr im Zug«, Berlin 1944, verarbeiten.
344 Bruno Blau: Die Kriminalität in Deutschland während des Zweiten Weltkrieges. In: Zeitschrift für die gesamte Strafrechtswissenschaft 64 (1952) S. 62.
345 Karl S. Bader: Zur Kriminalität in Deutschland. In: Die Gegenwart Nr. 13/14 (31.7.1947) S. 17, Bader erwähnt S. 23 für August bis Dezember 1945 in Berlin 296 Morde im Vergleich zu 390 im Zeitraum von 1929–1938, S. 26: »Die Opfer werden [...] unter dem Vorwand für sie günstiger Schwarzmarktgeschäfte in die verlassenen Gegenden gelockt.«
346 Blau Kriminalität (Anm. 344), S. 46.
347 Hans von Hentig: Die Kriminalität des Zusammenbruchs. Ein kurzer Tatsachenbericht. In: Schweizerische Zeitschrift für Strafrecht 62 (1947) S. 340.
348 Die Verteidigungsvorbereitungen in Berlin. In: Neue Zürcher Zeitung 18.4.1945.
349 Merkblatt Betrifft: Bekämpfung jugendlicher Cliquen, 25.10.1944. Anders als bei den »kriminell-asozialen« Banden fordert das Blatt »nur in schwester Gefährdung und Verwahrlosung« eine »Einweisung in ein Jugendschutzlager« und empfiehlt »Ermahnungen« sowie die »Einschaltung der Eltern«, BA RW R 58/473.
350 Gilbert Gadoffre: Besiegte Jugend. In: Göttinger Universitäts-Zeitung Nr. 24 (19.11.1948) S. 2.
351 Schörken (Anm. 129), S. 138.
352 Ebd., S. 112.
353 Kurt Brandenstein: Löschkommando Alex. Ein Tatsachenbericht. Berlin (Ost) 1951, S. 118.
354 Grundlegend Hajo Dröll: Die Zusammenbruchskrise des faschistischen Systems in Deutschland. In: Lutz Niethammer u. a. (Hrsg.), Arbeiterinitiative 1945. Antifaschistische Ausschüsse und Reorganisation der Arbeiterbewegung in Deutschland. Wuppertal 1976, S. 55.

355 Die Beobachtung von Frau K. 17.6.1945 in Kuby (Anm. 293), S. 274 gilt schon für das letzte Kriegsjahr.
356 Oscar Jacobi: Berlin Inferno. An Eywitness Story. In: New York Times Magazine (30.1.1944) S. 35.
357 Felix Hartlaub in seinen Briefen. Hrsg. von E. Krauss und G. F. Hartlaub. Tübingen 1958, S. 230 (8.3.1945).
358 Lange (Anm. 202), S. 164 (4.10.1944).
359 Hartlaub (Anm. 357), S. 227 (15.12.1944).
360 Werner Galeere (Anm. 197), S. 385.
361 Ernst-Günter Schenk: Ich sah Berlin sterben. Herford 1975, S. 31.
362 Russisches aus Berlin. In: Neue Zürcher Zeitung 7.2.1945; Oscar Jacobi: Berlin Today. A First-Hand Report. In: New York Times Magazine (24.9.1944) S. 6.
363 von zur Mühlen (Anm. 174); DAZ 22.7.1943.
364 Hartlaub (Anm. 357), S. 227.
365 Sennett (Anm. 1), S. 15.
366 Wolff-Mönckeberg (Anm. 106), S. 106 (20.1.1944) aus Hamburg.
367 Hans Refior: Mein Berliner Tagebuch! S. 8, BA-MA RH 53-3/24.
368 Hartlaub (Anm. 357), S. 231 (8.3.1945).
369 Dröll (Anm. 354), S. 172.
370 Sennett (Anm. 1), S. 350.
371 Gustav Radbruch: Kriminalistische Zeitbetrachtung. In: Rhein-Neckarzeitung 5.–6.4.1947, hier eine erste Warnung, aus den »in den Jahren nach dem Sturz des Nationalsozialismus [...] wieder sichtbar an die Öffentlichkeit« getretenen Christentum Schlüsse über die Heilung der »schweren seelischen Erkrankung« zu ziehen.
372 von Studnitz (Anm. 14), S. 239 (25.1.1945).
373 Andreas-Friedrich (Anm. 31), S. 203 (31.1.1945).
374 Lange (Anm. 202), S. 192 (31.1.1945).
375 von Studnitz (Anm. 14), S. 242 (1.2.1945).
376 Refior (Anm. 367), S. 7.
377 Hellmuth Reymann: »Ich sollte die Reichshauptstadt verteidigen!« 6. März bis 24. April 1945: Erinnerungen des Berliner Kampfkommandanten. In: Damals 5 (1984) S. 424.
378 E. A. Boltin/S. I. Rostschin: Konnte die Sowjetarmee Berlin im Februar 1945 einnehmen? In: Zeitschrift für Militärgeschichte 5 (1966) S. 723.
379 Vorbereitung für die nächste Phase der Operationen; Situationsbericht aus Moskau. In: Neue Zürcher Zeitung 7.2.1945.
380 Schenk (Anm. 361), S. 37.
381 Typoskript des Berliner Drahtfunks, BA R 55/916.
382 von Studnitz (Anm. 14), S. 190 (15.7.1944).
383 Berliner Drahtfunk (Anm. 381), 10.2.1945.
384 Joseph Goebbels: Tagebuch 1945. Hamburg 1977, S. 260 (15.3.1945).
385 Reymann (Anm. 377), S. 433; Jacob Kronika: Der Untergang Berlins. [Berlins Untergang, 1945.] Flensburg u. a. 1946, S. 63 (18.3.1945).
386 Berliner Drahtfunk (Anm. 381), 17.3.1945.
387 Schäfer Bewußtsein (Anm. 21), S. 154.
388 Vgl. ferner Sondereinsatz (Anm. 265), 21.11.1944; 7.2.1945; 10.4.1945: »Papen habe in Stockholm an einer Konferenz teilgenommen, in der die Abmachung getroffen sei, daß die Sowjets nur bis zur Oder vorgehen wollten.«
389 von Kardorff (Anm. 153), S. 158, 16.6.1944; Sondereinsatz (Anm. 265), 9.1.1945,

18. 1. 1945; über die nie ganz zur Ruhe gekommene Angst vor einem Gaskrieg Brunswig (Anm. 147), S. 52, 160.
390 Altner (Anm. 338), S. 24 (4. 4. 1945).
391 Emilie Karoline Gerstenberg: Die Schlußphase der russischen Eroberung Berlins 1945. Ein Westender Tagebuch. München 1965, S. 8; Sondereinsatz (Anm. 265), 9. 1. 1945.
392 Schwarz van Berg in Boveri (Anm. 324), S. 26.
393 Ebd., S. 27.
394 Kuby (Anm. 293), S. 30.
395 Bericht Imhoff, 30. 1. 1945, BA R 55/616.
396 Lucia K. in Pädagogisches Museum (Anm. 72), S. 229.
397 Friedrich Grieger in Erich Kuby (Hrsg.): Das Ende des Schreckens. Dokumente des Untergangs Januar bis Mai 1945. München 1955, S. 31: »In den Straßengräben nach Liegnitz zu liegen in den nächsten Tagen massenhaft Säuglingsleichen, erfroren [...], in Neumarkt wurden allein vierzig Kleinkinderleichen, säuberlich [...] auf dem Marktplatz niedergelegt, gezählt. [...] Viele Frauen haben sich, um in dem oft über einen halben Meter hohen Schnee vorwärtszukommen, sogar ihrer Mäntel und Pelze entledigen müssen. [...] Aber immer wieder dröhnen in den nächsten Tagen die Lautsprecher: ›Frauen und Kinder verlassen sofort die Stadt!‹, und wie unfaßbarer Hohn klang es, wenn die unglücklichen Mütter [...] jetzt auch noch ermahnt wurden, Spirituskocher zum Abkochen der Milch [...] mitzunehmen.«
398 Lucia K. in Pädagogisches Museum (Anm. 72), S. 226.
399 Kronika (Anm. 385), S. 46 (9. 3. 1945).
400 von Studnitz (Anm. 14), S. 254 (5. 2. 1945) und S. 220 (19. 2. 1945); Bericht Alfred Kachel 22. 2. 1945, BA R 55/616.
401 Kronika (Anm. 385), S. 46 (9. 3. 1945); Findahl (Anm. 275), S. 212: »Der Krieg muß nun ein Ende haben«, sagte ein Arbeiter in der U-Bahn eines Tages im März 1945 laut zu mir«; Sondereinsatz (Anm. 265), 9. 3. 1945: »Am 1. 3. konnte man im Lokal Gustav Pioch Berlin N 65, Pankstr. 7, in einer Unterhaltung zwischen 3 Arbeiterinnen folgendes hören: [...] ›Ich halte von dem ganzen Kram nichts mehr. Der Adolf soll doch aufhören, dann haben wir wenigstens ein paar Männekens aufgespart‹«; Meldungen (Anm. 52), Bd. 17, Ende März 1945. S. 6736: »Alles wurde ertragen, solange nur der persönliche Besitz verlorenging. [...] Mit dem Verlust der Arbeitsstätten [...] schwindet jedoch alle Hoffnung, den Krieg militärisch durchzuhalten.«
402 Der Sondereinsatz (Anm. 265), 9. 3. 1945 vermerkt, »daß viele Berliner [...] sehr reizbar geworden sind und daß bereits kleine Anlässe [...] zu Reibungen, lauten Auseinandersetzungen, Explosionen und ›Krächen‹ führen.«
403 Boveri (Anm. 324), S. 136–138; Ryan (Anm. 288), S. 29.
404 Ryan (Anm. 288), S. 30.
405 Die Verteidigungsvorbereitungen in Berlin: In: Neue Zürcher Zeitung 18. 4. 1945; Eine Frau (Anm. 151), S. 13 (20. 4. 1945).
406 Schenk (Anm. 361), S. 38f.
407 Flugblatt in Berthold/Matern (Anm. 154), S. 97; zur Abfassung der Flugblätter Schenk (Anm. 361), S. 39.
408 Bericht Leiter des Reichspropaganda-Amtes Berlin, 2. 6. 1944, BA R 55/603.
409 von Kardorff (Anm. 153), S. 108: »Damals waren es die Juden, heute sind wir es« (13. 1. 1944).
410 René Schindler: Ein Schweizer erlebt das geheime Deutschland. Tatsachenbericht. Zürich/New York 1945, S. 57, über das Schuldbewußtsein »einer ganzen Reihe Deutscher« S. 55.

411 Jacobi Berlin Today (Anm. 362), S. 41.
412 Kuby (Anm. 293), S. 62.
413 Die Verteidigungsvorbereitungen in Berlin: In: Neue Zürcher Zeitung 18.4.1945; Sondereinsatz (Anm. 265), 7.2.1945: »Der Bau der Panzersperren wird von vielen belächelt. Die Hindernisse seien so primitiv angelegt, daß sie von Panzern ohne Aufenthalt beiseite geschoben werden konnten«, so auch der Berliner Kampfkommandant von Hauenschild im Drahtfunk (Anm. 381), Februar 1945.
414 Schenk (Anm. 361), S. 26.
415 Kronika (Anm. 385), S. 67 (20.3.1945).
416 Meldungen (Anm. 52), Bd. 17, 28.10.1944, S. 6720–6726; Altner (Anm. 338), S. 39: »Das ganze Grabensystem ist ohne Plan gemacht. Neben fertiggestellten Grabenteilen sind Strecken, die nur einen Spaten tief markiert sind« (8. 4. 1945).
417 Refior (Anm. 367), S. 8.
418 Reymann (Anm. 377), S. 432.
419 Dröll (Anm. 354), S. 156.
420 Reymann (Anm. 377), S. 428; nach Refior (Anm. 367), S. 12 erklärte der Gauleiter von Brandenburg, Stürz: »Berlin interessiert mich nicht! Meine Bataillone gehen zur 9. Armee!«
421 Refior (Anm. 367), S. 4.
422 Bericht Dr. Schrade, 9.12.1944, BA R 55/1287.
423 Werner (Anm. 44), S. 339; DAZ 19.10.1944: Der Feind »strengt seine Kräfte an, um [...] das deutsche Volk und seine soziale Ordnung zu vernichten.«
424 SA-Obergruppen- und Gaustabsführer Gräntz, 15.12.1944, BA R 55/1287.
425 Reymann (Anm. 377), S. 428.
426 Bei von Kardorff (Anm. 153), S. 79 schon am 6.10.1943 eine Portiersfrau: »Lassen Sie man ruhig die Russen kommen, uns kleinen Leuten tun die nichts. Und dann ist der Krieg wenigstens aus«; Jacobi Berlin Today (Anm. 362), S. 41.
427 Russisches aus Berlin. In: Neue Zürcher Zeitung 7.2.1945.
428 Jacobi Berlin Today (Anm. 362), S. 40.
429 Menzel (Anm. 199), S. 162f. (19.4.1945); Tagebuch Liselott Diem 22.4.1945. In: Liselott Diem, Fliehen oder bleiben? Dramatisches Kriegsende in Berlin. Freiburg 1962, S. 45 (Herderbücherei 902).
430 Gerhard Förster/Richard Lakowski (Hrsg.): 1945. Das Jahr der endgültigen Niederlage der faschistischen Wehrmacht. Berlin (Ost) 1975, S. 212f.
431 Jacobi Berlin Today (Anm. 362), S. 41.
432 Keil (Anm. 92), S. 610: »Oh, ginge es doch wieder wie 1918 – sagen heute die, die früher riefen: ein 1918 darf es nie wieder geben!«
433 Boveri (Anm. 324), S. 99.
434 Pikarski/Übel (Anm. 253), S. 338.
435 Kronika (Anm. 385), S. 58 (14.3.1945).
436 Ryan (Anm. 288), S. 338.
437 Kuby (Anm. 293), S. 47 bezeichnet – anders als die »heroische« Geschichtsschreibung der UdSSR – das Kräfteverhältnis mit 10:1; Groehler Geschichte (Anm. 299), S. 468 kommt bei der Luftwaffe auf ein Verhältnis von 3:1, überschätzt vermutlich die Einsatzbereitschaft der deutschen Flugzeuge.
438 Wilfried von Oven: Mit Goebbels bis zum Ende. Bd. 2. Buenos Aires 1950, S. 307.
439 Ryan (Anm. 288), S. 283; Reymann (Anm. 377), S. 443.
440 Michael Guss in Kuby (Anm. 293), S. 66.
441 Klara Höcker: Die letzten und die ersten Tage. Berliner Aufzeichnungen 1945. Berlin 1965, S. 12 (21.4.1945); Kronika (Anm. 385), S. 132 (21.4.1945).

442 Kronika ebd., S. 135 (22.4. 1945).
443 G. Chatterton-Hill: The Last Days in Berlin. In: Contemporary Review (Mai–Juni 1946), dort die Begriffe »mental catalepsy« (S. 281), »morbid listlessness and lethargy« (ebd.), »incredible listlessness of the Berliners« (S. 282), »pathological apathy« (ebd.).
444 Dörrier (Anm. 204), S. 45; Eine Frau (Anm. 151), S. 36 (24.4. 1945); Grete Pröhl: Vor zehn Jahren in Berlin – Tage des Grauens. In: Stuttgarter Zeitung Nr. 100/3. 5. 1955; »Himmelfahrtsrationen« bei Ryan (Anm. 288), S. 327. Plünderungen ereigneten sich erst kurz vor dem Besetzen der einzelnen Stadtteile, unverändert dominierte das Ordnungsdenken: »Während die Menschen an anderen Stellen sich wegen Dingen, die sie oft gar nicht brauchen konnten, gegenseitig fast umbrachten, stellten sie sich brav an, sobald jemand da war, der Anordnungen erteilte und die Ware ›ordnungsgemäß‹ ausgab« (Kuby – Anm. 293 – S. 254). Vgl. auch: Eine Frau, S. 53: Ein Verkäufer von Puddingmehl »bestand darauf, jedem Käufer die ihm zukommenden Pfennige herauszugeben, fragte draußen und drinnen herum, wer Kleingeld bei sich habe und wechseln könne. Und das bei Beschuß!« (26.4. 1945)
445 Diem (Anm. 429), S. 61 (24.4. 1945).
446 Eine Frau (Anm. 151), S. 36 (24.4. 1945).
447 von Studnitz (Anm. 14), S. 249 (19.2. 1945); Förster/Lakowski (Anm. 430), S. 208, dort ein Brief Himmlers an SS-Gruppenführer Fegelein: »General Kinzel [...] hat in der Division, die sehr brav gekämpft hat, in den letzten 14 Tagen 15 Todesurteile ausgesprochen und vollstrecken lassen, auch gegen einen Offizier. Der Grund für ein Versagen der Menschen ist nach seiner Meldung kein böser Wille, sondern eine unerhörte Erschöpfung. Da sie mit allen Mitteln gebrochen werden muß, hat er die erwähnten Todesurteile auch vollstrecken lassen« (5.3. 1945).
448 Schenk (Anm. 361), S. 102.
449 Kronika (Anm. 385), S. 152 (24.4. 1945).
450 Eine Frau (Anm. 151), S. 32 (23.4. 1945).
451 Gerhard Keiderling: Berlin im April und Mai 1945. In: Berliner Heimat (1959), S. 156; das von Jerk S. 315 dieses Buches geschilderte Scharfschützenduell zwischen »Kommunisten mit roten Armbinden« und SS ist vermutlich Erfindung.
452 Ebd., S. 159; ähnliche Aktionen im Ruhrgebiet bei Werner (Anm. 44), S. 356f.
453 Boveri (Anm. 324), S. 67 (25.4. 1945) über Charlottenburg.
454 Maria Milde: Berlin Glienicker Brücke. Als Hiller-Girl um die Welt. Die Ufa-Zeit in Babelsberg. München 1983, S. 177 (Knaur TB 1019).
455 Schenk (Anm. 316), S. 96f. für 29.4. 1945 »jenseits Potsdam«.
456 Karl Friedrich Borée: Frühling 45. Chronik einer Berliner Familie. Darmstadt 1954, S. 213f, 173, 183, 186.
457 Carl Diem in Diem (Anm. 429), S. 55, 49.
458 Horst Prawitz in Förster/Lakowski (Anm. 430), S. 322.
459 Horst Mauter: Berlin 1945. Tagebuchaufzeichnungen und Gedanken. [...] In: Jahrbuch des Märkischen Museums 1 (1975) S. 20.
460 Edward Kmieck: Berliner Victoria. 24.4. – 2.5. 1945. Polnische Soldaten am Brandenburger Tor. Warschau 1972, S. 39; Altner (Anm. 338), S. 189, 194–204.
461 Mauter (Anm. 459), S. 13, 18.
462 Diem (Anm. 429), S. 56.
463 Altner (Anm. 338), S. 160; Pädagogisches Museum (Anm. 72), S. 220.
464 Helmuth Weidling: [Der Endkampf um Berlin]. In: Wehrwissenschaftliche Rundschau 12 (1962) S. 112.
465 Kuby (Anm. 293), S. 159.

381

466 Schenk (Anm. 361), S. 93.
467 Wilhelm Tieke: Tragödie um die Treue. Kampf und Untergang des III. (germ.) SS-Panzer-Korps. Osnabrück 1968, S. 225; Kmieck (Anm. 460), S. 50.
468 Kuby (Anm. 293), S. 147.
469 I. W. Parotkin: Der letzte Schlag. In: Zeitschrift für Militärgeschichte 4 (1965) S. 240.
470 Boveri (Anm. 324), S. 83.
471 Tieke (Anm. 467), S. 226.
472 Hanns Schwarz: Brennpunkt F. H. Q. Menschen und Maßstäbe im Führerhauptquartier. Buenos Aires 1950, S. 114; Schenk (Anm. 361), S. 73.
473 Werner Karow. Bei der Verteidigung von Berlin 1945. Das Schicksal eines Urlaubers. In: Alte Kameraden 5 (1965) S. 15.
474 Scholles in Tieke (Anm. 467), S. 232.
475 Altner (Anm. 338), S. 201–205.
476 Zygmunt Mazur in Kmieck (Anm. 460), S. 41.
477 Schwarz (Anm. 472), S. 129.
478 Schenk (Anm. 316), S. 142.
479 Kmieck (Anm. 460), S. 35.
480 Gerstenberg (Anm. 391), S. 22.
481 Lange (Anm. 202), S. 193 (4.2.1945).
482 Orlopp (Anm. 312), S. 28; Ryan (Anm. 288), S. 419 nennt – übertreibend – 6000 Freitode.
483 Antonin Szyklarczyk in Kmieck (Anm. 460), S. 51.
484 Diem (Anm. 429), S. 74–77. (28.4.1945).
485 Ebd., S. 69 (27.4.1945).
486 Ryan (Anm. 288), S. 401.
487 Notiz Betrifft: Reiterbrigade Fegelein, 21.10.1943, BA R 55/1483.
488 Eine Frau (Anm. 151), S. 144 (3.–4.5.1945), S. 252 (26.5.1945); Diem (Anm. 429), S. 71 (27.4.1945):»Höre voll Staunen Frauen von ihren nächtlichen Besuchern berichten, einige voll Anerkennung dieser bisher ihnen unbekannten männlichen Potenz!«
489 Fritz R. Allemann: Deutsche Bilanz 1945. Teil X. In: Die Tat Nr. 301 (2.11.1945) S. 2: »Es kommt hinzu, daß die Russen ja an der Zerstörung der deutschen Städte durch die anglo-amerikanischen ›Flächenbombardemente‹ unbeteiligt waren und daß sie das zum Teil geschickt auswerten; ›Amerikanski immer bomm-bomm, Rußki nie bomm-bomm‹, wie ein russischer Offizier sich einmal einer Gruppe von Deutschen gegenüber lapidar ausdrückte!«
490 Ebd., so auch Dröll (Anm. 354), S. 173, dort ein Übersehen des Stimmungswandels in den ersten Wochen der Okkupation.
491 Tagebuch Anneliese H. 28.4.1945 in Kuby (Anm. 293), S. 255; Ryan (Anm. 288), S. 398.
492 Menzel (Anm. 199), S. 216: »Riesigen Lebensmittelkolonnen bin ich begegnet. Niemand weiß, woher die großen Wagenladungen der Roten Armee plötzlich kommen. Man pumpt offensichtlich nach Berlin herein, was immer die Vorratslager hergeben. Die Russen bekämpfen den Hunger. Wer dies tut, sichert den Sieg« (15.5.1945).
493 Generalleutnant Nikolai Antipenko in: Die Bürger der Bundesrepublik und wir. Teil II. In: Sowjetunion heute 8 (1984) S. 7.
494 Eine Frau (Anm. 151), S. 224f (18.5.1945).
495 Bericht des Mitglieds des Militärrates der 5. Stoßarmee über die politische Stimmung der Einwohner Berlins, 15.5.1945. In: Sowjetunion heute 8 (1984) S. 9; über

die angepaßte Freundlichkeit der Berliner gegenüber der Besatzungsmacht Joe Alex Morris: Germany Waits to be Saved. In: Collier's (September 1945) S. 12f.
496 Eine Frau (Anm. 151), S. 229 (19.5.1945), S. 255 (27.5.1945).
497 Höcker (Anm. 441), S. 37 (17.5.1945); die erste Strecke wurde am 14.5. freigegeben (Keiderling – Anm. 451 – S. 160), Ende Mai waren bereits 29 % des U-Bahn-Netzes in Betrieb. Am 16. Mai fuhren die ersten Omnibusse zwischen Weißensee und Innenstadt, vier Tage später vereinzelt Straßenbahnen (Die Gegenwart 1 – 24.5.1946 – S. 20). Anfang August wurden »schon wieder über 1 ¼ Millionen Fahrgäste täglich befördert, und zwar 650 000 mit der U-Bahn, rund 600 000 mit der Straßenbahn und der Rest mit Omnibussen« (Deutsche Volkszeitung 5.8.1945).
498 Keiderling (Anm. 451), S. 159; Werner (Anm. 44), S. 357 berichtet von einer ähnlich raschen Produktionsaufnahme im Ruhrbergbau.
499 Anschlag in Rolf Italiaander u. a. (Hrsg.): Berlins Stunde Null 1945. Düsseldorf 1979, S. [29].
500 Eine Frau (Anm. 151), S. 234 (21.5.1945).
501 Kuby (Anm. 293), S. 54.
502 Kronika (Anm. 385), S. 205 (15.5.1945); Eine Frau (Anm. 151), S. 234 (21.5.1945); Times 23.5.1945 in Boveri (Anm. 324), S. 146.
503 Italiaander (Anm. 499), S. 166; Höcker (Anm. 441), S. 37 (18.5.1945); die Berliner Philharmoniker, die zuletzt am 16.4. unter Robert Heger spielten (Kuby – Anm. 293 – S. 54), nahmen ihre Konzerte am 28.5. wieder auf.
504 Fritz R. Allemann. Deutsche Bilanz 1945. Teil XI. In: Die Tat Nr. 302 (3.11.1945) S. 2.
505 Wiedersehen mit Berlin. Teil III. In: Neue Zürcher Zeitung Nr. 1625/1.11.1945; Hunger und Seuchen in der Mark Brandenburg. In: Neue Zürcher Zeitung Nr. 1695/11.12.1945.
506 Orlopp (Anm. 312), S. 27.
507 Nach Orlopp (Anm. 312), S. 27 starben 1938 täglich 91 Menschen an Altersschwäche, im 2. Halbjahr 1946 bei geringerer Einwohnerzahl 1055.
508 Ebd., S. 25; Boveri (Anm. 324), S. 195.
509 Eindrücke aus Berlin. In: Neue Zürcher Zeitung Nr. 16/10.1.1946.
510 Kinderelend im überfüllten Berlin. In: Basler Nachrichten 25.10.1945.
511 Fritz R. Allemann: Deutsche Bilanz 1945. Teil VI. In: Die Tat Nr. 297 (29.10.1945) S. 8.
512 Evakuierung in die britische Zone. In: Basler Nachrichten 25.10.1945.
513 Blick nach Amerika – und nach Berlin. In: Basler Nachrichten 5.12.1945.
514 Fritz R. Allemann: Deutsche Bilanz 1945. Teil IX. In: Die Tat Nr. 300 (1.11.1945) S. 2.
515 Im besetzten Deutschland. Die Flüchtlinge in Berlin. In: Neue Zürcher Zeitung Nr. 1625/1.11.1945.
516 Groehler III (Anm. 297), S. 68; Demps II (Anm. 191), Tabellen 8 und 9 S. 43f.
517 Demps ebd., S. 18 korrigiert die 28 000 bis 29 000 Luftkriegsopfer von Groehler III (Anm. 297), S. 68 und die 50 000 von Girbig (Anm. 175), S. 229 und Hampe (Anm. 148), S. 593.
518 Eisenhower erwartet Unruhen in Deutschland. In: Die Tat Nr. 301 (2.11.1945) S. 2.
519 Fritz R. Allemann: Deutsche Bilanz 1945. Teil IX. In: Die Tat Nr. 300 (1.11.1945) S. 2.
520 Dröll (Anm. 354), S. 130.
521 Wiedersehen mit Berlin. Teil I. In: Neue Zürcher Zeitung Nr. 1616/29.10.1945.
522 Eindrücke aus Berlin: In: Neue Zürcher Zeitung Nr. 16/1.1.1946.

523 Fritz R. Allemann: Deutsche Bilanz 1945. Teil XVI. In: Die Tat Nr. 303 (9. 11. 1945) S. 2.
524 Weihnachten in kriegsgeschädigten Städten. In: Die Tat Nr. 334 (25. 12. 1945) S. 1.
525 K. Jüttner: Ursachen und Auswirkungen des Schwarzen und Grauen Marktes. In: Kriminalistische Rundschau 1 (1947) H. 7, S. 4f.
526 Hans A. Rümelin (Hrsg.): So lebten wir ... Ein Querschnitt durch 1947. Willsbach 1948, S. 64.
527 Jüttner (Anm. 525), S. 8.
528 Franz Neumann: Behemoth. Struktur und Praxis des Nationalsozialismus 1933 bis 1944. [Behemoth. The Structure and Practice of National Socialism, 1942 and 1944.] Hrsg. von G. Schäfer. Köln 1977, S. 544.
529 Findahl (Anm. 275), S. 200.
530 Ebd., S. 37.
531 Bericht Ohlendorf Mai 1945 in Lakowski/Förster (Anm. 430), S. 423; Meldungen (Anm. 52), Bd. 1, S. 22.
532 Gustave Le Bon: Psychologie der Massen. [Psychologie des Foules, 1895.] Stuttgart 1950, S. 130–131.
533 Sennett (Anm. 1), S. 333.

Augenzeugen

1. Anonyme Berichte

Berichte über den »Sondereinsatz Berlin« Oktober 1944–April 1945.
Allgemeine Stimmungsberichte und Einzelbeobachtungen der Wehrmacht als Ersatz für die im Sommer 1944 eingestellten regelmäßigen »Meldungen aus dem Reich«. Erhalten blieben 23 Protokolle aus Berlin, außerdem vereinzelte über Nürnberg und Hamburg. Leitung im Wehrkreis-Kommando III Oberstleutnant Wasserfall, Zusammenarbeit mit dem Reichspropagandaministerium. »Wahrheitsgemäße und ungeschminkte« Berichte von Soldaten des Mannschaftsstandes aus Verkehrsmitteln, Warenhäusern, Speise- und Bierlokalen, Käuferschlangen und Luftschutzkellern, gleichzeitiger Versuch, durch »Flüsterparolen« über Geheimwaffen, positive Frontlage usw. die »Haltung und Stimmung der Volksgenossen zu festigen«, denn »der Frontsoldat genießt noch volles Vertrauen, was er sagt, findet Glauben, denn ›er muß es ja wissen‹«. Bundesarchiv-Militärarchiv Freiburg RW 4/ vorl. 266. Teildruck hrsg. von V. R. Berghahn. In: Militärgeschichtliche Mitteilungen 1 (1967), S. 95–119, dort S. 83–94 eine Charakteristik mit Mitglieder-Tabelle der Berliner Gruppe S. 89, Anm. 34.

Deutschland-Berichte der Sozialdemokratischen Partei Deutschlands (Sopade) im Auftrag des Exilvorstands der Sozialdemokratischen Partei hrsg. von E. Rinner. Prag 1934–1938, Paris 1938–1940.
Briefe von ehemaligen SPD-Mitgliedern und ausländischen Deutschland-Besuchern, die »zu Tausenden und Zehntausenden durch ein über ganz Deutschland verteiltes Netz von Auffangzentren gesammelt« und durch Kuriere nach Prag, später nach Paris weitergeleitet wurden. Zumeist monatlicher Abdruck der Dokumente mit Analysen u. a. von W. Hoegner, F. Jung, W. v. Knoeringen, E. Schumacher. Auflage 450 Stück, Versendung an ausländische Politiker und Regierungen. Vgl. F. Jung: Der Weg nach unten. Aufzeichnungen aus einer großen Zeit. Neuwied/Berlin 1961, S. 430–434. »Archiv der Sozialen Demokratie« der Friedrich-Ebert-Stiftung, Bonn-Bad Godesberg. Neudruck mit Register hrsg. von K. Behnken. 7 Bände. Salzhausen: Nettelbeck und Frankfurt a. M.: Zweitausendeins 1980.

Kriminalität und Gefährdung der Jugend. Lagebericht bis zum Stande vom 1. Januar 1941. Hrsg. vom Jugendführer des Deutschen Reiches, bearbeitet von Bannführer W. Knopp unter Mitarbeit von Stammführer Amtsgerichtsrat Dr. Rätz. [Berlin] 1941.
Druck mit dem Vermerk »Streng vertraulich! Nur für den Dienstgebrauch!« Bericht der Dienststelle »Personalamt-Überwachung« in der Reichsjugendführung aus Materialien der Justizbehörden, des SD-Hauptamtes und der Gestapo sowie des HJ-Streifendienstes. Bundesarchiv Koblenz. Neudruck hrsg. von A. Klönne unter dem Titel »Jugendkriminalität und Jugendopposition im NS-Staat. Ein sozialgeschichtliches Dokument«. Münster: Lit Verlag 1981.

Lagebericht des Generalstaatsanwalts bei dem Kammergericht Berlin 1940–1944. Bundesarchiv Koblenz R 22.

Meldungen aus dem Reich 1938–1945. Die geheimen Lageberichte des Sicherheitsdienstes der SS. Stimmungsberichte und Analysen von rund 30000 ehrenamtlichen Mitarbeitern und V-Leuten des SD. Leitung SS-Gruppenführer Otto Ohlendorf. Berichte »ohne Schönfärberei oder propagandistische Aufmachung«, um »anstelle einer offenen Kritik« die Staatsführung in die Lage zu versetzen, »die im Volk vorhandenen und entstehenden Auffassungen kennenzulernen und zu berücksichtigen«. Vgl. H. Boberach: Einführung. In: ders. (Hrsg.) Meldungen aus dem Reich. Bd. 1. Herrsching: Pawlak 1984, S. 11 und 22. Bundesarchiv Koblenz R 58, 717, 144–194, 1094–1096; NS 1, 544; NS 6, 411; R 55; R 62. Teildruck hrsg. von H. Boberach. Neuwied/Berlin: Luchterhand 1965; erheblich erweiterter Teildruck hrsg. von H. Boberach. 17 Bände und 1 Registerband. Herrsching: Pawlak 1984 und 1985.

Reichssicherheitshauptamt. Meldung wichtiger staatspolizeilicher Ereignisse 1939–1944. Bundesarchiv Koblenz R 58.

2. Autoren

Karl Friedrich Borée d. i. Karl Friedrich Boeters (1886–1964)
Rechtsanwalt; 1934–1940 freier Schriftsteller, seit Juli 1940 in der Rechtsabteilung der Allianz Versicherungsgesellschaft Berlin. Zahlreiche Buchpublikationen, u. a. »Dor und der September« (^{2}1934) und »Diesseits von Gott« (1941); unveröffentlichte Tagebücher im Deutschen Literaturarchiv, Marbach a. N.

Margret Boveri (1900–1975)
Bis 1937 außenpolitische Redakteurin des »Berliner Tageblatts«, 1937–1943 Auslandskorrespondentin der »Frankfurter Zeitung« in Stockholm, New York und Lissabon, 1944–1945 freie Publizistin in Berlin für »Das Reich«, dort noch Nr. 12/22. 4. 1945 »Ein Feind Deutschlands – Zum Tode von Franklin Delano Roosevelt.« Veröffentlichte »Das Weltgeschehen am Mittelmeer« (1936) und »Vom Minarett zum Bohrturm« (1938).

Theo Findahl (1891–1976)
1939–1945 Berlin-Korrespondent der norwegischen Tageszeitung »Aftenposten«. Bücher u. a. »Jøde« (1933), »Den gule keiservei« (1935) und »Valfarten til Stjerneland« (1938).

Emilie Karoline Gerstenberg
Chefdolmetscherin bei den Olympischen Spielen 1936 in Berlin, Konzertpianistin.

Felix Hartlaub (1914–1945)
Nach seiner Promotion über Juan d'Austria 1940 Mitarbeiter der historischen Archivkommission des Auswärtigen Amtes in Paris, ab Mai 1942 Sachbearbeiter im Rang eines Gefreiten bei der Abteilung »Kriegstagebuch« des Führerhauptquartiers, in den letzten Kriegswochen zur Infanterie abkommandiert, seit April 1945 in Berlin vermißt. Künstlerisch und dokumentarisch wichtige Aufzeichnungen aus dem Kriegsalltag für – satirisch geprägte – Erzählwerke (1950, 1955).

Lutz Heck (1892–1983)
1932–1945 als Nachfolger seines Vaters Ludwig Heck (1860–1951) Direktor des Berliner Zoologischen Gartens.

Katharina Heinroth (geb. 1897)
Wissenschaftliche Mitarbeiterin und seit 1932 Ehefrau von Oskar Heinroth (1871–1945), Direktor des Aquariums Berlin.

Karla Höcker (geb. 1901)
Bis 1937 Bratschistin beim Bruinier-Quartett, freie Schriftstellerin und Musikjournalistin. Buchpublikationen u. a. über Clara Schumann (1938), Schubert (1940), Berliner Kultur 1770 bis 1870 (1943) und Florenz (1943).

Wiking Jerk d. s. Thorolf Hillblad und Eric Wallin
Als Freiwillige aus Schweden Teilnahme an der Schlacht um Berlin, vermutlich Mitglieder der SS-Division Nordland, »die einen noch relativ guten Eindruck machte« (Hans Refior: »Mein Berliner Tagebuch«. Bundesarchiv-Militärarchiv Freiburg RH 53-3/24).

René Juvet d. i. Numa Tétaz
Kaufmann; mit Schweizer Staatsangehörigkeit im Deutschen Reich aufgewachsen, Tätigkeit in einem Münchner Betrieb; 1943 Übersiedlung nach Langenthal (Schweiz). Veröffentlichte »als Gelegenheitsarbeit« die politische Schrift »Die Deutschen im kommenden Europa« (1945).

Ursula von Kardorff (geb. 1911)
1939–1945 Redakteurin im Kulturteil der »Deutschen Allgemeinen Zeitung«, Freundschaft mit Mitgliedern des Widerstandes vom 20. Juli 1944 wie N. v. Halen, B. v. Mutius, W.-W. von der Schulenburg, keine politischen Aktivitäten. Anfang Februar 1945 Genehmigung des Entlassungsgesuchs, 17. 2. 1945 Übersiedlung aus Berlin nach Süddeutschland. Öffentliche Bekenntnisse zum Tagebuchführen (DAZ Nr. 534–535/9.11.1942) und zum »bewußten Genießen« im Bombenkrieg (»Man lebt intensiver. [...] Konventionen allerdings sind weggefegt. [...] Was bleibt, ist die Substanz, die sich im Brennspiegel des Krieges herrlich klar abzeichnet.« (DAZ Nr. 73/14.3.1944).

Joel König d. i. Ezra BenGershôm (geb. 1922)
Bis 1938 als Sohn eines Rabbiners in Groß-Strehlitz (Schlesien), seit Dezember 1939 im jüdischen Landwerk Steckelsdorf bei Stendhal. Deportation der Eltern (August 1942) und des Bruders Leon (August 1944). Vom Frühjahr 1942 bis April 1943 als Illegaler in Berlin. Flucht mit gefälschten Papieren und in HJ-Uniform über Wien nach Budapest und von dort Ende 1944 nach Jerusalem.

Jacob Kronika (1897–1982)
1932–1945 Berlin-Korrespondent von »Nationaltidende«, »Dagens Nyheter« und »Svenska Dagbladet«; Sprecher der dänischen Volksgruppe in Südschleswig. Buchveröffentlichungen: »Revolution« (1934) und »Toner af Grænsesangen« (1939).

Horst Lange (1904–1971)
Bis 1940 freier Schriftsteller in Berlin, 9.12.1941 vor Moskau verwundet, 1942–1945 als Obergefreiter und Unteroffizier in der Pionierabteilung des OKH Berlin mit dem Aufgabenbereich »Feindbeobachtung und Truppenbetreuung«. Karfreitag 1945 aufgrund eines Filmvertrags mit der Ufa Abkommandierung nach Mittenwald. Erfolge mit den Romanen »Schwarze Weide« (1937) und »Ulanenpatrouille« (1940), außerdem Hörspiele, Erzählungen und Gedichte (»Gesang hinter den Zäunen«, 1939).

Jeanne Mammen (1890–1976)
Malerin; neusachliche Satiren aus dem Berliner Milieu; Ausstellungsverbot; in den dreißiger Jahren »Übergang zu einer den Gegenstand aufbrechenden aggressiven Malweise« (Jeanne Mammen 1890–1976. Hrsg. von der Jeanne-Mammen-Gesellschaft und der Berlinischen Galerie. Stuttgart-Bad Cannstatt 1978, S. 17).

Matthias Menzel d. i. Karl Willy Beer (1909–1979)
1934 Promotion mit »Untersuchungen zur Problematik des expressionistischen Dramas«; politischer Redakteur der »Deutschen Allgemeinen Zeitung«, 1946 Auseinandersetzung um die Tagebücher, weil der Autor »den ganzen Krieg über« den »Reich-Artikeln von Goebbels Konkurrenz« gemacht habe (Tagesspiegel 10.8.1946, 30.10.1946). Mitherausgeber der Dokumentation »Unser Kampf in Frankreich vom 5.6. bis 25.6.1940« (1941).

Tami Oelfken d. i. Marie Wilhelmine Oelfken (1888–1957)
Erzieherin und Schriftstellerin; 1934 Verbot der von ihr gegründeten freien Schulgemeinde in Berlin, Emigration nach London und Paris, vor Kriegsausbruch Rückkehr in das Deutsche Reich, 1939–1941 in Berlin, seit 1941 in Süddeutschland. Veröffentlichte u. a. die Romane »Tine« (1940) und »Die Persianermütze« (1942).

René Schindler d. i. Wolfgang Maximilian Rieppel (geb. 1917)
1943 Promotion an der Universität Zürich über ein wirtschaftswissenschaftli-

ches Thema, mehrere Reisen in das Deutsche Reich – zuletzt 1944 –, u. a. nach Berlin und München, wo Rieppels Vater als Universitätsprofessor lehrte.

Konstantin Simonow geb. 1917)
Freier Schriftsteller; Teilnahme am Zweiten Weltkrieg als Kriegsberichterstatter für »Krasnaja Swesda«, »Prawda« und den Sowjetischen Informationsdienst in den USA; schrieb zwischen den »Fahrten an die Front« Gedichtbände, Theaterstücke sowie den Roman »Tage und Nächte« (1944).

Howard K. Smith (geb. 1914)
Seit 1.1.1940 Berlin-Korrespondent für »United Press«, »New York Times« und »CBS«; November 1941 Arbeitsverbot; 7.12.1941 Ausreise in die Schweiz, dort Niederschrift der Augenzeugenberichte, großer Erfolg 1942 in England und 1943 in USA, »einzelne Kapitel wurden in die Sprachen der besetzten Länder übertragen und – als kleine Broschüren im Format 7 mal 10 Zentimeter – von alliierten Flugzeugen abgeworfen« (Nachwort des Autors in der deutschen Ausgabe 1982, S. 305).

Hans-Georg von Studnitz (geb. 1907)
1932–1940 Auslandskorrespondent u. a. in Rom, London, New Delhi und Kairo, 1940 bis 1945 Referent in der Presseabteilung des Auswärtigen Amtes Berlin.

Isa Vermehren (geb. 1918)
1933 Ausschluß aus dem Gymnasium, danach – bis zum Verbot 1935 – zusammen mit Werner Finck, Ursula Herking und Rudolf Platte Kabarettistin in der »Katakombe«, Berlin; 1938 Übertritt zur katholischen Kirche, 1939 Abitur, nicht zum Studium zugelassen. 1940–1943 »Einsätze für die Betreuung von Luftwaffeneinheiten [...] an der norwegischen Küste, in Rußland, in Frankreich und Italien«. 1943 Flucht des Bruders zu den Engländern, seit Februar 1944 Sippenhaft u. a. im KZ Ravensbrück. Nach der Befreiung Niederschrift der Aufzeichnungen »einem alten Brauch unserer Familie entsprechend für meinen Vater zum Geburtstag« (Gespräch mit Karin Huffzky. In: »Die Zeit« Nr. 35/26.8.1983).

Konrad Warner d. i. Helmuth Grossmann
Bis 1944 Berlin-Korrespondent für Schweizer Zeitungen und Zeitschriften, 1944 Übersiedlung nach Zürich, Französischsprachige Ausgabe des Tatsachenberichts »Dans la cité mourante (Berlin)«.

Nachweis der Rechtsinhaber

Deutschland-Berichte	© Archiv der sozialen Demokratie (Friedrich-Ebert-Stiftung), Bonn
Felix Hartlaub	© Geno Hartlaub
Lutz Heck	© Ullstein Verlag GmbH, Berlin
Katharina Heinroth	© Kindler Verlag GmbH, München
René Juvet	© Europa Verlag, Zürich/New York
Ursula von Kardorff	© Nymphenburger Verlagshandlung, München
Joel König	© Vandenhoeck & Ruprecht Verlag, Göttingen
Horst Lange	© v. Hase & Koehler Verlag, Mainz
Jeanne Mammen	© Nymphenburger Verlagshandlung, München
Meldungen aus dem Reich	© Pawlak Verlag, Herrsching
Tami Oelfken	© Verlag der Nationen, DDR-Berlin
René Schindler	© Europa Verlag, Zürich/New York
Konstantin Simonow	© Kindler Verlag GmbH, München
Howard Smith	© der deutschen Ausgabe Rotbuch Verlag, Berlin
Hans-Georg von Studnitz	© Hans-Georg von Studnitz
Isa Vermehren	© Isa Vermehren

Die Rechte an den übrigen anonymen Quellen liegen beim Bundesarchiv Koblenz.

Wir danken den genannten Verlagen und Personen für die freundliche Erlaubnis zum Nachdruck. Leider waren in einigen Fällen die Rechtsinhaber nicht zu ermitteln. Sie werden gebeten, sich bei Anspruch auf Honorar an den Verlag zu wenden.

Abbildungen

Quellenverzeichnis
Bildarchiv Preußischer Kulturbesitz, Berlin: 5, 6, 12, 19, 30, 31; Landesarchiv, Berlin: 32, 33, 35, 36; R. Ottwil Maurer, Skulpturen aus Fleisch und Blut. Berlin 1940, S. 8: 23; Preußische Staatsbibliothek, Berlin: 29; Tami Oelfken: Fahrt durch das Chaos. Logbuch von Mai 1939–Mai 1945. Überlingen 1946, S. 149: 3; Süddeutscher Verlag, München: 14; Ullstein-Bilderdienst, Berlin: 1, 2, 4, 7, 8, 9, 10, 11, 13, 15, 16, 17, 18, 20, 21, 25, 26, 27, 28, 34.

Fotografen, soweit zu ermitteln
Berger: 10, 11; v. Brietzke: 28; Erich Engel: 4; Arthur Grimm: 5, 6, 30, 31; Herbert Hoffmann: 21; R. Leßmann: 23; Hermann Meier: 13; Hans Reinke: 20; Röhnert: 17; Alex Stöcker: 15; Beatrice du Vinage: 16; Wünsch: 7, 34.

Erstveröffentlichungen der Fotos im Dritten Reich
Berliner Illustrierte 41/1939: 9, 16/1944: 25, 46/1944: 28; Berliner Morgenpost 15.6.1940: 2; Deutsche Allgemeine Zeitung 22.10.1939: 8; Das Reich 43/1941: 10, 11; Signal (russische Ausgabe) 4/1943: 26, 8/1943: 18; Die Sirene 20/1943: 4, 7/1944: 21; 12-Uhr-Blatt 3.5.1943: 13.

Margret Boveri

Tage des Überlebens
Berlin 1945
4. Aufl., 23. Tsd. 1985. 336 Seiten.
Serie Piper 336

»Im ganzen ist das Buch zweifellos der nüchternste, klarste, am deutlichsten authentische Bericht, den es für die Zeit vom Februar bis zum September 1945 über Ereignisse und Erlebnisse in Deutschlands Hauptstadt gibt, ein Dokument ebenso scharfer und genauer Beobachtung wie schonungsloser Analyse und Kritik am Eignen wie am Fremden ... Gerade darin aber ist die Klassizität des Berichts zu sehen – für spätere Generationen ein Lehr- und Lebensbuch etwa so wie die Kampagne in Frankreich, die nicht ganz zufällig zur stärkenden, mehrmals zitierten Lektüre der Verfasserin in jenen Wochen gehört hat.«
                    Joachim Günther, FAZ

Piper

Zur Geschichte des Nationalsozialismus

Karl Dietrich Bracher
Zeitgeschichtliche Kontroversen
Um Faschismus, Totalitarismus, Demokratie
5., überarb. Aufl., 19. Tsd. 1984.
159 Seiten. Serie Piper 142

Georg Denzler
Widerstand oder Anpassung?
Katholische Kirche und Drittes Reich
1984. 154 Seiten. Serie Piper 294

Theodor Eschenburg
Die Republik von Weimar
Beiträge zur Geschichte einer improvisierten Demokratie
1984. 335 Seiten. Serie Piper 356

Joachim C. Fest
Das Gesicht des Dritten Reiches
Profile einer totalitären Herrschaft
7. Aufl., 43. Tsd. 1980.
515 Seiten. Serie Piper 199

Piper

Zur Geschichte des Nationalsozialismus

Peter Hoffmann
Widerstand gegen Hitler
Probleme des Umsturzes
2. Aufl., 10. Tsd. 1984. 104 Seiten.
Serie Piper 190

Ernst Nolte
Die Krise des liberalen Systems
und die faschistischen Bewegungen
1968. 475 Seiten. Leinen

Ernst Piper
Ernst Barlach und die nationalsozialistische
Kunstpolitik
Eine dokumentarische Darstellung zur »entarteten Kunst«
1983. 283 Seiten mit 18 Abbildungen. Geb.

Der Weg ins Dritte Reich
1918–1933. 4. Aufl., 26. Tsd. 1983. 221 Seiten.
Serie Piper 261

Piper

Bücher zur Zeitgeschichte

Jean-Pierre Cartier
Der Erste Weltkrieg
1914–1918. Aus dem Franz. von Ulrich F. Müller. 1984. 784 Seiten mit 101 Abbildungen und 10 Karten. Geb.

Raymond Cartier
Vom Ersten zum Zweiten Weltkrieg
1918–1939. Aus dem Franz. von Ulrich F. Müller. 1982. 652 Seiten mit 205 Abbildungen und 15 Karten. Geb.

Raymond Cartier
Der Zweite Weltkrieg
Aus dem Franz. von Max Harries-Kester, Wolf D. Bach und Wilhelm Thaler, unter wissenschaftlicher Beratung von Hellmuth Dahms, Hermann Weiss und Wolfgang Kneip. 7. Aufl., 132. Tsd. 1985. 1344 Seiten mit 462 Abbildungen und 55 Karten.

Raymond Cartier
Nach dem Zweiten Weltkrieg
Die internationale Politik von 1945 bis heute. Zusätzliches Kapitel von Christine Zeile. Aus dem Franz. von Wilhelm Thaler, unter wissenschaftlicher Beratung von Lutz Ziegenbalg. 3. Aufl., 77. Tsd. 1980. 1170 Seiten mit 160 Abbildungen und 23 Karten. Geb.

Werner Hilgemann
Atlas zur deutschen Zeitgeschichte
1918–1968. 1984. 208 Seiten und über 100 farbige Karten. Geb. (Auch in der Serie Piper 328 lieferbar)

Piper